Kunnes/Lafleur | Strafprozessuale Revision – Eine Anleitung für Klausur und Praxis

Strafprozessuale Revision

Eine Anleitung für Klausur und Praxis

Begründet von

Dr. Norbert Mutzbauer

In der 7. Auflage gemeinsam bearbeitet von

Dr. Norbert Mutzbauer und Leander Brößler

In der 8. Auflage allein fortgeführt von

Leander Brößler

In der 9. Auflage gemeinsam bearbeitet von

Leander Brößler und Christian Kunnes

In der 10. bis 12. Auflage allein fortgeführt von

Christian Kunnes
Richter am Bundesgerichtshof
Ehem. Hauptamtlicher Arbeitsgemeinschaftsleiter und
Prüfer im Ersten und Zweiten Staatsexamen

Ab der 13. Auflage allein fortgeführt von

Meike Lafleur
Richterin am Landgericht
Hauptamtliche Arbeitsgemeinschaftsleiterin und
Prüferin im Zweiten Staatsexamen

13., neu bearbeitete Auflage 2026

Verlag Franz Vahlen

Zitiervorschlag: Kunnes/Lafleur Strafproz. Revision Rn.

vahlen.de

ISBN PRINT 978 3 8006 8043 6

Dieser Titel ist auch als E-Book erhältlich.

Wilhelmstraße 9, 80801 München
Druck und Bindung: Himmer GmbH Druckerei & Verlag
Steinerne Furt 95, 86167 Augsburg

Satz: Druckerei C.H.Beck, Nördlingen (Adresse wie Verlag)
Umschlag: Martina Busch, Grafikdesign, Homburg Saar

vahlen.de/nachhaltig
produktsicherheit.vahlen.de

Gedruckt auf säurefreiem, alterungsbeständigem Papier
(hergestellt aus chlorfrei gebleichtem Zellstoff)

Vorwort

Das Revisionsrecht hat in der praktischen Ausbildung für Referendarinnen und Referendare zwar nur geringe Bedeutung, in der Zweiten Juristischen Staatsprüfung spielt es dagegen eine ganz erhebliche Rolle. So haben in Bayern von den im Strafrecht zu fertigenden Aufgaben etwa ein Drittel der Klausuren revisionsrechtliche Themen. Referendare müssen also damit rechnen, dass in der Zweiten Staatsprüfung eine der beiden strafrechtlichen Aufgaben eine Revisionsklausur ist.

Daher habe ich versucht, das notwendige Wissen – auch anhand von Beispielen und Fällen – darzustellen. Deren Auswahl habe ich einerseits danach getroffen, welche Themenbereiche in Examensarbeiten immer wieder geprüft werden, zum anderen danach, welche Fragen Gegenstand der neueren Rechtsprechung des Bundesgerichtshofs waren. Die im Anhang abgedruckte Auswertung der bayerischen Examensklausuren seit 1986 belegt, dass die aktuellen höchstrichterlichen Entscheidungen immer wieder Gegenstand revisionsrechtlicher Klausuren sind. Die Rechtsprechung zumindest in den beiden Jahren vor dem Examen zu verfolgen, ist dringend zu empfehlen.

Um die Vorbereitung auf das Examen zu erleichtern, wurden neben den Hinweisen auf weiterführende Literatur sowie Fundstellen der Rechtsprechung auch Prüfungs- und Aufbauschemata sowie Formulierungsvorschläge eingearbeitet. Eingefügt wurde ein Übungsprotokoll, anhand dessen Examenskandidaten trainieren können, die „versteckten“ Fehler in einem Protokoll zu finden. Den Abschluss bildet eine vollständige Revisionsklausur; hier sollte – wie auch bei den Fällen und Beispielen der ersten Kapitel – zunächst versucht werden, die Aufgabe selbst zu bearbeiten, um anschließend das eigene Ergebnis anhand der Lösung zu kontrollieren.

Die Neuauflage berücksichtigt Gesetzesänderungen bis zum 31.12.2025. Ein besonderes Augenmerk wird auf die Einarbeitung der Vorschriften für den elektronischen Rechtsverkehr, insbesondere die seit 2022 bestehende aktive Nutzungspflicht des besonderen elektronischen Anwaltspostfachs (beA) für Verteidiger, gelegt. Ebenso werden – für das mündliche Examen von Relevanz – Reformüberlegungen zu einer künftigen Aufzeichnung der Hauptverhandlung beleuchtet.

Für Verbesserungsvorschläge bin ich stets dankbar.

München, im Januar 2026 Meike Lafleur

Inhaltsverzeichnis

Abkürzungsverzeichnis

aA	anderer Ansicht
abl.	ablehnend/ablehnender
Abs.	Absatz
aE	am Ende
AG	Amtsgericht
Anm.	Anmerkung
Art.	Artikel
BayAGGVG	Bayerisches Gerichtsverfassungsausführungsgesetz
BayObLG	Bayerisches Oberstes Landesgericht
BayRiStAG	Bayerisches Richter- und Staatsanwaltsgesetz
BGB	Bürgerliches Gesetzbuch
BGH	Bundesgerichtshof
BGHR	BGH-Rechtsprechung in Strafsachen (Entscheidungssammlung)
BGHSt	Bundesgerichtshof in Strafsachen; Entscheidungen des Bundesgerichtshofs in Strafsachen, herausgegeben von den Mitgliedern des Bundesgerichtshofs und der Bundesanwaltschaft (zit. nach Band und Seite)
Bl.	Blatt
BRAO	Bundesrechtsanwaltsordnung (Habersack Ergänzungsband Nr. 98)
bspw.	beispielsweise
BtM	Betäubungsmittel
BtMG	Betäubungsmittelgesetz
BVerfG	Bundesverfassungsgericht
BVerfGE	Entscheidungen des Bundesverfassungsgerichts, herausgegeben von den Mitgliedern des Bundesverfassungsgerichts (zit. nach Band und Seite)
BWAGGVG	Gesetz zur Ausführung des Gerichtsverfassungsgesetzes und von Verfahrensgesetzen der ordentlichen Gerichtsbarkeit des Landes Baden-Württemberg
BZRG	Gesetz über das Zentralregister und das Erziehungsregister (Bundeszentralregistergesetz)
bzw.	beziehungsweise
d. A.	der Akten
DAR	Deutsches Autorecht (Zeitschrift)
EGGVG	Einführungsgesetz zum Gerichtsverfassungsgesetz
EGMR	Europäischer Gerichtshof für Menschenrechte
EGStPO	Einführungsgesetz zur Strafprozeßordnung
Einl.	Einleitung
EMRK	Europäische Konvention zum Schutze der Menschenrechte und Grundfreiheiten
EUR	Euro
ERVV	Verordnung über die technischen Rahmenbedingungen des elektronischen Rechtsverkehrs und über das besondere elektronische Behördenpostfach (Elektronischer-Rechtsverkehr-Verordnung)
f., ff.	folgende
Fn.	Fußnote
GA	Goltdammers Archiv für Strafrecht (Zeitschrift, zit. nach Band und Seite)
gem.	gemäß

GG .... Grundgesetz
ggf. .... gegebenenfalls
GmS-OGB .... Gemeinsamer Senat der Obersten Gerichtshöfe des Bundes
grds. .... grundsätzlich
GSSt .... Großer Senat für Strafsachen
GVG .... Gerichtsverfassungsgesetz
GZVJu .... Verordnung über gerichtliche Zuständigkeiten im Bereich des Staatsministeriums der Justiz (Gerichtliche Zuständigkeitsverordnung Justiz)

hL .... herrschende Lehre
Hs. .... Halbsatz

IPbürgR .... Internationaler Pakt vom 19.12.1966 über bürgerliche und politische Rechte
idR .... in der Regel
insbes. .... insbesondere
iSd .... im Sinne der/des/dieser
iSv .... im Sinne von
iVm .... in Verbindung mit

JA .... Juristische Arbeitsblätter
JGG .... Jugendgerichtsgesetz
JNeutG NRW .... Justizneutralitätsgesetz des Landes Nordrhein-Westfalen
JR .... Juristische Rundschau
JuS .... Juristische Schulung
JVA .... Justizvollzugsanstalt
JZ .... Juristenzeitung

krit. .... kritisch

LG .... Landgericht
lit. .... litera

mAnm .... mit Anmerkung
mwN .... mit weiteren Nachweisen

NJW .... Neue Juristische Wochenschrift
Nr. .... Nummer
NStZ .... Neue Zeitschrift für Strafrecht
NStZ-RR .... Neue Zeitschrift für Strafrecht, Rechtsprechungs-Report

OLG .... Oberlandesgericht

Rechtshilfeübereinkommen 1959 Europäisches Übereinkommen über die Rechtshilfe in Strafsachen
RiStBV .... Richtlinien für das Straf- und Bußgeldverfahren; abgedruckt bei Schmitt/Köhler Anh 3
RL (EU) 2016/680 zum Datenschutz in Strafsachen ...... Richtlinie (EU) 2016/680 des Europäischen Parlaments und des Rates vom 27. April 2016 zum Schutz natürlicher Personen bei der Verarbeitung personenbezogener Daten durch die zuständigen Behörden zum Zwecke der Verhütung, Ermittlung, Aufdeckung oder Verfolgung von Straftaten oder der Strafvollstreckung sowie zum freien Datenverkehr und zur Aufhebung des Rahmenbeschlusses 2008/977/JI des Rates

Rn.	Randnummer
RPflG	Rechtspflegergesetz
S.	Satz, Seite
sog.	sogenannte(n)
StGB	Strafgesetzbuch
StPO	Strafprozessordnung
str.	strittig
StraFo	Strafverteidiger Forum (Zeitschrift)
StV	Strafverteidiger (Zeitschrift)
TKG	Telekommunikationsgesetz
TTDSG	Gesetz über den Datenschutz und den Schutz der Privatsphäre in der Telekommunikation und bei Telemedien (Telekommunikation-Telemedien-Datenschutz-Gesetz)
UA	Urteilsausfertigung Seite
usw.	und so weiter
vgl.	vergleiche
VRS	Verkehrsrechts-Sammlung (Zeitschrift, zit. nach Band und Seite)
wistra	Zeitschrift für Wirtschaft, Steuer, Strafrecht
WÜK	Wiener Konsularrechtsübereinkommen
zB	zum Beispiel
zit.	zitiert
ZPO	Zivilprozessordnung
ZRP	Zeitschrift für Rechtspolitik

Literaturverzeichnis

Barthe, C./Gericke, J., .. Karlsruher Kommentar zur Strafprozessordnung, 9. Aufl. 2023 (zit.: KK-StPO/Bearbeiter)

Fischer, T., ... Strafgesetzbuch, 72. Aufl. 2025 (zit.: Fischer/Bearbeiter StGB)

Graf, J., ... Beck'scher Online-Kommentar StPO, 56. Ed. 1.7.2025 (zit.: Beck-OK StPO/Bearbeiter)

Knauer, Ch./Kudlich, H./Schneider, H., ... Münchener Kommentar zur StPO, 2. Aufl. 2023 ff. (zit.: MüKo-StPO/Bearbeiter)

Kroiß, L./Neurauter, I., Formularsammlung für Rechtspflege und Verwaltung, 31. Aufl. 2025 (zit.: Kroiß/Neurauter Formularsammlung)

Schmitt, B./Köhler M., . Strafprozessordnung, 68. Aufl. 2025 (zit.: Schmitt/Köhler/Bearbeiter)

Schuster, T./Weitner, F., ... StPO-Fallrepetitorium, 9. Aufl. 2022 (zit.: Schuster/Weitner StPO-Fallrepetitorium)

1. Kapitel. Grundzüge und Wesen der Revision

A. Die Revision als Rechtsinstanz

Die Revision ist ein Rechtsmittel gegen Strafurteile, das im Gegensatz zur Berufung lediglich eine Rechtsinstanz eröffnet, also nur zu einer Überprüfung des angefochtenen Urteils und des ihm zugrunde liegenden Verfahrens auf **Rechts**fehler hin führt (vgl. § 337 I StPO). Das Revisionsgericht prüft daher – auf entsprechende Rüge (zur „Verfahrensrüge" → Rn. 105 ff.; zur „Sachrüge" → Rn. 309 ff.) –, ob die Tatsachenfeststellungen in rechtsfehlerfreier Weise zustande gekommen sind (dazu gehört auch, ob die Beweiswürdigung rechtsfehlerfrei vorgenommen wurde), ob der festgestellte Sachverhalt den Schuldspruch trägt und ob dem Tatrichter bei der Strafzumessung bzw. den sonstigen Rechtsfolgen keine Rechtsfehler unterlaufen sind. Eine Wiederholung der Beweisaufnahme zur Klärung des Sachverhalts, der dem Schuld- und Rechtsfolgenausspruch zugrunde liegt, findet grundsätzlich nicht statt („Grundsatz des Rekonstruktionsverbots").[1] Vielmehr ist das Revisionsgericht an die rechtsfehlerfrei getroffenen tatrichterlichen Feststellungen gebunden. Ist dem Gericht, dessen Urteil angefochten wird, bei der Tatsachenfeststellung ein Rechtsfehler unterlaufen, hebt das Revisionsgericht das Urteil mit den Feststellungen auf und verweist die Sache zur erneuten Verhandlung zurück. Auch nimmt das Revisionsgericht – anders als das Berufungsgericht – keine eigene Strafzumessung vor,[2] sondern beschränkt sich auf die Überprüfung der Strafzumessung im angefochtenen Urteil auf Rechtsfehler. 1

Die Unterscheidung zwischen einer weiteren Tatsacheninstanz (Berufung) und einer „bloßen" Rechtsinstanz (Revision) soll an folgendem Beispiel verdeutlich werden: 2
Das Amtsgericht verurteilt den Angeklagten wegen Diebstahls zu einer Freiheitsstrafe von 8 Monaten, deren Vollstreckung zur Bewährung ausgesetzt wird. Seinen Schuldspruch stützt es auf einen einzigen Belastungszeugen, der den Angeklagten am Tatort eindeutig erkannt habe und dessen Angaben glaubhaft seien. Legt der Angeklagte nunmehr unbeschränkt Berufung (vgl. §§ 312, 314 StPO) gegen dieses Urteil ein, findet eine völlige Neuverhandlung der Sache statt, dh, das Berufungsgericht wird den einzigen Belastungszeugen vernehmen, um sich damit einen persönlichen Eindruck vom Zeugen und vom Inhalt seiner Aussage zu verschaffen; glaubt es diesem nicht oder zweifelt es an der Richtigkeit der belastenden Angaben, spricht es den Angeklagten frei. Ist auch das Berufungsgericht von der Schuld des Angeklagten überzeugt, nimmt es eine eigene Strafzumessung vor. Hält es beispielsweise eine Strafe von 7 Monaten oder gar nur eine Geldstrafe für tat- und schuldangemessen, wird es diese Strafe aussprechen.
Legt der Angeklagte stattdessen (form- und fristgerecht) Sprungrevision (dazu → Rn. 8) gegen das Urteil des Amtsgerichts ein und erhebt er form- und fristgerecht die allgemeine Sachrüge (dazu → Rn. 310), liegen dem Revisionsgericht zur Überprüfung des angegriffenen Urteils nur die Urteilsurkunde und gegebenenfalls die Abbildungen vor, auf die nach § 267 I 3 StPO verwiesen worden ist. Kommt das Revisionsgericht zu dem Ergebnis, dass die Beweiswürdigung des Tatrichters im Urteil „nachvollziehbar" ist, weil sie insbesondere keine Widersprüche und keine Lücken (dazu → Rn. 331) enthält, wird es die (Sprung-) Revision – ein Rechtsfehler liegt nicht vor – als unbegründet verwerfen. Auch die Strafzumessung wird lediglich auf Rechtsfehler überprüft; eine eigene Strafzumessung nimmt das Revisionsgericht nicht vor.

Obwohl eine Neuverhandlung der Sache vor dem Revisionsgericht ausgeschlossen ist, ist der immer wieder zu lesende Satz, dass vor dem Revisionsgericht generell keine Beweisaufnahmen stattfinden, in dieser Allgemeinheit nicht richtig. Vielmehr kann und muss es gegebenenfalls Beweis im Freibeweisverfahren erheben zur Zulässigkeit der Revision, zum Vorliegen der Verfahrensvoraussetzungen (Beispiel: Wurde der Strafantrag wirksam zurückgenommen?) 3

---

[1] Vgl. Schmitt/Köhler/Schmitt StPO § 261 Rn. 42 ff. und § 337 Rn. 14.

[2] Zu seltenen Ausnahmen von diesem Grundsatz vgl. § 354 I, Ia und Ib 2 und 3 StPO.

oder zum Tatsachenvortrag einer Verfahrensrüge. Auch zur Feststellung von Erfahrungssätzen, wie etwa zur Festlegung der Grenze zur absoluten Fahruntüchtigkeit bei §§ 315c, 316 StGB oder zum Inhalt ausländischen Rechts, darf vor dem Revisionsgericht eine Beweisaufnahme erfolgen.[3]

B. Revisionsgericht

4 Das zuständige Revisionsgericht[4] bestimmt sich nach dem Ausgangsgericht. Über Revisionen gegen **erstinstanzliche Urteile der Amtsgerichte,** also die Sprungrevisionen, oder **Revisionen gegen Berufungsurteile der Landgerichte** entscheidet das **OLG** (§ 121 I Nr. 1a, b GVG, § 335 II StPO), in **Bayern** – seit dem 1.2.2019 wieder – das **BayObLG** (§ 9 EGGVG, Art. 12 Nr. 1 BayAGGVG)[5]. Für Revisionen gegen **erstinstanzliche Urteile der Land- oder (der Staatsschutzsenate) der Oberlandesgerichte** ist grundsätzlich der **BGH** zuständig (§ 135 I GVG; vgl. aber § 121 I Nr. 1c GVG).[6]

5 **Übersicht „Revisionsgerichte"**

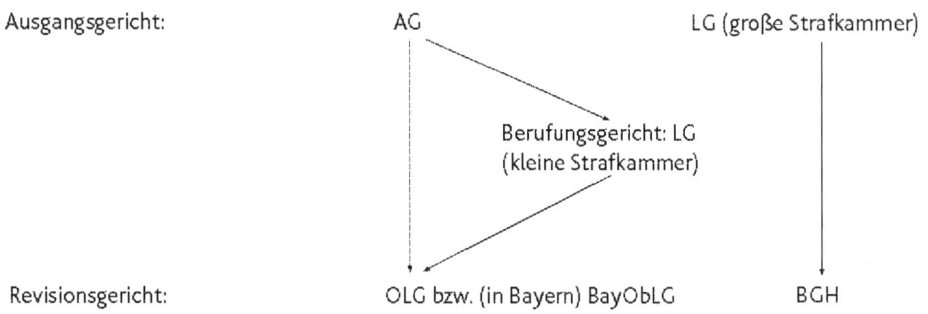

C. Ablauf des Revisionsverfahrens

6 Im Falle einer vom Angeklagten gegen ein erstinstanzliches Urteil einer großen Strafkammer des Landgerichts eingelegten Revision, über die der BGH aufgrund einer Hauptverhandlung entscheidet, läuft das Verfahren üblicherweise folgendermaßen ab:

---

[3] Vgl. Schmitt/Köhler/Schmitt StPO § 351 Rn. 3, § 337 Rn. 31 aE; KK-StPO/Gericke § 351 Rn. 10; zu einer Beweisaufnahme des Revisionsgerichts über den Einsatz von Polygraphen: BGHSt 44, 308 (312) = NJW 1999, 657; zu Glaubhaftigkeitsgutachten: BGHSt 45, 164 (166 f.) = NJW 1999, 2746.

[4] In einer Klausur sollten Sie immer angeben, welches Gericht über die Revision entscheiden wird. Falls ein Gutachten zu den Erfolgsaussichten einer Revision verlangt ist, können Sie diese Frage entweder zwischen Zulässigkeit und Begründetheit erörtern oder im Ergebnis erwähnen. Falls ein Revisionsbegründungsschriftsatz verlangt ist, erörtern Sie diese Frage im Hilfsgutachten. Die Schriftsätze zur Einlegung bzw. Begründung der Revision selbst sind an das Ausgangsgericht zu richten, §§ 341 I, 345 I 1 StPO.

[5] Faktisch findet allerdings in Strafsachen über auswärtige Senate (Art. 5 BayAGGVG) eine organisatorische Anbindung der aus diesen Bezirken stammenden Strafsachen an die Oberlandesgerichte Nürnberg und Bamberg statt. Dagegen entscheidet auch in Bayern das OLG über erstinstanzliche Staatsschutzverfahren, über (sofortige) Beschwerden gegen erstinstanzliche landgerichtliche Beschlüsse sowie über weitere Beschwerden nach § 310 StPO. Für Rechtsbeschwerden in Ordnungswidrigkeitenverfahren (vgl. Art. 12 Nr. 2 BayAGGVG) sowie im Strafvollstreckungsrecht (§ 121 I Nr. 3, III GVG, § 54a GZVJu) ist das BayObLG zuständig.

[6] Führen Sie sich zu Wiederholungszwecken noch einmal den gänzlich anders strukturierten Instanzenzug im Zivilrecht vor Augen: vom AG über das LG (als Berufungsgericht) zum BGH bzw. vom LG über das OLG (als Berufungsgericht) zum BGH.

Urteilsverkündung (§§ 260 I, 268 II StPO)
⇓
Revisionseinlegung (§ 341 I StPO)
⇓
Schriftliche Urteilsabsetzung (§ 275 StPO), Fertigstellung des Protokolls (vgl. § 273 IV StPO)
⇓
Zustellung des vollständigen Urteils (§ 343 II StPO), zugleich Mitteilung an StA
⇓
Revisionsbegründung (§§ 344, 345 StPO)
⇓
Zustellung der Revisionsbegründung an die Staatsanwaltschaft (§ 347 I 1 StPO), in der Regel mit Übersendung der Akten an diese (vgl. § 41 StPO)
⇓
Abgabe einer Gegenerklärung durch die Staatsanwaltschaft (§ 347 I 2, 3 StPO, Nr. 162 I, II RiStBV)
⇓
Übersendung der Gegenerklärung an den Angeklagten bzw. an seinen Verteidiger, Rückleitung der Akten mit der Gegenerklärung an das Gericht (Nr. 162 III RiStBV)
⇓
Zuleitung der Akten an die Staatsanwaltschaft (vgl. § 347 II StPO, Nr. 162 IV RiStBV)
⇓
Übersendung der Akten an den Generalbundesanwalt (vgl. § 347 II StPO, Nr. 163 I, 164 ff. RiStBV)
⇓
Antragstellung des Generalbundesanwalts (vgl. § 349 II, III 1 StPO)
⇓
Stellungnahme des Verteidigers (vgl. § 349 III 2 StPO)
⇓
Vorlage an den zuständigen Senat des BGH
⇓
Terminsvorbereitung (§ 350 I, II 3 StPO)[7]
⇓
Hauptverhandlung (§§ 350 II, 351 StPO)
⇓
Urteilsverkündung (§ 356 StPO)

Hat dagegen die Staatsanwaltschaft Revision eingelegt, werden die Akten von der Ausgangsstaatsanwaltschaft nicht unmittelbar dem Generalbundesanwalt, sondern zunächst der Generalstaatsanwaltschaft beim OLG übersandt (Nr. 163 I 2 RiStBV)[8]. Diese kann das Rechtsmittel zurücknehmen, beschränken oder ergänzend begründen bzw. die Ausgangsstaatsanwaltschaft hierzu anweisen (Nr. 168 I RiStBV; vgl. auch § 147 Nr. 3 GVG). Dagegen kann der Generalbundesanwalt keine solchen Weisungen erteilen. Er ist aber weder an den Antrag noch an die Begründung des Rechtsmittels gebunden, kann also die Revision anders begründen. Neue Verfahrensrügen kann er zulässig jedoch nur erheben, wenn die Begründungsfrist noch läuft. Hält er die Revision für aussichtslos und wird sie von der Ausgangs- oder der Generalstaatsanwaltschaft gleichwohl nicht zurückgenommen, vertritt er das Rechtsmittel nicht, sondern beantragt dessen Verwerfung. An diesen Antrag ist das Revisionsgericht aber trotz § 352 I StPO nicht gebunden. 7

[7] Falls nicht nach § 349 I, II, IV StPO im Beschlusswege verfahren wird.

[8] Auch in Bayern gibt es keine Generalstaatsanwaltschaft beim BayObLG; die staatsanwaltschaftlichen Funktionen dort nimmt der Generalstaatsanwalt in München wahr (Art. 13 II BayAGGVG).

2. Kapitel. Zulässigkeit der Revision

A. Statthaftigkeit

I. Grundsätze

Nach § 333 StPO ist die Revision statthaft gegen Urteile der (großen oder kleinen, vgl. § 76 I GVG) Strafkammern der Landgerichte, gegen Urteile der Schwurgerichte (Schwurgerichte sind Kammern des Landgerichts, § 74 II GVG) sowie gegen erstinstanzliche Urteile der Oberlandesgerichte. Ferner ist die Revision nach § 335 I StPO statthaft, wenn nach § 312 StPO gegen das Urteil Berufung eingelegt werden könnte, also gegen Urteile des Strafrichters[1] oder des Schöffengerichts (Sprungrevision). Voraussetzung ist aber stets, dass die gerichtliche Entscheidung, die angefochten werden soll, schon verkündet ist (vgl. § 268 II 1 StPO). 8

Hinweis: Im Erwachsenenstrafrecht können alle erstinstanzlichen und alle Berufungsurteile[2] mit der Revision angegriffen werden (vgl. die Übersicht bei → Rn. 5). 9
Die Berufung kann dagegen nur gegen amtsgerichtliche Urteile (sowohl des Strafrichters als auch des Schöffengerichts) eingelegt werden. Bei amtsgerichtlichen Urteilen besteht also ein Wahlrecht zwischen beiden Rechtsmitteln. Wegen des in → Rn. 2 dargelegten, gegenüber der Berufung beschränkten Prüfungsmaßstabs in der Revision werden die Verfahrensbeteiligten regelmäßig die Berufung wählen (zumal ihnen im Anschluss im Erwachsenenstrafrecht die Revision als zusätzliches Rechtsmittel bleibt[3]).

Legen mehrere Beteiligte (der Angeklagte und sein Verteidiger gelten insofern allerdings als eine Person)[4] unterschiedliche Rechtsmittel ein, geht die Berufung als das allgemeinere Rechtsmittel der Revision vor, diese wird dann wie eine Berufung behandelt (§ 335 III 1 StPO).[5] Eine spätere Revision ist dadurch aber nicht ausgeschlossen (§ 335 III 3 StPO). Wird die als solche eingelegte Berufung zurückgenommen oder als unzulässig verworfen, lebt die Revision wieder auf (vgl. § 335 III 1 StPO). Sie muss daher auch dann begründet werden, wenn sie wegen § 335 III 1 StPO als Berufung behandelt wird (§ 335 III 2 StPO). 10

Bei der Sprungrevision können sich Zulässigkeitsprobleme ergeben, wenn die Berufung annahmebedürftig wäre. Dann ist streitig, ob der Rechtsmittelführer zunächst Berufung einlegen muss oder ob er sogleich Revision einlegen kann. Letzterer Ansicht hat sich die Rechtsprechung weitgehend angeschlossen, wobei nach ihr eine Überprüfung, ob die Annahmevoraussetzungen des § 313 StPO vorliegen, in der Revision nicht stattfindet.[6] Die Rechtsprechung begründet ihr Ergebnis damit, dass der Gesetzgeber eine Beschränkung der Sprungrevision nicht vorgenommen hat. Es wäre zudem befremdlich, wenn entweder der Berufungsrichter mit der Nicht-Zulassung der Berufung wegen angeblicher offensichtlicher Unbegründetheit, § 313 II StPO, über die Zulässigkeit der Revision bei dem ihm übergeordneten Gericht entscheiden könnte oder aber das Revisionsgericht mit dem Prüfungsmaßstab einer offensichtlich unbegründeten Berufung den klassisch revisionsrechtlichen Prüfungsmaßstab verlassen müsste.[7] 11

---

[1] Hat das Gericht durch Beschluss entschieden, zB weil es den Einspruch gegen einen Strafbefehl für unzulässig gehalten hat (§ 411 I 1 StPO) oder weil der Einspruch gegen einen Strafbefehl auf die Tagessatzhöhe beschränkt war (§ 411 I 3 StPO), ist (nur) die sofortige Beschwerde statthaft.

[2] Zur Revision gegen ein Berufungsurteil: → Rn. 375 ff.

[3] Während im Erwachsenenstrafrecht das Berufungsurteil mit der Revision ein weiteres Mal angefochten werden kann, muss sich im Jugendstrafrecht ein Rechtsmittelführer zwischen Berufung und Revision entscheiden, §§ 55 II, 109 II 1 JGG.

[4] → Rn. 17 und OLG Hamm NJW 2003, 1469 (1470).

[5] Zur Praxis der sog. Sperrberufung durch die Staatsanwaltschaft (entgegen Nr. 148 RiStBV): OLG Karlsruhe NJW 2004, 1887.

[6] Vgl. dazu Schmitt/Köhler/Schmitt StPO § 335 Rn. 21 ff. mwN, der selbst aA ist; KK-StPO/Gericke § 335 Rn. 16 mwN; BGHSt 40, 395 (397) = NJW 1995, 2367.

[7] BayObLG MDR 1993, 1228.

II. Übergang von der Berufung zur Revision und „unbenannte" Rechtsmittel

12 Rechtsmittelberechtigte können ein Urteil **des Amtsgerichts** zunächst unbestimmt anfechten, also offenlassen, ob sie ihr Rechtsmittel als Berufung oder als Revision durchführen wollen. In diesem Fall lautet der Satz, mit dem das Rechtsmittel eingelegt wird:

> „In dem Strafverfahren
> gegen …
> wegen …
> lege ich[8] gegen das Urteil des Amtsgerichts … vom …
> Rechtsmittel
> ein."

13 **Hinweis:** Nur gegen amtsgerichtliche Urteile kann entweder Berufung oder Revision eingelegt werden. Ein unbenanntes Rechtsmittel darf daher nur gegen ein Urteil des Amtsgerichts eingelegt werden. Gegen erstinstanzliche Urteile des Landgerichts ist dagegen – anders als im Zivilprozess – im Strafprozess nur die Revision statthaft (§ 312 StPO e contrario).

14 Gerechtfertigt wird die im Gesetz nicht vorgesehene Möglichkeit der unbestimmten Anfechtung eines Urteils damit, dass der Rechtsmittelführer das Vorliegen der Urteilsgründe (und gegebenenfalls auch des Protokolls) abwarten können soll, um entscheiden zu können, ob Rechtsfehler vorliegen, die eine Revision aussichtsreich erscheinen lassen. Die Urteilsgründe werden jedoch in schriftlicher Form nur selten innerhalb der (regelmäßig) einwöchigen Einlegungsfrist vorliegen (vgl. auch § 275 I StPO zur Urteilsabsetzungsfrist). Der Eintritt der Rechtskraft wird schon durch die Einlegung des (unbestimmten) Rechtsmittels gehemmt (vgl. §§ 316 I, 343 I StPO). Bis zum Ablauf der Revisionsbegründungsfrist kann der Rechtsmittelführer die – dann grundsätzlich endgültige – Entscheidung treffen, ob das Rechtsmittel als Berufung oder als Revision durchgeführt werden soll. Trifft er diese Entscheidung nicht, zu spät oder nicht eindeutig, wird das Rechtsmittel als – die umfassendere – Berufung behandelt.

15 Da es die prozessuale Fairness verbietet, einen Rechtsmittelführer an einer Erklärung festzuhalten, die er regelmäßig ohne Kenntnis der schriftlichen Urteilsgründe (und gegebenenfalls des Protokolls) abgegeben hat, wird dem Rechtsmittelführer auch zugestanden, von einem bereits bezeichneten Rechtsmittel zu einem anderen überzugehen, also von der Berufung zur Revision oder umgekehrt.[9] Auch dieser Übergang kann – in beiden Richtungen – nur innerhalb der Revisionsbegründungsfrist erfolgen und setzt im Fall des Übergangs zur Revision voraus, dass kein anderer Rechtsmittelberechtigter Berufung eingelegt hat (dann würde § 335 III StPO gelten). Ein weiterer Wechsel ist jedoch ausgeschlossen.[10]

16 **Fall:** Der Angeklagte wurde vom AG wegen vorsätzlichen Vollrausches zu einer Geldstrafe verurteilt; das Urteil wurde am 9.2. zugestellt. Gegen das Urteil hat der Verteidiger form- und fristgerecht Berufung eingelegt und diese begründet. Nachdem die Akten – über die Staatsanwaltschaft – dem für die Berufung zuständigen LG vorgelegt worden waren, ging dort am 9.3. ein (elektronischer) Schriftsatz des Verteidigers ein, in dem dieser mitteilte, dass er das Rechtsmittel als Revision durchführen wolle; zugleich rügte er die Verletzung formellen und materiellen Rechts. Ist damit eine zulässige Revision eingelegt?

> **Lösung:** Das LG muss mit großer Wahrscheinlichkeit über die Berufung entscheiden, da eine zulässige Revision nicht eingelegt sein dürfte. Zwar kann – wie oben ausgeführt – der Rechtsmittelführer von der Berufung zur Revision übergehen, wenn das Urteil – wie hier – alternativ mit

---

8 Der Verteidiger ist im eigenen Namen rechtsmittelbefugt, § 297 StPO. Anders als im Zivilrecht muss er daher das Rechtsmittel nicht namens und im Auftrag des Mandanten einlegen.

9 Schmitt/Köhler/Schmitt StPO § 335 Rn. 9 ff. Wenn in einer Klausur eine Beratung durch den Verteidiger gefordert ist, muss also bedacht werden, dass der Verteidiger durch ein „vorschnelles" Handeln des Angeklagten nicht gehindert ist, noch zum anderen Rechtsmittel überzugehen.

10 Schmitt/Köhler/Schmitt StPO § 335 Rn. 12.

beiden Rechtsmitteln anfechtbar ist.[11] Dies gilt – sofern er nicht auf die Revision verzichtet hat – selbst dann, wenn das Rechtsmittel zunächst als Berufung bezeichnet wurde und die Akten dem Berufungsgericht übersandt wurden; die Befassung des Berufungsgerichts mit dem Verfahren ist dann nur eine vorläufige. Die Erklärung, vom einen Rechtsmittel zum anderen überzugehen, ist aber gegenüber dem Gericht, dessen Urteil angefochten wird (hier also dem AG), abzugeben.[12] Sie entspricht nämlich der Einlegung eines (anderen) Rechtsmittels und ist daher wie eine solche zu behandeln (vgl. auch § 341 I StPO und → Rn. 26); zudem muss zunächst das Ausgangsgericht die Ordnungsmäßigkeit des Rechtsmittels prüfen (vgl. §§ 319 I, 346 I StPO).
Die Erklärung, von der Berufung zur Revision übergehen zu wollen, wird aber voraussichtlich beim Ausgangsgericht nicht mehr rechtzeitig eingehen. Voraussetzung für einen wirksamen Übergang zur Revision ist nämlich, dass dieser Wechsel dem Ausgangsgericht innerhalb der Revisionsbegründungsfrist mitgeteilt wird.[13] Dies ist hier jedoch unwahrscheinlich, da die Erklärung erst am letzten Tag der Frist des § 345 I StPO beim falschen Gericht einging und die Weiterleitung des Schriftsatzes an das AG noch am selben Tag eher unrealistisch sein dürfte.[14] Nur wenn der Schriftsatz noch am 9.3. zum AG gelangt, hat nicht mehr das LG über die Berufung, sondern das OLG über die Revision zu entscheiden.

B. Einlegungsberechtigung und Beschwer

I. Berechtigung zur Einlegung der Revision

Revision können grundsätzlich der Angeklagte und die Staatsanwaltschaft einlegen (§ 296 I StPO),[15] ferner der Verteidiger unter den Voraussetzungen des § 297 StPO. Legen Angeklagter und Verteidiger verschiedene Rechtsmittel ein, geht – wegen § 297 StPO – das des Angeklagten vor. Rechtsmittelbefugt sind schließlich der gesetzliche Vertreter des Beschuldigten (§ 298 I StPO), der Nebenkläger (§§ 400 I, 401 I 1 StPO; zu den Besonderheiten der Nebenklagerevision → Rn. 357 ff.), der Privatkläger (§ 390 I 1 StPO) sowie Nebenbeteiligte (§ 427 I 1 iVm § 296 I StPO; ferner: §§ 435 III 2, 438 III, 439, 444 II 2 StPO). 17

II. Beschwer

Die Staatsanwaltschaft ist grundsätzlich immer berechtigt, gegen ein Urteil Revision einzulegen. Sie kann daher alle Entscheidungen anfechten, die sie für rechtsfehlerhaft erachtet, auch zugunsten des Angeklagten (§ 296 II StPO; vgl. aber auch § 339 StPO zum Umfang der zulässigen Verfahrensrügen bei staatsanwaltschaftlichen Revisionen zuungunsten des Angeklagten). Sie ist selbst dann rechtsmittelbefugt, wenn das Urteil dem Antrag ihres Sitzungsvertreters entspricht. Bei einer staatsanwaltlichen Revisionseinlegung zugunsten des Angeklagten ist diese Angriffsrichtung zum Ausdruck zu bringen (Nr. 147 III 2 RiStBV). 18

Der Angeklagte sowie andere Einlegungsberechtigte müssen dagegen selbst oder in der Person, in deren Interesse sie handeln, beschwert, also durch die angefochtene Entscheidung in schutzwürdigen Interessen beeinträchtigt sein. Ob dies der Fall ist, bestimmt die Rechtsprechung nach dem Urteilstenor.[16] Daher ist der Angeklagte grundsätzlich nicht beschwert, wenn er – gleich aus welchen Gründen – freigesprochen wurde, es sei denn, es sind trotz des Freispruchs beispielsweise Maßregeln nach §§ 63 ff. StGB verhängt worden. Nur ganz aus- 19

[11] BGH NJW 2004, 789; Schmitt/Köhler/Schmitt StPO § 335 Rn. 9 ff.
[12] OLG Dresden wistra 2005, 318; vgl. auch Schmitt/Köhler/Schmitt StPO § 335 Rn. 6.
[13] BGH JR 2004, 210 mAnm Fezer; Schmitt/Köhler/Schmitt StPO § 335 Rn. 10 f.
[14] Zur Weiterleitung im „ordentlichen Geschäftsgang" und der Möglichkeit der Wiedereinsetzung: BVerfG NJW 2005, 2137.
[15] Einlegungsberechtigt ist grundsätzlich die Staatsanwaltschaft bei dem Gericht, dessen Urteil angefochten wird (§ 143 I GVG), ferner die Staatsanwaltschaft, der die Wahrnehmung der Amtsverrichtungen gem. § 145 I GVG übertragen wurde: BGH NStZ 1998, 309.
[16] Ausführlich: BGH NJW 2016, 728 (Fall Mollath) mit Ausführungen auch zur EMRK und zu seltenen Ausnahmen im Hinblick auf notwendigen Grundrechtsschutz; Schmitt/Köhler/Schmitt StPO Vor § 296 Rn. 11 ff.

nahmsweise kann bei einem Freispruch eine Beschwer des Angeklagten bejaht werden, wenn die Urteilsgründe den Angeklagten so schwer belasten, dass eine erhebliche, ihm nicht zumutbare Beeinträchtigung eines grundrechtlich geschützten Bereichs festzustellen ist, die durch den Freispruch nicht aufgewogen wird. Einzelne belastende Ausführungen genügen hierfür aber nicht.[17]

20 Über die Beschwer hinaus erfordert die Zulässigkeit der Revision kein besonderes Rechtsschutzinteresse.

21 **Fall:** Dem Angeklagten, einem Richter der ehemaligen DDR, wird Rechtsbeugung und Freiheitsberaubung zur Last gelegt. Das Landgericht, zu dem die Anklage erhoben worden war, hat das Verfahren wegen Verjährung eingestellt (§ 260 III StPO). Ist die Revision des Angeklagten, der einen Freispruch erreichen will, zulässig?

Lösung: Die Revision ist nicht zulässig, da der Angeklagte durch das Urteil nicht beschwert ist. Dies gilt – nach der Rechtsprechung[18] – zumindest dann, wenn die Einstellung – wie hier – wegen eines nicht behebbaren Verfahrenshindernisses erfolgt ist und der Angeklagte auch durch die Nebenentscheidungen nicht beschwert wird, weil diese auch im Fall eines Freispruchs nicht anders hätten ergehen können. Wäre die Sache allerdings „freispruchreif" gewesen, könnte gegen das Einstellungsurteil Revision mit dem Ziel der Freisprechung eingelegt werden.[19] Zur Durchführung einer Beweisaufnahme, die einen Freispruch ermöglichen könnte, ist das Gericht allerdings nicht mehr verpflichtet, wenn die Einstellung ohne weitere Ermittlungen erfolgen kann.

C. Frist, Form und Inhalt der Revisionseinlegung

I. Frist

22 Die nach § 43 StPO zu berechnende Frist für die Revisionseinlegung beträgt eine Woche ab Verkündung des Urteils (§ 341 I StPO).

Bei in Abwesenheit des Angeklagten (die Gründe für die Abwesenheit sind unerheblich) verkündeten Urteilen[20] läuft die Wochenfrist für diesen regelmäßig ab Zustellung des Urteils (§ 341 II StPO). Bei Mehrfachzustellungen ist gem. § 37 II StPO die spätere Zustellung maßgeblich, die Frage der Zustellung an Verteidiger und/oder Angeklagten regelt § 145a StPO.[21]

Ist die Einlegungsfrist schuldlos versäumt, kommt eine Wiedereinsetzung in den vorigen Stand nach §§ 44 ff. StPO in Betracht. Anders als im Zivilrecht (§ 85 II ZPO) fehlt es im Strafrecht an einer Rechtsgrundlage für die Zurechnung eines Verteidigerverschuldens.

Eine fehlerhafte Rechtsbehelfsbelehrung (vgl. § 35a StPO) ändert nichts am Lauf der Wochenfrist.[22] Allerdings wird im Falle der Fristversäumnis im Rahmen einer Wiedereinsetzung in den vorigen Stand vermutet, dass die Fristversäumnis unverschuldet war (§ 44 S. 2 StPO).

---

17 Schmitt/Köhler/Schmitt StPO Vor § 296 Rn. 13.

18 BGH NStZ-RR 1996, 299. Vgl. aber auch BGH NJW 2011, 2310, wonach die Revision des Angeklagten gegen eine Einstellung des Verfahrens durch Prozessurteil wegen eines behebbaren Verfahrenshindernisses zulässig ist, wenn der Angeklagte behauptet, es liege ein weiteres, nicht behebbares Prozesshindernis vor.

19 Vgl. Schmitt/Köhler/Schmitt StPO § 260 Rn. 44, Vor § 296 Rn. 14.

20 Klausurhinweis: In diesen Fällen stellt sich zugleich die Frage, ob der (absolute) Revisionsgrund eines Verstoßes gegen § 230 I StPO (iVm § 338 Nr. 5 StPO) vorliegt.

21 War der Angeklagte durch seinen Verteidiger in den vom Gesetz zugelassenen Fällen (§§ 234, 329 II, 387 I, 411 II 1, 428 I 1 StPO) mit entsprechender Vollmacht vertreten, gilt gem. § 341 II StPO allerdings die Wochenfrist ab Verkündung nach § 341 I StPO.

22 Auch in Verfahren nach der ZPO und nach dem FamFG hindert eine fehlerhafte Rechtsbehelfsbelehrung den Fristanlauf nicht (vgl. § 233 S. 2 ZPO, § 17 II FamFG), anders aber im Verwaltungsrecht (§ 58 VwGO) und im Arbeitsgerichtsprozess (§ 9 V 2, 3 ArbGG).

Beispiele:

- Urteilsverkündung in Anwesenheit des Angeklagten am *Dienstag,* 2.5. 23
  Eingang der Revisionseinlegung bei dem Gericht, dessen Urteil angefochten wird, spätestens am *Dienstag,* 9.5., 24 Uhr (bei inhaftierten Angeklagten genügt nach § 299 II StPO die rechtzeitige Protokollierung der Einlegung beim Haftgericht).
- Urteilsverkündung in Abwesenheit des Angeklagten und seines Verteidigers am Donnerstag, 16.11.; Zustellung des Urteils am *Montag,* 27.11.
  Eingang der Revisionseinlegung bei Gericht spätestens am *Montag,* 4.12., 24 Uhr.

Bestehen – auch nach Durchführung des Freibeweisverfahrens (dazu → Rn. 120, 379) – 24 Zweifel daran, ob die Revisionseinlegungsfrist gewahrt ist, wirken diese regelmäßig zugunsten des Rechtsmittelführers. Die Verwerfung der Revision als verspätet und daher als unzulässig erfordert, dass das Gericht von der Verspätung überzeugt ist (vgl. §§ 349 I, 346 I StPO). Fehlt es hieran, muss das Rechtsmittel als rechtzeitig eingegangen behandelt werden.[23] Dies erscheint sachgerecht, weil es in der Verantwortungssphäre des Gerichts liegt, den exakten Eingang zweifelsfrei zu protokollieren. Bestehen die Zweifel dagegen schon daran, ob die Revisionseinlegung überhaupt bei Gericht eingegangen ist, gehen diese zulasten des Rechtsmittelführers.[24] Diese Frage liegt – anders als die Frage des genauen Zeitpunktes des Eingangs eines Schriftsatzes bei Gericht – nicht in der Verantwortungssphäre der Gerichte.

Die statthafte und fristgerecht eingelegte Revision führt dazu, dass das Urteil nicht rechts- 25 kräftig wird. Ist das Rechtsmittel wirksam beschränkt, tritt bezüglich des nicht angegriffenen Teils Rechtskraft bzw. Bindungswirkung ein (§ 343 I StPO, auch → Rn. 54 ff.).[25]

II. Form und Inhalt

Die Revision ist gem. § 341 I StPO bei dem Gericht, dessen Urteil angefochten wird (beim 26 sog. iudex a quo),[26] schriftlich oder zu Protokoll der Geschäftsstelle einzulegen; auch der Rechtsanwalt kann von der letztgenannten Möglichkeit Gebrauch machen.[27] Für den inhaftierten Angeklagten gilt zudem § 299 StPO. Wirksam ist auch die Einlegung zu Protokoll in der Hauptverhandlung (für die Aufnahme von Erklärungen über die Einlegung des Rechtsmittels der Revision ist nach § 24 I Nr. 1b RPflG eigentlich der Rechtspfleger – nicht der Urkundsbeamte der Geschäftsstelle, § 26 RPflG[28] – zuständig; die Wirksamkeit der Aufnahme der Erklärung in ein richterliches Protokoll ergibt sich folglich aus § 8 I RPflG iVm § 271 I 1 StPO). Es besteht für die Revisionseinlegung also kein Anwaltszwang, auch erfordert die Schriftlichkeit nicht zwingend eine Unterschrift, sofern aus dem Schriftstück zweifelsfrei ersichtlich ist, von wem es herrührt, und es sich erkennbar nicht nur um einen Entwurf handelt.[29] Die Schriftform wird gem. § 32a III StPO durch die Einreichung eines elektronischen Dokuments, das entweder mit einer qualifizierten elektronischen Signatur der zu verantwortenden Person versehen ist oder durch diese einfach signiert auf einem sicheren Übermittlungsweg eingereicht wird, gewahrt.[30] Bei einer Übersendung mit einfacher Signatur

---

[23] Streitig; vgl. BVerfG NJW 2001, 1563; Schmitt/Köhler/Schmitt StPO § 261 Rn. 35 mwN.

[24] BGH NStZ 1999, 372; Schmitt/Köhler/Schmitt StPO § 261 Rn. 35 mwN.

[25] Zur Vollstreckbarkeit von teilrechtskräftigen Urteilen: Schmitt/Köhler/Schmitt StPO § 449 Rn. 8 ff.

[26] Ganz anders im Verfahren nach der ZPO, dort werden die Rechtsmittel der Berufung und der Revision beim Rechtsmittelgericht eingelegt und begründet (§§ 519 I, 520 III 1; 549 I 1, 551 II 1 ZPO).

[27] Schmitt/Köhler/Köhler StPO § 32d Rn. 1.

[28] Nimmt der Urkundsbeamte der Geschäftsstelle das Protokoll außerhalb der Hauptverhandlung auf, ist dies unwirksam (§ 8 V RPflG e contrario). Ggf. ist eine Wiedereinsetzung in den vorigen Stand zu prüfen (vgl. OLG Dresden NStZ 2016, 499). Unterschreibt der Angeklagte das Protokoll jedoch als „selbst gelesen und genehmigt", liegt eine schriftliche und damit formwirksame Revisionseinlegung vor.

[29] Vgl. BGH NStZ 2002, 558 und NStZ-RR 2026, 23; Schmitt/Köhler/Schmitt StPO Einl. Rn. 128; zur (nicht ausreichenden) telefonischen Rechtsmitteleinlegung: einerseits Schmitt/Köhler/Schmitt StPO Einl. Rn. 140, andererseits LG Münster NJW 2005, 166; zur (nicht ausreichenden) Einlegung per E-Mail: Hartmann NJW 2006, 1390 (1392).

[30] Schmitt/Köhler/Köhler StPO § 32a Rn. 5. Eine sog. Containersignatur, nach der mehrere elektronische Dokumente mit nur einer gemeinsamen Signatur eingereicht werden, ist nicht mehr zulässig (§ 32 II 2 StPO, § 4 II ERVV; BGH NStZ-RR 2020, 24). Die Zulässigkeit des Computerfaxes (vgl. GmS-OGB NJW 2000,

muss das Dokument auf dem sicheren Übermittlungsweg vom persönlichen Postfach der Person aus versandt werden, deren Name als Signatur in der Schrift als verantwortende Person aufgeführt ist und auch durch diese selbst erfolgen.[31] Unschädlich ist ein Formalverstoß gegen das in § 2 I 1 ERVV vorgeschriebene Dateiformat (pdf), wenn das Gericht das Dateiformat lesen kann (hier: docx).[32] Inhaltlich muss sich aus der Erklärung der Wille zur Anfechtung des Urteils ergeben; das genügt selbst dann, wenn auch die Berufung statthaft ist (→ Rn. 8 ff.).

Wichtig: Verteidiger und Rechtsanwälte müssen Schriftsätze, mit denen sie ein Rechtsmittel einlegen, **zwingend** als elektronisches Dokument übermitteln, § 32d S. 2 Nr. 2 StPO.[33] Sonst ist die Übermittlung formunwirksam.[34] In der Praxis erfolgt die Übermittlung über das besondere elektronische Anwaltspostfach (beA), das jeder Rechtsanwalt mit der Zulassung erhält (§ 31a I 1 BRAO). Bei vorübergehender technischer Störung gilt § 32d S. 3 und 4 StPO.

Hält der Verteidiger aus Rechtsunkenntnis die Formvorschrift nicht ein, kann dem Angeklagten – dem im Strafrecht, anders als im Zivilrecht (§ 85 II ZPO), Verschulden seines Rechtsanwalts nicht zugerechnet wird – (gegebenenfalls sogar amtswegig) Wiedereinsetzung in den vorigen Stand gem. §§ 44 ff. StPO gewährt werden.[35]

Gemäß § 32b III 2 StPO müssen auch die Staatsanwaltschaften Revisionseinlegungen grundsätzlich (Ausnahme: vorübergehende technische Unmöglichkeit, S. 3) elektronisch übermitteln. Vorausgesetzt wird hier über den Wortlaut hinaus aber, dass die Akte – wie für Verfahren ab dem 1.1.2026 nach § 32 I 1 StPO verpflichtend – elektronisch geführt wird.[36]

Beispiel für die Abfassung einer Revisionseinlegungsschrift durch den Verteidiger, zwingend in elektronischer Form zu übermitteln:

27 Rechtsanwalt — 80335 München, 14.11.2025
Dr. Hans Müller — Karlsplatz 5

An das
Landgericht München I
– Schwurgericht –
Aktenzeichen: 1 Ks 115 Js 54321/25
In der Strafsache gegen
Gerhart Schmied, geb. am 15.9.1978, zurzeit in Untersuchungshaft in der JVA München-Stadelheim
wegen Mordes
lege ich gegen das Urteil des Landgerichts München I – Schwurgericht – vom 10.11.2025

Revision

ein.

Dr. Müller
(Rechtsanwalt)

2340, aber auch – zum Zivilrecht – BGH NJW 2005, 2086) dürfte unberührt bleiben, weil es sich um ein bei Gericht ausgedrucktes, also nicht um ein (dort) nur maschinell lesbares digitales Dokument handelt (Schmitt/Köhler/Schmitt StPO Einl. Rn. 128, 139).

[31] BGH BeckRS 2023, 1500; NStZ-RR 2024, 315; Schmitt/Köhler/Köhler StPO § 32a Rn. 5.

[32] BGH NStZ-RR 2023, 22.

[33] Schmitt/Köhler/Köhler StPO § 32d Rn. 2 sowie Schmitt/Köhler/Schmitt StPO Einl. Rn. 128c und StPO § 341 Rn. 7a.

[34] Schmitt/Köhler/Schmitt StPO § 32d Rn. 2.

[35] BGH NJW 2022, 3588 (3589); NStZ-RR 2024, 315; BeckRS 2025,14272; Schmitt/Köhler/Schmitt StPO § 44 Rn. 18.

[36] BeckOK StPO/Valerius § 32b Rn. 13; BGH NStZ-RR 2024, 219.

D. Frist, Form und Inhalt der Revisionsbegründung

I. Frist

Die Revisionsbegründungsfrist beträgt grundsätzlich einen Monat nach Ablauf der Einlegungsfrist (§ 345 I 1 StPO). Wurde – was die Regel ist – das vollständige Urteil, also die endgültige, mit den Gründen versehene schriftliche und unterschriebene Urteilsfassung, nicht innerhalb einer Woche nach der Verkündung zugestellt, läuft die Revisionsbegründungsfrist ab der Urteilszustellung (§ 345 I 3 StPO). Im Falle von Mehrfachzustellung ist auch hier § 37 II StPO zu beachten, für die Frage der Zustellung an den Angeklagten und/oder den Verteidiger gilt wiederum § 145a StPO. Falls das Sitzungsprotokoll erst nach der Urteilszustellung fertiggestellt wurde, muss das Urteil erneut zugestellt werden (§ 273 IV StPO); die Revisionsbegründungsfrist beginnt dann erst mit dieser Urteilszustellung zu laufen. Hintergrund dieser Regelung ist, dass ohne das Protokoll der Rechtsmittelführer nicht beurteilen kann, inwieweit Verfahrensrügen erfolgreich erhoben werden können (zur Beweiskraft des Protokolls: → Rn. 112 ff.). Der Gesetzgeber will mit dieser Regelung verhindern, dass die Revisionsbegründungsfrist vor Fertigstellung des Protokolls zu laufen beginnen kann. 28

Eine längere Frist von zwei bzw. drei Monaten gilt in (nicht klausurrelevanten) Fällen, in denen das Urteil später als 21 Wochen bzw. 35 Wochen nach der Urteilsverkündung zu den Akten gebracht wurde (§ 345 I 2 StPO). Solche Urteilsabsetzungsfristen darf das Gericht nur in Anspruch nehmen (§ 275 I 2 StPO), wenn die Hauptverhandlung mehr als 80 bzw. mehr als 150 Tage gedauert hat. Solche Verfahren und folglich auch die entsprechenden Urteile sind so komplex, dass Staatsanwaltschaft und Verteidigung nicht zugemutet werden kann, die Begründung in nur einem Monat zu fertigen.

Ist die Revisionsbegründungsfrist schuldlos versäumt, kann der Revisionsführer Wiedereinsetzung in den vorigen Stand nach §§ 44 ff. StPO erhalten.

Beispiel: Urteilsverkündung: Montag, 6.4.; Revisionseinlegung: Donnerstag, 9.4.; Fertigstellung des Protokolls: Freitag, 10.4.; Urteilszustellung: Dienstag, 14.4. 29

- Fristbeginn: mit Urteilszustellung (§ 345 I 3 StPO), da die Einlegungsfrist bereits zuvor, nämlich am Montag, 13.4., 24 Uhr, abgelaufen war,
- Fristdauer: 1 Monat (§ 345 I 1 StPO),
- Fristende: 14.5., 24 Uhr (§ 43 I StPO, sofern nicht § 43 II StPO eingreift).

Fall: Der Pflichtverteidiger des Angeklagten hatte gegen ein Urteil des Landgerichts vom 24.6. am 25.6. formgerecht Revision eingelegt. Das Urteil wurde dem Angeklagten am 30.7. und dem Verteidiger am 2.8. zugestellt. Am nächsten Tag (3.8.) unterzeichnete der Vorsitzende das Sitzungsprotokoll, das er um eine – dort versehentlich nicht vermerkte – teilweise Einstellung nach § 154a II StPO ergänzt hatte. Am 1.9. ging beim Landgericht eine nicht unterschriebene Revisionsbegründung des Verteidigers in Papierform ein. Seinen Fehler bemerkte der Verteidiger erst am 7.9.; er reichte noch an diesem Tag eine Revisionsbegründung in elektronischer Form ein. Ist die Revision zulässig eingelegt? 30

Lösung: Die Revisionsbegründung ist rechtzeitig bei Gericht eingegangen.
Nach § 145a I StPO können Zustellungen – wie hier des Urteils gem. § 343 II StPO – an den Pflichtverteidiger bewirkt werden;[37] in einem solchen Fall genügt, dass der Angeklagten hiervon unterrichtet und ihm formlos eine Abschrift übersandt wird (§ 145a III 1 StPO). Jedoch sind diese Regelungen nur Ordnungsvorschriften, deren Verletzung die Wirksamkeit der Zustellung unberührt lässt.[38] Es liegt somit eine – zwar unnötige, aber nicht schon deshalb unwirksame – Doppelzustellung vor. Entsprechend § 37 II StPO richtet sich der Beginn der Revisionsbegründungsfrist in diesem Fall nach der zuletzt bewirkten Zustellung (2.8.). Dies hätte hier zwar zur Folge, dass die

[37] Anders als im Zivilrecht (§ 172 ZPO) muss die Zustellung nicht an den Verteidiger erfolgen. § 145a III 2 StPO erlaubt eine Zustellung an den Angeklagten bei formloser Mitteilung an den Verteidiger.

[38] Schmitt/Köhler/Schmitt StPO § 145a Rn. 6, 14.

Revisionsbegründung verspätet bei Gericht eingegangen wäre (Ablauf der Frist: 2.9., 24 Uhr; vgl. §§ 345 I 3, 43 I StPO), denn die Revisionsbegründung muss nach dem eindeutigen Wortlaut des § 345 II StPO vom Anwalt unterschrieben sein (auch → Rn. 34). Außerdem hätte der Verteidiger die Revisionsbegründung nicht mehr in Papierform einreichen dürfen (§ 32d S. 2 Nr. 2 StPO). In korrekter Form ist die Begründung erst am 7.9. zu Gericht gelangt.
Es fehlt jedoch aus einem anderen Grund an einer ordnungsgemäßen Zustellung des Urteils. Nach § 273 IV StPO darf die Zustellung erst erfolgen, wenn das Protokoll fertig gestellt ist. Eine zuvor vorgenommene Zustellung ist unwirksam und setzt die Revisionsbegründungsfrist nicht in Lauf, vielmehr ist dann die – fehlerfreie – Wiederholung der Zustellung erforderlich.[39] Fertig gestellt ist das Protokoll aber erst, wenn die Änderung, die der Vorsitzende vorgenommen hat, vom Protokollführer „abgezeichnet" ist (vgl. § 271 I StPO sowie Nr. 144 I RiStBV).[40] Das ist bislang jedoch nicht geschehen, sodass das Urteil noch nicht ordnungsgemäß zugestellt ist. Die Revisionsbegründung des Verteidigers vom 7.9. ist somit vor Ablauf der Revisionsbegründungsfrist bei Gericht eingegangen; dass diese Frist mangels wirksamer Zustellung noch nicht angelaufen war, ist unschädlich.[41]

31 § 43 I StPO unterscheidet – anders als § 188 II BGB – für die Berechnung des Endes der Revisionsbegründungsfrist nicht danach, ob für den Beginn der Frist ein Ereignis (§ 345 I 3 StPO: Zustellung des Urteils) oder der Beginn eines Tages (§ 345 I 1 StPO: Ablauf der Einlegungsfrist) maßgebend ist.[42]

Beispiel für die Fristberechnung bei Urteilszustellung vor Ablauf der Revisionseinlegungsfrist (seltener Fall!): Urteilsverkündung in Anwesenheit des Angeklagten und seines Verteidigers am 2.10.; Zustellung des Urteils am 8.10.; Ende der Revisionseinlegungsfrist: 9.10.; Beginn der Revisionsbegründungsfrist am 10.10., 0.00 Uhr; Ende der Revisionsbegründungsfrist am 10.11., 24.00 Uhr.

32 **Hinweis:** Die Revisionsbegründung muss innerhalb der nicht verlängerbaren[43] Frist des § 345 I StPO bei dem Gericht, dessen Urteil angefochten wird, eingehen. Das Nachschieben von Verfahrensrügen oder die Erhebung der allgemeinen Sachrüge ist nach Ablauf der Revisionsbegründungsfrist grundsätzlich ausgeschlossen. Nur wenn es zur Wahrung des rechtlichen Gehörs (Art. 103 I GG) des Revisionsführers unerlässlich erscheint, kann in besonderen Prozesssituationen eine Wiedereinsetzung zur Nachbesserung einer Verfahrensrüge ausnahmsweise in Betracht kommen.[44]

II. Form und Inhalt

33 Die Revision muss – anders als die Berufung (vgl. die Kann-Vorschrift des § 317 StPO) – begründet werden (§ 344 I StPO). Diese Begründung ist an das Gericht zu richten, dessen Urteil angefochten wird (§ 345 I 1 StPO).

Seitens des Angeklagten[45] kann die Revisionsbegründung gem. § 345 II StPO nur in einer von einem Verteidiger oder Rechtsanwalt[46] unterzeichneten Schrift oder zu Protokoll der Geschäftsstelle (§§ 345 II, 299 StPO, § 24 I Nr. 1 lit. b RPflG) erfolgen. Eine schriftliche Revisionsbegründung des Angeklagten selbst genügt hier – anders als bei der Revisionseinlegung – nicht.

[39] BGH NStZ-RR 2002, 12; Schmitt/Köhler/Schmitt StPO § 273 Rn. 34, § 345 Rn. 5.
[40] Schmitt/Köhler/Schmitt StPO § 271 Rn. 14; die RiStBV ist bei Schmitt/Köhler als Anh 3 abgedruckt.
[41] BGH BeckRS 2003, 05111; Schmitt/Köhler/Schmitt StPO § 345 Rn. 3.
[42] Vgl. etwa BGHSt 36, 241 = NJW 1990, 460; vgl. auch Schmitt/Köhler/Schmitt StPO § 345 Rn. 4.
[43] Schmitt/Köhler/Schmitt StPO § 345 Rn. 1 f. Eine rechtswidrig gewährte Fristverlängerung ist unwirksam, begründet aber den Anspruch auf Wiedereinsetzung in den vorigen Stand (BGH NStZ-RR 2017, 148).
[44] BGH NStZ 2025, 57; Schmitt/Köhler/Schmitt StPO § 44 Rn. 7 ff.
[45] Zur Revisionsbegründung des Nebenklägers: → Rn. 359.
[46] Die Unterscheidung zwischen „Verteidiger" und „Rechtsanwalt" in § 345 II StPO rührt daher, dass der „Verteidiger" bereits in der Tatsacheninstanz als Verteidiger des Angeklagten aufgetreten ist und nicht notwendig ein Rechtsanwalt sein muss (vgl. §§ 138, 139 StPO), während der „Rechtsanwalt" – ohne damit zum (umfassenden) Verteidiger zu werden – vom Angeklagten nur zur Einlegung bzw. Begründung der Revision ermächtigt wurde; vgl. BGH NStZ 2001, 52; Schmitt/Köhler/Schmitt StPO § 345 Rn. 11, 12.

Ein Pflichtverteidiger kann seine Befugnisse nicht wirksam auf einen anderen Anwalt übertragen, der nicht sein allgemeiner Vertreter gem. § 53 II BRAO ist oder als sonstiger Bevollmächtigter des Angeklagten tätig geworden ist.[47]

Die schriftliche Revisionsbegründung muss als elektronisches Dokument iSd § 32a StPO eingereicht werden, dh entweder mit qualifizierter elektronischer Signatur der verantwortlichen Person oder einfach signiert und über einen sicheren Übermittlungsweg iSd § 32a IV StPO. Für den Verteidiger oder Rechtsanwalt ergibt sich dies aus § 32d S. 2 Nr. 2 StPO, für die Staatsanwaltschaft bei – für Verfahren ab dem 1.1.2026 obligatorischer – elektronischer Aktenführung aus § 32b III 2 StPO. 34

Diese Signaturvorschriften treten an die Stelle des Erfordernisses, dass die Begründungsschrift von einem Rechtsanwalt oder Verteidiger zu unterzeichnen ist (§ 345 II StPO). Die letztgenannte Vorschrift behält ihre Bedeutung für den seltenen Fall, dass die Einlegung in Papierform wegen vorübergehender technischer Störung der elektronischen Übermittlung nicht möglich ist (§ 32d S. 3 StPO; die technische Störung ist bei der Ersatzeinlegung oder unverzüglich danach glaubhaft zu machen; § 32d S. 4 StPO).

Wird die Revisionsbegründung von einem Verteidiger oder Rechtsanwalt eingereicht, muss dieser auch inhaltlich die Verantwortung für die Begründung übernehmen und an ihr zumindest „gestaltend" mitgewirkt haben.[48] Er darf daher beispielsweise nicht lediglich eine vom Angeklagten selbst verfasste Schrift mit Deckblatt und unter eigener Signatur bei Gericht einreichen.[49] 35

Fall: Der Angeklagte hatte gegen ein eine Freiheitsstrafe verhängendes Urteil des Landgerichts Revision eingelegt. Deren Begründung hatte aber nicht der Pflichtverteidiger des Angeklagten, sondern – da dieser abwesend war – dessen durch Untervollmacht ermächtigter Vertreter unterzeichnet. Wie wird das Revisionsgericht über die Revision entscheiden? 36

Lösung: Das Revisionsgericht wird die Revision durch Beschluss nach § 349 I StPO als unzulässig verwerfen, da diese nicht ordnungsgemäß gem. § 345 II StPO begründet ist, wenn sie weder vom Pflichtverteidiger noch von dessen allgemein bestelltem Vertreter (§ 53 II BRAO) unterzeichnet wurde. Das ist hier der Fall, weil durch eine Untervollmacht die Befugnisse des Pflichtverteidigers nicht übertragen werden können.[50]

Dasselbe Problem stellt sich im Übrigen mitunter auch schon bei der Prüfung der Ordnungsmäßigkeit einer Urteilszustellung. Die Zustellung ist unwirksam, wenn das Empfangsbekenntnis (§ 37 I StPO iVm § 175 I ZPO) nicht vom Pflichtverteidiger, sondern von einem anderen Mitglied seiner Sozietät unterzeichnet ist.[51] Möglich ist hier aber eine Heilung gem. § 37 I StPO iVm § 189 ZPO.[52]

Die Einzelheiten zum Inhalt einer Revisionsbegründung werden nachfolgend in Kapitel 3 dargestellt. In der Zulässigkeitsprüfung ist zu beachten, dass die Revisionsbegründung den in § 344 I StPO geforderten Mindestinhalt aufweisen muss. Die Revision ist danach nur zulässig, wenn der Revisionsbegründung – zumindest im Wege der Auslegung – ein Antrag und wenigstens **eine** zulässige Rüge zu entnehmen sind. 37

Fall: Die Staatsanwaltschaft hatte gegen ein Urteil des Landgerichts Revision eingelegt und diese ausschließlich mit einer Verfahrensrüge begründet. Die Sachrüge hatte sie, auch in allgemeiner Form, nicht erhoben. Wie wird das Revisionsgericht entscheiden, wenn die Ausführungen zur Verfahrensrüge nicht den sich aus § 344 II 2 StPO ergebenden Anforderungen entsprechen? 38

---

[47] BGH BeckRS 2022, 4737; BeckRS 2024, 39717.
[48] BGH NJW 2014, 2664; Schmitt/Köhler/Schmitt StPO § 345 Rn. 14c und 16.
[49] BGH NStZ-RR 2006, 84.
[50] BGH BeckRS 2022, 13715; Schmitt/Köhler/Schmitt StPO § 142 Rn. 60.
[51] Schmitt/Köhler/Schmitt StPO § 37 Rn. 18 f.
[52] Vgl. OLG Frankfurt a. M. NStZ-RR 2004, 336; Schmitt/Köhler/Schmitt StPO § 37 Rn. 28.

Lösung: Das Revisionsgericht wird das Rechtsmittel nach § 349 I StPO als unzulässig verwerfen. Die Unzulässigkeit einer allein erhobenen Verfahrensrüge führt also zur Unzulässigkeit der Revision. Hätte die Staatsanwaltschaft dagegen auch die allgemeine Sachrüge erhoben, wäre die Revision zulässig; die Unzulässigkeit der Verfahrensrüge hätte dann nur zur Folge, dass sich das Revisionsgericht nicht mit deren Begründetheit befasst, sondern lediglich prüft, ob die Sachrüge durchgreift.[53]

E. Keine Rechtsmittelrücknahme und kein Rechtsmittelverzicht

I. Rücknahme- und Verzichtserklärung

39 Die Rechtsmittelberechtigten können auf Rechtsmittel verzichten oder – falls sie ein solches bereits eingelegt haben – dieses auch wieder zurücknehmen (§ 302 StPO). Die Wirksamkeit der Rücknahme durch den Verteidiger bedarf jedoch der ausdrücklichen – allerdings nicht formgebundenen[54] – Ermächtigung durch den Angeklagten (§ 302 II StPO); diese kann nicht schon in der allgemeinen, bei Übernahme des Mandats im Ermittlungsverfahren oder der Tatsacheninstanz erteilten Vollmacht gesehen werden.[55] Eine vom Angeklagten erklärte Rechtsmittelrücknahme erstreckt sich wegen § 297 StPO grundsätzlich auch auf eine von seinem Verteidiger eingelegte Revision.[56] Nach Beginn der Hauptverhandlung im Rechtsmittelverfahren ist für jede Rücknahme ferner die Zustimmung des Gegners erforderlich (§ 303 S. 1 StPO).

40 Rücknahme und Verzicht müssen in derselben Form erklärt werden wie die Rechtsmitteleinlegung, also schriftlich bzw. zu Protokoll des Urkundsbeamten der Geschäftsstelle (vgl. § 341 I StPO und → Rn. 26) bzw. in elektronischer Form (§ 32d S. 2 Nr. 2 StPO und § 32b III 1 StPO) oder – das ist vor allem beim Verzicht von Bedeutung – in der Hauptverhandlung.[57] Die von einem Verteidiger bzw. Rechtsanwalt erklärte Revisionsrücknahme ist gem. § 32d S. 2 Nr. 2 StPO zwingend elektronisch zu übermitteln. Der in der Hauptverhandlung erklärte Verzicht muss protokolliert (§ 273 I StPO) und soll vorgelesen sowie genehmigt werden (§ 273 III StPO; Nr. 143 I 2 RiStBV), jedoch ist Letzteres keine Wirksamkeitsvoraussetzung für den Verzicht. Ohne Genehmigung hat das Protokoll allerdings nicht die Beweiskraft des § 274 StPO; das Vorliegen eines Verzichts ist vielmehr im Freibeweisverfahren zu klären.[58]

41 Als Prozesshandlungen sind die Rücknahme und der Verzicht bedingungsfeindlich; ein Teilverzicht ist jedoch ebenso zulässig wie eine Teilrücknahme, soweit eine Beschränkung des Rechtsmittels auf einen Teil der angefochtenen Entscheidung möglich ist (insofern gelten → Rn. 54 ff. entsprechend). Als Prozesshandlung kann der bei Gericht eingegangene Rechtsmittelverzicht grundsätzlich nicht widerrufen, wegen Irrtums angefochten oder sonst zurückgenommen werden. Allerdings erkennt die Rechtsprechung an, dass in besonderen Fällen schwerwiegende Willensmängel bei der Erklärung des Rechtsmittelverzichts (zB bei Verhandlungsunfähigkeit im Zeitpunkt der Abgabe der Erklärung[59]) oder die Art und Weise seines Zustandekommens (zB Rechtsmittelverzicht, der erwiesenermaßen aufgrund einer objektiv unrichtigen Erklärung oder Auskunft des Gerichts zustande gekommen ist[60] oder durch eine unzulässige Willensbeeinflussung „abverlangt" wurde[61]) dazu führen können, dass der erklärte Verzicht von Anfang an unwirksam ist.[62] Erklärt ein unverteidigter Angeklagter

---

[53] BGH BeckRS 2003, 09179; NStZ 2001, 248 (250); Schmitt/Köhler/Schmitt StPO § 344 Rn. 20c aE.
[54] BGH NStZ-RR 2017, 185; Schmitt/Köhler/Schmitt StPO § 302 Rn. 32.
[55] BGH NStZ 2000, 665; Schmitt/Köhler/Schmitt StPO § 302 Rn. 32.
[56] Schmitt/Köhler/Schmitt StPO § 302 Rn. 4.
[57] Schmitt/Köhler/Schmitt StPO § 302 Rn. 7, 18 f.
[58] Vgl. Schmitt/Köhler/Schmitt StPO § 274 Rn. 11, § 302 Rn. 19.
[59] Vgl. Schmitt/Köhler/Schmitt StPO § 302 Rn. 8a, 23, dort auch dazu, dass das Fehlen einer Rechtsmittelbelehrung ohne Einfluss auf die Wirksamkeit des Verzichts ist.
[60] Vgl. BGH NStZ-RR 2017, 92; Schmitt/Köhler/Schmitt StPO § 302 Rn. 22, 25.
[61] Vgl. BGH NStZ 2005, 280; Schmitt/Köhler/Schmitt StPO § 302 Rn. 25.
[62] BGH NStZ 1999, 526.

Rechtsmittelverzicht, obwohl ein Fall notwendiger Verteidigung bestand, ist diese Erklärung unwirksam, weil der Angeklagte die Reichweite der Erklärung nicht hinreichend überblicken konnte.[63] Dasselbe gilt, wenn der Angeklagte den Rechtsmittelverzicht zu einem Zeitpunkt abgibt, zu dem sich sein Pflichtverteidiger wegen eines Telefonats aus dem Sitzungssaal entfernt hatte.

Ist dem Urteil eine Verständigung zwischen dem Gericht und den Verfahrensbeteiligten vorausgegangen (vgl. § 257c StPO; zu diesem examensrelevanten Problemkreis näher → Rn. 299 ff.), ist ein Rechtsmittelverzicht ausgeschlossen (§ 302 I 2 StPO).[64] Ein dennoch erklärter Rechtsmittelverzicht ist unwirksam. Der Angeklagte kann trotz erklärten Verzichts Rechtsmittel einlegen. 41a

Ist die Verständigung – gesetzwidrig – nicht protokolliert, muss im Freibeweisverfahren geklärt werden, ob eine Verständigung stattgefunden hat. Dazu muss der Rechtsmittelführer im Einzelnen darlegen, in welchem Stadium, in welcher Form und mit welchem Inhalt die Verständigung zustande gekommen sein soll.[65] Zwar mag man davon ausgehen, dass heimliche Verständigungen grundsätzlich keinen Vertrauensschutz entfalten. Dies kann aber nicht für verbotene heimliche Verständigungen gelten, da sonst die vom Gesetzgeber angestrebte Kontrollfunktion der Rechtsmittelgerichte zur Einhaltung der Vorschriften über die Verständigung unterlaufen würde. § 302 I 2 StPO findet daher entsprechende Anwendung.[66]

Der Angeklagte ist nach § 35a S. 3 StPO darüber zu belehren, dass trotz der Verständigung ein Rechtsmittel möglich ist. Ist diese Belehrung unterblieben, kommt Wiedereinsetzung in den vorigen Stand in Betracht, wenn der Angeklagte die Einlegungsfrist schuldlos versäumt. Allerdings wird – wenn lediglich die qualifizierte Belehrung nach § 35a S. 3 StPO (und nicht die allgemeine Belehrung nach § 35a S. 1 und 2 StPO) fehlt – nicht vermutet, dass die Fristversäumung schuldlos war (§ 44 S. 2 StPO).[67]

Hat das Gericht entgegen § 302 I 2 StPO in der Hauptverhandlung einen Rechtsmittelverzicht entgegengenommen und sich damit an einer gesetzwidrigen Handlung beteiligt und hat der Angeklagte deshalb die Einlegungsfrist für das Rechtsmittel versäumt, dürfte Wiedereinsetzung in den vorigen Stand zu gewähren sein.

Nach der Rechtsprechung ist vom Verbot des § 302 I 2 StPO nicht die Rücknahme eines bereits eingelegten Rechtsmittels umfasst. In BGH NStZ 2010, 409 hatte der Verteidiger mit ordnungsgemäßer Vollmacht die bereits eingelegte Revision nach einer Stunde wieder zurückgenommen. Angeklagter und Verteidiger hatten dieses Vorgehen abgesprochen. Der BGH hat die Rechtsmittelrücknahme für wirksam erachtet (zu der Wirkung: → Rn. 42 f.). Der BGH sieht in der Rechtsmittelrücknahme keine dem Rechtsmittelverzicht vergleichbare Situation, da die Rücknahme einer weiteren Erklärung bedurft habe und daher eine vorschnelle Festlegung des Angeklagten vermieden werde.[68] Anders wäre der Fall aber dann zu beurteilen, wenn das Gericht an diesem Vorgehen beteiligt ist (indem es auf den Angeklagten und Verteidiger einwirkt, entsprechend vorzugehen).

II. Wirkungen von Rücknahme oder Verzicht

Die wirksame Revisionsrücknahme oder der Rechtsmittelverzicht führen zur Unzulässigkeit einer gleichwohl eingelegten Revision und haben, wenn nicht andere Beteiligte Rechtsmittel 42

[63] Str., zum Streitstand Schmitt/Köhler/Schmitt StPO § 302 Rn. 25a.

[64] Vgl. auch Schmitt/Köhler/Schmitt StPO § 257c Rn. 15d zur Unwirksamkeit einer „Nichtanfechtbarkeitsvereinbarung". Einen Rechtsmittelverzicht in einem anderen Verfahren im Rahmen einer Verständigung hält der BGH für wirksam, lässt aber die Rechtmäßigkeit der Verständigung offen, NStZ 2016, 177; die Rechtmäßigkeit einer solchen Verständigung (trotz des Ausschlusses verfahrensübergreifender Gesamtlösungen, vgl. § 257c II 1 StGB) weiterhin offenlassend: BGH NStZ-RR 2023, 58; vgl. auch Schmitt/Köhler/Schmitt StPO § 257c Rn. 15a ff. und § 302 Rn. 26e.

[65] BGH StV 2011, 340; Schmitt/Köhler/Schmitt StPO § 302 Rn. 26a, 26b.

[66] BGH NJW 2014, 872; Schmitt/Köhler/Schmitt StPO § 302 Rn. 26b.

[67] Schmitt/Köhler/Schmitt StPO § 44 Rn. 23a.

[68] Skeptisch: Schmitt/Köhler/Schmitt StPO § 302 Rn. 26d.

eingelegt haben oder noch einlegen können, den Eintritt der Rechtskraft der Entscheidung zur Folge (zur Entscheidung des Revisionsgerichts in solchen Fällen unten → Rn. 383).

43 **Hinweis:** Anders als im Zivilrecht kann eine zurückgenommene Revision nicht erneut zulässig eingelegt werden, da die Rücknahme von der Rechtsprechung als Verzicht auf die Wiederholung des Rechtsmittels verstanden wird.[69]

F. Zusammenfassung und Prüfungsschema

44 Die Prüfung der Zulässigkeit einer Revision[70] umfasst folgende Punkte, die in einer Examensklausur mit Ausnahme der Ziffern 4c, 5c und 6 stets unter Angabe der einschlägigen Paragraphen angesprochen werden müssen:

1. Statthaftigkeit
2. Einlegungsberechtigung
3. Beschwer
4. Revisionseinlegung
   a) Frist der Revisionseinlegung
   b) Form der Revisionseinlegung
   c) Inhalt der Revisionseinlegung
5. Revisionsbegründung
   a) Frist der Revisionsbegründung
   b) Form der Revisionsbegründung
   c) Mindestinhalt der Revisionsbegründung
6. Kein Rechtsmittelverzicht und keine Rechtsmittelrücknahme

45 Ist die Zulässigkeit unzweifelhaft gegeben, genügt es, in die Klausur folgenden Absatz aufzunehmen (Beispiel für eine Revision des Angeklagten):

> „Die Revision ist zulässig.
> Sie ist statthaft, da sie sich gegen das Urteil des Landgerichts … richtet (§ 333 StPO), in dem der Angeklagte zu … verurteilt wurde und das ihn deshalb beschwert (§ 296 I StPO). Die Revision gegen das am … in Anwesenheit des Angeklagten verkündete Urteil wurde mit einem am … und damit binnen der Wochenfrist ab Verkündung des Urteils (§ 341 I StPO; Fristende nach § 43 I StPO: …) beim Landgericht … in elektronischer Form eingegangenen Anwaltsschriftsatz form- (§ 341 I iVm § 32a III, IV, § 32d S. 2 Nr. 2 StPO) und fristgerecht eingelegt. Sie wurde gegenüber dem Ausgangsgericht innerhalb der ab der Zustellung des Urteils am … laufenden Monatsfrist (§ 345 I 3 StPO, der Anwendung findet, weil die Zustellung des Urteils nach Ablauf der Einlegungsfrist erfolgte; Fristende für die Revisionsbegründungsfrist nach § 43 I StPO: …) mit elektronischem Anwaltsschriftsatz (§ 345 II iVm § 32a III, IV, § 32d S. 2 Nr. 2 StPO) und damit form- und fristgerecht begründet. Inhaltlich entspricht dieser Schriftsatz den sich aus § 344 StPO ergebenden Anforderungen, da das angefochtene Urteil bezeichnet, ein Antrag gestellt (§ 344 I StPO) und jedenfalls mit dem Satz ‚Ich rüge die Verletzung sachlichen Rechts' die allgemeine Sachrüge und damit eine zulässige Rüge (§ 344 II 1 StPO) erhoben wurde."

Ist ein Revisionsbegründungsschriftsatz zu fertigen, erfolgt die Erörterung der unproblematischen Zulässigkeitspunkte der Revision praxisgerecht nicht im Schriftsatz an das Gericht, sondern im Hilfsgutachten.

46 Besteht dagegen ein Problem oder eine Zweifelsfrage, muss dieser Punkt im Einzelnen dargestellt werden.

---

[69] BGH NStZ-RR 2005, 211 (212); Schmitt/Köhler/Schmitt StPO § 302 Rn. 12.

[70] Eine Übersicht zu den seit 1986 in bayerischen Staatsexamina geprüften Zulässigkeitsproblemen findet sich im Anhang, → Rn. 422.

3. Kapitel. Inhalt der Revisionsbegründung

A. Grundsätze

Die Revisionsbegründung besteht aus zwei Teilen, dem Antrag und dessen Begründung (§ 344 I StPO). Diese Begründung muss in der Behauptung der Verletzung formellen (Verfahrensrüge) und/oder materiellen Rechts (Sachrüge) liegen. Die Unterscheidung zwischen diesen Rügearten ist wichtig, da an die Ausführungen zur Verfahrens- oder zur Sachrüge unterschiedliche Anforderungen gestellt werden (im Einzelnen → Rn. 105 ff., 310 ff.). Geltend gemacht werden kann mit der Revision aber auch (nur) das Vorliegen eines von Amts wegen zu beachtenden Verfahrenshindernisses (→ Rn. 60 ff.). 47

Üblicher Aufbau einer Revisionsbegründung:

A. Antrag 48
B. Begründung
- Vorliegen von von Amts wegen zu berücksichtigenden Verfahrenshindernissen,
- Verfahrensrügen:
  - absolute Revisionsgründe,
  - relative Revisionsgründe,
- Sachrüge:
  - allgemeine Sachrüge,
  - Einzelausführungen.

B. Revisionsantrag und Beschränkung der Revision

I. Antrag

Die Revisionsbegründung muss einen Revisionsantrag enthalten, der sich am gewünschten Tenor des Revisionsgerichts orientiert. Primär („kassatorisches Element") muss der Revisionsführer erklären, ob er die Aufhebung (vgl. §§ 344 I, 353 I StPO) des Urteils in vollem oder beschränktem Umfang beantragt. Hält der Revisionsführer die Tatsachenfeststellungen für rechtsfehlerhaft, wird er im Hinblick auf § 353 II StPO auch die Aufhebung der zugehörigen Feststellungen beantragen. Die Folgen der Aufhebung ergeben sich zwar aus dem Gesetz, gleichwohl ist es zweckmäßig (und in der Klausur erforderlich), das eigentliche Ziel des Rechtsmittels zu nennen („reformatorisches Element"). Der Regelfall in der Klausur ist hier die Zurückverweisung an dasselbe (§ 354 II StPO) oder ein anderes (§ 354 III StPO bzw. § 355 StPO) Gericht. Daneben kommen aber auch die folgenden eigenen Sachentscheidungen des Revisionsgerichts in Betracht, von denen für die Klausur primär die ersten beiden von Relevanz sind: 49

- Freispruch (§ 354 I StPO)
- Einstellung (§ 354 I StPO)
- Festsetzung einer absolut bestimmten Strafe (= lebenslänglich, § 354 I StPO) bzw. mit Antrag der Staatsanwaltschaft der gesetzlich niedrigsten Strafe bzw. Absehen von Strafe
- Rechtsfolgenentscheidungen nach § 354 Ia und Ib StPO
- „Schuldspruchberichtigung" analog § 354 I StPO[1], wenn die rechtsfehlerfrei getroffenen Feststellungen die Verurteilung in einer abgeänderten Form tragen, auszuschließen ist, dass der abgeänderte Schuldspruch durch ergänzende Feststellungen in Frage gestellt werden kann und § 265 StPO nicht entgegensteht

---

[1] Vgl. hierzu: Schmitt/Köhler/Schmitt StPO § 354 Rn. 12 ff.

50 **Formulierungsvorschläge zu den in der Praxis häufigsten Anträgen:**

- Ist das Urteil nach Ansicht des Revisionsführers rechtsfehlerhaft, weil beispielsweise die Tatsachenfeststellungen unvollständig sind oder die rechtliche Würdigung falsch ist, ohne dass ein Freispruch oder eine Einstellung des Verfahrens gerechtfertigt wäre, sollte folgender Antrag gestellt werden (§§ 353, 354 II 1 StPO; **„Standardantrag"**):

> „Ich beantrage, das Urteil des Landgerichts … – große/kleine Strafkammer/Schwurgericht – vom …, Az. …, mit den ihm zugrunde liegenden Feststellungen aufzuheben und die Sache zur erneuten Verhandlung und Entscheidung an eine andere große/kleine Strafkammer des Landgerichts[2] … (gegebenenfalls als Schwurgericht) zurückzuverweisen."

Bei der Zurückverweisung ist zu beachten, dass nach § 354 III StPO auch die Zurückverweisung an ein Gericht niederer Ordnung erfolgen kann, wenn die nach Überzeugung des Revisionsgerichts noch in Frage kommende strafbare Handlung in dessen Zuständigkeitsbereich fällt bzw. in Fällen, in denen die Aufhebung deshalb erfolgt, weil das Gericht des vorangehenden Rechtszugs seine Zuständigkeit zu Unrecht bejaht hat, die Sache nach § 355 StPO an das zuständige Gericht zu erfolgen hat.

51 - Ist das Urteil eines Landgerichts fehlerhaft und soll der Angeklagte freigesprochen werden, lautet der Antrag (§§ 353 I, 354 I StPO; zur Problematik, ob gegebenenfalls zugleich eine Verfahrensrüge erhoben und auch eine Aufhebung auch der Feststellungen, § 353 II StPO, beantragt werden sollte oder ob hierdurch dem Freispruch die Tatsachengrundlage entzogen würde die nachfolgenden Ausführungen):

> „Ich beantrage, das Urteil des Landgerichts … – große/kleine Strafkammer/Schwurgericht – vom …, Az.: …, aufzuheben und den Angeklagten freizusprechen."
> Bzw.
> „Ich beantrage, das Urteil des Landgerichts … – große/kleine Strafkammer/Schwurgericht – vom …, Az.: …, aufzuheben und den Angeklagten freizusprechen soweit er wegen gefährlicher Körperverletzung, begangen am …, verurteilt wurde (Ziff. … der Urteilsgründe). Im Übrigen beantrage ich, das Urteil des Landgerichts … – große/kleine Strafkammer/Schwurgericht – vom …, Az.: …, mit den ihm zugrunde liegenden Feststellungen aufzuheben und die Sache an eine andere kleine/große Strafkammer des Landgerichts … (gegebenenfalls als Schwurgericht) zur erneuten Verhandlung und Entscheidung zurückzuverweisen."

Der Antrag auf Freispruch kommt jedoch nur in Betracht, wenn schon in der Revision der Freispruch zwingend ist, weil der Angeklagte bezogen auf die angeklagte Tat mit Sicherheit keinen Straftatbestand verwirklicht hat und entweder auch ein neuer Tatrichter keine weiteren Tatsachenfeststellungen treffen kann oder sich selbst bei noch möglichen weiteren Tatsachenfeststellungen an der Straflosigkeit nichts ändern würde.[3] In der Klausur kann der Fall auftreten, dass Sie als Verteidiger der Überzeugung sind, der festgestellte Sachverhalt rechtfertige einen Freispruch, Sie aber gleichzeitig erfolgversprechende Angriffe gegen die Tatsachenfeststellung, insbesondere Verfahrensrügen, sehen. Einerseits ist hier dann zu beachten, dass ein Freispruch durch das Revisionsgericht selbst nur dann in Betracht kommt, wenn die bisherigen Feststellungen vollständig und fehlerfrei sind.[4] Mit der Erhebung einer Verfahrensrüge und dem damit verbundenen Antrag auf Aufhebung auch der Feststellungen besteht daher einerseits theoretisch gegebenenfalls das Risiko, dass man über den Angriff auf die Feststellungen dem Freispruch durch das Revisionsgericht selbst die erforderliche Grundlage nimmt. Andererseits kann das Revisionsgericht Verfahrensrügen aber unbeschieden lassen, wenn bereits die Sachrüge unzweifelhaft zu einem Freispruch führt.[5] Der BGH hat insofern bereits 1962 ausgeführt, dass es „nicht einzusehen sei, dass der Freispruch nur deshalb

---

[2] Bei Sprungrevisionen gegen amtsgerichtliche Urteile können Sie formulieren: „an eine andere Abteilung des Amtsgerichts". Kammern gibt es bei Amtsgerichten nicht. Bei erstinstanzlichen Urteilen der OLGs erfolgt eine Zurückverweisung an einen anderen Senat des OLG.

[3] Vgl. auch Schmitt/Köhler/Schmitt StPO § 354 Rn. 3.

[4] Vgl. zB Schmitt/Köhler/Schmitt StPO § 354 Rn. 1; BeckOK StPO/Wiedner § 354 Rn. 9; KK StPO/Gericke § 354 Rn. 3.

[5] Schmitt/Köhler/Schmitt StPO § 352 Rn. 12.

unzulässig sein soll, weil sich ein Angeklagter gegen seine Verurteilung, die dem sachlichen Recht widerspricht, obendrein mit einer begründeten Verfahrensrüge wehrt".[6] Haben mehrere Rügen Aussicht auf Erfolg, hat zudem grundsätzlich die am weitesten reichende den Vorrang.[7] Vor diesem Hintergrund sollte das oben beschriebene Risiko eher gering sein. Der Befürchtung, dass das Revisionsgericht bei einer offensichtlich begründeten Verfahrensrüge in eine gegebenenfalls komplizierte Überprüfung des Urteils auf die zugleich erhobene Sachrüge hin gar nicht erst einsteigt, sollte man mit einer entsprechend sorgfältigen Formulierung des Revisionsbegründungsschriftsatzes begegnen können. Zwar ist es nach der Rechtsprechung unzulässig, Rügen bedingt für den Fall zu erheben, dass nicht andere Rügen durchgreifen.[8] Sofern man in der Antragsbegründung bei erhobener Verfahrensrüge und entsprechender Antragstellung aber hervorhebt, dass auch unabhängig von der Verfahrensrüge bereits die Sachrüge aus bestimmten Gründen unzweifelhaft einen Freispruch rechtfertigt, kann gegebenenfalls aufgrund des oben genannten Vorrangs trotz der erhobenen Verfahrensrüge ein Freispruch durch das Revisionsgericht selbst erfolgen.

Die beschriebene Problematik dürfte häufig aber ohnehin eher theoretischer Natur sein, da sich sowohl in der Klausur als auch in der Praxis aus Anwaltssicht stets der „sicherste" Weg empfiehlt. Schon aus diesem Grund werden zumeist mögliche Verfahrensrügen zu erheben sein, auch wenn dies gegebenenfalls zur Aufhebung des Urteils und Zurückverweisung der Sache führt. Dieses Vorgehen erscheint zumindest immer dann naheliegend, wenn Sie nicht zu 100 % sicher sind, dass das Revisionsgericht Ihrer Rechtsansicht zur Freispruchsreife folgen wird. Von der Erhebung einer Verfahrensrüge wäre dann im Hinblick auf den „sichersten" Weg abzusehen, wenn einerseits Gewissheit besteht, dass auf Grundlage der getroffenen Feststellungen aus sachlich-rechtlichen Gründen ein Freispruch erfolgen muss (zB weil die Feststellungen vom Ausgangsgericht unbemerkt einen Erlaubnistatbestandsirrtum des Angeklagten begründen), und andererseits das Risiko besteht, dass bei einer erneuten Hauptverhandlung auf die Verfahrensrüge hin keine vergleichbaren – für den Angeklagten günstigen – Feststellungen getroffen werden und es in der Folge bei einer Verurteilung bleibt.

- Ist das Urteil des Landgerichts fehlerhaft, weil das Verfahren nach den dort rechtsfehlerfrei und vollständig getroffenen Feststellungen wegen eines Verfahrenshindernisses, etwa wegen Verjährung, einzustellen ist, lautet der Antrag (§§ 353 I, 354 I StPO; die Problematik der parallel erhobenen Verfahrensrüge entspricht der beim Freispruch; zu einem Zurückverweisungsantrag wegen eines Verfahrenshindernisses: → Rn. 70): 52

> „Ich beantrage, das Urteil des Landgerichts … – große/kleine Strafkammer/Schwurgericht – vom …, Az. …, aufzuheben und das Verfahren einzustellen."

Merke: In einer Examensklausur ist darauf zu achten, dass der richtige Revisionsantrag gestellt wird. Von Anträgen auf Festsetzung einer Strafe durch das Revisionsgericht (§ 354 I, Ia 2 StPO) sollte der Verteidiger zumindest in der Revisionsbegründung absehen (zum Antrag bei lediglich falscher Rechtsfolgenentscheidung: → Rn. 59). Dagegen kann ein auf § 354 Ib StPO gerichteter Antrag, sofern nur die Gesamtstrafenbildung einen Rechtsfehler aufweist, gestellt werden. Die Möglichkeit der Schuldspruchberichtigung spielt für die Antragstellung in der Klausur nur eine sehr begrenzte Rolle, da im Normalfall als Ziel der Revision auch eine Änderung auf Rechtsfolgenseite angestrebt werden dürfte. 53

II. Beschränkbarkeit der Revision

Mit einer Revision kann ein Urteil insgesamt oder auch nur teilweise angegriffen werden; die Revision kann also beschränkt eingelegt werden (vgl. § 344 I StPO: „inwieweit"). Voraussetzung einer solchen Beschränkung ist, dass der angefochtene Teil des Urteils gegenüber dem nicht angefochtenen getrennt geprüft werden kann (Trennbarkeitsformel). Eine Beschränkung des Rechtsmittels ist möglich, wenn die Beschwerdepunkte nach dem inneren Zusam- 54

6 BGH NJW 1962, 1452.
7 Schmitt/Köhler/Schmitt StPO § 352 Rn. 9; BeckOK StPO/Wiedner § 352 Rn. 9.
8 BGH NStZ-RR 2006, 181; NStZ 2025, 764; Schmitt/Köhler/Schmitt StPO § 344 Rn. 12.

menhang des Urteils losgelöst vom nicht angegriffenen Teil (dh vom übrigen Urteilsinhalt) rechtlich und tatsächlich selbstständig beurteilt werden können, eine Prüfung der Entscheidung im Übrigen daher nicht erforderlich ist.[9] Das Rechtsmittelgericht prüft von Amts wegen, ob die Beschränkung wirksam ist. Ist die Beschränkung unwirksam, führt dies nicht zur Unzulässigkeit des Rechtsmittels; vielmehr wird die Revision als unbeschränkt eingelegt behandelt.

Beispiele für eine mögliche Beschränkung der Revision:[10]

55 • Innerhalb des Schuldspruchs kann das Rechtsmittel auf einzelne prozessuale Taten, regelmäßig aber auch auf einen von tatmehrheitlich abgeurteilten Straftatbeständen beschränkt werden. Tateinheitlich bejahte Tatbestände können dagegen grundsätzlich ebenso wenig wie einzelne Tatbestandsmerkmale gesondert überprüft werden. Auch eine Beschränkung auf eine von mehreren wahlweise festgestellten Taten ist unwirksam.

56 • Sehr häufig erfolgt die Beschränkung auf den Rechtsfolgenausspruch. Eine solche Beschränkung ist regelmäßig möglich, es sei denn, die Urteilsfeststellungen zum Tatgeschehen sind so unzureichend, dass sie eine Bewertung der Schuld nicht zulassen[11] oder es besteht im Einzelfall eine so enge Verbindung zwischen Schuld- und Straffrage, dass eine getrennte Überprüfung des angefochtenen Teils nicht möglich ist, ohne dass der nicht angefochtene mitberührt wird.[12] Die bloße Unrichtigkeit des Schuldspruchs steht der Wirksamkeit einer Beschränkung auf den Rechtsfolgenausspruch dagegen nicht entgegen; ein Revisionsführer kann also grundsätzlich einen falschen Schuldspruch hinnehmen[13] und lediglich die Strafhöhe beanstanden.[14]

57 • Auch innerhalb des Straf- oder Rechtsfolgenausspruchs ist eine Beschränkung regelmäßig möglich. So kann allein die Tagessatzhöhe einer verhängten Geldstrafe[15] oder das Versagen der Strafaussetzung zur Bewährung angefochten werden.

58 **Fall:** Die Revision des Angeklagten war schon in der Einlegungsschrift zulässig auf die Nichtgewährung der Strafaussetzung zur Bewährung beschränkt worden. Kann das Rechtsmittel später noch auf den Schuldspruch erweitert werden?

Lösung: Die Revision kann nur bis zum Ablauf der Revisionseinlegungsfrist erweitert werden. Eine Erweiterung wäre schon von vornherein ausgeschlossen, wenn in der beschränkten Einlegung der Revision ein Teilverzicht auf das Rechtsmittel im Übrigen liegen würde. Dies ist jedoch regelmäßig nicht der Fall; ein solcher Verzichtswille lässt sich allein der Erklärung über die Beschränkung des Rechtsmittels nicht entnehmen. Folge der beschränkten Revisionseinlegung ist vielmehr, dass das Urteil, wenn es von anderen Beteiligten nicht angefochten wurde, im Übrigen mit Ablauf der Revisionseinlegungsfrist – teilweise – rechtskräftig wird (§ 343 I StPO).[16] Da der Rechtskrafteintritt also mit dem Ablauf der Frist zur Einlegung eines Rechtsmittels verknüpft ist, kann das beschränkt eingelegte Rechtsmittel auch nur bis zum Ablauf dieser Frist erweitert

---

[9] Vgl. BGH NJW 2001, 3134; Schmitt/Köhler/Schmitt StPO § 318 Rn. 5 ff.; zum Vorrang der Begründung bei einer etwaigen Diskrepanz zwischen Einlegung und Begründung: BGH NStZ-RR 2014, 285.

[10] Vgl. dazu auch Schmitt/Köhler/Schmitt StPO § 344 Rn. 7 f., § 318 Rn. 9 ff.

[11] Dazu und zu weiteren Ausnahmefällen, in denen eine Beschränkung nicht möglich ist: Schuster/Weitner StPO-Fallrepetitorium Rn. III 75 ff.

[12] KK-StPO/Paul § 318 Rn. 7a.

[13] Diesen korrigiert das Revisionsgericht dann auch nicht etwa amtswegig, da der Schuldspruch durch die Beschränkung des Rechtsmittels rechtskräftig geworden ist. Dieser Fall ist nicht mit demjenigen zu verwechseln, dass (nur) der Angeklagte vollumfänglich Rechtsmittel einlegt und das Rechtsmittelgericht den Schuldspruch zum Nachteil des Angeklagten verschlechtert. Dem steht das Verschlechterungsverbot – wie der Wortlaut der §§ 331 I und 358 II 1 StPO zeigt – nicht entgegen. Voraussetzung ist jedoch gerade, dass vollumfänglich Rechtsmittel eingelegt wurde.

[14] BGH NJW 1995, 1910; Schmitt/Köhler/Schmitt StPO § 318 Rn. 17a; § 344 Rn. 7, zur (möglichen) Beschränkung auf den Strafausspruch bei Geltendmachung eines absoluten Revisionsgrunds: BGH NStZ 2003, 99.

[15] War der Einspruch gegen einen Strafbefehl auf die Tagessatzhöhe beschränkt, kann das Gericht durch Beschluss entscheiden. Hiergegen ist dann die sofortige Beschwerde statthaft (§ 411 I 3 StPO).

[16] Innerhalb einer Tat iSd § 264 StPO handelt es sich allerdings nicht um eine „echte" Teilrechtskraft, sondern um Bindungswirkung: vgl. Schmitt/Köhler/Schmitt StPO § 318 Rn. 31 iVm Einl. 184 f.

werden.[17] Von der Erklärung der Beschränkung des Rechtsmittels schon in der Einlegungsschrift sollte der Verteidiger daher absehen, vor allem wenn er – in diesem Zeitpunkt – die schriftlichen Urteilsgründe noch nicht kennt und daher nicht einschätzen kann, in welchem Punkt dem Gericht gegebenenfalls ein Rechtsfehler unterlaufen ist.

Merke: Wer in der Klausur zu dem Ergebnis gekommen ist, dass die Revision nur teilweise Erfolg hat, sollte prüfen, ob das Rechtsmittel auf den rechtsfehlerhaften Teil beschränkt werden kann. Hat beispielsweise der Angeklagte seine Revision auf bestimmte Beschwerdepunkte beschränkt und hat das Rechtsmittel Erfolg, trägt die Staatskasse die notwendigen Auslagen des Angeklagten (vgl. § 473 III StPO). Ferner kommt im Falle des Erfolgs einer nur teilweisen Anfechtung auch die Zurückverweisung an ein Gericht niederer Ordnung in Betracht (vgl. § 354 III StPO)[18], wodurch eine Instanz gewonnen werden kann. Vor einer Beschränkung sollte der Revisionsführer jedoch immer erwägen, ob er eine vom Erstgericht zu seinem Nachteil beantwortete, in der höchstrichterlichen Rechtsprechung aber noch nicht geklärte Rechtsfrage dem Revisionsgericht zur Überprüfung vorlegen soll. Bejaht er dies, muss er die zweifelhafte Gesetzesverletzung in der Revisionsbegründung als gegeben rügen und sollte – in einer Examensarbeit – im Hilfsgutachten darlegen, dass und warum Zweifel am Erfolg dieser Rüge bestehen. Ist aber sicher, dass das Rechtsmittel beispielsweise nur zum Strafausspruch Erfolg haben kann, sollte beantragt werden: 59

„Ich beantrage, das Urteil des Landgerichts …, große/kleine Strafkammer/Schwurgericht, vom …, Az. …, im Strafausspruch [oder allgemein: im Rechtsfolgenausspruch] mit den ihm zugrunde liegenden Feststellungen aufzuheben und die Sache insoweit zur erneuten Verhandlung und Entscheidung an eine andere große/kleine Strafkammer des Landgerichts (gegebenenfalls als Schwurgericht) zurückzuverweisen."

C. Ausführungen zu von Amts wegen zu beachtenden Verfahrenshindernissen

I. Überblick

Besteht ein Verfahrenshindernis oder fehlt eine Prozessvoraussetzung, darf „das Gericht nicht mehr zu einem Sachurteil hinsichtlich des Tatvorwurfs gelangen" (BGHSt 51, 202 (205)). Bei einer zulässigen und formgerecht begründeten Revision prüft das Revisionsgericht grundsätzlich von Amts wegen auch ohne entsprechende Ausführungen in der Revisionsbegründung das Vorliegen von Verfahrenshindernissen (Ausnahme: ist das Verfahrenshindernis erst nach Erlass des angefochtenen Urteils entstanden, so genügt die ordnungsgemäße Revisionseinlegung, auch wenn sie unzulässig ist).[19] Wird mit dem Rechtsmittel allein das Übersehen eines Verfahrenshindernisses durch den Tatrichter geltend gemacht, ist die Revision mit der Erhebung dieser Rüge ausreichend und zulässig begründet (→ Rn. 65). Werden Verfahrenshindernisse neben anderen Sach- oder Verfahrensmängeln geltend gemacht, so ist es trotz der Amtsprüfungspflicht üblich und zweckmäßig und in Examensklausuren sogar geboten, diese vor den weiteren Sach- oder Verfahrensrügen gesondert vorzutragen (→ Rn. 47 f.; „Vorab weise ich auf folgende von Amts wegen zu berücksichtigende Verfahrenshindernisse hin"). 60

Von dieser Prüfungspflicht umfasst sind solche Umstände, 61
- die aufgrund ausdrücklicher gesetzlicher Regelung gegeben sein müssen, damit ein Verfahren vor einem bestimmten Gericht überhaupt durchgeführt werden darf (= Prozessvoraussetzung),[20] oder die einer Bestrafung des Angeklagten durch das an sich zulässig mit der Sache befasste Gericht entgegenstehen (= Verfahrenshindernis),

[17] BGHSt 38, 366 = JZ 1993, 475 mAnm Stree; Schmitt/Köhler/Schmitt StPO § 344 Rn. 4, § 302 Rn. 31.
[18] Schmitt/Köhler/Schmitt StPO § 354 Rn. 42.
[19] Schmitt/Köhler/Schmitt StPO § 346 Rn. 11.
[20] Zur Terminologie: Das Fehlen einer Prozessvoraussetzung wird vom Begriff des Verfahrenshindernisses umfasst; vgl. Schmitt/Köhler/Schmitt StPO Einl. 142.

62 • die so schwer wiegen, dass von ihrem Vorhandensein oder Fehlen – ohne dass sich dies unmittelbar aus dem Gesetz ergibt – die Zulässigkeit des Verfahrens im Ganzen abhängt.[21]

63 Zu den ausdrücklich normierten Prozessvoraussetzungen zählen beispielsweise das Vorliegen einer wirksamen Anklageschrift (Umgrenzungsfunktion!) und eines wirksamen Eröffnungsbeschlusses, die Strafmündigkeit (§ 19 StGB) oder die deutsche Gerichtsbarkeit (§§ 18 ff. GVG), zu den ausdrücklichen Verfahrenshindernissen gehören etwa der Strafklageverbrauch (Art. 103 III GG), die Verfolgungsverjährung (§ 78 I StGB) und das Strafantragserfordernis (§ 77b I 1 StGB).[22]

64 Besondere, ein Verfahrenshindernis begründende Umstände können sich im Einzelfall je nach Schwere des Verstoßes auch aus Verstößen gegen das Recht auf ein faires Verfahren ergeben. Regelmäßig genügt hier zur Kompensation aber bereits die Anerkennung als Konventionsverstoß oder die Berücksichtigung auf Ebene der Strafzumessung bzw. -vollstreckung (dann ist bei Fehlern des Tatgerichts eine Verfahrens- oder Sachrüge erforderlich), die Annahme eines Verfahrenshindernis ist auf Extremfälle begrenzt.[23] So kann in ganz außergewöhnlichen Einzelfällen zB eine überlange Verfahrensdauer ein Verfahrenshindernis wegen Verstoßes gegen das Recht auf ein faires Verfahren gem. Art. 2 I iVm Art. 20 III GG bzw. Art. 6 EMRK begründen.[24] Zu berücksichtigen sind hier die Dauer der Verzögerung, die Gesamtdauer des Verfahrens, die Schwere des Tatvorwurfs, Umfang und Schwierigkeit des Verfahrens, aber auch das Verhalten (auch prozessordnungsgemäßes Verhalten) des Beschuldigten und das Ausmaß der mit dem Andauern des Verfahrens verbundenen Belastungen. Eine Verlängerung des Verfahrens durch den Instanzenzug (auch durch Zurückverweisung in der Revision) begründet nach Ansicht des BGH nicht ohne Weiteres eine solche Verzögerung.[25] Regelmäßig genügt zur Kompensation die sog. Vollstreckungslösung, wonach das Gericht bei überlanger Verfahrensdauer einen Teil der Strafe für vollstreckt erklärt[26] bzw. gegebenenfalls auch die bloße Feststellung eines Verstoßes, wenn der Betroffene während der Verzögerung nicht in Haft war und sonst keine zusätzliche Belastung ersichtlich ist.[27] Darüber hinaus sehen die §§ 198 ff. GVG Entschädigungszahlungen vor.

64a Nach aktueller Rechtsprechung des 2. und 1. Strafsenats[28] kann zudem nunmehr auch in Fällen eines rechtsstaatswidrigen Einsatzes von Lockspitzeln (agents provocateurs) ein Verfahrenshindernis wegen Verstoßes gegen Art. 2 I iVm Art. 20 III GG und Art. 6 I EMRK bejaht werden. Zuvor hatte die deutsche Rechtsprechung[29] – mit Billigung des BVerfG[30], das sich insoweit auch mit der Rechtsprechung des EGMR auseinandersetzte – eine Kompensation auf Ebene der Strafzumessung als ausreichend angesehen. Nach Auffassung des EGMR, der Deutschland insofern mehrfach verurteilt hat, führt eine rechtsstaatswidrige Tatprovokation aber entweder zu einem Verfahrenshindernis oder einem Beweisverwertungsverbot, nicht ausreichend ist demnach hingegen die bloße Kompensation auf Ebene der Strafzumessung.[31] In Änderung der früheren Rechtsprechung haben sich dieser Auffassung nun sowohl der 2. als

---

21 BGHSt 46, 159 (168 f.) = NJW 2001, 1146; Schmitt/Köhler/Schmitt StPO Einl. Rn. 146.

22 Weitere Beispiele bei Schmitt/Köhler/Schmitt StPO Einl. Rn. 145 ff.; vgl. auch BGH NStZ 2007, 476, wonach mit der Einstellung durch einen Gerichtsbeschluss nach § 154 II StPO ein Verfahrenshindernis entsteht, zu dessen Beseitigung ein förmlicher Wiederaufnahmebeschluss nach § 154 V StPO erforderlich ist.

23 Schmitt/Köhler/Schmitt StPO Einl. 147 ff.

24 BGHSt 46, 159 (168 f.) = NJW 2001, 1146; vgl. auch Schmitt/Köhler/Schmitt MRK Art. 6 Rn. 9, wonach grundsätzlich die Verletzung des Beschleunigungsgebots kein Verfahrenshindernis begründet.

25 Schmitt/Köhler/Schmitt MRK Art. 6 Rn. 7b. Ähnlich EGMR NJW 2015, 3773, der auf einen „grave procedural error" abstellt.

26 „Der Angeklagte wird zu einer Freiheitsstrafe von sechs Jahren verurteilt, wovon 10 Monate als vollstreckt gelten.".

27 BGH BeckRS 2023, 21664.

28 BGH NJW 2016, 91; s. dazu auch Mosbacher JuS 2016, 127; BGH NStZ 2023, 243; Schmitt/Köhler/Schmitt StPO Einl. Rn. 148a ff.

29 ZB BGHSt 45, 321 = NJW 2000, 1123; die Strafvollstreckungslösung findet dagegen keine Anwendung: BGH NStZ 2014, 277.

30 BVerfG NJW 2015, 1083 (dort auch mit Nachweisen zur bisherigen Rechtsprechung des BGH).

31 EGMR NJW 2015, 3631 und 2021, 3515.

auch der 1. Strafsenat angeschlossen. Beide Strafsenate haben in aktuellen Entscheidungen das Vorliegen eines Verfahrenshindernisses aufgrund eines rechtsstaatswidrigen Lockspitzeleinsatzes für möglich gehalten.[32] Gegen die vom EGMR gleichfalls genannte Möglichkeit eines Beweisverwertungsverbotes haben sie angeführt, dass sich dieses im Rahmen der vorliegenden Fallkonstellation nicht bruchlos in das deutsche strafprozessuale System einfüge, da es nur das einzelne Beweismittel betreffe, die Folgefrage der Verwertung mittelbar erlangter Beweise (zB eines abgelegten Geständnisses) aufwerfe und überdies nicht hinreichend berücksichtige, dass Folge der rechtsstaatswidrigen Provokation nicht das erlangte Beweismittel, sondern die Tat als solche sei.

Wie vorgenannte Beispiele zeigen, lassen sich die Prozessvoraussetzungen bzw. Verfahrenshindernisse entweder dem sachlichen Recht (zB Verjährung; Strafantragserfordernis) oder dem Verfahrensrecht (zB sachliche Zuständigkeit; Verhandlungsunfähigkeit des Angeklagten) zuordnen; deshalb ist mit ihrer Geltendmachung in der Revision entweder die Sachrüge oder eine nicht den Voraussetzungen von § 344 II 2 StPO unterliegende Verfahrensrüge erhoben.[33] 65

Im Folgenden sollen einige der besonders examensrelevanten Prozessvoraussetzungen und Verfahrenshindernisse abgehandelt werden. 66

Hinweis: In der Klausur bietet sich an, die im Folgenden angesprochenen Verfahrenshindernisse **gedanklich** kurz anzuprüfen, um sicherstellen, dass keine Verfahrenshindernisse übersehen werden, da in Klausuren oftmals keine Hinweise auf Verfahrenshindernisse gegeben werden.

II. Sachliche Zuständigkeit

Ein von Amts wegen zu beachtendes Verfahrenshindernis kann die fehlende Zuständigkeit des Gerichts, dessen Urteil angefochten wird, nur in Bezug auf die sachliche Zuständigkeit sein.[34] Gemäß § 6 StPO hat das Gericht seine sachliche Zuständigkeit in jeder Lage des Verfahrens von Amts wegen zu prüfen. Soweit anstelle des entscheidenden Gerichts eigentlich ein sachlich höheres Gericht zuständig gewesen wäre, ist die Annahme eines Verfahrenshindernisses unstreitig. Soweit anstelle des niederen das höhere Gericht seine sachliche Zuständigkeit willkürlich bejaht hat (ansonsten gilt § 269 StPO, hierzu sogleich), wird teils auch vertreten, dass eine Verfahrensrüge zu erheben ist.[35] Die fehlende örtliche oder funktionelle Zuständigkeit sowie Verstöße gegen den Geschäftsverteilungsplan sind dagegen unstreitig absolute Revisionsgründe, die stets mit einer Verfahrensrüge gem. § 344 II 2 StPO geltend gemacht werden müssen (s. einerseits § 6 StPO, andererseits vor allem § 338 Nr. 1, 4 StPO sowie → Rn. 125 ff., 135 ff.). 67

32 BGH NJW 2016, 91; NStZ 2023, 243.

33 Zwischen Befassungs- und Bestrafungsverboten unterscheidet Schmitt/Köhler/Schmitt StPO Einl. Rn. 143 ff., 150.

34 Schmitt/Köhler/Schmitt StPO § 269 Rn. 8, § 338 Rn. 32.

35 Vgl. die Nachweise bei KK-StPO/Gericke § 338 Rn. 66.

68 **Übersicht zu den erstinstanzlichen sachlichen Zuständigkeiten**

AG

Strafrichter (§§ 24, 25 GVG):
Zuständig nur für **Vergehen,** dort für
- alle Privatklagen,
- Straferwartung[36] von 2 Jahren oder weniger,
- keine Zuständigkeit von LG oder OLG (dazu: §§ 24 I Nr. 3, 74 II, 74a, 120, 120b GVG), keine Maßregeln nach §§ 63, 66–66b StGB.

Schöffengericht (§§ 24, 28 GVG):
- **Vergehen** mit einer Straferwartung zwischen 2 und 4 Jahren,
- **Verbrechen**[37] mit Straferwartung von 4 Jahren oder weniger,
- keine Zuständigkeit von LG oder OLG, keine Maßregeln nach §§ 63, 66–66b StGB,
- das erweiterte Schöffengericht (§ 29 II GVG) hat keine eigene sachliche Zuständigkeit.

LG, große Strafkammer (§§ 74, 74a GVG)
- Straferwartung über 4 Jahre,
- Unterbringung nach § 63 StGB,
- Sicherungsverwahrung (§§ 66–66b StGB),
- besondere Schutzbedürftigkeit von Zeugen, besonderer Umfang oder besondere Bedeutung der Sache (§ 24 I Nr. 3 GVG),[38]
- Schwurgerichtssachen (§ 74 II GVG),
- bestimmte Staatsschutzsachen (§ 74a GVG).

OLG (§§ 120 I, II, 120b GVG)
- bestimmte Staatsschutzsachen.
- Abgeordnetenbestechung/-bestechlichkeit

69 Bejaht man die Prüfungspflicht von Amts wegen (hinsichtlich der sachlichen Zuständigkeit), wofür vor allem wegen des Wortlauts von § 6 StPO die besseren Gründe sprechen, so prüft das Revisionsgericht ohne entsprechende Beanstandung allerdings nur nach, ob ein zu niederes Gericht entschieden oder ein höheres Gericht seine sachliche Zuständigkeit willkürlich bejaht hat (vgl. §§ 269 f. StPO). Hat ein höheres Gericht seine sachliche Zuständigkeit zu Unrecht bejaht, ohne dass es hierbei willkürlich gehandelt hat, ist dies nach § 269 StPO unschädlich. § 269 StPO findet aber – ebenso wie § 225a StPO – keine Anwendung, wenn die Zuständigkeit willkürlich begründet wurde, dh die unzutreffende Annahme der Zuständigkeit des Gerichts höherer Ordnung auf sachfremden oder anderen offensichtlich nicht haltbaren Erwägungen beruht.[39] In diesen Fällen ist gegen das Gebot des gesetzlichen Richters (Art. 101 I 2 GG) verstoßen und ein Verfahrenshindernis gegeben. Folge eines solchen Ver-

[36] Das Merkmal der Straferwartung wird nur bis zur Eröffnung des Hauptverfahrens geprüft. Ändert sich danach die Straferwartung, kann eine Verweisung an ein Gericht höherer Ordnung nur erfolgen, wenn die Strafgewalt des erkennenden Gerichts nicht ausreicht. Daraus folgt: Der Strafrichter bleibt – da auch er Freiheitsstrafe bis zu 4 Jahre verhängen kann, § 24 II GVG – zuständig, solange eine Freiheitsstrafe von bis zu 4 Jahren ausreicht.
Stellt sich demgegenüber heraus, dass die Tat als Verbrechen zu verurteilen ist, muss er – unabhängig von der Straferwartung – nach § 270 StPO verweisen (bzw. vor der Hauptverhandlung nach § 225a StPO zur Übernahme vorlegen), da der Strafrichter nicht befugt ist, Verbrechen abzuurteilen.

[37] Ob ein Verbrechen vorliegt, bemisst sich nicht nach der „subjektiven" Meinung des Gerichts, sondern wird objektiv anhand der Feststellungen des Gerichts bestimmt, vgl. Schmitt/Köhler/Schmitt StPO § 338 Rn. 32.

[38] Auch die Merkmale des § 24 I Nr. 3 GVG, insbes. das Merkmal der „besonderen Bedeutung", werden nur bis zur Eröffnung des Hauptverfahrens geprüft, BGH NJW 2017, 280; dort auch zur – offen gelassenen – Frage, ob § 24 I Nr. 3 GVG von Amts wegen oder nur auf Verfahrensrüge geprüft wird; Schmitt/Köhler/Schmitt GVG § 24 Rn. 10.

[39] KK-StPO/Gericke § 269 Rn. 12.

stoßes ist nicht – wie das Fehlen der meisten anderen Prozessvoraussetzungen – die Einstellung des Verfahrens, sondern die Zurückverweisung an das zuständige Gericht (§ 355 StPO[40]).

Fall: Die Staatsanwaltschaft hatte gegen den erheblich und auch einschlägig vorbestraften Beschuldigten drei Anklagen zum Landgericht erhoben. In den ersten beiden wurden ihm jeweils der Diebstahl eines Radios aus versperrt abgestellten Pkws (Schaden je 150 EUR) zur Last gelegt, in der dritten Anklage wurde er des Diebstahls von Kfz-Papieren aus einem Pkw beschuldigt. Das Landgericht hat alle drei Anklagen zur Hauptverhandlung zugelassen, die Verfahren dann miteinander verbunden und den Angeklagten schließlich wegen Diebstahls in drei tatmehrheitlichen Fällen antragsgemäß zu einer Gesamtfreiheitsstrafe von neun Monaten verurteilt. Kann der Verteidiger des Angeklagten das Vorliegen eines Verfahrenshindernisses beanstanden und wie wird er dies gegebenenfalls tun? 70

Lösung: Verfahrenshindernisse muss der Verteidiger in einer Revisionsbegründung zwar nicht darlegen, wenn schon eine zulässige Revision eingelegt ist, weil sie dann von Amts wegen beachtet werden. Wird allerdings wie hier keine (andere) Sach- oder Verfahrensrüge erhoben, muss das Verfahrenshindernis vorgetragen werden, damit eine ausreichende Revisionsbegründung vorliegt und die Revision zulässig ist (→ Rn. 47, 60). Dies kann in folgender Weise geschehen:
Antrag: „Ich beantrage, das Urteil des Landgerichts ... vom ... mit den Feststellungen aufzuheben und die Sache zur erneuten Verhandlung und Entscheidung an das [örtlich zuständige] Amtsgericht, Strafrichter, ... zurückzuverweisen (§ 355 StPO)."
Begründung: „Die sachliche Zuständigkeit ist als Prozessvoraussetzung nach § 6 StPO in jeder Lage des Verfahrens von Amts wegen zu beachten. Zwar bestimmt § 269 StPO, dass sich ein Gericht nicht für unzuständig erklären darf, weil die Sache vor ein Gericht niederer Ordnung gehört. Diese Vorschrift ist aber nicht anzuwenden, wenn das höhere Gericht objektiv willkürlich gehandelt hat; denn dann hat es gegen Art. 101 I 2 GG verstoßen und den Angeklagten seinem gesetzlichen Richter entzogen. Ist aber § 269 StPO nicht anwendbar, weil das höhere Gericht seine sachliche Zuständigkeit willkürlich bejaht hat, so bleibt es bei § 6 StPO; die sachliche Zuständigkeit wird dann – auch vom Revisionsgericht – von Amts wegen geprüft.
Objektive Willkür liegt vor, wenn der Entscheidung, das Verfahren vor diesem Gericht durchzuführen, jeder sachliche Grund fehlt, sich das Gericht also so weit von den gesetzlichen Maßstäben entfernt hat, dass seine Bewertung unter keinem Gesichtspunkt mehr vertretbar erscheint. Dies ist hier der Fall. Es ist offensichtlich, dass das Landgericht für jede einzelne der erhobenen Anklagen sachlich unzuständig war, da trotz der erheblichen und einschlägigen Vorstrafen des Angeklagten keine Freiheitsstrafe von mehr als vier Jahren zu erwarten war und weder eine besondere Bedeutung des Falles noch eine der anderen Alternativen des § 24 I Nr. 3 GVG vorlagen. Für das verbundene Verfahren war das Landgericht ebenfalls unzuständig, weil eine Gesamtfreiheitsstrafe von mehr als vier Jahren so weit außerhalb der zu erwartenden Strafe lag, dass weder die Staatsanwaltschaft bei der Anklageerhebung noch das Gericht bei der Eröffnung des Verfahrens hiermit auch nur im Entferntesten rechnen konnte."[41]

III. Wirksame Anklage und Eröffnungsbeschluss

Das Gericht darf eine Tat nur dann aburteilen, wenn diese **wirksam** angeklagt wurde und die Anklage (wirksam) zur Hauptverhandlung zugelassen wurde (vgl. §§ 155 I, 264 I StPO). Eine bloß fehlerhafte Anklage hindert das Verfahren dagegen nicht. 71

Dabei ist eine Anklageschrift insbesondere dann unwirksam, wenn sie nicht dazu geeignet ist, den Verfahrensgegenstand zu bestimmen, also unklar bleibt, welche prozessuale Tat dem Angeklagten zur Last gelegt wird und welchen Umfang die Rechtskraft des ergehenden Urteils haben würde (sog. **Umgrenzungsfunktion** der Anklage). Die Anklage muss daher die prozessuale Tat, also den geschichtlichen Vorgang, in dem das strafbare Verhalten des 71a

[40] Für die Berufung: § 328 II StPO.
[41] Vgl. BGHSt 40, 120 = NJW 1994, 2369; Schmitt/Köhler/Schmitt StPO § 269 Rn. 8 und GVG § 16 Rn. 6.

Beschuldigten liegen soll, so genau beschreiben, dass sie sich von gleichartigen strafbaren Handlungen, die derselbe Täter möglicherweise auch begangen hat, unterscheiden lässt.[42] Insoweit darf aber auch auf das wesentliche Ergebnis der Ermittlungen zur Verdeutlichung und ergänzenden Erläuterung des Anklagesatzes zurückgegriffen werden.[43]

72 Erforderlich ist ferner, dass sich der Verfolgungswille der Staatsanwaltschaft auf den geschichtlichen Vorgang, den das Gericht aburteilen will oder abgeurteilt hat, bezogen hat. Das ist im Regelfall problemlos, kann jedoch dann zweifelhaft sein, wenn das Gericht den Schuldspruch nicht auf das in der Anklage geschilderte Kerngeschehen bezieht, sondern beispielsweise auf ein dort mitgeteiltes Nachtatverhalten, das gegenüber dem Kerngeschehen eine andere prozessuale Tat darstellen könnte. Handelt es sich bei den diesbezüglichen Darlegungen im Anklagesatz aber nicht nur um die Schilderung von Tathintergründen oder bloßen Nebensächlichkeiten, so wird der Verfolgungswille der Staatsanwaltschaft regelmäßig auch insoweit bejaht werden können.[44] Verändert sich im Verlaufe des Verfahrens jedoch das Bild des Geschehens, wie in der Anklage und dem Eröffnungsbeschluss umschrieben, so ist nach dem Kriterium der „Nämlichkeit" der Tat zu prüfen, ob die Identität der prozessualen Tat trotz Veränderung des Tatbildes noch gewahrt ist. Ist das nicht der Fall (und wurde auch keine Nachtragsanklage erhoben), ist das Verfahren einzustellen.[45]

73 Bei mehreren Angeklagten ist darauf zu achten, dass die prozessuale Tat in der Anklage demjenigen Beschuldigten zur Last gelegt sein muss, der ihretwegen verurteilt wurde (vgl. § 155 I StPO).

74 Allein ein nur im Übrigen mangelhafter oder unvollständiger Anklagesatz (zB Fehlen der gesetzlichen Merkmale der Straftat oder der anzuwendenden Strafvorschrift)[46] hat dagegen regelmäßig nicht die Unwirksamkeit der Anklage und damit auch kein Verfahrenshindernis zur Folge (sog. **Informationsfunktion** der Anklage). Auch sonstige Ungenauigkeiten in der Anklageschrift, Fehler oder Irrtümer, die auf die Individualisierung der prozessualen Tat keinen Einfluss haben, führen – wie etwa Mängel in der Darstellung des wesentlichen Ergebnisses der Ermittlungen – nicht zur Unwirksamkeit der Anklage, sondern machen gegebenenfalls einen richterlichen Hinweis nach § 265 StPO erforderlich. In diesem Fall ist jedoch eine Verfahrensrüge erforderlich (zur Frage der verletzten Norm: → Rn. 205).

75 **Fall:** Gegen den Beschuldigten war eine – unverändert zur Hauptverhandlung zugelassene – Anklage mit folgender Tatschilderung erhoben worden: „Der Angeschuldigte suchte von Dezember 2024 bis Februar 2025 täglich seinen Bruder W entweder auf seinem Privatgelände in … oder auf dessen Betriebsgelände in … auf oder rief dort per Telefon an und äußerte gegenüber dem Zeugen sowie dessen Ehefrau, der Zeugin C, sowie deren Tochter S Morddrohungen. Diese Morddrohungen wurden von den genannten Zeugen ernst genommen." Das Landgericht hat den Angeklagten wegen Bedrohung in 90 Fällen zu einer Gesamtfreiheitsstrafe von einem Jahr und sechs Monaten verurteilt. Gegen dieses Urteil hat der Angeklagte zulässig Revision eingelegt. Wie wird das Revisionsgericht entscheiden?

Lösung: Der BGH hat das Urteil aufgehoben und das Verfahren eingestellt, weil die Prozessvoraussetzung einer wirksamen Anklage fehlt.[47]
Für die Wirksamkeit einer Anklage gelten – nochmals zusammengefasst – folgende Grundsätze: Die Anklageschrift hat die dem Angeschuldigten zur Last gelegte Tat sowie Zeit und Ort ihrer Begehung so genau zu bezeichnen, dass die Identität des geschichtlichen Vorgangs klargestellt und erkennbar wird, welche prozessuale Tat angeklagt ist; sie muss sich daher von möglichen anderen strafbaren Handlungen des Angeklagten unterscheiden lassen (sog. Umgrenzungsfunk-

42 BGHSt 40, 44 (45) = NJW 1994, 2556; BGH StV 2015, 148 und BGH NStZ-RR 2018, 353; Schmitt/Köhler/Schmitt StPO § 200 Rn. 7 f.
43 → Rn. 75a.
44 BGH NStZ 1999, 206 mAnm Bauer; vgl. auch BGH NStZ 2000, 216; Schmitt/Köhler/Schmitt StPO § 264 Rn. 8 ff.
45 BGH NStZ 2020, 46; BeckRS 2024, 19225.
46 Dazu Schmitt/Köhler/Schmitt StPO § 200 Rn. 27 mit weiteren Beispielen.
47 BGH BeckRS 1996, 31084309; vgl. auch Schmitt/Köhler/Schmitt StPO § 200 Rn. 2, 25 ff.

tion). Darüber hinaus hat die Anklage die Aufgabe, den Angeschuldigten und die übrigen Verfahrensbeteiligten über weitere Einzelheiten des Vorwurfs zu unterrichten, um ihnen Gelegenheit zu geben, ihr Prozessverhalten auf den mit der Anklage erhobenen Vorwurf einzustellen (sog. Informationsfunktion). Mängel, die nicht die Umgrenzungsfunktion der Anklage, sondern ihre Informationsaufgabe betreffen, haben grundsätzlich nicht die Unwirksamkeit der Anklage zur Folge, sondern können in der Hauptverhandlung durch Hinweise nach § 265 StPO beseitigt werden. Von der Wahrung der Umgrenzungsfunktion hängt dagegen die Wirksamkeit der Anklage ab.
Welche Angaben zur ausreichenden Bestimmung des Verfahrensgegenstandes erforderlich sind, lässt sich nicht für alle Fälle in gleicher Weise sagen. Ein täglich mehrfach wiederholbares Geschehen im Straßenverkehr wird regelmäßig durch Tatort, Tatzeit und Tathandlung, die Tötung eines Menschen wird dagegen schon durch die Person des Opfers ausreichend individualisiert.[48] Jedoch war hier die Anklage unwirksam, weil eine nähere Beschreibung der Drohungen ebenso fehlte wie eine konkrete Zuordnung zahlenmäßig eingegrenzter Tathandlungen zu den drei Geschädigten.
Die somit gebotene Verfahrenseinstellung in der Revision hätte im Übrigen auch dann erfolgen müssen, wenn nach einem erstinstanzlichen, etwa wegen Nichterweislichkeit der Täterschaft des Angeklagten erfolgten Freispruch die Staatsanwaltschaft gegen das Urteil Revision eingelegt und erst das Revisionsgericht bemerkt hätte, dass ein Verfahrenshindernis besteht, weil es an einer wirksamen Anklage fehlt. Das Fehlen einer wirksamen Anklage führt dazu, dass es dem konkreten Gericht untersagt ist, sich mit dem erhobenen Vorwurf auch nur zu befassen.[49] Eine erneute – ordnungsgemäße – Anklageerhebung wird hierdurch aber nicht beeinträchtigt.

Fall:[50] In einer unverändert zur Hauptverhandlung zugelassenen Anklage wurden dem Angeklagten 1.400 Einzeltaten des Betrugs vorgeworfen. Der Anklagesatz schilderte nur die stets gleichförmige Vorgehensweise der vorgeworfenen Betrugstaten und nannte die Gesamtzahl der Taten unter Angabe des Tatzeitraumes, die Spanne der Schäden bei den Einzeltaten und den Gesamtschaden. Hinsichtlich der Einzeltaten wurde auf die Anlagen zum Wesentlichen Ergebnis der Ermittlungen verwiesen. Dort sind die Einzeltaten in tabellarischer Form auf einer Vielzahl von Seiten unter Angabe des genauen Tatzeitpunktes, des Geschädigten und des Einzelschadens aufgeführt. Das Landgericht hat den Angeklagten entsprechend der Anklageschrift verurteilt. 75a
Liegt eine wirksame Anklage (und damit zugleich ein wirksamer Eröffnungsbeschluss) vor?

Lösung: Die Rechtsprechung verlangt vom Anklage**satz** eine hinreichende Individualisierung der konkret vorgeworfenen Taten. Dazu gehört im Anklage**satz** die Schilderung der individualisierenden Merkmale jeder einzelnen Tat, insbesondere nach Tatzeitpunkt, Tatort, Tatopfer und Schaden. Eine pauschale Beschreibung der Taten unter Angabe des Tatzeitraums, der Anzahl der Taten und des Gesamtschadens genügt nicht, denn angeklagt (und gegebenenfalls verurteilt) werden die konkreten Einzeltaten. Nur durch diesen strengen Maßstab kann der angeklagte und gegebenenfalls verurteilte Sachverhalt von anderen Lebenssachverhalten hinreichend abgegrenzt werden und ist die – die Reichweite der Rechtskraft bestimmende – Umgrenzungsfunktion der Anklage gewahrt. Lediglich dann, wenn durch diese Anforderungen eine Verfolgung und Aburteilung strafwürdiger Taten nicht mehr möglich wäre (zB wenn bei Serienstraftaten aufgrund Zeitablaufs oder wegen der Besonderheiten der Beweislage die einzelnen Taten nicht mehr hinreichend voneinander unterschieden werden können[51]), sind im Hinblick auf die zentrale Umgrenzungsfunktion von diesen Anforderungen Abstriche möglich. Im Bereich des Wirtschaftsstrafrechts ist eine solche Fallkonstellation aber gerade nicht gegeben. Die individuelle Beschreibung jeder Tat nach Tatzeitpunkt, Tatort, Tatopfer und Schaden ist zwar aufwändig, aber möglich. Hieran gemessen, genügt der Anklage**satz** diesen Anforderungen nicht.

---

48 BGHSt 40, 44 (46) = NJW 1994, 2556; vgl. auch Schmitt/Köhler/Schmitt StPO § 200 Rn. 7a, 9.
49 Vgl. hierzu Schmitt/Köhler/Schmitt StPO Einl. Rn. 143 f.
50 Der Fall ist der Entscheidung des Großen Senats in Strafsachen, NJW 2011, 1687, und des 1. Strafsenats, NStZ 2011, 420, nachgebildet.
51 Zu denken ist etwa an eine Vielzahl von Fällen sexuellen Missbrauchs von Kindern im persönlichen Näheverhältnis, die erst Jahre später zur Anzeige kommen.

Die Anklage ist daher fehlerhaft. Gleichwohl liegt eine **wirksame** Anklage vor. Denn für die Frage, ob eine wirksame Anklage vorliegt, kommt es nicht allein auf den Anklagesatz an. Vielmehr ist der Umgrenzungsfunktion schon dann Genüge getan, wenn der Angeklagte die einzelnen Tatvorwürfe dem Wesentlichen Ergebnis der Ermittlungen entnehmen kann. Dies ist vorliegend der Fall. Dass es zur Wahrung der Umgrenzungsfunktion der Anklage genügt, wenn sich die Umgrenzung dem Wesentlichen Ergebnis der Ermittlungen entnehmen lässt, liegt daran, dass dem Angeklagten (und gegebenenfalls seinem Verteidiger) im Zwischenverfahren die gesamte Anklageschrift – und nicht nur der Anklagesatz – zur Kenntnis gebracht wird (§ 201 I 1 StPO).
Ein Mangel der Informationsfunktion beeinträchtigt demgegenüber schon die Wirksamkeit der Anklage nicht. Im Übrigen ist der Informationsfunktion durch die Übersendung der gesamten Anklageschrift ebenfalls hinreichend Genüge getan.
Exkurs: Eine andere Frage ist, ob ein Verstoß gegen § 243 III 1 StPO vorliegt, da ja nur der Anklagesatz, nicht aber das Wesentliche Ergebnis der Ermittlungen verlesen wird. Dazu: → Rn. 204.

76 Formale Mängel und Mängel in Bezug auf die Informationsfunktion der Anklageschrift können grundsätzlich im weiteren Verfahren zB durch Ausführungen im Eröffnungsbeschluss bzw. sonstige gerichtliche Hinweise nach § 265 StPO geheilt werden.[52] Dies gilt jedoch angesichts des Anklageprinzips nach § 151 StPO nicht für Mängel bei der Umgrenzungsfunktion, die im Falle einer trotzdem erfolgten Eröffnung des Verfahrens durch das Gericht auch zu einer Unwirksamkeit des Eröffnungsbeschlusses führen.[53] Beachten Sie in der Klausur: Es liegen dann zwei Verfahrenshindernisse (fehlende Anklage und fehlender Eröffnungsbeschluss) vor.

Der Eröffnungsbeschluss selbst ist – unabhängig von der Wirksamkeit der Anklage aufgrund „eigener" Fehler – unwirksam, wenn er nicht unterzeichnet und nur als Entwurf vorliegt,[54] wenn der Beschluss der Strafkammer nicht schriftlich abgefasst wurde (die Unterschriften der Richter ist dagegen nicht zwingende Wirksamkeitsvoraussetzung)[55] oder wenn der Erlass nicht in der erforderlichen Besetzung (nämlich drei Richter beim Landgericht, § 76 I GVG, und auch nach Beginn der Hauptverhandlung ohne Schöffen) mitgewirkt hat.[56] Fehlt der Eröffnungsbeschluss[57], kann das Gericht ihn vor oder in der Hauptverhandlung nachholen.[58] Ansonsten muss das Verfahren wegen Fehlens einer Prozessvoraussetzung eingestellt werden (vgl. §§ 206a I, 260 III, 354 I StPO).

77 **Fall:** Die Staatsanwaltschaft hatte gegen den Angeklagten eine Nachtragsanklage erhoben. Das Gericht hat die Nachtragsanklage nicht ausdrücklich zugelassen, der Angeklagte hat ihrer Einbeziehung nicht zugestimmt und nach erfolgter Belehrung nach § 266 III 2 StPO keinen Unterbrechungsantrag gestellt. Kann der Verteidiger mit der Revision beanstanden, dass der Angeklagte wegen der ihm in der Nachtragsanklage zur Last gelegten Tat auch verurteilt worden ist?

Lösung: Der Verteidiger wird das Fehlen einer Verfahrensvoraussetzung – nämlich des Zulassungsbeschlusses – geltend machen und die Einstellung des Verfahrens beantragen, soweit dieses die Nachtragsanklage betrifft. Daneben wird er vorsorglich das Fehlen der Zustimmung des Angeklagten zur Einbeziehung der Nachtragsanklage mit einer Verfahrensrüge beanstanden.
Anders als der Eröffnungsbeschluss, der schon deshalb schriftlich vorliegen muss, weil er dem Angeschuldigten zuzustellen ist (§ 215 S. 1 StPO), ist der dieser Entscheidung vergleichbare

52 Vgl. Schmitt/Köhler/Schmitt StPO § 200 Rn. 26 f.; BeckOK StPO/Ritscher § 200 Rn. 21; BGH BeckRS 2020, 9769.

53 BGH NStZ 2018, 357; Schmitt/Köhler/Schmitt § 200 Rn. 26 und § 207 Rn. 11.

54 Anders beim (versehentlichen) Vergessen der Unterschrift: BGH NStZ-RR 2000, 34; zum Eröffnungsbeschluss durch das Amtsgericht s. auch Schmitt/Köhler/Schmitt StPO § 207 Rn. 11.

55 BGH NStZ 2017, 55.

56 Vgl. BGH NStZ 2009, 52; BGH NStZ 2012, 225 und NJW 2015, 2515 und NStZ-RR 2020, 376 und BeckRS 2021, 104, 66, wonach ein rechtswirksamer Eröffnungsbeschluss nicht vorliegt, wenn die Beschlussfassung während der Hauptverhandlung in der nach § 76 II 1 GVG reduzierten Besetzung erfolgt ist; BGH BeckRS 2024, 13157 (Eröffnung mit Schöffen); vgl. auch Schmitt/Köhler/Schmitt StPO § 207 Rn. 11.

57 Vgl. auch zum konkludenten Erlass eines Eröffnungsbeschlusses Schmitt/Köhler/Schmitt StPO § 207 Rn. 8.

58 BGH StV 2015, 743; Schmitt/Köhler/Schmitt StPO § 203 Rn. 4, § 207 Rn. 12.

Beschluss, mit dem eine Nachtragsanklage nach § 266 I StPO einbezogen wird, in der Hauptverhandlung zu verkünden und in das Protokoll aufzunehmen. Fehlt dieser (ausdrückliche) Beschluss, so wird es – wie bei einem konkludent gefassten Eröffnungsbeschluss – zwar als ausreichend angesehen, dass das Gericht auf andere Weise eindeutig zu erkennen gegeben hat, dass es die Nachtragsanklage zum Gegenstand der Verhandlung und Entscheidung machen will. Dafür genügt aber nicht, dass der Angeklagte nach erfolgter Belehrung gem. § 266 III 2 StPO keine Unterbrechung beantragt hat. Dadurch wird allenfalls der Wille des Angeklagten zu verhandeln, nicht jedoch eine Willensäußerung des Gerichts belegt. Da der erforderliche Zulassungsbeschluss fehlt und es damit an einer Prozessvoraussetzung mangelt, ist das Verfahren bezüglich der von der Nachtragsanklage betroffenen Tat einzustellen.[59]
Das Fehlen der nach § 266 I StPO erforderlichen Zustimmung des Angeklagten zur Einbeziehung der weiteren Tat würde dagegen weder die Nachtragsanklage noch einen etwaigen Einbeziehungsbeschluss unwirksam machen. Es führt daher nicht zu einem Verfahrenshindernis, sondern wird nur auf eine § 344 II 2 StPO entsprechende Verfahrensrüge hin beachtet, hat dann aber die Einstellung des Verfahrens zur Folge.[60]

IV. Strafantrag

Bei Antragsdelikten ist das Vorliegen eines wirksamen (insbesondere nach § 77b StGB fristgerechten) Strafantrages eine von Amts wegen zu berücksichtigende Verfahrensvoraussetzung. Seit dem 17.7.2024 kann ein Strafantrag gem. § 158 II StPO in jeder Form gestellt werden, sofern die Identität und der Verfolgungswille der antragstellenden Person sichergestellt sind. Die Frage des Vorliegens eines Strafantrags ist im Streitfalle im Freibeweisverfahren zu klären. Bei einigen Antragsdelikten (zB §§ 230 I, 248a StGB – gegebenenfalls iVm §§ 259 II, 263 IV, 263a II, 265a III, 266 II, 266b II –, 301 I, 303c StGB) ist ein Strafantrag nicht erforderlich, wenn die Staatsanwaltschaft das **besondere**[61] öffentliche Interesse an der Strafverfolgung bejaht hat („relative Antragsdelikte“).[62] Nach herrschender Ansicht kann dies auch konkludent geschehen. Dies wird jedenfalls dann angenommen, wenn die Staatsanwaltschaft in Kenntnis des fehlenden Strafantrags Anklage wegen eines Antragsdelikts erhoben[63] oder im Schlussantrag eine entsprechende Verurteilung beantragt hat.[64] 78

Fall:[65] Die Staatsanwaltschaft hat den Angeklagten wegen erpresserischen Menschenraubs gem. § 239a I StGB in Tateinheit mit gefährlicher Körperverletzung gem. § 224 I Nr. 4 StGB angeklagt und insofern im Plädoyer auch eine Verurteilung beantragt. Ausführungen zu §§ 223 I, 230 I StGB erfolgen im Schlussvortrag – trotz eines zuvor erteilten Hinweises des Gerichts, dass abweichend von der zugelassenen Anklage auch eine Verurteilung wegen Freiheitsberaubung in Tateinheit mit Körperverletzung gem. §§ 223 I, 230 I, 239 I, 52 StGB in Betracht komme – nicht. Das Gericht verurteilt entsprechend seines zuvor erteilten Hinweises. Ein Strafantrag wurde vom Geschädigten nie gestellt, ausdrücklich hat die Staatsanwaltschaft das besondere öffentliche Interesse an der Strafverfolgung nie bejaht. 79
Mit der Revision des Angeklagten wird die allgemeine Sachrüge erhoben. Mit Erfolg?

Lösung: Ja, das Gericht hätte hier nicht wegen Körperverletzung verurteilen dürfen, da die Voraussetzungen des § 230 I StGB nicht vorliegen. Ein Strafantrag wurde nicht gestellt, ausdrücklich wurde das besondere öffentliche Interesse an der Strafverfolgung durch die Staats-

[59] BGH StV 1996, 5; Schmitt/Köhler/Schmitt StPO § 266 Rn. 20.
[60] BGH NStZ-RR 1999, 302; Schmitt/Köhler/Schmitt StPO § 266 Rn. 14 mwN.
[61] In Abgrenzung zum „öffentlichen Interesse“ nach § 376 StPO.
[62] Absolute Antragsdelikte sind dagegen insbes. in §§ 123 II, 194 (mit der nicht examensrelevanten Ausnahme des § 194 I 2 und II 2 StGB) – das Antragserfordernis bezieht sich nicht nur auf § 185 StGB, sondern auch auf §§ 186–189 StGB –, 247 (auch iVm §§ 259 II, 263 IV, 263a II, 265a III, 266 II; 248b III; 288 II, 289 III StGB) StGB normiert.
[63] BGH BeckRS 2022, 30577.
[64] BGH BeckRS 2023, 18477.
[65] Nach BGH BeckRS 2023, 9647.

anwaltschaft nicht bejaht; anders als im obigen Beispiel kann in dieser Konstellation auch nicht von einer konkludenten Bejahung ausgegangen werden.
Wenn die Anklage nur Offizialdelikte umfasst, kann in ihrer Erhebung nicht die Bejahung eines besonderen öffentlichen Interesses an der Strafverfolgung auch wegen einer einfachen Körperverletzung für den Fall gesehen werden, dass das Gericht – wie hier – nicht von einer qualifizierten Tat ausgeht. Da die Staatsanwaltschaft sich auch im Plädoyer nur zu einer Verurteilung wegen einer **gefährlichen** Körperverletzung geäußert hat, kann hieraus keine Aussage zu einem Verfolgungswillen im Hinblick auf eine einfache vorsätzliche Körperverletzung abgeleitet werden. Der Angeklagte kann daher nur wegen Freiheitsberaubung verurteilt werden.

V. Verjährung

80 Eine nach den §§ 78 ff. StGB eingetretene Verfolgungsverjährung stellt ein Verfahrenshindernis dar. Es gilt das Freibeweisverfahren. Ist bei tatmehrheitlich begangenen Taten nur eine verjährt, ist das Verfahren nur hinsichtlich dieser Tat einzustellen; bei tateinheitlich verwirklichten Tatbeständen wird schlicht nur wegen der nicht verjährten Tat verurteilt, ohne dass darüber hinaus noch eine Einstellung hinsichtlich der verjährten Taten erfolgt. Zu beachten ist, dass auch bei Tateinheit (§ 52 StGB) für jedes Delikt die dafür vorgesehene Verjährungsfrist läuft. Hat der Tatrichter übersehen, dass bezüglich eines in Tateinheit stehenden Delikts Verjährung eingetreten ist, wird dies zur Aufhebung des Schuldspruchs wegen des verjährten Delikts und – zumindest regelmäßig – zur Aufhebung des Strafausspruchs führen.

81 **Fall:** Der Angeklagte wurde am 7.4.2025 wegen Diebstahls in Tateinheit mit vorsätzlichem Fahren ohne Fahrerlaubnis verurteilt; Tatzeit war der 2.1.2022, die Tat war den Ermittlungsbehörden aber erst am 11.1.2025 bekannt geworden. Kann der Verteidiger des Angeklagten noch in der Revision erfolgreich den Eintritt der Verjährung geltend machen?

Lösung: Die Revision des Angeklagten wird zu einem Teilerfolg führen, da die Tat nur noch wegen des Diebstahls verfolgt werden konnte. Dieser verjährt gem. § 78 III Nr. 4 StGB in fünf Jahren;[66] insoweit besteht daher kein Verfolgungshindernis. Dagegen ist das vorsätzliche Fahren ohne Fahrerlaubnis verjährt (§ 78 III Nr. 5 StGB; Verjährungsfrist: drei Jahre, da die Strafrahmenobergrenze des § 21 I StVG bei einem Jahr liegt), sofern kein Ruhen gem. § 78b StGB und keine Unterbrechung gem. § 78c StGB[67] eingetreten sind. Bedeutungslos für die Verjährung des Fahrens ohne Fahrerlaubnis ist indes, dass § 21 StVG mit einem unverjährten Diebstahl in einer Tat zusammentrifft, weil auch bei Tateinheit jede der angeklagten Gesetzesverletzungen ihrer eigenen Verjährung unterliegt. Wegen dieser Tateinheit darf aber keine (Teil-)Einstellung erfolgen (auch → Rn. 399); das Revisionsgericht wird daher nur den Schuldspruch wegen § 21 StVG entfallen lassen, den Strafausspruch mit den Feststellungen aufheben (wenn die Strafhöhe durch die tateinheitliche Begehung des § 21 StVG mitbegründet wurde)[68] und im Übrigen die Revision als unbegründet verwerfen (zum Tenor → Rn. 402).[69]

---

[66] Die Bestimmung der Verjährungsfrist bereitet in Klausuren regelmäßig Schwierigkeiten: Entscheidend ist das angedrohte **Höchstmaß** der Strafe (echte Qualifikationen finden Berücksichtigung, Regelbeispiele nicht, vgl. § 78 IV StGB). Diese angedrohte Höchststrafe ist in den Katalog des § 78 III StGB einzuordnen. Beträgt die angedrohte Höchststrafe zwei, drei oder fünf Jahre (etwa beim Diebstahl, § 242 StGB, oder beim Betrug, § 263 StGB), so beträgt die Verjährungsfrist nach § 78 III Nr. 4 StGB fünf Jahre. Nur bei einer – im StGB seltenen! – Höchststrafe von nur einem Jahr, beträgt die Verjährungsfrist drei Jahre.

[67] Mit jeder Unterbrechung beginnt die Verjährungsfrist von neuem. Allerdings tritt Verjährung – unabhängig von Unterbrechungen – spätestens nach Ablauf der doppelten Verjährungsfrist, der sog. absoluten Verjährung, ein, § 78c III StGB. Nach einem erstinstanzlichen Urteil kann bis zur Rechtskraft keine Verjährung mehr eintreten, vgl. § 78b III StGB.

[68] Das Revisionsgericht kann aber unter Umständen annehmen, dass die Strafhöhe durch den Rechtsfehler nicht beeinflusst wurde (fehlendes Beruhen); vgl. BGH BeckRS 2010, 24444, wonach auch verjährte Delikte – wenn auch mit minderem Gewicht – bei der Strafzumessung zulasten eines Angeklagten berücksichtigt werden können; vgl. auch Schmitt/Köhler/Schmitt StPO § 354 Rn. 20.

[69] BGH NStZ 2002, 198; vgl. auch Schmitt/Köhler/Schmitt StPO Einl. Rn. 154, § 206a Rn. 5, § 260 Rn. 43.

VI. Entgegenstehende Rechtshängigkeit und entgegenstehende Rechtskraft („Strafklageverbrauch"); Verstoß gegen § 331 I StPO

Mit der Eröffnung des Hauptverfahrens wird die angeklagte Tat rechtshängig.[70] Dies führt zu einem Verfahrenshindernis für eine anderweitige Verfolgung, dieselbe prozessuale Tat kann daher grundsätzlich nicht Gegenstand einer weiteren Anklage sein (vgl. § 12 I StPO). Ist die Tat bereits rechtskräftig abgeurteilt, steht ihrer erneuten Anklage und Aburteilung der Strafklageverbrauch entgegen (Art. 103 III GG).[71] 82

Für die Prüfung der entgegenstehenden Rechtshängigkeit oder des Strafklageverbrauchs ist der **prozessuale** Tatbegriff von ausschlaggebender Bedeutung. Dieser ist zwar vom materiell-rechtlichen Tat- bzw. Handlungsbegriff (§§ 52, 53 StGB) zu unterscheiden, weil er den von der zugelassenen Anklage betroffenen *geschichtlichen* Vorgang umfasst, gleichwohl gelten aber folgende Grundregeln: 83

Merke: Bei Tateinheit (§ 52 I StGB) liegt grundsätzlich **eine** prozessuale Tat vor.[72] Stehen die Straftatbestände dagegen im Verhältnis der Tatmehrheit (§ 53 I StGB), sind **zumeist** auch mehrere Taten im prozessualen Sinne gegeben.[73] 84

Letzteres gilt insbesondere dann nicht, wenn die tatmehrheitlich begangenen Straftaten durch die ihnen zugrunde liegenden Handlungen, Unterlassungen oder Ereignisse innerlich derart miteinander verknüpft sind, dass keine der Beschuldigungen für sich allein verständlich abgeurteilt werden kann und ihre getrennte Würdigung und Aburteilung als unnatürliche Aufspaltung eines einheitlichen Lebensvorgangs empfunden werden würde.[74] Dann liegt trotz Tatmehrheit nur eine prozessuale Tat vor.[75] 85

Fall: Beim Landgericht war eine Anklage eingegangen, in der dem Angeklagten zur Last gelegt wurde, er habe mit einem schussbereiten Gewehr eine Bank überfallen. Ferner war beim selben Landgericht ein Berufungsverfahren anhängig; der Angeklagte war vom Amtsgericht wegen fahrlässiger Trunkenheit im Verkehr in Tateinheit mit vorsätzlichem Fahren ohne Fahrerlaubnis verurteilt worden. Die große Strafkammer des Landgerichts hat die beiden Verfahren, also das erstinstanzliche und das Berufungsverfahren, gem. § 4 StPO miteinander verbunden, obwohl die Berufung wirksam auf den Rechtsfolgenausspruch beschränkt war. Sodann hat sie den Angeklagten insgesamt verurteilt. Kann der Verteidiger des Angeklagten dagegen mit Aussicht auf Erfolg Revision einlegen? Kann er in dem Rechtsmittel auch darauf verweisen, dass wegen des Besitzes des bei dem Banküberfall verwendeten Gewehrs (Vergehen nach dem Waffengesetz) schon vor der Anklageerhebung ein rechtskräftiger Strafbefehl ergangen war? 86

Lösung: Die Revision hat Aussicht auf Erfolg, soweit der Angeklagte in Zusammenhang mit der Trunkenheitsfahrt (§ 316 I, II StGB, § 21 I Nr. 1 StVG) verurteilt wurde. Ausgangspunkt hierfür ist, dass die Verbindung nach § 4 I StPO zu einer Verschmelzung der Verfahren führt. Dabei ist nach

---

[70] Schmitt/Köhler/Schmitt StPO Einl. Rn. 60 und 63.

[71] Die Norm gilt nur für inländische Verurteilungen; Art. 54 SDÜ (Schengen Durchführungsübereinkommen) erweitert die Geltung auf dessen Vertragsstaaten (zu Einzelheiten, insbesondere der Frage, welche Entscheidungen hiervon erfasst sind, und zu Art. 50 GRC – Charta der Grundrechte der EU: Schmitt/Köhler/Schmitt StPO Einl. Rn. 177–177e).

[72] Zu Ausnahmen und Besonderheiten vgl. Schmitt/Köhler/Schmitt StPO § 264 Rn. 16 ff.

[73] Schmitt/Köhler/Schmitt StPO § 264 Rn. 11 ff.; BGH NStZ 2019, 354; zur geänderten Rechtsprechung bezüglich Konkurrenzverhältnissen beim Zusammentreffen von Organisationsdelikten (§§ 129 ff. StGB) mit Einzelverbrechen (zB Raub, Mord) vgl. BGH NJW 2025, 456.

[74] Schmitt/Köhler/Schmitt StPO § 264 Rn. 3.

[75] Der klassische – **examenswichtige** – Fall: Ein betrunkener Autofahrer verursacht einen Autounfall und begeht im Anschluss Fahrerflucht. Materiell-rechtlich liegt in der Regel eine fahrlässige Gefährdung des Straßenverkehrs (§ 315c I Nr. 1, III Nr. 2 StGB) in Tatmehrheit mit unerlaubtem Entfernen vom Unfallort (§ 142 I Nr. 1 oder 2 StGB) in Tateinheit mit vorsätzlicher (jetzt kennt der Fahrer seine Fahruntüchtigkeit!) Trunkenheit im Verkehr (§ 316 I StGB) vor. Materiell-rechtlich liegt also Tatmehrheit vor (weil der Unfall eine Zäsur bildet); wegen des engen räumlich-zeitlichen Verhältnisses und der Schuldverknüpfung zwischen der ersten Trunkenheitsfahrt und der Unfallflucht ist aber nur eine einzige prozessuale Tat (§ 264 StPO) gegeben.

der Rechtsprechung zwar auch die Verbindung eines erstinstanzlichen mit einem beim selben Gericht anhängigen Berufungsverfahren möglich,[76] die Verfahrensverschmelzung hätte aber dann zur Folge, dass das Berufungsverfahren in ein erstinstanzliches Verfahren übergeht, also insgesamt ein erstinstanzliches Verfahren durchgeführt werden muss (vgl. § 5 StPO). Das war im vorliegenden Fall jedoch ausgeschlossen, weil das amtsgerichtliche Urteil nach der wirksamen Beschränkung der Berufung auf den Rechtsfolgenausspruch in horizontale Teilrechtskraft erwachsen, eine Überführung des Berufungsverfahrens in ein (insgesamt) erstinstanzliches Verfahren nicht mehr möglich war. Das somit gegebene Verfahrenshindernis (Teilrechtskraft) ist auf die zulässige Revision hin von Amts wegen zu beachten. Das Revisionsgericht wird daher die Verurteilung wegen § 316 I, II StGB, § 21 I Nr. 1 StVG aufheben und die Sache insoweit an das Landgericht – Berufungskammer – zurückverweisen.[77,78]

Der Verurteilung wegen des Banküberfalls stand dagegen der Verbrauch der Strafklage durch den rechtskräftigen Strafbefehl wegen des Besitzes des Gewehres nicht entgegen, weil der Banküberfall nicht Gegenstand des Strafbefehls war. Zwar besteht an sich zwischen dem Vergehen nach dem Waffengesetz und §§ 255, 250 StGB Tateinheit, weil dieselbe Handlung (Ausüben der Sachherrschaft über das Gewehr) sowohl den einen (Verstoß gegen das WaffenG) als auch den anderen Straftatbestand (§§ 255, 250 StGB) erfüllt, jedoch wertet die Rechtsprechung die Entscheidung, die Waffe für den Banküberfall zu benutzen, als einen neuen Tatentschluss, der – schon wegen des wesentlich höheren Unrechtsgehalts – zu einem Einschnitt führt und die Verwirklichung der §§ 255, 250 StGB nicht nur sachlich-rechtlich von dem Waffendelikt ablöst, sondern auch prozessual zu einem selbstständigen historischen Geschehen – also einer eigenen prozessualen Tat – macht (ansonsten wäre im Übrigen eine Wiederaufnahme nach § 373a I StPO möglich gewesen).[79]

87 Bei der Frage, ob sich aus einer Verfahrenseinstellung ein Strafklageverbrauch ergibt, ist genau zu differenzieren. Eine staatsanwaltliche Einstellung nach § 170 II StPO führt nicht zu einem Prozesshindernis, das Ermittlungsverfahren kann vielmehr jederzeit wieder aufgenommen werden, wenn ein Anlass dazu besteht.[80] Dasselbe gilt für eine Verfahrenseinstellung durch die Staatsanwaltschaft nach § 153 I StPO, ein Vertrauensschutz bezüglich der staatsanwaltschaftlichen Entscheidung wird nicht begründet.[81] Einer **gerichtlichen** Verfahrenseinstellung gem. § 153 II StPO kommt hingegen nach hM ein beschränkter Strafklageverbrauch zu, der wie bei § 153a I 5 StPO eine erneute Strafverfolgung (nur) zulässt, wenn sich die Tat nunmehr als Verbrechen darstellt. Die Rechtsprechung begründet dies mit der berechtigten Vertrauensposition des Angeschuldigten/Angeklagten, mit der Sache nicht mehr behelligt zu werden, wenn das Gericht das Verfahren mit Zustimmung **aller** Beteiligten einstellt, nachdem das Gericht die angeklagte Tat nach Abschluss des Ermittlungsverfahrens vollumfänglich zur Prüfung vorliegen hatte.[82] Bei § 153a StPO besteht ein Strafklageverbrauch im Rahmen von § 153a I 5 StPO bereits für die staatsanwaltliche Einstellungsentscheidung. Zum Strafklageverbrauch bei §§ 154, 154a StPO: → Rn. 94.

88 **Fall:** Der jetzt angeklagte A hatte als Zeuge nach einem Verkehrsunfall gegenüber der Polizei angegeben, S sei gefahren. In der Hauptverhandlung gegen S wegen einer mit dem Unfall verbundenen fahrlässigen Körperverletzung sagte er dagegen (wiederum als Zeuge) aus, dass er

---

[76] Vgl. BGH NStZ 1998, 628; kritisch Schmitt/Köhler/Schmitt StPO § 4 Rn. 8d.

[77] BGH NStZ-RR 1997, 171; vgl. auch Schmitt/Köhler/Schmitt StPO § 4 Rn. 8d.

[78] Davon zu unterscheiden ist der Fall, dass eine Berufungskammer zu dem Ergebnis gelangt, die Strafgewalt von vier Jahren Freiheitsstrafe (§ 24 II GVG) reiche vorliegend nicht aus. In diesem Fall kann sie analog § 225a StPO das Verfahren der Großen Strafkammer zur Übernahme vorlegen. Das Verfahren wird bei Übernahme als erstinstanzliches Verfahren geführt. Dieses Vorgehen ist auch bei einer auf den Strafausspruch beschränkten Berufung möglich. Die Teilrechtskraft beachtet die Große Strafkammer im Wege einer innerprozessualen Bindungswirkung mit der Folge, dass die Große Strafkammer nur noch eine Rechtsfolgenentscheidung und die dafür maßgeblichen Feststellungen zu treffen hat (BGH NStZ 2020, 291 (292 f.)). Wollte man anders entscheiden, würde eine schuldangemessene Bestrafung verhindert.

[79] BGH NStZ 1997, 446 (447); grundlegend insoweit BGHSt 36, 151 = NJW 1989, 1810; vgl. auch Schmitt/Köhler/Schmitt StPO § 264 Rn. 13, 17.

[80] Vgl. Schmitt/Köhler/Schmitt StPO § 170 Rn. 8.

[81] Schmitt/Köhler/Schmitt StPO § 153 Rn. 37; BGH NStZ-RR 2020, 179.

[82] Schmitt/Köhler/Schmitt StPO § 153 Rn. 7; BGH NStZ 2004, 375.

(A) selbst gefahren sei. Die Staatsanwaltschaft erhob nunmehr Anklage gegen A wegen uneidlicher Falschaussage (der Aussage vor Gericht). Das Gericht hielt jedoch auch eine falsche Verdächtigung (durch die Angaben gegenüber der Polizei) für möglich und sprach A daher rechtskräftig frei. Kann A einer neuen Anklage wegen des Vorwurfs der falschen Verdächtigung die Rechtskraft dieses Urteils entgegenhalten?

Lösung: Der neuen Anklage steht der Strafklageverbrauch infolge des vorausgegangenen Urteils nicht entgegen. Es handelt sich um verschiedene prozessuale Taten, da zwischen der polizeilichen Aussage und der Vernehmung in der Hauptverhandlung ein erheblicher Zeitraum lag; schon deshalb kann von demselben geschichtlichen Vorgang nicht die Rede sein. Die Staatsanwaltschaft dürfte daher wegen des Vorwurfs der falschen Verdächtigung an sich eine neue Anklage erheben. Jedoch besteht nur eine geringe Aussicht auf eine entsprechende Verurteilung, weil auch diese Tatbegehung unsicher ist. Zwischen der uneidlichen Falschaussage und der falschen Verdächtigung wäre vielmehr eine echte Wahlfeststellung zulässig gewesen.[83] Diese hätte jedoch vorausgesetzt, dass die beiden Taten entweder schon gemeinsam angeklagt worden wären, die Staatsanwaltschaft die falsche Verdächtigung durch eine Nachtragsanklage in das Verfahren eingeführt oder das Gericht das Verfahren wegen uneidlicher Falschaussage so lange ausgesetzt hätte, bis die Anklage wegen falscher Verdächtigung erhoben worden ist; dann hätte es die Verfahren miteinander verbinden und eine Wahlfeststellung vornehmen können.[84]

Bei Revisionsklausuren gegen Berufungsurteile (dazu näher: → Rn. 375 ff.) kann Strafklageverbrauch als ein von Amts wegen zu berücksichtigendes Verfahrenshindernis (im Rahmen der Begründetheit der Revision zu prüfen) vorliegen, wenn die Berufung unzulässig war und deshalb – zB wegen einer verspäteten Berufungseinlegung – bereits Rechtskraft eingetreten ist.[85] Das Berufungsurteil ist dann aufzuheben und die Berufung als unzulässig zu verwerfen.[86] Dieselbe Problematik besteht, wenn das Berufungsgericht eine wirksame Berufungsbeschränkung und damit die im Übrigen bereits eingetretene Teilrechtskraft verkannt hat.[87]
Beachte aber: Ist zwar die Berufung des Angeklagten unzulässig oder hat der Angeklagte das erstinstanzliche Urteil gar nicht angefochten, hat aber die Staatsanwaltschaft eine zulässige Berufung eingelegt, liegt eine zulässige Berufung vor, die den Eintritt der Rechtskraft hindert. Da eine Berufung der Staatsanwaltschaft immer auch eine Abänderung zugunsten des Angeklagten ermöglicht (§ 301 StPO), ist der Angeklagte nicht gehindert, gegen das Berufungsurteil Revision einzulegen, selbst wenn das Berufungsurteil das Ersturteil abgemildert hat.[88]

Verschlechtert das Berufungsgericht den **Strafausspruch,** obwohl lediglich der Angeklagte, sein Vertreter oder zugunsten des Angeklagten die Staatsanwaltschaft Berufung eingelegt hat, liegt ein Verstoß gegen § 331 I StPO vor. Diesen Verstoß prüft das Revisionsgericht von Amts wegen (weil es insoweit von Teil-Rechtskraft ausgeht), Fehlerfolge ist hier neben der Auf- **88a**

---

[83] Der Große Senat für Strafsachen hat die Zulässigkeit der unechten Wahlfeststellung – entgegen dem Vorlagebeschluss des 2. Strafsenats – bestätigt (NJW 2017, 2842). Es handele sich um eine prozessuale Entscheidungsregel, keine dem Gesetzesvorbehalt unterliegende materiell-rechtliche Frage. Auch die Wahlfeststellung zwischen falscher Verdächtigung und einem Aussagedelikt ist nach der Rspr. zulässig, vgl. Schmitt/Köhler/Schmitt StPO § 1 Rn. 42c.

[84] BGHSt 32, 146 = NJW 1984, 2109; BGH NJW 2009, 1429 (1430); vgl. auch Schmitt/Köhler/Schmitt StPO § 264 Rn. 15. Abzulehnen ist dagegen die Ansicht, dass allein die Möglichkeit der Wahlfeststellung die Geschehnisse so eng verklammert, dass nur noch eine einzige prozessuale Tat vorliegt. Nach dieser Ansicht wäre das Erstgericht berechtigt und verpflichtet gewesen, wahlfeststellend zu verurteilen.

[85] Problematisch ist der Fall, dass das Berufungsgericht die Unzulässigkeit des Rechtsmittels des Angeklagten übersieht, die Strafe abmildert, nur der Angeklagte in Revision geht und das Revisionsgericht (jetzt) die Unzulässigkeit der Berufung erkennt. Hier kommt es zum Konflikt mit dem Verschlechterungsverbot, § 331 I StPO. Vorzugswürdig erscheint, die vom Berufungsgericht zuerkannte Strafmilderung stehen zu lassen (wie hier: OLG Hamburg NStZ-RR 2006, 18 (20); aA Schmitt/Köhler/Schmitt StPO § 331 Rn. 4a); dasselbe Ergebnis hätte sich ergeben, wenn das Berufungsurteil nicht angefochten worden wäre.

[86] Schmitt/Köhler/Schmitt StPO § 352 Rn. 3.

[87] Im umgekehrten Fall, dass das Berufungsgericht zu Unrecht von einer wirksamen Berufungsbeschränkung ausgegangen und deshalb fehlerhaft von einer Teilrechtskraft ausgegangen ist, ist das Berufungsurteil gleichfalls aufzuheben. Das Verfahren ist dann an die Berufungsinstanz zurückzuverweisen.

[88] So BayObLG NStZ 1994, 48; ablehnend Schmitt/Köhler/Schmitt StPO § 352 Rn. 3.

hebung des Urteils im Rechtsfolgenausspruch regelmäßig aber nicht die Einstellung des Verfahrens, sondern die Zurückverweisung.

Achtung: Das Verschlechterungsverbot bezieht sich nur auf die Rechtsfolgen der Tat, sodass eine für den Angeklagten nachteilige Schuldspruchberichtigung stets möglich ist. So hat der BGH in einem Verfahren mit zwei Angeklagten, die vom Landgericht jeweils unter anderem wegen verbotenen Kraftfahrzeugrennens mit Todesfolge verurteilt worden waren und in dem beide Angeklagte, die Staatsanwaltschaft aber nur bezüglich eines Angeklagten Revision eingelegt hatten, den Schuldspruch für beide auf Mord geändert (im Hinblick auf § 358 II 1 StPO unproblematisch möglich). Eine lebenslange Freiheitsstrafe konnte wegen des Verschlechterungsverbots aber nur hinsichtlich des Angeklagten verhängt werden, bei dem auch die Staatsanwaltschaft Revision eingelegt hatte.[89] Bei einer Geldstrafe dürfen sich weder die Anzahl der Tagessätze noch die Endsumme erhöhen.[90]

D. Rügearten

I. Abgrenzung Sach- und Verfahrensrüge

89 Die Frage, ob eine Gesetzesverletzung mit der Verfahrensrüge oder mit der Sachrüge geltend gemacht werden muss, ist von erheblicher Bedeutung. Denn im Gegensatz zur Sachrüge – diese ist bereits zulässig mit dem Satz „Gerügt wird die Verletzung materiellen Rechts" erhoben (näher → Rn. 309 ff.) – werden an eine zulässige Verfahrensrüge hohe formelle Anforderungen gestellt (dazu → Rn. 105 ff.; zu den von Amts wegen zu beachtenden Verfahrenshindernissen: → Rn. 60 ff.). Das Abgrenzungsproblem zwischen den beiden Rügen wird zumeist dadurch gelöst, dass man bestimmt, wann eine Verfahrensrüge erhoben werden muss.

90 **Hinweis:** Im Grundsatz gilt, dass eine Gesetzesverletzung mit der Verfahrensrüge beanstandet werden muss, wenn die Regelung, gegen die verstoßen wurde, den *prozessualen* Weg betrifft, auf dem der Richter seine Entscheidung gefunden hat. Bei der Verfahrensrüge geht es also darum, dass der Richter die Feststellungen, die er seiner Entscheidung zugrunde gelegt hat, *verfahrensrechtlich* falsch bzw. unvollständig getroffen oder auch *prozessual* notwendige Handlungen nicht oder fehlerhaft vorgenommen hat. Mit der Sachrüge ist dagegen die Verletzung sonstiger Vorschriften geltend zu machen, vor allem, dass das Urteil Darstellungs- oder Subsumtionsmängel zum materiellen Recht, also zum Schuld- und/oder Rechtsfolgenausspruch enthält.[91]

91 Die Umsetzung dieser Abgrenzung auf den konkreten Fall bereitet aber gelegentlich Schwierigkeiten, wobei häufig folgende **Faustregel** weiterhilft: Kann das Revisionsgericht den Fehler nicht allein aus dem Urteil ersehen, sondern ist zu dessen Feststellung der Blick in die Akten, vor allem in das Hauptverhandlungsprotokoll, erforderlich, muss grundsätzlich eine Verfahrensrüge erhoben werden; andere Aktenteile als das Urteil nimmt das Revisionsgericht nur nach einer (zulässigen) Verfahrensrüge zur Kenntnis (Ausnahme: Verfahrensvoraussetzungen).[92] Ist der Fehler dagegen allein aus dem Urteil ersichtlich, genügt regelmäßig die Sachrüge.

92 Schwierig ist die Abgrenzung von Verfahrens- und Sachrüge insbesondere, wenn es um Fehler im Zusammenhang mit einer durchgeführten Beweisaufnahme geht. Allgemein lässt sich hierzu sagen, dass Fehler, die die Erhebung des Beweises betreffen, mit der Verfahrensrüge geltend gemacht werden müssen. Für die Prüfung von Beweisverwertungsverboten hat der BGH dies ausdrücklich auch für den Fall klargestellt, dass sich sämtliche relevanten Umstände aus den Urteilsgründen ergeben.[93] Ein Verfahrensfehler in der Beweisaufnahme wird nicht dadurch (auch) zu einem sachlich-rechtlichen Fehler, dass er sich auf die Beweiswürdigung

[89] BGH 26.3.2025 – 4 StR 487/24.
[90] Schmitt/Köhler/Schmitt StPO § 331 Rn. 15 f.
[91] Schmitt/Köhler/Schmitt StPO § 337 Rn. 7, 8 f.; dort auch zur Abgrenzung bei einer Verständigung.
[92] So ausdrücklich auch BGH NStZ-RR 2001, 174 (175); NStZ 2020, 758.
[93] BGH NStZ 2019, 107; Schmitt/Köhler/Schmitt StPO § 344 Rn. 20c.

ausgewirkt hat.[94] Die Sachrüge reicht regelmäßig lediglich dann aus, wenn sich der Fehler nur und erst in der Beweiswürdigung des Urteils zeigt. So reicht nach – wenn auch umstrittener – hM zB bei einem Verstoß gegen das Verwertungsverbot des § 51 BZRG die Erhebung der allgemeinen Sachrüge aus.[95]

Hat das Gericht ein Beweismittel berücksichtigt, das nicht verwertet werden durfte, muss dieser Fehler grundsätzlich mit der Verfahrensrüge beanstandet werden, weil Gesetzesverletzungen, die zu Verwertungsverboten führen, zumeist das Verfahren regelnde Vorschriften betreffen (zB die unterlassene Beschuldigtenbelehrung oder Verstöße gegen § 136a StPO). In einem solchen Fall lässt sich die Sachrüge auch nicht damit begründen, dass ohne das unverwertbare Beweismittel die Beweiswürdigung anders ausgefallen wäre (was das Revisionsgericht – außer im Rahmen der Beruhensprüfung – grundsätzlich ohnehin nicht berücksichtigen darf); der Fehler ist und bleibt ein Verfahrensfehler und muss daher entsprechend gerügt werden (auch → Rn. 327 ff.). Es findet auch keine doppelte Prüfung sowohl als Verfahrens- als auch als Sachrüge statt. 93

Fall: Die Staatsanwaltschaft hat Anklage zum LG wegen Betrugs in Tateinheit mit Vortäuschen einer Straftat (gestellter Verkehrsunfall) erhoben. Das LG beschränkte die Verhandlung mit Zustimmung der Staatsanwaltschaft auf den Betrug (§ 154a II StPO) und sprach den Angeklagten frei. Wird eine hiergegen eingelegte Revision der Staatsanwaltschaft auch dann Erfolg haben, wenn der Betrug auch aus Sicht der revisionsführenden Staatsanwaltschaft tatsächlich nicht nachgewiesen ist? 94

Lösung: Die Revision der Staatsanwaltschaft kann erfolgreich sein, weil dem Gericht ein Fehler unterlaufen ist. Das LG hätte, bevor es den Angeklagten freispricht, die nach § 154a II StPO ausgeschiedene Gesetzesverletzung von Amts wegen wieder in das Verfahren einbeziehen müssen, um seiner Pflicht zur umfassenden Aburteilung der angeklagten Tat (Kognition, → Rn. 286) nachkommen zu können. Diesen Fehler muss die Staatsanwaltschaft in ihrer Revisionsbegründung mit einer Verfahrensrüge vortragen; die Erfüllung der Kognitionspflicht, deren Verletzung an sich mit der Sachrüge beanstandet wird, setzt hier einen formellen Akt, nämlich die Wiedereinbeziehung gem. § 154a III StPO voraus. Dass eine solche Wiedereinbeziehung[96] unterlassen wurde, stellt einen Verfahrensfehler – auf dem Weg zum Urteil – dar, der auch entsprechend, also nach § 344 II 2 StPO, gerügt werden muss.[97]
In Bezug auf den Strafklageverbrauch (dazu → Rn. 82 ff.) stellen sich bei § 154a StPO im Übrigen keine besonderen Probleme. Da dort grundsätzlich alle Straftatbestände innerhalb einer prozessualen Tat verwirklicht wurden, tritt mit dem rechtskräftigen Urteil insgesamt Strafklageverbrauch ein.[98] In den Fällen des § 154 StPO ist eine Wiederaufnahme bzw. Wiedereinbeziehung nach dessen Abs. 4 und 5 möglich.[99]

Hinweis: Die Frage, ob eine Gesetzesverletzung mit der Sach- oder der Verfahrensrüge zu beanstanden ist, lässt sich in den meisten Fällen mithilfe der jeweiligen Kommentierung zu dem verletzten Gesetz bei Schmitt/Köhler beantworten. Dort ist in der Regel in einer der letzten Randnummern ausgeführt, welche Rüge zu erheben ist und was im Fall einer Verfahrensrüge in der Revisionsbegründung vorgetragen werden muss (wobei hier in der Klausur der Rechtsprechungsansicht gefolgt werden sollte, daher ist auf „aA BGH …" zu achten). 95

---

94 BGH wistra 2004, 398.

95 Zuletzt: BGH NStZ-RR 2023, 87 (aA: BGH BeckRS 2020, 27117).

96 Eines förmlichen Beschlusses bedarf es bei § 154a III StPO in der Hauptverhandlung (anders als bei § 154 V StPO) nicht. Ein Beschluss scheint aber ratsam. In jedem Fall muss die Wiedereinbeziehung deutlich gemacht werden, vgl. auch Schmitt/Köhler/Schmitt StPO § 154a Rn. 24.

97 BGH NStZ 1996, 241; aA (Sachrüge) BGH NStZ 1995, 540 (541); offen gelassen in BGH NStZ-RR 2024, 220; vgl. auch Schmitt/Köhler/Schmitt StPO § 154a Rn. 27; zur allseitigen Kognitionspflicht des Gerichts vgl. Schmitt/Köhler/Schmitt StPO § 264 Rn. 20.

98 Schmitt/Köhler/Schmitt StPO § 154a Rn. 28 f., dort auch zu der Frage, ob es bei irriger Anwendung von § 154 (statt § 154a) StPO für die zutreffende Sachbehandlung auf die rechtlich zutreffende Lage (so BGH BeckRS 2005, 04996) oder auf die angewandte Norm (so noch BGH NStZ 2014, 46 bei einem Beschluss nach § 154 II StPO, aufgegeben in BGH NJW 2015, 181) ankommt.

99 Schmitt/Köhler/Schmitt StPO § 154 Rn. 21 ff.

Im Zweifel wird man (neben der allgemeinen Sachrüge) eine Verfahrensrüge erheben. Nach der Rechtsprechung ist eine fehlerhafte Qualifikation der Rüge als Verfahrensrüge bzw. als Sachrüge unschädlich. Das heißt, das Revisionsgericht prüft eine Rüge auch dann in der Sache, wenn der Revisionsführer seine Rüge fehlerhaft als Verfahrensrüge verortet, das Revisionsgericht aber die Frage als solche der Sachrüge qualifiziert, und umgekehrt.[100] Aber: Glaubt der Revisionsführer, eine Rüge sei mit der Sachrüge geltend zu machen, während das Revisionsgericht die Frage als Verfahrensrüge behandelt, wird es im Rahmen der Darstellung der Rüge regelmäßig am ordnungsgemäßen Vortrag aller Tatsachen iSv § 344 II 2 StPO fehlen.

II. Beruhen des Urteils auf der Gesetzesverletzung

96 Nicht jeder Gesetzesverstoß begründet die Revision. Vielmehr ist auch erforderlich, dass das Urteil auf diesem Fehler beruht (§ 337 I StPO).

Während sich bei sachlich-rechtlichen Mängeln (zur Sachrüge → Rn. 309 ff.) das Beruhen regelmäßig ohne Weiteres aus dem Urteil ergibt,[101] ist bei Verfahrensfehlern danach zu unterscheiden, ob es sich um einen **relativen** oder einen **absoluten** Revisionsgrund handelt (dazu → Rn. 125 ff.).

- Bei der Sachrüge sind in der Klausur Ausführungen zum Beruhen zumeist entbehrlich. So beruht ein Urteil immer auf einem fehlerhaften Schuldspruch, dies muss nicht gesondert dargestellt werden. Etwas anderes kann allerdings ausnahmsweise bei Fehlern bei der Strafzumessung oder bei auf die Sachrüge hin zu prüfenden Fehlern im Rahmen der Beweiswürdigung gelten. So kann zB im Einzelfall trotz einer im Hinblick auf § 47 StGB fehlerhaften Urteilsbegründung (keine Ausführungen zu den erforderlichen besonderen Umständen) ein Beruhen des Urteils auf diesem Fehler dann ausgeschlossen werden, wenn sich die Anordnung einer kurzen Freiheitsstrafe angesichts der Einzelumstände aufdrängte.[102] Auch wenn das Urteil sich im Rahmen der Beweiswürdigung nicht zur Einlassung des Angeklagten verhält (Sachrüge, da sich der Fehler nur und erst aus dem Urteil selbst ergibt), kann ein Beruhen des Urteils auf diesem Fehler im Einzelfall bei einer im Übrigen hohen Beweisdichte verneint werden.[103]
- Bei den in § 338 StPO abschließend aufgezählten absoluten Revisionsgründen wird das Beruhen des Urteils unwiderlegbar vermutet, wenn eine der in § 338 Nr. 1–7 StPO (zu § 338 Nr. 8 StPO → Rn. 160) bezeichneten Verfahrensbestimmungen verletzt ist. Wurde beispielsweise die Öffentlichkeit unberechtigt ausgeschlossen (vgl. §§ 169 ff. GVG; dazu im Einzelnen → Rn. 154 ff.) und erhebt der Revisionsführer eine zulässige Verfahrensrüge, kommt das angegriffene Urteil auch dann zu Fall (vgl. § 338 Nr. 6 StPO), wenn es „an sich" inhaltlich richtig ist. Von einer Urteilsaufhebung sieht die Rechtsprechung ausnahmsweise nur dann ab, wenn ein Beruhen denkgesetzlich ausgeschlossen werden kann.[104]
  Beispiel: Auch wenn die Öffentlichkeit zu Unrecht während eines Hinweises gem. § 265 StPO ausgeschlossen war, liegt trotz § 338 Nr. 6 StPO kein Beruhen vor, wenn sich der Hinweis allein auf einen Teil des Tatgeschehens bezog, der im weiteren Verlauf der Hauptverhandlung gem. § 154a I Nr. 1, II StPO von der Strafverfolgung ausgenommen wurde.[105]

Hinweis: Verletzte Vorschrift ist nicht § 338 StPO, sondern die § 338 StPO zugrunde liegende Norm (zB § 230 I StPO im Falle des § 338 Nr. 5 StPO oder § 169 S. 1 GVG im Falle des § 338 Nr. 6 StPO). § 338 StPO regelt nur die Frage des Beruhens.

- Dagegen ist bei einem relativen Revisionsgrund zu prüfen, ob ein rechtsfehlerfreies Verfahren **möglicherweise** zu einem anderen Ergebnis geführt hätte; das Urteil beruht bereits

[100] Vgl. zB BGH NStZ-RR 2024, 220.
[101] Vgl. Schmitt/Köhler/Schmitt StPO § 337 Rn. 40.
[102] BGH BeckRS 2024, 3473; BeckRS 2024, 36450.
[103] BGH BeckRS 2024, 27032.
[104] Schmitt/Köhler/Schmitt StPO § 338 Rn. 2.
[105] BGH NStZ 1996, 49.

dann auf einem Verfahrensfehler, wenn ein ursächlicher Zusammenhang nicht ausgeschlossen werden kann.[106]

Fall: Das Landgericht hat den Angeklagten wegen Vergewaltigung und sexuellen Missbrauchs seiner Tochter zu einer mehrjährigen Gesamtfreiheitsstrafe verurteilt. Die Tochter wurde in der Hauptverhandlung als Zeugin vernommen und anschließend vereidigt, ohne dass sie zuvor auf das ihr nach § 61 iVm § 52 I Nr. 3 StPO zustehende Eidesverweigerungsrecht hingewiesen wurde. Das Landgericht stützte seine Verurteilung auf die eidliche Aussage. Kann die Revision dies mit Aussicht auf Erfolg rügen? 97

Lösung: Die Revision hat Aussicht auf Erfolg. Der Verstoß gegen die Belehrungspflicht des § 61 Hs. 2 StPO ist kein absoluter, sondern „nur" ein relativer Revisionsgrund. Das Urteil wird aufgehoben, wenn es im Fall einer ordnungsgemäß durchgeführten Belehrung möglicherweise anders ausgefallen wäre. Hierfür ist entscheidend, ob das Landgericht die Glaubhaftigkeit der Angaben der Zeugin anders beurteilt hätte, wenn diese nach erfolgter Belehrung die Eidesleistung verweigert hätte. Nach dem mitgeteilten Sachverhalt lässt sich eine andere Beurteilung des Aussageverhaltens durch das Tatgericht bereits deshalb nicht ausschließen, da bei einer Verweigerung der Eidesleistung ein zunächst nicht vorhandener, überraschender Unsicherheitsfaktor für die Beurteilung des Aussageverhaltens geschaffen worden wäre.[107]

Bei der Prüfung des Beruhens sind noch folgende Punkte von Bedeutung: 98

- **Das Beruhen auf einem Verfahrensfehler ist ausgeschlossen, wenn dieser durch die fehlerfreie Wiederholung des betreffenden Verfahrensabschnitts „geheilt" wurde**[108] oder wenn die Verfahrensweise unzweifelhaft „im Ergebnis" richtig war, etwa weil ein vom Tatrichter im Urteil mit fehlerhafter Begründung beschiedener **Hilfs**beweisantrag mit rechtsfehlerfreier Begründung abgelehnt werden konnte und ein tragfähiger anderer Ablehnungsgrund entweder offenkundig ist oder sich aus den Urteilsgründen selbst ergibt.[109] Eine Heilung erfolgt bei fehlerhaft unterlassenen Verfahrenshandlungen durch deren Nachholung bzw. bei fehlerhaften Verfahrensvorgängen durch deren fehlerfreie Wiederholung. Bei einer gesetzeswidrigen Entscheidung ist diese – soweit möglich – nach entsprechendem Hinweis unberücksichtigt zu lassen (zB indem es eine eidliche Zeugeneinvernahme, die unter Verstoß gegen ein Vereidigungsverbot zustande gekommen ist, im Rahmen der Beweiswürdigung nur als uneidlich verwertet).[110] Der vorherige Hinweis nach § 265 StPO ist hier erforderlich, damit die Prozessbeteiligten ihr Verhalten im Verfahren auf die neue Situation einstellen können. Dies gilt freilich nicht für Hilfsbeweisanträge, die ohnehin erst im Urteil verbeschieden werden.[111]
- Bei der Beruhensprüfung ist ferner zu beachten, dass bei Aburteilung mehrerer Taten ein Rechtsfehler nur eine oder einen Teil dieser Taten oder nur das Strafmaß (zB bei einem Verstoß gegen § 265 II StPO) betreffen kann. Da dann das Urteil regelmäßig nur insoweit auf der Gesetzesverletzung beruht, wird die Revision zumeist auch nur bezüglich dieser Tat(en) bzw. des Strafmaßes Erfolg haben.[112]
- **Ein Beruhen ist ferner ausgeschlossen,** wenn es sich um eine bloße Ordnungsvorschrift handelt (zB Aufruf zur Sache, Präsenzfeststellung) oder **wenn die verletzte Vorschrift nicht dem Schutz des Revisionsführers dienen soll (Rechtskreistheorie).** Klassisches Beispiel ist ein Verstoß gegen die Belehrungspflicht des Zeugen nach § 55 StPO. Nach hM

[106] Schmitt/Köhler/Schmitt StPO § 337 Rn. 36, 37.
[107] Vgl. BGH NStZ 2008, 171; allerdings konnte der BGH im Ausgangsfall aufgrund besonderer Umstände ausschließen, dass die Zeugin nach erfolgter Belehrung die Eidesleistung verweigert hätte.
[108] Schmitt/Köhler/Schmitt StPO § 337 Rn. 39; dann sind im Übrigen auch absolute Revisionsgründe nicht gegeben, vgl. Schmitt/Köhler/Schmitt StPO § 338 Rn. 3 mwN.
[109] BGH NStZ 2008, 116; Schmitt/Köhler/Schmitt StPO § 244 Rn. 107 und allgemein bei § 337 Rn. 38.
[110] Schmitt/Köhler/Schmitt § 337 Rn. 39.
[111] Anders bei „normalen" Beweisanträgen, die durch Beschluss in der Hauptverhandlung verbeschieden werden müssen, § 244 VI StPO. Bei ihnen ist es dem Revisionsgericht deshalb idR auch verwehrt, den Ablehnungsgrund auszutauschen (→ Rn. 276).
[112] Vgl. (auch zu Ausnahmen) Schmitt/Köhler/Schmitt StPO § 353 Rn. 6; zum Aufhebungsumfang bei mehreren Tatvorwürfen und Vorliegen eines absoluten Revisionsgrundes: BGH NStZ 2003, 218.

soll diese Vorschrift allein dem Schutz des Zeugen vor Strafverfolgung dienen. Der Angeklagte kann daher in seiner Revision nicht § 55 StPO rügen, selbst wenn gegen § 55 StPO verstoßen worden ist. Für die Revision der Staatsanwaltschaft gilt **§ 339 StPO,** wonach die Staatsanwaltschaft eine Revision zuungunsten des Angeklagten nicht auf eine Verletzung von Verfahrensvorschriften stützen kann, die ausschließlich dem Schutz des Angeklagten dienen. In Klausuren ist daher in diesen Fällen zu erörtern, ob die Vorschrift jeweils **ausschließlich** dem Schutz des Angeklagten dient (angenommen beispielsweise für §§ 136 I 2, 243 V 1, 247 S. 4, 258 II Hs. 2, § 265 StPO, abgelehnt aber für §§ 230 I, 243 III 1 StPO, § 169 S. 1 GVG). § 339 StPO gilt für die Revision des Privatklägers und des Nebenklägers entsprechend.[113]

III. Ausschluss von Verfahrensrügen; Rügeverlust

99 Die Geltendmachung von Verfahrensfehlern ist in einigen Fällen in der Strafprozessordnung an bestimmte Fristen gebunden, zB bei Beanstandung der gesetzeswidrigen Gerichtsbesetzung (vgl. dazu §§ 222a; 222b; 338 Nr. 1 StPO sowie → Rn. 126), die Rüge der örtlichen oder der funktionellen Unzuständigkeit des Gerichts bzw. der Kammer (vgl. §§ 6a, 16, 338 Nr. 4 StPO) oder das Verlangen einer Aussetzung der Verhandlung, wenn die Ladungsfrist nicht eingehalten wurde (§ 217 II StPO). Erfolgt keine rechtzeitige Beanstandung, können etwaige Fehler im Revisionsverfahren nicht mehr gerügt werden.

100 In einigen (auch besonders klausurrelevanten) Fällen verlangt die Rechtsprechung, dass ein Prozessbeteiligter einer Maßnahme rechtzeitig „widersprochen" hat (sog. **Widerspruchslösung** der Rechtsprechung); anderenfalls droht ein „Rügeverlust durch Schweigen"[114]. Will etwa der Angeklagte in der Revision geltend machen, bei der Beschuldigtenvernehmung durch Beamte des Polizeidienstes sei er nicht ordnungsgemäß nach §§ 163a IV 2, 136 I 2 StPO belehrt worden, sein seinerzeitiges Geständnis sei daher unverwertbar, so muss sein Verteidiger in der Hauptverhandlung nach Vernehmung des Beamten als Verhörperson **spätestens bis zu dem in § 257 StPO genannten Zeitpunkt** der Verwertung widersprechen (zu Besonderheiten bei der Durchsuchung → Rn. 187). Unterbleibt ein solcher Widerspruch, geht das Recht verloren, sich auf ein Verwertungsverbot zu berufen (dazu näher → Rn. 172).[115] Die Rechtsprechung begründet die – im Gesetz so nicht vorgesehene – Widerspruchslösung damit, dass es der besonderen Verantwortung des Verteidigers und seinen Fähigkeiten entspreche, derartige Verfahrensmängel aufzudecken und zu erkennen, ob die Geltendmachung des Verwertungsverbots einer sinnvollen Verteidigung diene.[116] Als zweiten – dazu in ungeklärtem Verhältnis stehenden – Begründungsansatz führt die Rechtsprechung an, das Widerspruchserfordernis gebe dem Tatrichter Möglichkeit und Veranlassung, das Vorliegen eines Beweisverwertungsverbotes zu prüfen (Schonung von Justizressourcen, orientiert am Subsidiaritätsgedanken).[117] Sie hat die Widerspruchslösung auf mehr und mehr Fallgruppen ausgeweitet (vgl. → Rn. 181, 187, 194c, 198). Staatsexamenskandidaten sind gut beraten, diese Rechtsprechung zu verfolgen. Sie gilt allerdings nur bei **verteidigten** Angeklagten bzw. bei unverteidigten Angeklagten, wenn sie vom Gericht auf die Möglichkeit eines Widerspruchs hingewiesen wurden.

---

[113] Schmitt/Köhler/Schmitt StPO § 339 Rn. 2, 4 f.

[114] Die Dogmatik der Widerspruchslösung ist umstritten (vgl. Berg StraFo 2018, 327). Die hM folgert aus dem Unterlassen des Widerspruchs einen Rügeverlust für das weitere Verfahren. Daraus folgt, dass Beweisverwertungsverbote im Ermittlungsverfahren (BGH NJW 2019, 2627 (2629)), im Zwischenverfahren (BGH NJW 2017, 1828 (1829)) und auch in der erstinstanzlichen Hauptverhandlung (so etwa BGH NJW 2018, 2279) auch ohne Widerspruch grundsätzlich von Amts wegen zu beachten sind. Formulierungen in manchen BGH-Entscheidungen legten allerdings ein Verständnis nahe, wonach ein Beweisverwertungsverbot erst mit dem Widerspruch entsteht (so auch Schmitt/Köhler/Schmitt StPO § 168c Rn. 6b). Die praktische Konsequenz der hM für das Gericht erster Instanz: Es muss nicht Beweise erheben, die es für unverwertbar hält – nur um abzuwarten, ob die Verteidigung Widerspruch erhebt.

[115] Vgl. etwa BGHSt 38, 214 (225) = NJW 1992, 1463; BGHSt 51, 1 (3) = NJW 2006, 1361.

[116] BGH NJW 1992, 1463.

[117] BGH NJW 2018, 2279 (zu praktischen Auswirkungen des Streits: vgl. → Rn. 187); vgl. Mosbacher JuS 2019, 129.

Bei Erhebung einer Verfahrensrüge (vgl. dazu im Einzelnen → Rn. 105 ff.) **gem. § 344 II 2 StPO muss vorgetragen werden, dass rechtzeitig** (konkreten Zeitpunkt benennen!) **widersprochen wurde.**[118]

Eine Revision kann auf einen Verfahrensverstoß auch nicht gestützt werden, wenn durch ausdrückliche Erklärung oder schlüssiges Handeln auf die Einhaltung einer Prozessvorschrift verzichtet worden ist. Ein solcher Rügeverzicht ist jedoch nur in engen Grenzen möglich, da grundsätzlich nicht erlaubt werden kann, dass die gesetzliche Verfahrensordnung durch das Gericht und die Prozessbeteiligten für den Einzelfall abgeändert wird.[119] 101

Ferner können sich im Hinblick auf ein von der Rechtsprechung auch im Strafprozess anerkanntes „allgemeines Missbrauchsverbot"[120] Einschränkungen für das Revisionsverfahren ergeben. Nach der Rechtsprechung ist ein Missbrauch prozessualer Rechte „dann anzunehmen, wenn ein Verfahrensbeteiligter die ihm durch die Strafprozessordnung eingeräumten Möglichkeiten zur Wahrung seiner verfahrensrechtlichen Belange benutzt, um gezielt verfahrensfremde oder verfahrenswidrige Zwecke zu verfolgen" (BGH NStZ 2007, 49 f.). So hat der BGH in einem Fall eine erhobene Verfahrensrüge **als rechtsmissbräuchlich und unzulässig angesehen, in dem der Revisionsführer bewusst wahrheitswidrig einen Verfahrensverstoß behauptet und sich zum Beweis auf ein von ihm als unrichtig erkanntes Hauptverhandlungsprotokoll berufen hat** (vgl. auch zur Möglichkeit einer nachträglichen Protokollberichtigung → Rn. 121). 102

Unter dem Gesichtspunkt eines arglistigen (rechtsmissbräuchlichen) Vorgehens kommt ausnahmsweise ferner die Unzulässigkeit einer Verfahrensrüge in Betracht, wenn beim Tatrichter gezielt in einer dem Angeklagten zurechenbaren Weise ein Verfahrensfehler zur Schaffung eines Revisionsgrundes herbeigeführt wurde.[121] Dabei wird dem Angeklagten an sich ein arglistiges Verhalten seines Verteidigers nicht zugerechnet. Gleichwohl hat der BGH „Verwirkung" angenommen, als ein Verteidiger den absoluten Revisionsgrund des § 338 Nr. 5 StPO geltend gemacht hat, nachdem er sich eigenmächtig während der Urteilsverkündung aus dem Sitzungssaal entfernt hatte.[122] 103

Die Verwirkung einer Verfahrensrüge kommt grundsätzlich nicht bereits deshalb in Betracht, weil ein Verfahrensbeteiligter einen „unverzichtbaren" Verfahrensfehler (zu „verzichtbaren" Verfahrensverstößen → Rn. 101) des Gerichts erkannt und diesen lediglich schweigend hingenommen hat.[123] Anders ist dies nach der Rechtsprechung aber dann, wenn der Revisionsführer nach einer Sachleitungsanordnung des Vorsitzenden in der Hauptverhandlung vom Zwischenrechtsbehelf des **§ 238 II StPO**[124] keinen Gebrauch gemacht und eine förmliche Entscheidung des Gerichts begehrt hat. Der BGH führt zum Zweck dieser Vorschrift aus: „Zweck des § 238 II StPO ist es, die Gesamtverantwortung des Spruchkörpers für die Rechtsförmigkeit der Verhandlung zu aktivieren, hierdurch die Möglichkeit zu eröffnen, Fehler des Vorsitzenden im Rahmen der Instanz zu korrigieren und damit Revisionen zu vermeiden … Dieser Zweck würde verfehlt, wenn es im unbeschränkten Belieben des um die Möglichkeit des § 238 II StPO wissenden Verfahrensbeteiligten stünde, ob er eine für unzulässig erachtete verhandlungsleitende Maßnahme des Vorsitzenden über den Rechtsbehelf nach § 238 II StPO zu beseitigen sucht oder stattdessen hierauf im Falle eines ihm nachteiligen Urteils in der Revision eine Verfahrensrüge stützen will." (BGH NStZ 2007, 230). Aufgrund des Schutzzwecks der Vorschrift, Revisionen zu vermeiden, findet sie auch bei Entscheidungen des Strafrichters beim Amtsgericht Anwendung, obwohl in diesem Fall der oder die Vorsitzende 104

[118] Schmitt/Köhler/Schmitt StPO § 136 Rn. 28.
[119] Vgl. Schmitt/Köhler/Schmitt StPO § 337 Rn. 43 ff.
[120] Zur Verfahrensverzögerung vgl. § 244 VI 2 StPO.
[121] Vgl. dazu BGH NStZ 1993, 198.
[122] BGH NStZ 1998, 209; Schmitt/Köhler/Schmitt StPO § 337 Rn. 47 und § 338 Rn. 41a aE.
[123] Schmitt/Köhler/Schmitt StPO § 337 Rn. 47.
[124] Ebenso verlangt § 273 III 2 StPO die Anrufung des Gerichts, wenn der Vorsitzende die Aufnahme einer Maßnahme in das Protokoll oder wörtliche Protokollierung ablehnt. Allerdings dürfte – unbeschadet der Obliegenheit zur Ergreifung des Zwischenrechtsbehelfs – eine Rüge des § 273 StPO regelmäßig auf eine unbehelfliche Protokollrüge (→ Rn. 115) hinauslaufen.

mit dem Gericht identisch ist.[125] Unterbleibt der in § 238 II StPO vorgesehene Zwischenrechtsbehelf, folgt aus dieser zentralen Zwecksetzung für Anordnungen, die der Vorsitzende in Ausübung eines ihm vom Gesetz eingeräumten Beurteilungs- oder Ermessensspielraums trifft, die Unzulässigkeit einer auf diese Anordnung/Maßnahme gestützte Verfahrensrüge.

Diese Rechtsprechung zum Zwischenrechtsbehelf nach § 238 II StPO als Voraussetzung für eine Rüge der verletzten Vorschrift in der Revision findet aber nur Anwendung, wenn

- der Angeklagte verteidigt ist (gleichstehen dürfte der Angeklagte, der auf die Möglichkeit des Zwischenrechtsbehelfs hingewiesen wurde),
- die Maßnahme nicht in einem Unterlassen besteht und
- die Maßnahme des Vorsitzenden sich über eine Verfahrensvorschrift hinwegsetzt, die Ermessensspielraum zulässt (denn nur dann, wenn die Verfahrensnorm einen gewissen Ermessens- oder Beurteilungsspielraum zulässt, kann es zur Vermeidung überflüssiger Revisionen angehen, die grundsätzlich in der alleinigen Sphäre des Gerichts liegende Verantwortlichkeit für die korrekte Verfahrensgestaltung der Hauptverhandlung auf die übrigen Prozessbeteiligten zu verlagern). Aus diesem Grunde bedarf es beispielsweise vor der Erhebung einer Rüge der Verletzung des § 252 StPO keines Zwischenrechtsbehelfs, wohl aber vor der Erhebung der Rüge des Entzugs des Fragerechts durch den Vorsitzenden nach § 241 StPO.[126]

Der Vortrag zum Zwischenrechtsbehelf nach § 238 II StPO ist notwendiges Vorbringen im Rahmen des § 344 II 2 StPO.

Hinweis: Ob die Rechtsprechung einen rechtzeitigen Widerspruch oder die Ergreifung eines Zwischenrechtsbehelfs verlangt, ist regelmäßig dem Kommentar zu entnehmen (im Abschnitt Revision, oft in der letzten Randnummer).

E. Einzelheiten zur Verfahrensrüge

I. Grundsätze

105 Zur Erhebung einer Verfahrensrüge genügt nach § 344 II StPO nicht die allgemeine Beanstandung des Verfahrens, der Revisionsführer muss vielmehr eine bestimmte Gesetzesverletzung aufzeigen und die diesen Mangel belegenden Tatsachen angeben.

106 Im Einzelnen ergeben sich daraus folgende Anforderungen:

- In der Revisionsbegründung genügt es nicht, entsprechend der allgemeinen Sachrüge nur pauschal um die Überprüfung des Verfahrens zu bitten oder bloße Vermutungen zu äußern (also nicht: „Das Gericht hat möglicherweise das letzte Wort nicht gewährt" oder „Es ist zu überprüfen, ob die Regelungen der §§ 244 ff. StPO beachtet wurden"). Vielmehr muss ein bestimmter Verfahrensfehler, dh eine konkrete Gesetzesverletzung, behauptet werden.[127] Hilfsweise erhobene Verfahrensrügen sind nicht zulässig.[128]

107 • Der behauptete Verfahrensfehler muss durch Tatsachen belegt werden (§ 344 II 2 StPO). Dies erfordert die Darlegung der den Mangel begründenden Umstände im Einzelnen und zwar so genau und vollständig, dass das Revisionsgericht ohne Durchsicht der Akten allein auf der Grundlage der Revisionsbegründung prüfen kann, ob der Fehler vorliegt, wenn die mitgeteilten Tatsachen zutreffen („Schlüssigkeitsprüfung").[129] Ein etwaiger Widerspruch bzw. ein Zwischenrechtsbehelf und sein Ergebnis (Gerichtsbeschluss) sind ebenfalls mitzuteilen.
Schriftstücke, insbesondere das Hauptverhandlungsprotokoll (dazu nachfolgend → Rn. 112 ff.), müssen hierfür regelmäßig wörtlich – zumindest aber in ihrem wesentlichen

[125] Schmitt/Köhler/Schmitt StPO § 238 Rn. 18.
[126] Vgl. Schmitt/Köhler/Schmitt StPO § 241 Rn. 23.
[127] Vgl. Schmitt/Köhler/Schmitt StPO § 344 Rn. 20, 24, 25 mwN.
[128] Schmitt/Köhler/Schmitt StPO § 344 Rn. 12.
[129] BGH NStZ-RR 2019, 157; Schmitt/Köhler/Schmitt StPO § 344 Rn. 21–24.

Inhalt – wiedergegeben werden, soweit sie für die Gesetzesverletzung relevante Tatsachen enthalten.[130] Wird in dem Schriftstück auf weitere Unterlagen verwiesen, müssen auch diese – im Wortlaut oder ihrem wesentlichen Inhalt – mitgeteilt werden.[131] **Bezugnahmen auf Anlagen oder Fundstellen in den Akten reichen grundsätzlich nicht aus.**[132]

- Auch sog. Negativtatsachen müssen gegebenenfalls in der Revisionsbegründung vorgetragen werden. § 344 II 2 StPO verpflichtet nach der Rechtsprechung den Revisionsführer auch zum Vortrag von nicht geschehenen Umständen, die – wären sie gegeben – gegen das Vorbringen des Revisionsführers sprechen würden, diesem also die Grundlage entziehen würden.[133] Hierzu zählt etwa das Nichtvorliegen einer späteren Heilung von Verfahrensverstößen,[134] zumindest dann, wenn sich aus dem von der Revision selbst vorgetragenen oder aus Protokoll und Akteninhalt ersichtlichen Verfahrensablauf konkrete Anhaltspunkte für einen Sachverhalt ergeben, welcher der erhobenen Rüge die Grundlage entziehen kann[135] oder bei einem gerügten Verstoß gegen die Belehrungspflicht nach § 136 I 2 StPO die fehlende anderweitige Kenntnis des Beschuldigten von seinen Rechten.[136] 108
- Unter Negativtatsachen sind aber auch Tatsachen zu einem nahe liegenden alternativen Verfahrensablauf zu verstehen, bei dem die behauptete Gesetzesverletzung nicht vorliegen würde. Wird zB gerügt, dass im Urteil eine Urkunde verwertet wurde, die ausweislich des Hauptverhandlungsprotokolls nicht verlesen wurde, muss zugleich auch vorgetragen werden, dass diese Urkunde nicht auf einem anderen Weg, insbesondere durch einen – keine wesentliche Förmlichkeit iSd § 273 I 1StPO darstellenden und damit nicht protokollierungspflichtigen – Vorhalt,[137] in die Hauptverhandlung eingeführt wurde (zur Erkundigungspflicht eines in der Tatsacheninstanz noch nicht tätigen Verteidigers bzw. Rechtsanwalts, der die Revisionsbegründung fertigt: → Rn. 118).[138] 109
- Ferner müssen auch diejenigen Tatsachen vorgetragen werden, die dem Revisionsgericht bei relativen Revisionsgründen die Beruhensprüfung ermöglichen.[139] Ansonsten sind Ausführungen zum Beruhen zweckmäßig, aber nicht geboten;[140] in einer Examensklausur sind sie jedoch Pflicht. Ist ein absoluter Revisionsgrund gegeben, so genügt insofern der Hinweis auf die betreffende Regelung in § 338 StPO (zB: „Ein Beruhen des Urteils auf dem Verstoß wird unwiderleglich vermutet, § 338 Nr. 5 StPO, und ist vorliegend auch nicht ausnahmsweise denkgesetzlich ausgeschlossen“). 110
- Nicht notwendig – regelmäßig aber zweckmäßig (auch → Rn. 118), in der Examensklausur verpflichtend – ist die Angabe von Beweismitteln.[141] 111

II. Protokoll und Freibeweisverfahren beim Vortrag und Nachweis von Verfahrensfehlern

112 Das über die Hauptverhandlung aufgenommene Protokoll hat für das Rechtsmittelverfahren erhebliche Bedeutung. Dies ergibt sich daraus, dass zur Urteilsgrundlage nur gemacht werden darf, was „Inbegriff der Verhandlung“ war (§ 261 StPO), die wesentlichen Förmlichkeiten der Verhandlung aber in das Protokoll aufgenommen werden müssen (§ 273 I 1 StPO) und grundsätzlich **ausschließlich durch das Protokoll** bewiesen werden können (§ 274 StPO).

113 Das bedeutet für die Revisionsbegründung und daher für den Revisionsführer, dass zumindest ein Teil derjenigen Tatsachen, die nach § 344 II 2 StPO vorgetragen werden müssen, positiv (die

[130] Schmitt/Köhler/Schmitt StPO § 344 Rn. 22a.
[131] Vgl. etwa BGH NStZ 2015, 98.
[132] Schmitt/Köhler/Schmitt StPO § 344 Rn. 21.
[133] Schmitt/Köhler/Schmitt StPO § 344 Rn. 24b.
[134] Vgl. BGH StV 2004, 305 (zur Rüge nach §§ 247, 338 Nr. 5 StPO bei einer mehrfachen, teilweise in Anwesenheit des Angeklagten durchgeführten Zeugenvernehmung).
[135] BGH NStZ 2007, 717: kein Vortrag nötig, wenn eine Heilung tatsächlich nicht erfolgt ist bzw. BGH NStZ 2022, 126 und 2023, 252; Schmitt/Köhler/Schmitt StPO § 344 Rn. 24b.
[136] OLG Hamm NStZ-RR 2009, 283.
[137] Schmitt/Köhler/Schmitt StPO § 249 Rn. 28.
[138] BVerfG NJW 2005, 1999 (2001 f.) mwN; Schmitt/Köhler/Schmitt StPO § 249 Rn. 30.
[139] Schmitt/Köhler/Schmitt StPO § 344 Rn. 27.
[140] BGH NStZ NStZ 2013, 536; Schmitt/Köhler/Schmitt StPO § 344 Rn. 27.
[141] Schmitt/Köhler/Schmitt StPO § 344 Rn. 23.

im Protokoll beurkundeten wesentlichen Förmlichkeiten der Hauptverhandlung gelten als geschehen, selbst wenn sie nicht stattgefunden haben = sog. positive Beweiskraft) oder negativ (was im Protokoll nicht beurkundet ist, gilt als nicht geschehen = sog. negative Beweiskraft) im Protokoll enthalten sein müssen. Das Protokoll teilt also (insofern) bereits selbst die nach § 344 II 2 StPO erforderlichen Tatsachen mit; sie müssen vom Revisionsführer nur noch in die Revisionsbegründung übernommen (abgeschrieben) werden (vgl. das Beispiel bei → Rn. 123).

114 **Hinweis:** Das Protokoll ermöglicht dem Revisionsführer den nach § 344 II 2 StPO erforderlichen Tatsachenvortrag, soweit es um wesentliche Förmlichkeiten der Hauptverhandlung geht. Dem Revisionsgericht ist gem. § 274 StPO ein Beweisverfahren zum Nachweis dieser Verfahrenstatsachen erspart. Genau darin liegt der Zweck des Protokolls.
Was wesentliche Förmlichkeiten sind, finden Sie in Schmitt/Köhler/Schmitt StPO § 273 Rn. 7 ff. kommentiert.

115 Zu beachten ist in diesem Zusammenhang, dass das Protokoll nur dazu verwendet werden darf, den für die Revisionsrüge erforderlichen Tatsachenvortrag zu belegen. Dagegen ist die **sog. Protokollrüge** stets erfolglos. Darunter versteht man die Beanstandung, dass das Protokoll unrichtig ist. Allein ein fehlender oder fehlerhafter Eintrag in der Sitzungsniederschrift ist für die Revision aber unerheblich, weil auf der bloßen Unrichtigkeit des (regelmäßig erst nach Urteilserlass fertiggestellten) Protokolls das Urteil nicht beruhen kann.

Zu Besonderheiten bei der Verständigung → Rn. 303.

116 **Fall:** Das Landgericht hat den Angeklagten verurteilt und in den Gründen – der Beweiswürdigung – ausgeführt, dass sich der Angeklagte in der Hauptverhandlung in bestimmter Weise eingelassen habe, dass diese Angaben aber widerlegt seien. In seiner Revisionsbegründung trägt der Verteidiger nur vor, dass das Protokoll keine Einlassung des Angeklagten zur Sache ausweise, vielmehr sei dort festgehalten, dass er hierzu keine Angaben gemacht habe. Wird die Revision Erfolg haben?

Lösung: Die Revision wird mit dieser Beanstandung keinen Erfolg haben, da der Verteidiger lediglich eine Protokollrüge erhoben hat. Die Revisionsbegründung enthält nicht eine bestimmte Tatsachenbehauptung, sondern gibt ausschließlich den Protokollinhalt wieder. Auf dem Umstand, dass die Sitzungsniederschrift eine Einlassung des Angeklagten zur Sache nicht mitteilt, kann das Urteil aber nicht beruhen, weil es nicht aufgrund von Einträgen im Protokoll ergeht, sondern das Gericht nach seiner „aus dem Inbegriff der Verhandlung geschöpften Überzeugung" entscheidet (§ 261 StPO; dazu auch → Rn. 324 ff.). Allerdings kann der für die Verfahrensrüge erforderliche bestimmte Tatsachenvortrag, dass sich der Angeklagte in der Hauptverhandlung nicht zur Sache geäußert hat, mithilfe des Protokolls erfolgen (→ Rn. 123 zur Formulierung einer Verfahrensrüge).[142] Entsprechend lässt sich die (von einem Rechtskundigen erhobene) Rüge jedoch weder auslegen noch umdeuten.
Beachten Sie noch Folgendes: Protokollierungspflichtig ist beim Landgericht als wesentliche Förmlichkeit nur die Tatsache, dass eine oder dass keine Einlassung zur Sache erfolgte, nicht aber der Inhalt der Einlassung.

117 Ergeben sich aus dem Protokoll nicht alle für den behaupteten Verfahrensfehler bedeutsamen Tatsachen, was regelmäßig der Fall sein wird, wenn sich die eigentliche Gesetzesverletzung im Ermittlungsverfahren ereignet hat, so müssen auch diese Tatsachen in die Revisionsbegründung aufgenommen werden (Beispiel zu § 136 I 2 StPO bei → Rn. 174). Der Rechtsmittelführer muss die Ereignisse und sonstigen Tatsachen zu dem Verfahrensfehler in der Revisionsbegründung so vortragen, dass dem Revisionsgericht mit dieser die für die Prüfung der Gesetzesverletzung relevante Tatsachengrundlage vollständig (!) und aus sich heraus verständlich unterbreitet wird (→ Rn. 107).

118 Nach der Rechtsprechung geht die Verpflichtung zum vollständigen Tatsachenvortrag sogar so weit, dass der Verteidiger oder Rechtsanwalt, der die Revisionsbegründung fertigt, sich zu

142 Schmitt/Köhler/Schmitt StPO § 344 Rn. 26.

Verfahrensabschnitten, an denen er nicht beteiligt war („Verteidigerwechsel“), nach den gem. § 344 II 2 StPO relevanten Tatsachen erkundigen muss, um sie mit der Revision vortragen zu können.[143] In solchen Fällen ist es zweckmäßig, dass – obwohl der Rechtsmittelführer zur Vorlage von Beweismitteln nicht verpflichtet ist (→ Rn. 111) – der Rechtsanwalt oder Verteidiger sich von der Person, die ihm die Auskunft erteilt, eine entsprechende anwaltliche Versicherung oder ein sonstiges Freibeweismittel übergeben lässt und er diese mit der Revisionsbegründung vorlegt. Zu ihm nicht zugänglichen Verfahrenstatsachen – etwa weil der in der früheren Hauptverhandlung anwesende Verteidiger zu sachdienlichen Angaben nicht in der Lage oder nicht willens ist – muss der Revisionsführer dagegen nicht vortragen.[144]

Hinweis: Vor allem bei Verfahrensfehlern, die ihren Ursprung im Ermittlungsverfahren haben, reicht allein die Wiedergabe des betreffenden Abschnitts des Hauptverhandlungsprotokolls regelmäßig nicht aus, um den sich aus § 344 II 2 StPO ergebenden Anforderungen zu genügen. Dann müssen darüber hinaus die entsprechenden Tatsachen aus dem Ermittlungsverfahren mitgeteilt werden. Auch hierbei haben Protokolle – etwa polizeiliche oder ermittlungsrichterliche Vernehmungsniederschriften – erhebliche Bedeutung, da Protokolle dazu aufgenommen werden, Tatsachen (etwa dass der Beschuldigte belehrt wurde oder ein Zeuge in bestimmter Weise ausgesagt hat) festzuhalten. Daneben sind Tatsachen iSd § 344 II 2 StPO aber auch sonstige „Geschehnisse“, etwa ein Durchsuchungsbeschluss oder die Aufzeichnungen aus einer Wohnraumüberwachung. 119

Geht es um solche „Tatsachen“ aus dem Ermittlungsverfahren, um sonstige Geschehnisse außerhalb der Hauptverhandlung sowie (allgemein) um nicht iSd § 273 I 1 StPO wesentliche Förmlichkeiten der Verhandlung oder hat das Hauptverhandlungsprotokoll insbesondere wegen Lücken oder Widersprüchen nicht die Beweiskraft des § 274 StPO,[145] so überprüft das Revisionsgericht die Richtigkeit des Tatsachenvortrags des Revisionsführers zu der Verfahrensrüge im **Freibeweisverfahren,** beispielsweise durch Erholung dienstlicher Stellungnahmen (vgl. die Beispiele bei → Rn. 158, 216, 223, 298).[146] 120

Mittlerweile ist eine Protokollierung der Erfüllung der Belehrungspflichten des Beschuldigten nicht nur bei richterlichen Vernehmungen (§ 168a I 1 StPO), sondern auch bei Vernehmungen durch Staatsanwaltschaft und Polizei (§ 168b III StPO) gesetzlich vorgeschrieben. Wie aber bereits ausgeführt, gilt für diese außerhalb einer Hauptverhandlung aufgenommenen Protokolle § 274 StPO nicht.

Auch ein bereits fertiggestelltes Protokoll darf auf Antrag oder von Amts wegen geändert werden, wenn Vorsitzender und Urkundsbeamter[147] als Urkundspersonen (vgl. § 271 I 1 StPO) darin übereinstimmen, dass das Protokoll unrichtig ist.[148] Dies gilt seit dem Beschluss des Großen Senats für Strafsachen v. 23.4.2007 – GSSt 1/06 (Aufgabe der Rechtsprechung zum sog. Verbot der Rügeverkümmerung), selbst dann, wenn durch die Berichtigung einer bereits erhobenen Verfahrensrüge der Boden entzogen wird.[149] Der BGH führt zur Begründung aus, dass es keinen Vertrauensschutz dahingehend gebe, sich auf einen Verfahrensfehler zu berufen, der nicht stattgefunden habe. Voraussetzung ist jedoch, dass beide Urkundspersonen über eine „sichere Erinnerung“ verfügen; eine Protokollberichtigung scheidet demnach aus, wenn sich auch nur eine Urkundsperson nicht mehr sicher ist. Vor der beabsichtigten Pro- 121

[143] BGH NStZ 2005, 283 (284); vgl. Schmitt/Köhler/Schmitt StPO § 344 Rn. 22.
[144] BVerfG StraFo 2005, 512; BGH NStZ 2023, 638.
[145] Dazu Schmitt/Köhler/Schmitt StPO § 274 Rn. 15 ff.; zur Sonderproblematik bei der Verständigung nach § 257c StPO: → Rn. 303 (Fall Buchst. f) und → Rn. 304.
[146] Schmitt/Köhler/Schmitt StPO § 274 Rn. 18, § 337 Rn. 11 f.
[147] Bei Strafrichtersitzungen kann von der Zuziehung eines Urkundsbeamten abgesehen werden, § 226 II 1 StPO. Im Ermittlungsverfahren kann der Ermittlungsrichter von der Zuziehung eines Urkundsbeamten ebenfalls absehen, § 168 S. 2 StPO.
[148] Vgl. Schmitt/Köhler/Schmitt StPO § 271 Rn. 23 mwN.
[149] Unberührt bleibt die Rechtsprechung, dass eine Verfahrensrüge rechtsmissbräuchlich und daher unzulässig ist, wenn sich der Revisionsführer auf ein als unrichtig erkanntes Protokoll beruft (selbst wenn diese Kenntnis nachträglich erlangt ist und er gleichwohl die Rüge weiterverfolgt, → Rn. 102).

tokollberichtigung ist darüber hinaus zunächst der Revisionsführer anzuhören. Widerspricht dieser der beabsichtigten Berichtigung substantiiert, sind erforderlichenfalls weitere Verfahrensbeteiligte zu befragen. Halten die Urkundspersonen trotz des Widerspruchs an der Protokollberichtigung fest, ist ihre Entscheidung mit Gründen zu versehen.[150] Dem so berichtigten Teil des Protokolls kommt allerdings die formelle Beweiskraft des § 274 StPO nicht zu; das Revisionsgericht kann vielmehr im Freibeweisverfahren aufklären, ob die Berichtigung zu Recht erfolgt ist.[151]

122 **Hinweis:** Das Revisionsgericht überprüft die Vollständigkeit und Richtigkeit des Tatsachenvortrags des Revisionsführers zu dem behaupteten Verfahrensverstoß. Dabei kommt ihm bezüglich der wesentlichen Förmlichkeiten der Hauptverhandlung § 274 StPO zugute. Geht es um andere „Förmlichkeiten", klärt das Revisionsgericht die Richtigkeit des Tatsachenvortrags im Freibeweisverfahren. In solchen Fällen verbleiben gelegentlich Zweifel am Vorliegen eines Verfahrensverstoßes; diese gehen grundsätzlich zulasten des Rechtsmittelführers, der „In-Dubio"-Grundsatz gilt hier also nicht.[152]

Beispiel für die Formulierung einer Verfahrensrüge (die Revisionsbegründung ist zwingend als elektronisches Dokument einzureichen):[153]

123 Rechtsanwalt — 80335 München, 14.4.2025

Dr. Hans Müller — Karlsplatz 5

An das
Landgericht München I
– Schwurgericht –
Aktenzeichen: 1 Ks 115 Js 54321/25

In der Strafsache gegen
Gerhart Schmied, geb. am 15.9.1978, derzeit in Untersuchungshaft in der JVA München-Stadelheim
wegen Mordes
stelle ich zu der am 27.3.2025 gegen das Urteil des Landgerichts München I – Schwurgericht – vom 24.3.2025 eingelegten Revision folgenden Antrag:
Auf die Revision des Angeklagten wird das Urteil des Landgerichts München I – Schwurgericht – vom 24.3.2025 mit den ihm zugrunde liegenden Feststellungen aufgehoben und die Sache zur erneuten Verhandlung und Entscheidung an eine andere als Schwurgericht zuständige große Strafkammer des Landgerichts München I zurückverwiesen.
Diesen Antrag begründe ich wie folgt:
I. Gerügt wird die Verletzung formellen Rechts.
1. Gerügt wird die Verletzung von § 258 II Hs. 2, III StPO (Nichtgewährung des letzten Wortes).
a) Das Gericht hat sich nach der Beweisaufnahme, dem Plädoyer des Vertreters der Staatsanwaltschaft und dem Plädoyer des Verteidigers zur Beratung zurückgezogen und anschließend das Urteil verkündet, ohne zuvor dem Angeklagten das letzte Wort gewährt zu haben.
b) Beweis: Protokoll der Hauptverhandlung vom 24.3.2025 (Bl. … d. A.)

---

[150] BGH (GSSt) NStZ 2007, 661; vgl. auch BVerfG NJW 2009, 1469, wonach die neue Rechtsprechung des BGH zur Frage der Rügeverkümmerung im Strafverfahren die verfassungsrechtlichen Grenzen der richterlichen Rechtsfindung wahrt; Schmitt/Köhler/Schmitt StPO § 271 Rn. 26.

[151] BGH NStZ 2007, 661 (663); Schmitt/Köhler/Schmitt StPO § 271 Rn. 26b; vgl. auch BGH NStZ 2011, 168 (169), wonach eine freibeweisliche Aufklärung des tatgerichtlichen Verfahrensablaufs allein unter Berücksichtigung abgegebener dienstlicher Erklärungen und damit unter geringeren Anforderungen als in dem die Verfahrenswahrheit sichernden „Protokollberichtigungsverfahren" nach erhobener Verfahrensrüge und zum Nachteil des Angeklagten nicht in Betracht kommt.

[152] Vgl. – auch zu Ausnahmen –Schmitt/Köhler/Schmitt StPO § 337 Rn. 12 mwN.

[153] Muster auch bei Kroiß/Neurauter Formularsammlung Nr. 42.

c) Damit hat das Gericht gegen § 258 II Hs. 2, III StPO verstoßen, wonach das Gericht vor der Urteilsberatung und Urteilsverkündung dem Angeklagten das letzte Wort einzuräumen hat.
d) Auf diesem Verfahrensverstoß beruht das Urteil (§ 337 I StPO). Es ist nicht auszuschließen, dass, wäre dem – wie sich aus den schriftlichen Urteilsgründen ergibt – die Tatbegehung bestreitenden Angeklagten das letzte Wort gewährt worden, er weitere entlastende Umstände vorgebracht hätte. Damit besteht die Möglichkeit, dass die Entscheidung ohne die Gesetzesverletzung anders ausgefallen wäre.
... [Es folgen weitere Revisionsrügen.]

Dr. Hans Müller
Rechtsanwalt

Hinweis: Wird eine Verfahrensrüge erhoben, müssen alle für die behauptete Gesetzesverletzung relevanten Tatsachen vorgetragen werden. Zwar können Unklarheiten in der Begründung durch eine am Erfolg des Rechtsmittels orientierte Auslegung behoben werden (vgl. §§ 300, 352 II StPO); Maßstab bei § 344 II 2 StPO ist aber stets, dass das Revisionsgericht allein aufgrund der Revisionsbegründung – also ohne weiteren Blick in die Akten – prüfen können muss, ob – die Richtigkeit des Vortrags unterstellt – ein Verfahrensfehler vorliegt. 124
Ein sorgfältig arbeitender Revisionsführer wird sich nicht darauf verlassen, dass das Revisionsgericht sich den für eine Verfahrensrüge erforderlichen Tatsachenvortrag aus dem ihm aufgrund einer von Amts wegen vorzunehmenden Prüfung (insbesondere der Prozessvoraussetzungen) bekannten Akteninhalt,[154] aus dem Sachvortrag zu einer anderen, zulässig erhobenen Verfahrensrüge[155] oder – bei zugleich erhobener Sachrüge – aus dem Urteil[156] zusammensucht.

III. Verfahrensrüge bei absoluten Revisionsgründen

1. Verstoß gegen das Gebot des gesetzlichen Richters (§ 338 Nr. 1 StPO)

125 § 338 Nr. 1 StPO sichert das Recht auf den gesetzlichen Richter (Art. 101 I 2 GG; § 16 I 2 GVG). Unter „Richter“ ist nicht nur das Gericht als solches, sondern auch der jeweilige Spruchkörper in seiner konkreten Zusammensetzung zu verstehen. Erforderlich ist, dass innerhalb der Gerichte – und bei Überbesetzung auch innerhalb der einzelnen Spruchkörper – Geschäftsverteilungspläne aufgestellt werden, die auf der Grundlage der Regelungen des GVG (vor allem §§ 21e, 21g) nach allgemeinen Kriterien festlegen, welcher Spruchkörper innerhalb des Gerichts die Sache zu bearbeiten hat (gerichtsinterner Geschäftsverteilungsplan) und wie dieser zusammengesetzt ist (kammer- oder senatsinterner Geschäftsverteilungsplan).[157] Ist der Geschäftsverteilungsplan nicht gesetzesgemäß aufgestellt oder wird jedenfalls willkürlich[158] von ihm abgewichen, kann gegen das Gebot des gesetzlichen Richters verstoßen sein und der absolute Revisionsgrund des § 338 Nr. 1 StPO vorliegen.[159] Beanstandet werden mit diesem Revisionsgrund aber auch bestimmte Fehler in Zusammenhang mit der Wahl, der Auslosung oder der Verteilung der Schöffen.[160]

---

[154] Schmitt/Köhler/Schmitt StPO § 344 Rn. 20.
[155] Vgl. Schmitt/Köhler/Schmitt StPO § 344 Rn. 20b; ablehnend BGH NStZ 2005, 463 und BeckRS 2016, 18316.
[156] Schmitt/Köhler/Schmitt StPO § 344 Rn. 20, 21b.
[157] Schmitt/Köhler/Schmitt GVG § 16 Rn. 4, § 21e Rn. 2, 5, § 21g Rn. 4.
[158] Der genaue Maßstab ist streitig: Eine nicht mehr nachvollziehbare und damit willkürliche Abweichung vom Geschäftsverteilungsplan kann unstreitig gerügt werden (vgl. BGH BeckRS 2021, 13180 und 2021, 34830). Jedenfalls bei einer unterjährigen Änderung des Geschäftsverteilungsplans nach § 21e III GVG darf sich das Revisionsgericht nicht auf eine Willkürkontrolle beschränken (BGH NJW 2015, 2597 (2598 f.); Schmitt/Köhler/Schmitt GVG § 21e Rn. 25 f.); vgl. auch Schmitt/Köhler/Schmitt StPO § 338 Rn. 6.
[159] Einzelheiten dazu bei Schmitt/Köhler/Schmitt StPO § 338 Rn. 6 f. und GVG § 21e Rn. 25 f., § 21g Rn. 11.
[160] Vgl. dazu Schmitt/Köhler/Schmitt StPO § 338 Rn. 9 und die Kommentierung zu §§ 32 ff. GVG. Im Hinblick auf die bloße Soll-Vorschrift des § 34 Nr. 6 GVG ist eine kopftuchtragende Schöffin nicht ausgeschlossen (KG Berlin NStZ-RR 2013, 156). Bayern, NRW und Niedersachsen haben ein Kopftuchverbot auch für ehrenamtliche Richterinnen eingeführt (Art. 15 S. 3 iVm Art. 11 II BayRiStAG; § 2 I JNeutG NRW, § 31a NJG), anders Baden-Württemberg (§ 21 III 2 AGGVG BW). Die Entscheidung über die Entbindung

126 **Hinweis:** In Examensklausuren hat § 338 Nr. 1 StPO bislang nur eine geringe Rolle gespielt. Von Bedeutung könnte die Vorschrift vor allem dann sein, wenn eine große Strafkammer beim Landgericht nur mit zwei Berufsrichtern verhandelt hat, dies jedoch entgegen § 76 II 1 GVG nicht in der Besetzung mit drei Berufsrichtern beschlossen hatte, gegen § 76 II 3 Nr. 1 und 2 GVG verstößt oder die Anordnung reduzierter Besetzung nach § 76 II 3 Nr. 3 iVm III GVG auch unter Berücksichtigung des weiten Beurteilungsspielraums des Gerichts objektiv willkürlich war.[161] In diesen Fällen ist zu beachten, dass (allerdings **nur**) in erstinstanzlichen Verfahren vor dem LG oder dem OLG eine fristgebundene Rügeobliegenheit in Form eines Besetzungseinwands besteht (§ 222b StPO), die dazu führt, dass – falls das Gericht der Hauptsache nicht abhilft – das Rechtsmittelgericht (in Fällen des Verfahrens vor dem Landgericht das Oberlandesgericht, § 121 I Nr. 4 GVG[162], in erstinstanzlichen Staatsschutzverfahren vor dem OLG der BGH, § 135 II Nr. 3 GVG) abschließend über den Besetzungseinwand entscheidet. In der Revision findet keine erneute inhaltliche Überprüfung statt. Die Rügen in der Revision sind dann vielmehr darauf beschränkt, dass das Gericht in festgestellter (!) fehlerhafter Besetzung verhandelt (§ 338 Nr. 1a StPO) bzw. die die Rügeobliegenheit auslösenden Mitteilungspflichten nach § 222a StPO[163] verletzt hat (§ 338 Nr. 1b aa und cc StPO) oder das Verfahren der Vorlage an das Rechtsmittelgericht (§ 338 Nr. 1b bb StPO) unterblieben ist. Die Rügeobliegenheit gilt nicht, wenn der Mangel erst entstanden oder erkennbar geworden ist, als der Mangel nicht mehr gerügt werden konnte.[164]

127 Von Bedeutung ist § 338 Nr. 1 StPO ferner, wenn ein erkennender Richter oder Schöffe während der Hauptverhandlung abwesend war oder ein vergleichbarer „Mangel" (zB: Verhandlungsunfähigkeit) vorlag. Die Rechtsprechung subsumiert diese Fälle nicht – was nahe liegen könnte – unter § 338 Nr. 5 StPO, also die Verletzung von Anwesenheitspflichten, sondern unter § 338 Nr. 1 StPO.[165]

128 **Hinweis:** Die Mitwirkung eines blinden, stummen oder tauben Berufsrichters oder Schöffen, der schlafende oder der unaufmerksame Tatrichter stellen Gesetzesverletzungen – in letzteren Fällen regelmäßig Verstöße gegen § 226 StPO – dar, die nach der Rechtsprechung zum absoluten Revisionsgrund des § 338 Nr. 1 StPO führen.[166] Beim unaufmerksamen oder schlafenden Richter erfordert die (Verfahrens-)Rüge auch die Bezeichnung des Verhandlungsteils nach Zeitpunkt sowie Dauer, während dessen der Richter geschlafen hat oder unaufmerksam war, und es muss mitgeteilt werden, welche Vorgänge während seiner „Abwesenheit" stattfanden. Erfolg kann die Rüge nur haben, wenn die „Abwesenheit" einen wesentlichen Teil der Hauptverhandlung betraf.[167] Einer Beanstandung gem. § 222b StPO bedarf es in diesen – nicht den Geschäftsverteilungsplan, sondern die Person des erkennenden Richters betreffenden – Fällen dagegen nicht.[168]

---

eines Schöffen (zB wegen Erkrankung) durch den Vorsitzenden des Schöffengerichts bzw. der Strafkammer (§ 77 III 3 GVG) ist unanfechtbar, § 54 III 1 GVG, und damit grundsätzlich nicht revisibel (§ 336 S. 2 StPO). Anders sieht dies die Rechtsprechung dann, wenn die Entbindung willkürlich erfolgt, wobei Willkür schon dann bejaht wird, wenn die Entscheidung grob fehlerhaft ist und sich so weit vom Grundsatz des gesetzlichen Richters entfernt, dass sie nicht mehr gerechtfertigt werden kann. Willkür in diesem Sinne hat der BGH bejaht, wenn das Tatgericht verkennt, dass – anders als bei mit Ortsabwesenheit einhergehendem Erholungsurlaub – berufliche Gründe nur ausnahmsweise eine Verhinderung des Schöffen begründen (hier Klassenfahrt eines Lehrers von einer Woche bei anfänglich terminierten 19 Verhandlungstagen), BGH NStZ 2022, 313.

[161] BGH NJW 2010, 3045; Schmitt/Köhler/Schmitt GVG § 76 Rn. 3 ff.; vgl. auch BGH NStZ 2009, 53, wonach eine – zunächst versehentlich unterbliebene – Beschlussfassung gem. § 76 II 1 GVG nach Eröffnung des Hauptverfahrens nicht möglich ist; § 76 II 2 GVG soll nach der Gesetzesbegründung (BT-Drs. 17/6905, 9 f.) insbes. den Fall betreffen, dass ein Verfahren vom Rechtsmittelgericht eröffnet wird oder eine Verweisung vom Amtsgericht an das Landgericht erfolgt. Eine Verhandlung in Dreier-Besetzung statt in Zweier-Besetzung dürfte die Revision nicht begründen (KK-GVG/Diemer § 76 Rn. 5, str.).

[162] Nicht der für das Revisionsverfahren zuständige BGH!

[163] Die Mitteilung vor Beginn der Hauptverhandlung löst zugleich die Obliegenheit aus, etwaige Befangenheitsanträge unverzüglich zu stellen, § 25 I 2 StPO.

[164] Schmitt/Köhler/Schmitt StPO § 338 Rn. 20b.

[165] Schmitt/Köhler/Schmitt StPO § 338 Rn. 10 ff.

[166] Schmitt/Köhler/Schmitt StPO § 338 Rn. 11 ff.

[167] Vgl. Schmitt/Köhler/Schmitt StPO § 338 Rn. 21a.

[168] Schmitt/Köhler/Schmitt StPO § 338 Rn. 20b.

Auch die Mitwirkung einer Richterin im – zwingenden – Mutterschutz nach der Entbindung (vorher ist der Mutterschutz verzichtbar) kann gerügt werden.[169]

2. Mitwirkung eines ausgeschlossenen oder befangenen Richters (§ 338 Nr. 2, 3 StPO)

129 Der absolute Revisionsgrund des § 338 Nr. 2 StPO liegt – unabhängig von einer Beanstandung gegenüber dem Tatrichter – vor, wenn an dem Urteil ein kraft Gesetzes ausgeschlossener Richter (auch Schöffe, vgl. § 31 I StPO) mitgewirkt hat. Wann ein Richter ausgeschlossen ist, ergibt sich vor allem aus den §§ 22, 23, 148a II 1 StPO. Problematisch ist dort insbesondere § 22 Nr. 5 StPO. Ist ein Richter „in der Sache" (nicht notwendigerweise in demselben Verfahren)[170] bereits als Zeuge vernommen worden, ist er gem. § 22 Nr. 5 StPO kraft Gesetzes ausgeschlossen. Eine Zeugenvernehmung liegt jedoch noch nicht vor, wenn sich der Richter durch Abgabe einer dienstlichen Erklärung nur über **prozessual** relevante Umstände geäußert hat.[171]

130 Wegen einer Mitwirkung an einer früheren Entscheidung in derselben Sache oder einer Tätigkeit in anderer Funktion ist ein Richter grundsätzlich nur ausgeschlossen, wenn einer der in §§ 22 Nr. 4, 23, 148a II 1 StPO ausdrücklich geregelten Fälle gegeben ist; im Übrigen gilt, „dass der Richter auch dann unvoreingenommen an die Beurteilung einer Sache herantritt, wenn er sich schon früher über denselben Sachverhalt ein Urteil gebildet hat"[172], zB der Richter bereits an der Verurteilung eines Mittäters mitgewirkt hat, er gegen den Angeklagten einen Haftbefehl oder er den Eröffnungsbeschluss erlassen hat.[173]

131 Anders als bei dem kraft Gesetzes eintretenden Ausschluss setzt der Revisionsgrund des § 338 Nr. 3 StPO einen Befangenheitsantrag[174] voraus und erfordert zudem, dass ein Richter oder Schöffe an dem Urteil mitgewirkt hat, obwohl einem Befangenheitsantrag gegen ihn stattgegeben oder ein Befangenheitsantrag gegen ihn zu Unrecht abgelehnt worden ist. Der einem Befangenheitsantrag stattgebende Beschluss, der zum Ausscheiden des betreffenden Richters geführt hat, ist dagegen unanfechtbar und auch mit der Revision nicht angreifbar (§ 336 S. 2 iVm § 28 I StPO). Für die Revision ist ferner von Bedeutung, dass nach § 28 II 1 StPO an sich die sofortige Beschwerde das „richtige" Rechtsmittel gegen einen Zurückweisungs- oder Verwerfungsbeschluss ist. Beim erkennenden Richter, also den „Hauptsacherichtern", kann die fehlerhafte Zurückweisung oder Verwerfung eines Befangenheitsantrags aber nur zusammen mit dem Urteil, im Fall der Revision also mit dieser, geltend gemacht werden (§ 28 II 2 StPO). Auf Vertreter der Staatsanwaltschaft sind die §§ 22 ff. StPO hingegen weder unmittelbar noch analog anwendbar. Sofern ein Staatsanwalt seine Pflicht zur Objektivität und Wahrung eines rechtsstaatlichen Strafverfahrens derartig schwer und nachhaltig verletzt, dass sich sein Verhalten in der Hauptverhandlung aus Sicht eines verständigen Angeklagten als Missbrauch staatlicher Macht darstellt, kann hierin in Extremfällen allerdings ein Verstoß gegen dessen Recht auf ein faires und justizförmiges Verfahren liegen.[175]

132 **Fall:** Dem Angeklagten wird unter anderem sexuelle Nötigung eines zwölfjährigen Mädchens zur Last gelegt. Nachdem der Angeklagte am ersten Verhandlungstag die Tatbegehung bestritten hatte, wurde das Mädchen als Zeugin vernommen; sie belastete den Angeklagten schwer. Zu Beginn des nächsten Verhandlungstages – zwei Tage später – stellte der Verteidiger des Angeklagten einen Befangenheitsantrag gegen die drei Berufsrichter, den er damit begründete,

---

[169] BGH NJW 2017, 745; kritisch BGH NStZ 2021, 434; bzgl. des vorgeburtlichen Mutterschutzes ist zu beachten, dass ein ärztliches Beschäftigungsverbot iSd § 16 I MuSchG bei schwangeren Schöffinnen deshalb nicht zu einer fehlerhaften Gerichtsbesetzung führen kann, weil die als Ehrenamt ausgeführte Schöffentätigkeit (§ 31 S. 1 GVG) nicht dem persönlichen Anwendungsbereich des Mutterschutzgesetzes unterfällt, BGH NJW 2022, 1111.

[170] BGH NStZ 2007, 711.

[171] Vgl. Schmitt/Köhler/Schmitt StPO § 22 Rn. 20 mwN.

[172] BVerfGE 30, 149 (153) = NJW 1971, 1029.

[173] BGH NJW 2014, 2372; Schmitt/Köhler/Schmitt StPO § 24 Rn. 12 ff.

[174] BGH NJW 2022, 1470. Zu § 30 StPO: Schmitt/Köhler/Schmitt StPO § 30 Rn. 9.

[175] BGH NStZ-RR 2024, 252; NStZ 2025, 765 (Verstoß abgelehnt bei einem Sitzungsstaatsanwalt gegen den seinerseits ein Ermittlungsverfahren geführt wurde); vgl. auch Schmitt/Köhler/Schmitt StPO Vor § 22 Rn. 3 ff.

dass diese nach dem Ende des ersten Sitzungstages mit der Betreuerin des Mädchens gesprochen und sich danach erkundigt hätten, ob sich die Geschädigte „bereits in Therapie befinde, da eine intensive Behandlung dringend erforderlich sei, da das Mädchen diese belastenden Geschehnisse sonst überhaupt nicht verarbeiten könne". Aus den daraufhin abgegebenen dienstlichen Stellungnahmen der Richter sowie der schriftlichen Erklärung der Betreuerin des Kindes ergab sich, dass das Gespräch nur zwischen der Vorsitzenden und der Betreuerin geführt wurde (die anderen Richter befanden sich mit den Schöffen im Beratungszimmer), dass der Inhalt aber richtig wiedergegeben ist. Kurz darauf lehnte die mit den Vertretern der Berufsrichter besetzte Kammer den Antrag als unbegründet ab. Wird die Revision, mit der der Verteidiger des Angeklagten diesen Sachverhalt vorträgt, Erfolg haben?

Lösung: Die Revision wird Erfolg haben, auch wenn in der ersten Instanz letztlich nur bezüglich der Vorsitzenden rechtsfehlerhaft vorgegangen wurde.

- Das Zusammenwirken von sofortiger Beschwerde und Revision bei der Befangenheitsrüge bedeutet, dass die zu Unrecht erfolgte Ablehnung eines Befangenheitsantrags gegen einen erkennenden Richter mit der Revision gegen das Urteil – und zwar als Verfahrensrüge (§ 344 II 2 StPO) in einer ordnungsgemäßen Revisionsbegründung (§ 345 I, II StPO) – geltend gemacht werden muss. Der Einlegung einer (gesonderten) Beschwerde bedarf es nicht, jedoch müsste diese statthaft sein (das ist zB nicht der Fall bei einem Beschluss eines erstinstanzlich tätigen Staatsschutzsenats des OLGs, § 304 IV 2 StPO), weil das Rechtsmittel seiner Natur nach immer noch eine sofortige Beschwerde ist. Ist die Verfahrensrüge zulässig erhoben, so prüft das Revisionsgericht deren Erfolg nach Beschwerdegrundsätzen. Kommt es dabei zu dem Ergebnis, dass sie (auch) begründet ist, liegt der absolute Revisionsgrund des § 338 Nr. 3 StPO vor.[176]
- Prüfung nach Beschwerdegrundsätzen bedeutet, dass das Revisionsgericht selbstständig und ohne Beschränkung auf Rechtsfragen festzustellen hat, ob das Ablehnungsgesuch zulässig und sachlich gerechtfertigt war. Anders als bei der Tätigkeit als Revisionsgericht, bei der es – nach einer zulässigen Revision bzw. Rüge – nur um die Überprüfung der Richtigkeit der angegriffenen Entscheidung im Rahmen einer Rechtskontrolle geht, ist das Revisionsgericht hier grundsätzlich zu einer eigenen *Sach*entscheidung verpflichtet (§ 309 II StPO).[177] Dabei kann beispielsweise der Ablehnungsgrund von „Unzulässigkeit" in „Unbegründetheit" geändert werden, sofern es sich nicht um eine willkürliche Entscheidung nach § 26a StPO gehandelt hat (vgl. dazu näher → Rn. 133).[178]
- Im vorliegenden Fall war die Strafkammer, die über die Ablehnungsanträge entschieden hat, richtig besetzt.

  Wird ein Ablehnungsgesuch – wie hier – zugleich gegen mehrere erkennende Richter gestellt, so ist eine einheitliche Entscheidung jedenfalls dann geboten, wenn die Ablehnungsgründe übereinstimmen oder zumindest in Verbindung zueinander stehen. In einem solchen Fall – und hier also richtig – wird in einem einzigen Beschluss durch die geschäftsplanmäßig bestimmten Vertreter der abgelehnten Richter (vgl. § 27 II StPO) entschieden.[179] Bei nacheinander gestellten und unterschiedlich begründeten Ablehnungsanträgen müsste dagegen auch sukzessive entschieden werden, sodass bei Erfolglosigkeit des ersten Antrags der dort vergebens abgelehnte Richter „nachrückt", also bei der Entscheidung über den zweiten Befangenheitsantrag wieder mitwirken muss.
- Im Hinblick auf die Prüfungspflicht nach Beschwerdegrundsätzen muss das Revisionsgericht auch feststellen, ob der in erster Instanz als unbegründet abgelehnte Befangenheitsantrag überhaupt zulässig war. Insofern steht im vorliegenden Fall infrage, ob er unverzüglich iSd § 25 II 1 Nr. 2 StPO gestellt wurde, weil er vom Verteidiger erst zwei Tage nach Kenntnis der Tatsachen zur möglichen Befangenheit der Richter angebracht worden war.

  Bei der hierbei gebotenen Prüfung ist zwar ein strenger Maßstab anzulegen, weil das Gericht in die Lage versetzt werden soll, so zeitnah als möglich nach dem behaupteten Ablehnungsgrund

[176] Vgl. Schmitt/Köhler/Schmitt StPO § 28 Rn. 8, 10 und § 338 Rn. 25 ff.
[177] Schmitt/Köhler/Schmitt StPO § 338 Rn. 27, 28.
[178] Vgl. BGH NStZ 2007, 161.
[179] BGHSt 44, 26 = NJW 1998, 2458; Schmitt/Köhler/Schmitt StPO § 27 Rn. 4.

die erforderlichen Stellungnahmen einzuholen und zu entscheiden; daher kann der Antragsteller auch verpflichtet sein, sein Ablehnungsgesuch außerhalb der Hauptverhandlung zu stellen.[180] Andererseits bedeutet „unverzüglich" nicht „sofort", sondern „ohne schuldhaftes Zögern", mithin ohne unnötige, durch die Sachlage nicht begründete Verzögerungen. Dies schließt jedoch nicht aus, dem Antragsteller eine gewisse Zeit zum Überlegen und zum Abfassen des Antrags einzuräumen. In der vorliegenden Konstellation hat der BGH diese Voraussetzungen als gewahrt angesehen, das Gesuch also als „noch rechtzeitig" gestellt behandelt.[181]

- In der Sache war die Entscheidung über den Befangenheitsantrag dagegen falsch, soweit sie die Vorsitzende betraf; insofern liegt daher der absolute Revisionsgrund des § 338 Nr. 3 StPO vor, das Urteil wird aufgehoben werden.
  Ein Ablehnungsgrund ist nach § 24 I, II StPO die auf bestimmte Tatsachen gegründete Besorgnis, der Richter könne nicht mehr unvoreingenommen entscheiden. Dies muss aus der Sicht des Antragstellers geprüft werden, für ihn muss also ein vernünftiger Grund vorliegen, der von seinem Standpunkt aus – insofern allerdings bei objektiver Betrachtung – befürchten lässt, der Richter könne nicht mehr unparteiisch entscheiden.[182] Zu beachten ist hierbei allerdings, dass der Verteidiger – wie § 24 III StPO zeigt – kein eigenes Ablehnungsrecht hat, sondern ein von ihm gestelltes Ablehnungsgesuch als im Namen des Angeklagten angebracht anzusehen ist,[183] sodass es – wie hier – auf die Sicht des Angeklagten ankommt.
  Legt man diese Maßstäbe im vorliegenden Fall zugrunde, so hatte der Angeklagte durchaus Anlass, an der Unparteilichkeit der Vorsitzenden zu zweifeln. Entscheidend hierfür ist indes nicht, dass diese mit der Betreuerin über die Erforderlichkeit einer Therapie gesprochen hatte, denn diese kann unabhängig davon bestehen, ob die Vorsitzende von der Schuld des *Angeklagten* überzeugt ist. Maßgeblich ist vielmehr, dass sie die Notwendigkeit der Therapie auf „diese belastenden Geschehnisse" zurückgeführt hat, womit schon aufgrund des zeitlichen Zusammenhangs mit der Hauptverhandlung – aus der Sicht des Angeklagten – nur das diesem in der Anklage zur Last gelegte Geschehen gemeint gewesen sein kann. Die Vorsitzende – mangels Anwesenheit aber nicht die anderen Berufsrichter – hat somit zu erkennen gegeben, dass sie die Anklagevorwürfe für erwiesen hält, sie hatte sich ersichtlich schon vor der Urteilsberatung eine abschließende Meinung zur Schuldfrage gebildet.[184]

Beispiele aus der jüngeren Rechtsprechung mögen Befangenheitsgründe illustrieren: **132a**

- Ein Strafkammervorsitzender hatte auf seinem Facebookprofil ein Bild von sich mit Bierglas gepostet, auf dem er mit einem T-Shirt zu sehen war, auf dem „Wir geben ihrer Zukunft ein Zuhause: JVA" unter Angabe der Strafkammer gedruckt war. Beigefügt war der Kommentar: „Das ist mein ‚Wenn Du raus kommst, bin ich in Rente'-Blick". Dieses öffentlich zugängliche Foto dokumentiere eine innere Einstellung des Vorsitzenden, die dahin verstanden werden könne, dass er eine Lust an der Verhängung hoher Strafen habe und sich über Angeklagte lustig mache. (Jedenfalls) Aufgrund des Hinweises auf die Strafkammer könne auch nicht von einer rein privaten Natur des Posts ausgegangen werden.[185]
- Die Benutzung eines Mobiltelefons während der Sitzung zu privaten Zwecken (hier: Organisation der Kinderbetreuung wegen der länger dauernden Sitzung) zeigt die Bereitschaft, privaten Belangen den Vorrang vor dem Sitzungsbetrieb einzuräumen, und begründet daher – trotz kurzer Dauer und im Unterschied zu sonstigem kurzem Abgelenkt-Sein – die Befangenheit.[186]
- Dagegen begründet es keine Befangenheit, wenn das Gericht einem Angeklagten – gegen den Willen der Staatsanwaltschaft – einen Strafrahmen bei Geständnis in Aussicht stellt. Darin liegt insbesondere kein Verstoß gegen die Vorschriften zur Verständigung.[187]

---

180 BGH NStZ 1996, 47; 1993, 141; Schmitt/Köhler/Schmitt StPO § 25 Rn. 8, 8a.
181 BGH NStZ 1999, 629; 2018, 610.
182 Vgl. BGH NJW 2006, 708; Schmitt/Köhler/Schmitt StPO § 24 Rn. 5, 6 und 8.
183 Vgl. Schmitt/Köhler/Schmitt StPO § 24 Rn. 20.
184 BGH NStZ 1999, 629; vgl. auch die Beispiele bei Schmitt/Köhler/Schmitt StPO § 24 Rn. 16 ff.
185 BGH NStZ 2016, 218.
186 BGH NJW 2015, 2986.
187 BGH NStZ 2020, 749.

- Ebenso wenig begründet es Befangenheit, wenn das Gericht während laufender Hauptverhandlung ohne Information der Verteidigung weitere – offene – Ermittlungen anordnet, weil das Gericht hierzu befugt ist.[188]
- Eine Vorbefassung (etwa als Richter in Verfahren gegen Mittäter) ist nach der Rspr. des EGMR nicht unproblematisch, wenn das frühere Urteil bereits eine detaillierte Beurteilung der nunmehr angeklagten Person enthält; dies gilt jedenfalls dann, wenn Feststellungen zu der nunmehr angeklagten Person getroffen werden, die über das im Vorverfahren für die Urteilsfällung der dort angeklagten Personen unumgängliche Maß hinausgehen.[189] Auch der EGMR erkennt aber an, dass in Strafverfahren gegen mehrere Personen, gegen die nicht gemeinsam verhandelt werden kann, Ausführungen des Gerichts auch zur Beteiligung unter Umständen erst später abzuurteilender Beteiligter gegebenenfalls unumgänglich sein können.[190]

133 Verwirft das Gericht ein Ablehnungsgesuch als unzulässig (vgl. § 26a I StPO), entscheidet es darüber, ohne dass der abgelehnte Richter ausscheidet (vgl. einerseits § 26a II 1 StPO, andererseits § 27 StPO). Erfolgt die Verwerfung als unzulässig zu Unrecht und wurde dabei das Recht auf den gesetzlichen Richter nach Art. 101 I 2 GG verletzt, besteht – entgegen früherer Rechtsprechung – unabhängig davon, ob tatsächlich ein Ablehnungsgrund vorlag, der absolute Revisionsgrund des § 338 Nr. 3 StPO[191], „wenn diese Vorschriften willkürlich angewendet werden oder die richterliche Entscheidung Bedeutung und Tragweite der Verfassungsgarantie verkennt“ (BGH NStZ 2007, 161 (162)). Liegt demgegenüber ein Fall der Willkür nicht vor, hat der über das Ablehnungsgesuch entscheidende Richter sich also nicht zum „Richter in eigener Sache“ gemacht, kann und muss das Revisionsgericht bei einer „nur“ fehlerhaften Anwendung der §§ 26a, 27 StPO nach Beschwerdegrundsätzen darüber entscheiden, ob tatsächlich die Besorgnis der Befangenheit bestand.[192]

134 **Hinweis:** Als absoluter Revisionsgrund gem. § 338 Nr. 3 StPO kann geltend gemacht werden, dass an dem Urteil ein Richter oder Schöffe beteiligt war, obwohl einem Befangenheitsantrag gegen ihn stattgegeben worden war (praktisch selten) oder der Befangenheitsantrag zu Unrecht keinen Erfolg hatte.

Ein solcher Fehler ist mit der Verfahrensrüge zu beanstanden. Diese erfordert grundsätzlich die wörtliche Wiedergabe des Ablehnungsantrags, der dienstlichen Stellungnahme des Richters und des Beschlusses, mit dem der Antrag zurückgewiesen wurde; ferner muss gegebenenfalls das tatsächliche Geschehen in Zusammenhang mit dem vermeintlichen Ablehnungsgrund mitgeteilt werden.[193] Die Richtigkeit der Ablehnung des Befangenheitsantrags stellt das Revisionsgericht nach den für die Beschwerde geltenden Grundsätzen fest.

Wurde ein Ablehnungsgesuch unter Mitwirkung des abgelehnten Richters zu Unrecht als unzulässig verworfen (vgl. § 26a StPO), muss geprüft werden, ob der Ablehnungsbeschluss auf einer willkürlichen oder die Anforderungen des Art. 101 I 2 GG grundlegend verkennenden Rechtsanwendung beruht.

Ein Verstoß gegen den – ohnehin durch Abs. 2 und 3 entschärften – § 29 StPO führt dagegen nur zu einem relativen Revisionsgrund (§ 337 I StPO). An dem dort erforderlichen Beruhen fehlt es aber (jedenfalls), wenn das Ablehnungsgesuch im Ergebnis zu Recht als unzulässig oder unbegründet abgelehnt wurde, da dann die Hauptverhandlung von den „richtigen“ Richtern durchgeführt wurde.[194]

---

188 BeckRS 2019, 10440 (unter Aufgabe früherer Rspr.).
189 EGMR NJW 2021, 2947; vgl. auch Schmitt/Köhler/Schmitt StPO § 24 Rn. 13b ff.
190 EGMR BeckRS 2021, 35946.
191 Vgl. BVerfG NJW 2006, 3129; zur fehlerhaften Anwendung des § 26a I Nr. 1 StPO vgl. OLG München NJW 2007, 449; zur fehlerhaften Anwendung des § 26a I Nr. 2 StPO vgl. BGH NStZ 2007, 161; 2008, 46; zur fehlerhaften Anwendung des § 26a I Nr. 3 StPO vgl. BGH NStZ 2008, 523.
192 BGH NStZ 2018, 732; vgl. auch BGH NStZ 2006, 644, wonach das Revisionsgericht nicht am Austausch des Verwerfungsgrundes innerhalb des § 26a I StPO gehindert ist.
193 Schmitt/Köhler/Schmitt StPO § 338 Rn. 29.
194 Schmitt/Köhler/Schmitt StPO § 29 Rn. 34 f.

3. Fehlende Zuständigkeit (§ 338 Nr. 4 StPO)

Der – nur auf eine zulässige Verfahrensrüge hin zu beachtende – absolute Revisionsgrund des § 338 Nr. 4 StPO ist gegeben, wenn das Ausgangsgericht zu Unrecht seine örtliche Zuständigkeit bejaht oder die Regelungen über die Zuständigkeit einer besonderen Strafkammer missachtet hat.[195] Dasselbe gilt für die Frage, ob die Europäische Staatsanwaltschaft befugt war, in der BRD Anklage zu erheben (§ 16 II StPO).[196] Die sachliche Zuständigkeit ist dagegen eine vom Revisionsgericht von Amts wegen zu beachtende Prozessvoraussetzung (dazu → Rn. 67 ff., str.). 135

Die örtliche Zuständigkeit ist in der StPO (§§ 7 ff.) geregelt; die wichtigsten Vorschriften sind dort § 7 I StPO (Tatortzuständigkeit), § 8 I StPO (Wohnsitzzuständigkeit) und § 9 StPO (Anknüpfung an den Ergreifungsort). Besteht zwischen mehreren Verfahren ein persönlicher oder sachlicher Zusammenhang iSd § 3 StPO, ist der Gerichtsstand bei jedem Gericht gegeben, das für eine der Sachen zuständig ist (§ 13 I StPO). Geprüft wird die örtliche Zuständigkeit von Amts wegen bis zur Eröffnung des Hauptverfahrens, danach nur bei Rüge des Angeklagten, längstens jedoch bis zu dessen Vernehmung zur Sache (§ 16 I StPO). 136

Hinweis: Mit der Revision kann der Angeklagte die örtliche Unzuständigkeit des Gerichts nur dann erfolgreich beanstanden, wenn er in der Hauptverhandlung rechtzeitig, also vor seiner Vernehmung zur Sache, die Zuständigkeitsrüge nach § 16 I StPO erhoben hatte. Dies muss der Angeklagte mit seiner Verfahrensrüge vortragen, ferner muss er die auf die Beanstandung hin ergangene Entscheidung des Gerichts und in der Regel die für die örtliche Zuständigkeit relevanten Umstände mitteilen.[197] Die Staatsanwaltschaft kann die örtliche Unzuständigkeit des Gerichts wegen § 16 I 2 StPO in der Revision nicht beanstanden.[198] 137

Die Zuständigkeit der besonderen Strafkammern betrifft die vom GVG mit bestimmten Aufgabenbereichen bedachten Strafkammern eines Landgerichts. Innerhalb der großen Strafkammern, also der erstinstanzlichen Zuständigkeit des Landgerichts, wird unterschieden zwischen den besonderen und den allgemeinen Strafkammern. Besondere Strafkammern sind – in dieser Rangfolge (§ 74e GVG) – das Schwurgericht (§ 74 II GVG), die Wirtschaftsstrafkammer (§ 74c GVG) und die Staatsschutzkammer (§ 74a GVG); die übrigen Strafkammern sind allgemeine Strafkammern, selbst wenn ihnen im Geschäftsverteilungsplan bestimmte Aufgabenbereiche (zB BtM- oder Straßenverkehrssachen) zugewiesen sind. Die Zuständigkeit der besonderen Strafkammern prüft das Gericht von Amts wegen bis zur Verfahrenseröffnung, danach lediglich bei einer entsprechenden Rüge des Angeklagten, die längstens bis zu dessen Vernehmung zur Sache erhoben werden kann (§ 6a StPO). Eine spätere Verweisung nach § 270 StPO ohne rechtzeitige Rüge wäre rechtswidrig.[199] Bei der Rüge der Verletzung der Zuständigkeit der Jugendkammer gilt diese Einschränkung nicht. 138

Ein sonstiger Verstoß gegen den Geschäftsverteilungsplan führt demgegenüber zu einem Verstoß gegen § 338 Nr. 1 StPO, → Rn. 125 f.

Hinweis: Wird in der Revision die funktionelle Unzuständigkeit des erkennenden Gerichts beanstandet, so gelten die Ausführungen zur Rüge der örtlichen Unzuständigkeit (→ Rn. 137) entsprechend.[200] 139

4. Verletzung von Anwesenheitsvorschriften (§ 338 Nr. 5 StPO)

Der absolute Revisionsgrund des § 338 Nr. 5 StPO ist gegeben, wenn eine Person, die nach dem Gesetz – vor allem der StPO oder dem GVG – in der Hauptverhandlung anwesend sein musste, dort während eines **wesentlichen** Teils nicht anwesend war. Sofern sich die Abwe- 140

[195] Schmitt/Köhler/Schmitt StPO § 338 Rn. 30 ff.
[196] Schmitt/Köhler/Schmitt StPO § 16 Rn. 7 f.
[197] Vgl. OLG Köln StV 2004, 314 (zur Anklage gegen mehrere Beschuldigte); Schmitt/Köhler/Schmitt StPO § 338 Rn. 34a (auch zur Abtrennung).
[198] KK-StPO/Geilhorn § 16 Rn. 13.
[199] BGH NStZ 2009, 404.
[200] Schmitt/Köhler/Schmitt StPO § 6a Rn. 16 und StPO § 338 Rn. 33.

senheit nur auf einen nicht wesentlichen Teil der Hauptverhandlung bezieht, ist ein Beruhen des Urteils auf dem Mangel denklogisch ausgeschlossen.[201] Ist jedoch ein Richter oder ein Schöffe abwesend gewesen, wird dies von der Rechtsprechung als Fall des § 338 Nr. 1 StPO behandelt (→ Rn. 127 f.). Daher wird im Folgenden nur die Abwesenheit des Staatsanwalts, des Protokollführers, des Angeklagten oder seines Verteidigers erörtert. Sonstige Beteiligte müssen – abgesehen vom Privatkläger (vgl. § 391 II StPO) und unter Umständen dem Dolmetscher (→ Rn. 208 f.) – nicht während der gesamten Hauptverhandlung anwesend sein (zum Nebenkläger: → Rn. 359).[202]

a) Abwesenheit des Staatsanwalts oder des Urkundsbeamten

141 Bei Durchführung eines wesentlichen Teils der Hauptverhandlung in Abwesenheit des – auswechselbaren (vgl. auch § 227 StPO) – Staatsanwalts oder (vorbehaltlich § 226 II StPO) des Protokollführers liegt der absolute Revisionsgrund des § 338 Nr. 5 StPO vor; verletzt ist in diesem Fall § 226 StPO. Praktisch wird die völlige Abwesenheit dieser Personen selten vorkommen, da sie von jedermann bemerkt wird. Gegen § 226 StPO ist aber beispielsweise auch dann verstoßen, wenn während der Zeugenvernehmung des Staatsanwalts[203] kein Kollege die Sitzungsvertretung übernommen hatte. Abwesend iSd § 338 Nr. 5 StPO ist der Staatsanwalt ferner, wenn der anwesende Staatsanwalt sachlich unzuständig war (vgl. §§ 142, 142a GVG). Die fehlende örtliche Zuständigkeit (vgl. § 143 GVG), die Weigerung des Staatsanwalts, den Schlussvortrag zu halten, oder die weitere Sitzungsvertretung nach der Vernehmung als Zeuge, insbesondere die Würdigung der eigenen Aussage im Schlussvortrag, können dagegen nur als relative Revisionsgründe beanstandet werden.[204]

b) Verhandeln ohne den Angeklagten

142 Der in der Praxis und auch im Examen bedeutsamste Fall des § 338 Nr. 5 StPO ist der des ganz oder zeitweise abwesenden Angeklagten.

143 **Übersicht: Verhandeln ohne den Angeklagten**

Grundsatz (§§ 230 I, 285 I 1 StPO): Der Angeklagte muss körperlich und geistig (Verhandlungsfähigkeit) anwesend sein.[205]

Ausnahmen:

Das Verhandeln zur Sache in Abwesenheit des Angeklagten ist möglich bei

• eigenmächtiger Abwesenheit (§ 231 II StPO), • Ausschluss aus sitzungspolizeilichen Gründen (§ 231b StPO)[206], • Freistellung nach § 231c StPO, • Strafsachen von geringer Bedeutung (§§ 232, 233 StPO).	• schuldhaft herbeigeführter Verhandlungsunfähigkeit (§ 231a StPO).[207] Die fehlerhafte Anwendung des § 231a StPO kann nach § 336 S. 2 StPO die Revision aber nicht begründen, da die sofortige Beschwerde statthaft ist (§ 231a III 3 StPO).	• Ausschließung des Angeklagten nach § 247 StPO bei Wahrheitsgefährdung oder zum Schutz von Zeugen oder des Angeklagten.	• Vertretung nach Einspruch gegen Strafbefehl (§ 411 II 1 StPO, wirkt in der Berufung fort), • Vertretung in der Verhandlung über die Berufung des Angeklagten (§ 329 II 1 StPO), • Ausbleiben in der Verhandlung über eine Berufung der Staatsanwaltschaft (§ 329 II 1 StPO).

[201] Schmitt/Köhler/Schmitt StPO § 338 Rn. 35 ff.
[202] Vgl. Schmitt/Köhler/Schmitt StPO § 338 Rn. 39 ff.
[203] Dazu Schmitt/Köhler/Schmitt StPO Vor § 48 Rn. 17.
[204] Vgl. BGH NStZ 2018, 482; 2019, 234; Schmitt/Köhler/Schmitt StPO Vor § 48 Rn. 17 f. und § 338 Rn. 39.
[205] Zur Bedeutung dieses Grundsatzes auch EGMR NJW 2001, 2387; 1999, 2353; zum Beweissicherungsverfahren gegen einen abwesenden Beschuldigten: §§ 285 ff. StPO.
[206] Selbst bei einem rechtmäßigen Ausschluss muss regelmäßig der Versuch unternommen werden, den Angeklagten zu seinem letzten Wort wieder hinzuzuziehen, vgl. Schmitt/Köhler/Schmitt StPO § 258 Rn. 19, 20.
[207] Grundlegend hierzu (Verhandlungsunfähigkeit bei verweigerter Operation): BVerfG NStZ 1993, 598 mAnm Meurer.

Die Anforderungen an die Revisionsbegründung im Falle des Verhandelns ohne den Angeklagten und die Erfolgsaussichten einer mit der Verletzung des § 230 I StPO begründeten Revision sollen an folgendem Beispiel erörtert werden: 144

Fall: Dem auf freiem Fuß befindlichen Angeklagten wird eine Vergewaltigung zur Last gelegt. Am ersten Verhandlungstag wurde die Hauptverhandlung nach dem Schlussvortrag des Staatsanwalts unterbrochen, am zweiten Verhandlungstag plädierte der Verteidiger, anschließend wurde das Urteil verkündet. An diesem zweiten Verhandlungstag war der Angeklagte nicht erschienen, das Gericht hat daher die Verhandlung gem. § 231 II StPO ohne ihn zu Ende geführt. Kann der Angeklagte dies mit der Revision beanstanden, wenn er an dem zweiten Verhandlungstag nicht erschienen ist, weil er in anderer Sache verhaftet worden war? Wie muss er die Rüge gegebenenfalls formulieren?

Lösung: Der Verteidiger des Angeklagten wird eine Verfahrensrüge mit folgendem Inhalt erheben:[208]

„Gerügt wird die Verletzung des § 230 I StPO. Das Gericht hat die Hauptverhandlung während eines wesentlichen Teils[209], nämlich insbesondere als das letzte Wort zu gewähren war, in Abwesenheit des Angeklagten durchgeführt. Hierfür bestand keine gesetzliche Grundlage; der Angeklagte befand sich während des ohne ihn durchgeführten Teils der Hauptverhandlung in anderer Sache in Untersuchungshaft, aus der er hätte vorgeführt werden können und müssen.

a) Der insoweit maßgebliche Ablauf der Hauptverhandlung und die Verfahrensweise des Gerichts hierzu ergeben sich im Einzelnen aus dem Sitzungsprotokoll vom …, das insoweit folgenden Eintrag enthält: ‚…' [Mitteilung des Ausbleibens des Angeklagten, der Entscheidung des Gerichts über das Verhandeln ohne den Angeklagten und des Verhandlungsteils, der während der Abwesenheit des Angeklagten stattgefunden hat.]

b) Diese Verfahrensweise war fehlerhaft und verstieß gegen § 230 I StPO.[210]
Das Gesetz schreibt die Anwesenheit des Angeklagten während der gesamten Dauer der Hauptverhandlung zwingend vor (§ 230 I StPO), sofern es nicht ausdrücklich hiervon Ausnahmen zulässt.
Eine solche Ausnahme lag mit der Inhaftierung des Angeklagten nicht vor, insbesondere fehlte es an der für § 231 II StPO vorausgesetzten Eigenmächtigkeit. Diese erfordert, dass der Angeklagte seine Anwesenheitspflicht ohne Rechtfertigungs- oder Entschuldigungsgrund wissentlich missachtet.[211] Ein in Haft befindlicher Angeklagter besitzt jedoch nicht die Macht, aus freien Stücken der Hauptverhandlung fernzubleiben, weil er jederzeit auch gegen seinen Willen vorgeführt werden kann. Dass dem Tatrichter der Grund des Ausbleibens des Angeklagten nicht bekannt war, ist dabei ohne Bedeutung, es genügt vielmehr, dass der Angeklagte an der Verhandlung tatsächlich ohne sein Verschulden nicht teilnehmen konnte.[212]

c) Das Vorliegen dieser Voraussetzungen ergibt sich aus der Anzeige über die Festnahme des Angeklagten vom … und aus dem Haftbefehl des Amtsgerichts … vom … (Bl. … d. A.). Diese haben folgenden Inhalt:‚…' [Mitteilung des Wortlauts von Festnahmeanzeige und Haftbefehl.]

d) Es liegt der absolute Revisionsgrund des § 338 Nr. 5 StPO vor. Das Beruhen des Urteils auf diesem Fehler ist vorliegend auch nicht ausnahmsweise denklogisch ausgeschlossen."

In der Praxis und auch im Examen ist das Verhandeln ohne den Angeklagten gem. § 247 StPO von erheblicher Bedeutung. Hierbei müssen folgende Grundsätze beachtet werden: 145

- Die Verfahrensbeteiligten müssen – wie allgemein vor gerichtlichen Entscheidungen – vor dem Ausschluss des Angeklagten angehört werden. 146

[208] Schmitt/Köhler/Schmitt StPO § 231 Rn. 15.

[209] Die Abwesenheit bei unwesentlichen Teilen (zB bei Verkündung der Urteilsgründe) wäre dagegen unschädlich, weil das Urteil hierauf denkgesetzlich nicht beruhen kann, folglich auch der absolute (!) Revisionsgrund nicht greift.

[210] Vgl. Schmitt/Köhler/Schmitt StPO § 230 Rn. 1, 2, § 231 Rn. 15.

[211] Schmitt/Köhler/Schmitt StPO § 231 Rn. 10.

[212] BGH NStZ 2003, 561 (562); aA für den Fall, dass sich der Angeklagte ins Ausland und dort in eine Situation mit „hohem Verhaftungsrisiko" begibt: BGH NStZ 2019, 481; vgl. auch Schmitt/Köhler/Schmitt StPO § 231 Rn. 15 f.

Fall: Das Landgericht hatte während der Vernehmung der jugendlichen Zeugin eines Sexualdeliktes (des Tatopfers) den Angeklagten ausgeschlossen. Dieser macht mit seiner Revision das Vorliegen des absoluten Revisionsgrundes des § 338 Nr. 5 StPO geltend und begründet diese Rüge damit, dass weder er noch sein Verteidiger ausdrücklich aufgefordert worden seien, sich zur Frage des Ausschlusses zu äußern. Wird er damit Erfolg haben?

Lösung: Vor einer gerichtlichen Entscheidung ist den Beteiligten nach § 33 StPO Gelegenheit zur Äußerung zu geben. Die Form der Anhörung steht auch in den Fällen des § 33 I StPO im Ermessen des Gerichts; einer ausdrücklichen Aufforderung bedarf es jedenfalls bei einem verteidigten Angeklagten nicht, es genügt, dass die Beteiligten erkennbar Gelegenheit zur Äußerung gehabt haben.[213] Da der Angeklagte nicht vorgetragen hat, dass ihm diese Möglichkeit nicht eingeräumt worden war, wird seine Revision erfolglos bleiben.
Eine solche Anhörung stellt im Übrigen regelmäßig keine protokollierungsbedürftige Förmlichkeit iSd § 273 I StPO dar, sodass das Schweigen des Protokolls insoweit nicht die Beweiskraft des § 274 StPO hätte; das Revisionsgericht prüft die Gewährung rechtlichen Gehörs daher im Freibeweisverfahren nach.[214]

147 • Der Ausschluss wird durch zu begründenden Beschluss des Gerichts angeordnet (nicht durch Verfügung des Vorsitzenden).[215] Fehlt der Beschluss über den zeitweiligen Ausschluss des Angeklagten, ist der zwingende Aufhebungsgrund des § 338 Nr. 5 StPO gegeben.[216] Die Revision ist auch dann begründet, wenn während der Abwesenheit des Angeklagten Verfahrensvorgänge stattgefunden haben, die nicht zur Vernehmung gehören (zB Verlesung von Urkunden oder Inaugenscheinnahme) und dies auch nicht durch eine spätere Wiederholung in Gegenwart des Angeklagten geheilt wurde.[217]

148 • Nach der Entscheidung des Großen Senats für Strafsachen vom 21.4.2010 (GSSt 1/09) ist die Verhandlung über die Entlassung eines Zeugen (vgl. § 248 S. 2 StPO) kein Teil der Vernehmung mehr iSv § 247 StPO. Da es sich hierbei grundsätzlich um einen **wesentlichen** Teil der Hauptverhandlung handelt – es handelt sich um die letzte Möglichkeit des Angeklagten, von einem Fragerecht Gebrauch zu machen –, ist eine fortdauernde Abwesenheit des nach § 247 S. 1 oder 2 StPO entfernten Angeklagten regelmäßig geeignet, den absoluten Revisionsgrund des § 338 Nr. 5 StPO zu begründen.[218] Anders ist dies, wenn der Angeklagte ausdrücklich erklärt, von seinem Fragerecht keinen Gebrauch machen zu wollen.[219] Dagegen liegt im Fall der verspäteten bzw. unterlassenen Unterrichtung des wieder zugelassenen Angeklagten über das Geschehen während seiner Abwesenheit (Verstoß gegen § 247 S. 4 StPO) nur ein relativer Revisionsgrund vor.[220]

149 **Fall:** Dem Angeklagten wird die versuchte Tötung seiner Tochter zur Last gelegt. Während der Vernehmung des Opfers wurde der Angeklagte auf seinen Antrag hin gem. § 247 StPO ausgeschlossen, zumal die Zeugin angekündigt hatte, bei Anwesenheit des Angeklagten von ihrem Zeugnisverweigerungsrecht Gebrauch zu machen. Nachdem die Zeugin zu einem Teil des Tatgeschehens angehört und Lichtbilder vom Tatort in Augenschein genommen worden waren, musste die Vernehmung wegen des psychischen Zustandes der Zeugin unterbrochen werden, und es wurde die Vernehmung des Arztes zu den Verletzungen des Opfers „eingeschoben". Dafür wurde der Angeklagte in den Sitzungssaal geholt. Anschließend wurde die Vernehmung der Zeugin – wiederum ohne den Angeklagten – fortgesetzt. Nach dem Abschluss der Aussage wurde der Angeklagte wieder zugelassen und über den Inhalt der gesamten Aussage der Zeugin

---

[213] Schmitt/Köhler/Schmitt StPO § 33 Rn. 6.
[214] BGH NStZ 1993, 500; aA Schmitt/Köhler/Schmitt StPO § 33 Rn. 8 mwN.
[215] Vgl. BGH NStZ 2002, 44; Schmitt/Köhler/Schmitt StPO § 247 Rn. 14.
[216] Vgl. Schmitt/Köhler/Schmitt StPO § 247 Rn. 19 mwN.
[217] Vgl. Schmitt/Köhler/Schmitt StPO § 247 Rn. 20 ff.
[218] Vgl. BGH (GSSt) NJW 2010, 2450 ff.; vgl. aber auch BGH NJW 2006, 2934, wonach die – nicht kontrovers erörterte – Entscheidung des Vorsitzenden, dass ein Zeuge entsprechend § 59 StPO nicht vereidigt werden soll, kein wesentlicher Teil der Hauptverhandlung ist.
[219] BGH NStZ 2011, 534; Schmitt/Köhler/Schmitt StPO § 247 Rn. 20c.
[220] Vgl. Schmitt/Köhler/Schmitt StPO § 247 Rn. 22.

unterrichtet. War diese Verfahrensweise des Gerichts in Ordnung und wie wird der Verteidiger sie gegebenenfalls mit der Revision beanstanden?

Lösung: Der Verteidiger wird zum einen mit der Revision die Verletzung des § 230 I StPO rügen und den absoluten Revisionsgrund des § 338 Nr. 5 StPO geltend machen. Dabei muss er allerdings berücksichtigen, dass der Ausschluss des Angeklagten an sich zulässig war, da ein Ausschließungsgrund – der der Wahrheitsgefährdung (§ 247 S. 1 StPO) – auch dann vorliegt, wenn ein Zeuge ankündigt, bei Anwesenheit des Angeklagten von seinem Zeugnisverweigerungsrecht Gebrauch zu machen.[221] Der Verteidiger wird die Rüge daher folgendermaßen formulieren:
„Gerügt wird die Verletzung des § 230 I StPO.

a) Der Angeklagte wurde durch Gerichtsbeschluss gem. § 247 StPO während der Vernehmung der Zeugin … ausgeschlossen. Sein Ausschluss dauerte jedoch über diese Vernehmung hinaus auch während der Einnahme eines Augenscheins über am vermeintlichen Tatort gefertigte Lichtbilder an.
Die Tatsachen und der Verfahrensgang hierzu ergeben sich im Einzelnen aus dem Sitzungsprotokoll vom … (Bl. … d. A.), das insoweit folgenden Ablauf belegt:‚…' [Mitteilung des Protokolls vom Ausschließungsantrag bis zur Wiederzulassung.]
Die Einnahme des Augenscheins, die – wie sich aus dem Eintrag im Protokoll ergibt – nicht lediglich als Vernehmungsbehelf, sondern als förmliche Beweisaufnahme erfolgte, wurde später (in Anwesenheit des Angeklagten) auch nicht wiederholt. Dies ergibt sich aus folgendem weiteren Eintrag im Protokoll:‚…' [Mitteilung des weiteren Protokolls].
b) Diese Verfahrensweise verstieß gegen § 230 I StPO, da § 247 StPO den Ausschluss des Angeklagten nur für die Dauer der Vernehmung der Zeugin ermöglicht hat. Dazu gehörte aber nicht eine weitere Beweisaufnahme, wie hier die im Strengbeweisverfahren erfolgte Einnahme eines Augenscheins.[222,223]
c) Daher liegt der absolute Revisionsgrund des § 338 Nr. 5 StPO vor. Hierfür ist unerheblich, dass der Angeklagte auf seinen Wunsch hin ausgeschlossen wurde. Der Grundsatz der Verhandlung nur bei Anwesenheit des Angeklagten ist unverzichtbar; seine Verletzung kann daher auch dann gerügt werden, wenn die Abwesenheit auf einen ausdrücklichen Antrag des Angeklagten zurückging. [Dies gilt zumindest dann, wenn – wie hier – keine Anhaltspunkte dafür vorliegen, dass absichtlich ein Revisionsgrund geschaffen werden sollte.][224]"

Daneben wird der Verteidiger mit folgender Verfahrensrüge die Verletzung von § 247 S. 4 StPO[225] beanstanden, die jedoch nur zu einem relativen Revisionsgrund[226] führt:
„Gerügt wird ferner die Verletzung des § 247 S. 4 StPO.

a) Der Angeklagte wurde durch Beschluss des Gerichts während der Vernehmung der Zeugin … gem. § 247 StPO ausgeschlossen. Die Vernehmung dieser Zeugin wurde jedoch zur Vernehmung eines weiteren Zeugen, eines Arztes, unterbrochen. Während dieser weiteren Zeugenvernehmung war der Angeklagte zwar wieder zur Hauptverhandlung zugelassen worden, der Vorsitzende hatte es jedoch unterlassen, den Angeklagten nach Abschluss des ersten Teils der Vernehmung vom Inhalt der Aussage der Zeugin … zu unterrichten. Dies erfolgte vielmehr erst, nachdem die Vernehmung der Zeugin …, die im Anschluss an die Anhörung des Arztes wiederum ohne den Angeklagten fortgesetzt wurde, beendet worden war.

---

[221] BGHSt 46, 143 = JR 2001, 340 mAnm Eisenberg/Schüler = JZ 2001, 414 mAnm Meier; Schmitt/Köhler/Schmitt StPO § 247 Rn. 4; ebenso bei angekündigter (umfassender) Auskunftsverweigerung gem. § 55 StPO: BGH NStZ-RR 2004, 116.

[222] BGH NStZ 2011, 51; vgl. auch Schmitt/Köhler/Schmitt StPO § 247 Rn. 7, 20a; vgl. auch BGH NJW 2010, 1010 (1011) zur Heilung eines Verstoßes bei Besichtigung des Augenscheinsobjekts durch den Angeklagten während seiner Unterrichtung gem. § 247 S. 4 StPO.

[223] Das gilt selbst dann, wenn der Angekl. die Verhandlung per Videoübertragung mitverfolgen kann: BGH NStZ 2019, 421; Schmitt/Köhler/Schmitt StPO § 247 Rn. 14a.

[224] BGH NStZ 2018, 739; einschränkend: BGH NStZ 2001, 48; vgl. auch Schmitt/Köhler/Schmitt StPO § 247 Rn. 20d.

[225] Vgl. BGHSt 38, 260; BGH NStZ 2018, 303.

[226] Vgl. Schmitt/Köhler/Schmitt StPO § 247 Rn. 22 mwN.

Diese Verfahrensweise und die Tatsachen hierzu ergeben sich aus dem Sitzungsprotokoll vom ... (Bl. ... d. A.), das insofern folgenden Eintrag enthält:‚...' [Wiedergabe des Hauptverhandlungsprotokolls vom Ausschließungsantrag bis zur Unterrichtung des Angeklagten.]

b) Das Gericht hat damit gegen § 247 S. 4 StPO verstoßen. Sinn dieser Regelung ist, dass der Angeklagte so gestellt werden soll, als sei er während der Zeugenvernehmung dabei gewesen.[227] Maßgebend für die Unterrichtung und vor allem deren Zeitpunkt ist daher nicht der des Abschlusses der Zeugenvernehmung, sondern der der Wiederzulassung des Angeklagten. Daher war hier die Unterrichtung des Angeklagten über den Inhalt der Zeugenaussage schon geboten, als er zur Vernehmung des Arztes in den Sitzungssaal geholt worden war.
Die Verletzung des § 247 S. 4 StPO begründet die Revision auch ohne Anrufung des Gerichts nach § 238 II StPO; denn die Unterrichtung des Angeklagten ist vom Gesetz zwingend vorgeschrieben und unverzichtbar.

c) Das Urteil beruht auch auf dem Verstoß gegen § 247 S. 4 StPO, weil nicht auszuschließen ist, dass der Angeklagte zu der bisherigen Aussage der Zeugin ... Stellung genommen und so die weitere Beweisaufnahme – insbesondere die Vernehmung des Arztes – beeinflusst hätte. Daher besteht die Möglichkeit, dass das Urteil ohne die Gesetzesverletzung anders ausgefallen wäre."

150 **Hinweis:** Wird in Abwesenheit des Angeklagten verhandelt, so ist gegen § 230 I StPO verstoßen, wenn keiner der Ausschlussgründe der §§ 231 II ff., 247 StPO vorlag. Diese Gesetzesverletzung stellt einen absoluten Revisionsgrund (§ 338 Nr. 5 StPO) dar, sofern die Abwesenheit des Angeklagten einen wesentlichen Teil der Hauptverhandlung betraf.[228] Sie ist mit der Verfahrensrüge geltend zu machen.[229] Dagegen liegt im Fall der unterlassenen bzw. verspäteten Unterrichtung des Angeklagten (Verstoß gegen § 247 S. 4 StPO) nur ein relativer Revisionsgrund (§ 337 I StPO) vor. Auch diese Gesetzesverletzung ist mit einer Verfahrensrüge zu beanstanden.

c) Verhandeln ohne den Verteidiger

151 War der Verteidiger des Angeklagten während der Hauptverhandlung ganz oder in einem wesentlichen Teil nicht anwesend, kann dies die Revision regelmäßig nur begründen, wenn es sich um einen Fall der notwendigen Verteidigung gehandelt hat; dann liegt der absolute Revisionsgrund des § 338 Nr. 5 StPO vor (zu Fehlern bei der Pflichtverteidigerbestellung: → Rn. 165). War dagegen die Verteidigung nicht notwendig, musste der Angeklagte also schon gar nicht anwaltlich vertreten sein, so kann die Abwesenheit des Verteidigers nur ausnahmsweise einen – dann in der Regel relativen – Revisionsgrund darstellen (bzw. gegebenenfalls § 338 Nr. 8 StPO), etwa wenn das Gericht entgegen seiner Zusage, den Termin zu verlegen, doch verhandelt hat oder der Wahlverteidiger zu der Hauptverhandlung gar nicht geladen wurde.[230]

151a Zu beachten ist allerdings, dass Entscheidungen der Gerichte zur Bestellung eines Pflichtverteidigers seit 2019 der sofortigen Beschwerde unterliegen (§ 142 VII StPO) und – soweit dies der Fall ist – damit der Revision entzogen sind (§ 336 S. 2 StPO). Dies gilt aber (jedenfalls) nicht, wenn die Bestellung von Amts wegen hätte erfolgen müssen (§ 141 II StPO), aber unterbleibt und deshalb keine beschwerdefähige Ausgangsentscheidung vorliegt.[231]

---

[227] Umstritten ist, ob eine Unterrichtung nach § 247 S. 4 StPO auch dann erfolgen muss, wenn der während einer Zeugenvernehmung ausgeschlossene Angeklagte die Aussage mittels einer – zweckmäßigen (vgl. Schmitt/Köhler/Schmitt StPO § 247 Rn. 14a), in der StPO jedoch nicht vorgesehenen (vgl. BGH NStZ 2009, 582) – Videoübertragung die Vernehmung verfolgen konnte (dagegen: BGH NStZ 2006, 116; dafür: BGH NJW 2007, 709 sofern der Vorsitzende sich vergewissert hat, dass die Videoübertragung nicht durch technische Störungen beeinträchtigt wurde; sowie BGH NJW 2017, 3397 und NStZ 2019, 421). Jedenfalls ausreichend ist es, wenn der Angeklagte im Rahmen der Unterrichtung befragt wird, ob er dieser und der Vernehmung habe folgen können (BGH NStZ 2021, 567).

[228] Beispiele zum wesentlichen Teil der Hauptverhandlung bei Schmitt/Köhler/Schmitt StPO § 338 Rn. 37 f.

[229] Schmitt/Köhler/Schmitt StPO § 230 Rn. 26.

[230] Vgl. OLG Köln NStZ-RR 2001, 140 (141); Schmitt/Köhler/Schmitt StPO § 338 Rn. 41.

[231] Schmitt/Köhler/Schmitt § 142 StPO Rn. 65, 67 und BeckOK StPO/Krawczyk StPO § 142 Rn. 57 ff., dort auch zu Willkürfällen.

Übersicht zu den Fällen der notwendigen Verteidigung 152

Im Einzelnen geregelte Fälle:

- erstinstanzliches Verfahren vor dem SchöffenG, dem LG oder dem OLG (§ 140 I Nr. 1 StPO),
- Vorwurf eines Verbrechens (§ 140 I Nr. 2 StPO),
- Sicherungsverfahren nach §§ 413 ff. StPO; Anordnung einer psychiatrischen Untersuchung nach § 81 StPO, drohendes Berufsverbot (§ 140 I Nr. 3, 6, 7 StPO),
- bei Vorführung vor Gericht zur Entscheidung über Haft oder einstweilige Unterbringung (§ 140 I Nr. 4 StPO),
- bei Anstaltsunterbringung (§ 140 I Nr. 5 StPO),
- Ausschluss des gewählten Verteidigers (§ 140 I Nr. 8 StPO),
- Bestellung eines Opferanwalts nach §§ 397a, 406h III, IV StPO (§ 140 I Nr. 9 StPO),
- Mitwirkung eines Verteidigers bei richterlicher Vernehmung geboten (§ 140 I Nr. 10 StPO)
- seh-, hör- oder sprachbehinderter Beschuldigter (auf Antrag; § 140 I Nr. 11 StPO),
- zur notwendigen Verteidigung im Strafbefehlsverfahren: § 408b StPO, im beschleunigten Verfahren: § 418 IV StPO (unten: → Rn. 363, 370).

Generalklausel:

Die Generalklausel des § 140 II 1 StPO ist – wegen Abs. 1 Nr. 1 – nur für das erstinstanzliche Verfahren vor dem Strafrichter, das Berufungs- und das Revisionsverfahren (vgl. dort auch § 350 II StPO) von Bedeutung.

Voraussetzungen sind:

- Schwere der Tat bzw. der zu erwartenden Rechtsfolge (zB mehr als 1 Jahr Freiheitsstrafe, drohender Bewährungswiderruf).
- Schwierige Sach- oder Rechtslage: Maßstab sind hier die persönlichen Kenntnisse und Fähigkeiten des Angeklagten, gemessen vor allem am Umfang des Verfahrensstoffs oder der Schwierigkeit der relevanten Rechtsfragen.
- Verteidigungsunfähigkeit (die nach Ansicht des BGH bei sprachunkundigen Ausländern nicht ohne Weiteres vorliegt, weil diese einen Anspruch auf Zuziehung eines Dolmetschers haben).[232]

Hinweis: Die Anwesenheit des Verteidigers während der Hauptverhandlung ist eine wesentliche Förmlichkeit, die nach § 272 Nr. 4 StPO zu protokollieren ist. Hatte ein Angeklagter, obwohl ein Fall der notwendigen Verteidigung vorlag, weder einen Pflicht- noch einen Wahlverteidiger, so liegt die Gesetzesverletzung regelmäßig in einem Verstoß gegen § 141 I, II StPO (vgl. auch Art. 6 IIIc EMRK). War dagegen ein solcher (notwendiger) Verteidiger vorhanden, aber in der Hauptverhandlung ganz oder zeitweise abwesend oder verhandlungsunfähig,[233] ist in der Regel gegen § 145 I StPO verstoßen. In beiden Fällen führt die Gesetzesverletzung zum Vorliegen des absoluten Revisionsgrundes des § 338 Nr. 5 StPO.[234] Fehler in Zusammenhang mit dem bei der Pflichtverteidigerbestellung zu beachtenden Verfahren können dagegen grundsätzlich nur einen relativen Revisionsgrund ergeben (dazu → Rn. 165). 153

5. Verletzung des Grundsatzes der Öffentlichkeit (§ 338 Nr. 6 StPO)

Die Verhandlungen vor dem erkennenden Gericht sind grundsätzlich öffentlich (§ 169 S. 1 GVG) – aber nicht medienöffentlich –[235], sofern sich das Verfahren nicht gegen einen Jugendlichen richtet (§§ 48 I, 109 I 5 JGG). Öffentlich ist grundsätzlich auch ein während der Hauptverhandlung eingenommener Augenschein, ein Ortstermin jedoch nur, soweit dies unter den gegebenen Umständen tatsächlich und rechtlich möglich ist, also beispielsweise der Hausrechtsinhaber der Öffentlichkeit den Zutritt gestattet.[236] Nicht öffentlich ist unter anderem eine 154

[232] BGHSt 46, 178 = NJW 2001, 309; vgl. auch Schmitt/Köhler/Schmitt StPO § 140 Rn. 30b mwN.
[233] Schmitt/Köhler/Schmitt StPO § 338 Rn. 41 f. (auch zum unvorbereiteten Verteidiger bzw. zum Entzug der Anwaltszulassung).
[234] Zu beachten ist allerdings, dass bei eigenmächtigem Sichentfernen des Verteidigers Verwirkung eintreten kann, vgl. → Rn. 103 und Schmitt/Köhler/Schmitt StPO § 338 Rn. 41a aE.
[235] Zu Urteilsverkündungen des BGH vgl. § 169 III GVG.
[236] Zu tatsächlichen Grenzen: BGH NJW 2006, 1220 (schmales Treppenhaus); zum Hausrecht: BGHSt 40, 191 = NJW 1994, 2773; vgl. ferner Schmitt/Köhler/Schmitt GVG § 169 Rn. 5 ff.

Beweisaufnahme im Ermittlungsverfahren oder durch den beauftragten oder ersuchten Richter. Während der Hauptverhandlung muss die Öffentlichkeit ferner für solche Abschnitte nicht gewährleistet sein, die – wie etwa die Erörterung eines Befangenheitsantrags oder bei Haftentscheidungen – auch außerhalb der Verhandlung durchgeführt werden könnten.[237]

155 **Übersicht zu Verfahren und Entscheidung bei Ausschluss der Öffentlichkeit**[238]

Der Ausschluss der Öffentlichkeit erfolgt durch Beschluss (§ 174 I 2 GVG), im Falle des Ausschlusses zum Schutz der Privatsphäre jedoch nicht gegen den Willen des Betroffenen (§ 171b IV GVG). Einzelne Personen können vom Ausschluss ausgenommen werden (§ 175 II 1 GVG).	Die Verhandlung über den Ausschluss der Öffentlichkeit kann bereits nicht öffentlich sein (§ 174 I 1 GVG); die Verkündung des Ausschließungsbeschlusses ist jedoch grundsätzlich öffentlich (§ 174 I 2 GVG), ebenso die Urteilsverkündung (§ 173 I GVG).	Der Ausschluss der Öffentlichkeit steht in den Fällen der §§ 171a, 172 GVG im Ermessen des Gerichts; bei § 171b GVG muss die Öffentlichkeit ausgeschlossen werden, wenn dessen Voraussetzungen vorliegen und der Betroffene dies beantragt (§ 171b III 1 GVG).	Die Öffentlichkeit ist wiederherzustellen, wenn die Gründe für den Ausschluss entfallen sind oder sobald der Verhandlungsteil, während dessen der Ausschluss erfolgte, abgeschlossen ist. Sowohl die Öffentlichkeit als auch die Nichtöffentlichkeit der Verhandlung sind zu protokollieren (§ 272 Nr. 5 StPO).

156 **Fall:** Dem Angeklagten, einem Armenier, wird zur Last gelegt, unmittelbar nach dem Besuch einer Spielhalle eine Frau, die ebenfalls dort gewesen sein soll, vergewaltigt zu haben. Zu Beginn der Vernehmung des Angeklagten erließ das Gericht einen Beschluss, wonach „alle Armenier" aus dem Sitzungssaal verwiesen werden, da sie als Zeugen in Betracht kommen; denn das Tatopfer habe im Ermittlungsverfahren angegeben, dass alle in der Stadt X wohnhaften Armenier vor der Tat in der Spielhalle gewesen seien. Daraufhin verließen sechs Personen den Sitzungssaal. Nach Abschluss der Vernehmung des Angeklagten und der Zeugen wurde der Beschluss über den Ausschluss der Armenier aufgehoben. Kurz darauf ordnete das Gericht die Inaugenscheinnahme eines vom Angeklagten während der Tat gefertigten Video-Films an. Zugleich beschloss das Gericht, dass „während der Inaugenscheinnahme des Films die Öffentlichkeit erneut auszuschließen" sei; eine (weitere) Begründung enthielt die Entscheidung nicht. Entsprechend diesem Beschluss wurde auch verfahren. Kann der Verteidiger des Angeklagten daraus einen Revisionsgrund herleiten?

Lösung: Aussicht auf Erfolg hätte die Rüge, mit dem Verweisen der Armenier aus dem Sitzungssaal sei gegen § 169 S. 1 GVG verstoßen worden, weshalb der absolute Revisionsgrund des § 338 Nr. 6 StPO vorliege.[239]

- Der Grundsatz der Öffentlichkeit ist nicht nur dann berührt, wenn die Öffentlichkeit insgesamt ohne gesetzlichen Grund ausgeschlossen wird, sondern schon dann, wenn nur eine einzige Person in einer nicht dem Gesetz entsprechenden Weise aus dem Sitzungssaal entfernt wurde.
- Dabei ließ sich der Ausschluss der armenischen Zuhörer hier nicht auf §§ 171a ff. GVG stützen, da die Voraussetzungen dieser Vorschriften ersichtlich nicht gegeben waren.
- Auch § 58 I StPO ließ das Verweisen aller anwesenden Armenier aus dem Sitzungssaal nicht zu. Nach dem Sinn und Zweck dieser Vorschrift ist es zwar zulässig, Personen zum Verlassen des Sitzungssaales aufzufordern, sobald sie möglicherweise als Zeugen in Betracht kommen.[240] Dies setzt jedoch voraus, dass tatsächliche Anhaltspunkte dafür vorliegen, dass jeder einzelne von der Maßnahme Betroffene Sachdienliches zur Aufklärung beitragen kann und deshalb als potentieller Zeuge in Betracht kommt. Bezüglich „aller Armenier" war dies jedoch auch auf der Grundlage der Angaben des Tatopfers im Ermittlungsverfahren nicht der Fall, da die Zeugin dort

[237] BGH NStZ 2002, 106 (107); Schmitt/Köhler/Schmitt GVG § 169 Rn. 1.
[238] Vgl. Schmitt/Köhler/Schmitt StPO § 338 Rn. 48, GVG § 174 Rn. 8, 21; zur Bitte des Vorsitzenden, den Saal zu verlassen: BGH NStZ 1999, 426 sowie BeckRS 2018, 24407 Rn. 88 ff.
[239] BGH NStZ 2004, 453; zum auf § 176 GVG (Sitzungspolizei) gestützten Ausschluss einzelner Zuhörer: BGH NStZ 2004, 220; Schmitt/Köhler/Schmitt GVG § 176 Rn. 24 f.
[240] Vgl. auch Schmitt/Köhler/Schmitt StPO § 58 Rn. 5 mwN.

die Gruppe der in der Spielhalle anwesenden Armenier schon auf diejenigen beschränkt hatte, die in der Stadt X wohnen. Das Gericht hätte deshalb die anwesenden Zuhörer zunächst informell befragen müssen, ob es sich um in der Stadt X wohnhafte Armenier handelt; erst anschließend hätten diese Personen als mögliche Zeugen solange aus dem Sitzungssaal verwiesen werden dürfen, bis sie als Zeugen vernommen wurden oder sich die Entbehrlichkeit einer solchen Vernehmung ergeben hätte.

Keine Aussicht auf Erfolg hätte dagegen nach der Rechtsprechung des BGH die Rüge, die Öffentlichkeit hätte während der Inaugenscheinnahme des Videos nicht ausgeschlossen werden dürfen.

- Grundsätzlich kann zwar der absolute Revisionsgrund des § 338 Nr. 6 StPO auch dann vorliegen, wenn dem Gericht im Ausschließungsverfahren Fehler unterlaufen sind, etwa weil gegen die Begründungspflicht gem. § 174 I 3 GVG verstoßen wurde.[241] Zweck der Begründungspflicht nach § 174 I 3 GVG sind die Kontrolle des Verfahrensgangs durch die Allgemeinheit,[242] die Selbstkontrolle des Gerichts und die Nachprüfbarkeit der Entscheidung. Eine solche Begründung fehlt vorliegend.
- Trotzdem hat der BGH hier das Vorliegen des absoluten Revisionsgrundes des § 338 Nr. 6 StPO ausnahmsweise verneint. Da nach dem Verlauf der Hauptverhandlung, wie er aus dem Sitzungsprotokoll ersichtlich wurde, für das Tatgericht, die Öffentlichkeit und auch für das Revisionsgericht klar war, dass es sich bei dem Film, der unter Ausschluss der Öffentlichkeit in Augenschein genommen werden sollte und wurde, um den vom Angeklagten gefertigten Tatfilm handelte, ist hier der oben dargestellte Schutzzweck trotz der fehlenden Begründung (noch) gewahrt. Im Hinblick auf den Anklagevorwurf und die Aussage der Zeugin war ferner offensichtlich, dass die Rechtsgrundlage für den Ausschluss der Öffentlichkeit zum einen der Schutz der Privatsphäre des Opfers (§ 171b GVG), zum anderen aber auch die Gefährdung der Sittlichkeit (§ 172 Nr. 1 GVG) war; die Voraussetzungen beider Vorschriften lagen auch ohne Weiteres vor.

  Nach Ansicht des BGH ist also in Fällen wie dem vorliegenden, bei denen die Richtigkeit der Entscheidung über den Ausschluss nicht infrage steht, sondern nur die Verletzung einer Verfahrensvorschrift – einer bloßen Förmlichkeit –, trotz der Gesetzesverletzung der absolute Revisionsgrund des § 338 Nr. 6 StPO ausnahmsweise nicht gegeben.[243]
- Im Schrifttum ist die Entscheidung auf Ablehnung gestoßen. Kritisiert wurde vor allem, dass das Revisionsgericht bei absoluten Revisionsgründen gerade keine Beruhensprüfung vornehmen darf, dass hier aber letztlich mit der Verneinung des Beruhens der Misserfolg der Revision begründet wurde.[244] Entgegenhalten lässt sich dem, dass der BGH schon bisher das Vorliegen eines absoluten Revisionsgrundes abgelehnt hat, wenn das Beruhen des Urteils auf der Gesetzesverletzung „denkgesetzlich ausgeschlossen" ist.[245]
- Für den Fall des völligen Fehlens eines Beschlusses hat der BGH bezüglich eines Ausschlusses der Öffentlichkeit bei den Schlussanträgen (§ 171b III **2** GVG) gleichfalls eine restriktive Auslegung des § 338 Nr. 6 StPO bejaht (und das Vorliegen eines absoluten Revisionsgrundes verneint).[246] Der Ausschluss bei den Schlussanträgen – wozu auch das letzte Wort des Angeklagten gehört –[247] hat nach einer Verhandlung, bei der die Öffentlichkeit wegen einer in § 171b II GVG genannten Straftat ausgeschlossen war, auch ohne weiteren Antrag zwingend zu erfolgen. Damit steht bereits mit dem ersten Ausschluss der Öffentlichkeit auch der Ausschluss bei den Schlussanträgen für alle Verfahrensbeteiligten zwingend fest.
- Im Fall einer Ausschließung nach § 171b III **1** GVG (Ausschließung zum Schutz der Privatsphäre auf Antrag) allein durch den Vorsitzenden hat der BGH aufgrund des fehlenden Beschlusses hingegen das Vorliegen eines absoluten Revisionsgrundes bejaht.[248] Hier fehlt eine vergleichbare feststehende innerprozessuale Tatsache (der Antrag ist gegebenenfalls auszulegen, jeden-

[241] Vgl. Schmitt/Köhler/Schmitt StPO § 338 Rn. 48a.
[242] BVerfG NJW 2002, 814; BGH NStZ 2002, 106 (107); kritisch insofern Schmitt/Köhler/Schmitt GVG § 169 Rn. 1.
[243] BGH NStZ 1999, 474; ähnlich BGH NStZ-RR 2002, 263; 2004, 235; vgl. auch Schmitt/Köhler/Schmitt GVG § 174 Rn. 9.
[244] So Gössel NStZ 2000, 181; auch Rieß JR 2000, 253.
[245] Vgl. BGH NStZ 2007, 352 f.; vgl. Schmitt/Köhler/Schmitt StPO § 338 Rn. 2.
[246] BGH NJW 2019, 2184.
[247] BGH NStZ-RR 2025, 292.
[248] BGH NStZ 2021, 760 und 2024, 762.

falls bei einem Grund nach § 171b I GVG besteht ein Ermessen des Gerichts), sodass das erkennende Gericht in seiner Gesamtheit die Verantwortung für den Öffentlichkeitsausschluss durch die Fassung eines Beschlusses nach § 174 I 2 GVG übernehmen muss.

157 **Hinweis:** Der absolute Revisionsgrund des § 338 Nr. 6 StPO liegt nur in den Fällen der ungesetzlichen Beschränkung der Öffentlichkeit vor, weil die Vorschrift die Öffentlichkeit gewährleisten (schützen) will. Dies kann zum einen gegeben sein, wenn gegen § 169 S. 1 GVG verstoßen wurde, vor allem weil das Gericht zu Unrecht einen Ausschlussgrund angenommen hat. Beim Ausschlussgrund des § 171b GVG ist aber dessen Abs. 5 zu beachten, der in Verbindung mit § 336 S. 2 StPO die Revision bei seiner fehlerhaften Anwendung regelmäßig ausschließt.[249] Zum anderen kann die Gesetzesverletzung auch in einem Verstoß gegen Vorschriften über das Ausschließungsverfahren (§ 174 GVG) liegen.

Die Rechtsprechung bejaht den Revisionsgrund zudem nur dann, wenn dem Gericht ein Verschulden zur Last fällt.[250] Hieran kann es zB fehlen, wenn die Beschränkung nicht auf einer richterlichen Anordnung, sondern auf einem tatsächlichen Hindernis beruht und dem erkennenden Gericht diese faktische Beschränkung nicht bekannt war und es diese auch nicht bei ordnungsgemäßer Sorgfalt hätte erkennen und beseitigen können.[251]

Die ungesetzliche Erweiterung der Öffentlichkeit, also das öffentliche Verhandeln trotz Vorliegens eines Ausschlussgrundes, stellt dagegen nur einen relativen Revisionsgrund dar, der nach den Regeln, die für die Aufklärungsrüge gelten (→ Rn. 268 ff.), beanstandet werden muss.[252] Auf der Gesetzesverletzung wird das Urteil aber regelmäßig nicht beruhen, weil zumeist nicht festgestellt werden kann, welche zusätzlichen Erkenntnisse bei nichtöffentlicher Verhandlung gewonnen worden wären.[253]

In allen Fällen ist die Gesetzesverletzung mit einer Verfahrensrüge zu beanstanden, in der insbesondere die Entscheidung des Gerichts über den (Nicht-)Ausschluss sowie der (nicht-)öffentlich durchgeführte Teil der Hauptverhandlung mitzuteilen sind.

6. Fehlende oder verspätete Urteilsgründe (§ 338 Nr. 7 StPO)

158 Der absolute Revisionsgrund des § 338 Nr. 7 StPO ist gegeben, wenn das Urteil keine Entscheidungsgründe enthält oder wenn es unter Missachtung von § 275 I 2 StPO verspätet oder gar nicht zu den Akten gebracht worden und die Verspätung nicht gem. § 275 I 4 StPO entschuldigt ist.[254] Zu den Akten gebracht ist das Urteil, wenn es von den (Berufs-)Richtern gem. § 275 II StPO unterschrieben wurde (beachte hierzu die Möglichkeit der Anbringung eines Verhinderungsvermerks[255]) und auf dem Weg zur Geschäftsstelle ist. Dieser Zeitpunkt lässt sich durch eine dienstliche Stellungnahme des Richters bestimmen, der als Letzter unterschrieben hat, zumeist wird die Fristwahrung aber durch einen entsprechenden Eingangsvermerk der Geschäftsstelle auf der ersten Seite des Urteils nachgewiesen. Für die elektronische Akte gilt § 32b I und II StPO.

158a Dieser Revisionsgrund soll nach der Rspr. auch gegeben sein, wenn ein Richter einer Strafkammer durch eine Zeugeneinvernahme in einem Parallelverfahren nach Urteilsfällung, aber vor Niederlegung der Urteilsgründe ausgeschlossen (§ 22 Nr. 5 StPO) und daher an der

---

[249] Vgl. BGH NJW 2007, 709; Schmitt/Köhler/Schmitt GVG § 171b Rn. 15 f.; vgl. aber – für den Fall, dass keine Gerichtsentscheidung, sondern nur eine Entscheidung des Vorsitzenden vorliegt –: BGH NAZ 2015, 181 bzw. BGH NStZ 2024, 762.

[250] Schmitt/Köhler/Schmitt StPO § 338 Rn. 49 ff.

[251] Vgl. zB: BGH NStZ 2023, 703 (Weiterverhandeln mit Einverständnis der Verfahrensbeteiligten bei einem Hausalarm, bei dem nach Auskunft des Wachtmeisters kein Sicherheitsrisiko bestand, zugleich aber die Eingangstüren verschlossen wurden, ohne dass eine diesbezügliche Kenntnis des Vorsitzenden nachweisbar war) oder BGH NStZ-RR 2025, 290 (Defekt der elektronischen Anzeigetafel vor dem Gerichtssaal und sofortigem ergänzenden Aushang mit Kenntnis des Gerichts).

[252] Schmitt/Köhler/Schmitt StPO § 338 Rn. 47.

[253] BGH NStZ 1998, 586; Schmitt/Köhler/Schmitt GVG § 171a Rn. 4.

[254] Eine auch erhebliche Belastung der Richter durch anderweitige Hauptverhandlungen gilt nicht als nicht voraussehbarer unabwendbarer Umstand iSd § 275 I 4 StPO: BGH NStZ 2008, 55; zur Erkrankung einer Richterin vgl. BGH NZKart 2019, 488.

[255] Zu den Unterschriften und zum Verhinderungsvermerk: BGH NJW 2001, 838 (dort auch zur Abgrenzung zur Sachrüge); Schmitt/Köhler/Schmitt StPO § 275 Rn. 19 ff., § 338 Rn. 54 f.

Unterzeichnung der Urteilsgründe gehindert ist und ein Verhinderungsvermerk nach § 275 II 2 StPO fehlt.[256]

Hinweis: Die Verletzung des § 275 I 2 StPO führt zum absoluten Revisionsgrund des § 338 Nr. 7 StPO. Dieser ist mit der Verfahrensrüge geltend zu machen, in der mitgeteilt werden muss, wann das Urteil verkündet und wann es zu den Akten gebracht wurde; ferner ist die Zahl der Verhandlungstage anzugeben. Zu bedenken ist dieser Revisionsgrund, wenn der Eingangsvermerk auf dem Urteil später als fünf Wochen nach der Verkündung angebracht wurde oder das Urteil nicht mit allen Unterschriften der Richter versehen ist. 159
Die Verletzung der Pflicht, das Urteil *unverzüglich* zu den Akten zu bringen (§ 275 I 1 StPO), führt nicht zu § 338 Nr. 7 StPO; sie rechtfertigt die Revision auch nicht als relativer Revisionsgrund, da das Urteil darauf nicht beruhen kann.[257]

7. Unzulässige Beschränkung der Verteidigung (§ 338 Nr. 8 StPO)

Der absolute Revisionsgrund des § 338 Nr. 8 StPO liegt nach der Rechtsprechung nur vor, 160
wenn durch einen in der Hauptverhandlung ergangenen **Beschluss** des Gerichts aufgrund besonderer Verfahrensvorschriften geschützte Verteidigungsmöglichkeiten des Angeklagten unzulässig beschränkt wurden. Diese Beschränkung muss zudem einen wesentlichen Punkt betreffen; als „wesentlich" werden aber nur solche Beeinträchtigungen verstanden, die ihrem Gewicht nach den anderen absoluten Revisionsgründen gleichstehen und bei denen die **konkrete Möglichkeit eines kausalen Zusammenhangs zwischen dem Verfahrensverstoß und dem Urteil** bzw. einem für die Entscheidung wesentlichen Punkt besteht.[258] Faktisch führt die Prüfung einer wesentlichen Beeinträchtigung zu einer Beruhensprüfung (wie bei einem relativen Revisionsgrund), sodass § 338 Nr. 8 StPO jedenfalls nicht als unbedingter Revisionsgrund angesehen werden kann.[259] Eine solch wesentliche Beeinträchtigung kommt vor allem dann in Betracht, wenn das verletzte Gesetz die Fürsorgepflicht des Gerichts gegenüber dem Angeklagten regelt oder das Gebot des fairen Verfahrens sichern soll. Beispiele hierfür sind die erhebliche Einschränkung der Verteidigungsmöglichkeiten ohne (ausreichenden) sachlichen Grund,[260] etwa durch die Verweigerung von Akteneinsicht für den Verteidiger oder die Ablehnung von Beweisanträgen des Angeklagten ohne jede inhaltliche Prüfung.[261]

Fall: Der Angeklagte wurde wegen schweren Raubes zu einer mehrjährigen Freiheitsstrafe verurteilt. In seiner Revisionsbegründungsschrift trägt der Pflichtverteidiger des Angeklagten – ordnungsgemäß (§§ 344, 345 StPO) – vor, das Gericht hätte seinen in der Hauptverhandlung gestellten Unterbrechungsantrag zur Vorbereitung einer sachgerechten Verteidigung nicht ablehnen dürfen, nachdem er erst in der Hauptverhandlung – noch vor Eintritt in die Beweisaufnahme – im Zuge eines Verteidigerwechsels als neuer Pflichtverteidiger bestellt worden sei. Der Angeklagte hatte auch keinen Wahlverteidiger. 161
Hat das Rechtsmittel Aussicht auf Erfolg?

Lösung: Die Revision wird Erfolg haben. Es liegt ein Verstoß gegen § 145 III StPO vor, der zum absoluten Revisionsgrund des § 338 Nr. 8 StPO führt.[262] Liegen die Voraussetzungen von § 145 III StPO vor, hat das Gericht bei der Entscheidung über die Unterbrechung bzw. die Aussetzung des Verfahrens sowohl nach dem Wortlaut der Vorschrift als auch nach deren Sinn und Zweck eine sachgerechte Verteidigung zu ermöglichen, kein Ermessen. Ein Ermessen hat der

---

[256] BGH NStZ 2021, 751; kritisch: Mosbacher JuS 2021, 749 (750). Man mag schon in Zweifel ziehen, ob der Schutzzweck des § 22 Nr. 5 StPO die Zeugeneinvernahme über dienstliche Wahrnehmungen erfasst. Bei einer Einvernahme nach Urteilsfällung erscheint eine Kausalität für das Urteil denkgesetzlich ausgeschlossen; in diesen Fällen sind selbst absolute Revisionsgründe zu verneinen.
[257] Schmitt/Köhler/Schmitt StPO § 275 Rn. 27.
[258] Schmitt/Köhler/Schmitt StPO § 338 Rn. 59 f. mwN.
[259] Schmitt/Köhler/Schmitt StPO § 338 Rn. 58.
[260] BGH wistra 2004, 188 (zur Ablehnung eines Unterbrechungsantrags des neu gewählten Verteidigers).
[261] Vgl. BGH StV 2005, 423 (424 ff.); weitere Beispiele bei Schmitt/Köhler/Schmitt StPO § 338 Rn. 59.
[262] Vgl. Schmitt/Köhler/Schmitt StPO § 338 Rn. 59 f.

Tatrichter nur insoweit, als es um die Frage geht, ob die Aussetzung der Verhandlung anzuordnen ist oder eine Unterbrechung genügt.[263]
Die Ablehnung des Unterbrechungsantrags führt daher zum absoluten Revisionsgrund des § 338 Nr. 8 StPO. Denn der Angeklagte wurde durch einen in der Hauptverhandlung gefassten Beschluss des Gerichts (die Ablehnung der Unterbrechung) in seinen Verteidigungsrechten wesentlich beeinträchtigt; auch die für § 338 Nr. 8 StPO erforderliche „konkret-kausale" Beziehung zwischen Gesetzesverletzung und Urteil ist ohne Weiteres zu bejahen.[264]

IV. Fehler außerhalb der Hauptverhandlung, vor allem im Ermittlungs- und im Zwischenverfahren

1. Gesetzesverletzungen durch das Gericht

162 Für fehlerhafte gerichtliche Entscheidungen, die dem Urteil vorausgegangen sind, trifft § 336 StPO eine besondere Regelung. Sie können die Revision nur begründen, wenn das Urteil auf ihnen beruht, sie sich also im Urteil „fortgesetzt" haben (§ 336 S. 1 StPO). Auch in einem solchen Fall kann die Revision nach § 336 S. 2 StPO aber auf eine Gesetzesverletzung nicht gestützt werden, wenn die fehlerhafte Entscheidung kraft Gesetzes **ausdrücklich unanfechtbar** ist oder nur mit der **sofortigen Beschwerde** angreifbar war.[265] Ein Beispiel für die erste Alternative ist die Entscheidung über den Ausschluss der Öffentlichkeit nach § 171b GVG (vgl. dessen Abs. 5), für die zweite Alternative die Anordnung der Unterbringung nach § 81 StPO (vgl. dessen Abs. 4).[266] Das bedeutsamste Beispiel ist indes der Eröffnungsbeschluss; dieser ist nach § 210 I, II StPO für den Angeklagten gar nicht und für die Staatsanwaltschaft nur mit der sofortigen Beschwerde anfechtbar und daher nach § 336 S. 2 StPO einer Überprüfung in der Revision grundsätzlich entzogen (aber → Rn. 76).

163 Um § 336 StPO richtig verstehen zu können, muss man vor allem das Verhältnis zu § 305 S. 1 StPO sehen. Zweck dieser beiden Regelungen ist es, Verfahrensverzögerungen und doppelte Prüfungen in und mit der Beschwerde bzw. der Revision zu vermeiden. Diejenigen gerichtlichen Entscheidungen, auf denen das Urteil beruht, die also in sachlichem Zusammenhang mit ihm stehen, sollen (ausschließlich) in der Revision (mit)überprüft werden, die anderen Entscheidungen dagegen (ausschließlich) in der Beschwerde. Der Ausschluss der (einfachen) Beschwerde in § 305 S. 1 StPO bedeutet daher auch keine Unanfechtbarkeit iSd § 336 S. 2 StPO.[267]

164 Von Bedeutung für das Verständnis von § 336 StPO ist ferner, dass die Rechtsprechung den Eröffnungsbeschluss als die „alleinige Grundlage" des Hauptverfahrens ansieht und daraus folgert, dass davor liegende gerichtliche Entscheidungen in der Revision grundsätzlich nicht überprüft werden. Hiervon macht man indes wiederum Ausnahmen, wenn die Wirkungen solcher Entscheidungen (möglicherweise) noch bis zum Urteil andauern.[268]

165 **Fall:** Der wegen Vergewaltigung zu einer mehrjährigen Freiheitsstrafe verurteilte Angeklagte macht (erst) in der Revision Fehler in Zusammenhang mit der Bestellung seines Pflichtverteidigers geltend. Hierzu trägt der Verteidiger – ordnungsgemäß (§§ 344, 345 StPO) – Folgendes vor:

---

[263] BGH NStZ 2000, 212 (213); Schmitt/Köhler/Schmitt StPO § 145 Rn. 11 f., der allerdings den Fall den relativen Revisionsgründen zuordnet, vgl. dort Rn. 26; zur Abgrenzung von Aussetzung und Unterbrechung: §§ 228 f. StPO.

[264] Vgl. BGH NStZ 2000, 212; s. ferner Schmitt/Köhler/Schmitt StPO § 147 Rn. 42.

[265] Das Strafprozessrecht unterscheidet – anders als das Zivilprozessrecht – zwischen der einfachen (und damit unbefristeten) Beschwerde und der sofortigen Beschwerde (§ 304 und § 311 StPO, anders § 567 ZPO). Die sofortige Beschwerde findet nur Anwendung, wenn das Gesetz sie ausdrücklich anordnet.

[266] Besonderheiten gelten für die Befangenheit: Wird einem Befangenheitsantrag stattgegeben, ist dies unanfechtbar, § 28 I StPO. Die Ablehnung ist vor Eröffnung des Hauptverfahrens mit der sofortigen Beschwerde anfechtbar und damit der Revision entzogen (§ 28 II 1 StPO). Nach diesem Zeitpunkt findet zwar keine sofortige Beschwerde mehr statt (§ 28 II 2 StPO); gleichwohl stellt die fehlerhafte Ablehnung der Befangenheit einen (absoluten) Revisionsgrund dar, § 338 Nr. 3 StPO (vgl. → Rn. 131 ff.).

[267] Schmitt/Köhler/Schmitt StPO § 305 Rn. 1 und § 336 Rn. 6.

[268] Schmitt/Köhler/Schmitt StPO § 336 Rn. 3.

Das Landgericht habe die Verurteilung entscheidend auf die Bekundungen der Geschädigten vor dem Ermittlungsrichter gestützt. Dieser sei – gegen den Widerspruch der Verteidigung – als Zeuge gehört worden, nachdem die Geschädigte in der Hauptverhandlung von ihrem Zeugnisverweigerungsrecht Gebrauch gemacht habe. Vor der zum Zwecke der Beweissicherung durchgeführten ermittlungsrichterlichen Vernehmung hätte jedoch bereits ein Pflichtverteidiger bestellt werden müssen, da der Angeklagte an dieser Vernehmung nicht habe teilnehmen dürfen (vgl. § 168c III StPO).

Lösung: Die Revision des Angeklagten könnte Erfolg haben.[269]
Ausgangspunkt der Rüge (Unterlassen der Pflichtverteidigerbestellung vor der ermittlungsrichterlichen Zeugenvernehmung) ist § 140 I Nr. 10 StPO. Diese Bestimmung ist in Fällen der vorliegenden Art im Lichte des Art. 6 IIId EMRK auszulegen, der dem Angeklagten das Recht einräumt, Fragen an Belastungszeugen zu stellen oder stellen zu lassen. Dies erfordert, dass dem Beschuldigten vor der aus Gründen der Beweissicherung erfolgten ermittlungsrichterlichen Vernehmung des zentralen Belastungszeugen **jedenfalls** dann ein Verteidiger bestellt werden muss, wenn der Beschuldigte selbst an der Vernehmung nicht teilnehmen darf und der Beschuldigte noch nicht anderweitig verteidigt ist. Ansonsten wäre sein Recht auf „konfrontative Befragung" der Geschädigten verletzt. Das Recht auf eine konfrontative Befragung – jedenfalls wesentlicher Belastungszeugen – kann nicht von der Schwere des Tatvorwurfs abhängen. § 140 StPO, der diese Fallgruppe als eigenständigen Tatbestand für eine Pflichtverteidigerbestellung ausgestaltet, erkennt dies an. Die unterlassene Pflichtverteidigerbestellung (und das dadurch beeinträchtigte Fragerecht; zum Anwesenheitsrecht des Verteidigers, vgl. § 168c II StPO) führt nach der Rechtsprechung zwar nicht zu einem Verwertungsverbot. Das Versäumnis mindert aber den Beweiswert des Vernehmungsergebnisses.
Daher kann bei einer – der Justiz zuzurechnenden – unterbliebenen „konfrontativen Befragung" des Geschädigten eine Verurteilung auf dessen Angaben nur gestützt werden, wenn diese durch andere gewichtige Gesichtspunkte außerhalb der Aussage bestätigt werden.[270]
Ob diese Voraussetzung im vorliegenden Fall erfüllt war, lässt sich aufgrund des mitgeteilten Sachverhalts nicht beurteilen.

Im Übrigen wird das Urteil auf Fehlern des Gerichts, die sich außerhalb der Hauptverhandlung ereignet haben, nur selten beruhen, weil Grundlage des Urteils nur die Geschehnisse in der Hauptverhandlung sein dürfen (§ 261 StPO). Hingewiesen sei aber auf folgende Problemfälle: 166

- Der fehlende oder unwirksame Eröffnungsbeschluss ist als Verfahrenshindernis von Amts wegen zu beachten (im Einzelnen → Rn. 76). 166a
- Die fehlerhafte Ablehnung eines Beweisantrages oder einer Einwendung iSd § 201 I StPO kann die Revision nicht begründen, weil diese Entscheidungen unanfechtbar sind (§§ 201 II 2, 336 S. 2 StPO); auf Fehlern bei der Verbescheidung eines Beweisantrages nach § 219 I StPO beruht das Urteil nicht (§ 336 S. 1 StPO). In beiden Fällen kann eine Gesetzesverletzung regelmäßig nur mit einer Aufklärungsrüge geltend gemacht werden (dazu → Rn. 268 ff.).[271] 167
- Die Bestimmung des Termins zur Hauptverhandlung (§ 213 StPO) unterliegt als solche nicht der Überprüfung in der Revision. In Einzelfällen kann jedoch mit einer Verfahrensrüge die Ablehnung einer Terminsverlegung – etwa wegen Verhinderung eines von mehreren Verteidigern – geltend gemacht werden.[272] Über Anträge auf Verlegung eines Termins hat der Vorsitzende unter Berücksichtigung der eigenen Terminsplanung, der Gesamt- 168

[269] Vgl. auch → Rn. 466 f.
[270] Vgl. zur „Beweiswürdigungslösung" BGHSt 46, 93 (105, 106) = NJW 2000, 3505; BGH NJW 2007, 237 (239); vgl. auch BVerfG NJW 2010, 925, wonach die vom BGH entwickelten Leitlinien zur Handhabung des Beschuldigtenrechts auf konfrontative Befragung von Belastungszeugen und zur Verwertbarkeit nicht konfrontierter Aussagen bei der Urteilsfindung verfassungsrechtlich nicht zu beanstanden seien; vgl. aber auch zur Rechtsprechung des EGMR Schmitt/Köhler/Schmitt StPO § 168c Rn. 4, 10, MRK Art. 6 Rn. 22e ff.
[271] Schmitt/Köhler/Schmitt StPO § 219 Rn. 7, § 201 Rn. 9 f.
[272] Schmitt/Köhler/Schmitt StPO § 213 Rn. 13; zu den Anforderungen an die Verfahrensrüge in einem solchen Fall: BGH StV 2004, 304 (§ 338 Nr. 8 StPO).

belastung des Spruchkörpers, des Gebots der Verfahrensbeschleunigung und – bei Fortsetzungsterminen – der Frist des § 229 I StPO sowie der berechtigten Interessen der Prozessbeteiligten zu entscheiden.[273]

169 • Im Fall des Ausbleibens des Angeklagten nach einer nicht ordnungsgemäßen Ladung darf regelmäßig nicht ohne diesen verhandelt werden (§ 230 I StPO).[274] Wird hiergegen verstoßen, liegt der absolute Revisionsgrund des § 338 Nr. 5 StPO vor (→ Rn. 142 ff.). Ist der Angeklagte dagegen trotz einer nicht ordnungsgemäßen Ladung erschienen, so kann die Revision (weil es ansonsten am Beruhen fehlt) auf den Ladungsmangel – etwa die Nichtwahrung der Ladungsfrist des § 217 I StPO – nur dann gestützt werden, wenn der Angeklagte den Fehler in der Hauptverhandlung geltend gemacht und einen Aussetzungsantrag gestellt hatte, der zu Unrecht abgelehnt wurde. Das gilt selbst dann, wenn die Belehrung über das Recht, eine Aussetzung zu verlangen, § 228 III StPO, unterblieben ist.[275] Ebenso ist es revisibel, wenn der Verteidiger nicht geladen wurde und auch sonst keine zuverlässige Kenntnis erlangt hat (§ 218 StPO).

2. Gesetzesverletzungen durch Ermittlungsbehörden

170 Für Fehler der Ermittlungsbehörden, insbesondere des Staatsanwalts oder der Polizei, gilt § 336 StPO nicht;[276] sie können jedoch über § 337 I StPO zum Erfolg einer Revision führen. Da danach aber das Urteil auf der Gesetzesverletzung beruhen muss, das Urteil jedoch von den erkennenden Richtern aufgrund der Hauptverhandlung gesprochen wird, kann allein die Gesetzeswidrigkeit des Handelns eines Ermittlungsorgans die Revision nicht begründen.

171 **Hinweis:** Eine Gesetzesverletzung durch Ermittlungsbehörden kann in der Revision grundsätzlich nur dann beanstandet werden, wenn sie zu einem Verfahrenshindernis geführt hat oder vom Gericht „übernommen" wurde; dies ist regelmäßig dann der Fall, wenn sie zu einem Verwertungsverbot geführt hat, das vom erkennenden Gericht missachtet wurde. Der Gesetzesverstoß, der zum Erfolg der Revision führt, ist in einem solchen Fall also nicht die Rechtsverletzung durch die Ermittlungsbehörde selbst, weil allein darauf das Urteil nicht beruhen kann, sondern dass das Gericht im Urteil einen infolge der Gesetzesverletzung durch ein Ermittlungsorgan nicht verwertbaren Umstand zum Nachteil des Rechtsmittelführers berücksichtigt hat. Es empfiehlt sich daher, in Verfahrensrügen als verletzte Norm die verletzte Norm des Ermittlungsverfahrens (zB § 136 I 2 StPO) und zusätzlich § 261 StPO anzuführen.

a) Verwertungsverbote in Zusammenhang mit Fehlern bei der Beschuldigtenvernehmung

172 Vor der Vernehmung ist der Beschuldigte über sein Schweigerecht zu belehren (§ 136 I 2 iVm § 163a III 2, IV 2 StPO). Ein Verstoß führt zu einem Verwertungsverbot. Zwar ordnet die StPO nicht explizit ein Verwertungsverbot an und kennt auch kein generelles Verwertungsverbot bei rechtswidrig erlangten Erkenntnissen. Ob ein Verwertungsverbot besteht, ergibt sich aus einer Abwägung der betroffenen Belange. Einerseits ist das Interesse an einer effektiven Strafrechtspflege und das hieraus resultierende Aufklärungsinteresse zu berücksichtigen, insbesondere ob es sich um ein schweres Delikt handelt; auf der anderen Seite ist das Gewicht des Verstoßes (Grundrechtsrelevanz? Absichtlicher/fahrlässiger Verstoß?) zu bewerten. Bei der Belehrung über das Schweigerecht handelt es sich um ein Fundamentalrecht des Beschuldigten. Daher ist im Falle eines Verstoßes gegen § 136 I 2 StPO ein Verwertungsverbot zu bejahen. Dies gilt ausnahmsweise dann nicht, wenn der Beschuldigte sein Schweigerecht kannte; dies darf auch bei einem Vorbestraften nicht ohne Weiteres angenommen werden.[277]

---

[273] BGH NJW 2018, 1698; Schmitt/Köhler/Schmitt StPO § 213 Rn. 6 f.; vgl. auch Schmitt/Köhler/Schmitt StPO § 229 Rn. 16, wonach bei einem Verstoß gegen § 229 StPO das Urteil idR auf diesem Verfahrensmangel beruht. Zu großzügigeren Unterbrechungsfristen während der Corona-Pandemie: § 10 EGStPO (in der jeweils geltenden Fassung).

[274] Zu Sanktionen bei Ausbleiben: § 230 II StPO. Zu Ausnahmen von der Anwesenheitspflicht: → Rn. 143.

[275] Schmitt/Köhler/Schmitt StPO § 216 Rn. 9, § 217 Rn. 12.

[276] Schmitt/Köhler/Schmitt StPO § 336 Rn. 2; vgl. auch → Rn. 163 f.

[277] Vgl. BGHSt 38, 214 (225) = NJW 1992, 1463.

Das Gesetz verlangt eine Belehrung vor jeder, nicht nur vor der ersten Vernehmung. Ein Beweisverwertungsverbot scheidet aber aus, wenn feststeht, dass der Beschuldigte seine Rechte aus der ersten Vernehmung kannte und überdies wusste, dass ihm das Aussageverweigerungsrecht (trotz Aussage in der ersten Vernehmung) auch in der Folgevernehmung zusteht. 172a

Die Rechtsprechung wendet bei verteidigten (bzw. entsprechend belehrten) Angeklagten die **Widerspruchslösung** an (dazu → Rn. 100), dh, der Angeklagte muss der Verwertung bis zum Zeitpunkt des § 257 StPO widersprechen, will er ein Verwertungsverbot geltend machen. Der Widerspruch kann zurückgenommen werden.[278] 172b

Fall: Dem Beschuldigten wird Sachbeschädigung zur Last gelegt. Bei seiner Vernehmung wurde er von den Polizeibeamten ordnungsgemäß belehrt und gestand die Taten. Im weiteren Verlauf des Verfahrens ergaben sich Anhaltspunkte dafür, dass er geisteskrank ist und deshalb die Belehrung nicht verstanden hatte. Es wurde ein entsprechendes Gutachten erholt, das dies bestätigte. Bereits vor der Hauptverhandlung hatte der Beschuldigte sein Geständnis widerrufen; auch in der Hauptverhandlung bestritt er die Tatbegehung. Das Gericht verurteilte den Angeklagten dennoch, wobei es sich – trotz des rechtzeitigen Widerspruchs des Verteidigers in der Hauptverhandlung – im Wesentlichen auf die Aussage des Polizeibeamten über die Angaben des Beschuldigten bei dessen erster Vernehmung gestützt hat. Wie kann der Verteidiger dies mit der Revision beanstanden? 173

Lösung: Der Verteidiger wird eine Verfahrensrüge mit folgendem Inhalt erheben:[279]

„Gerügt wird ein Verstoß gegen §§ 136 I 2, 163a IV, 261 StPO. Das Gericht hat ein Geständnis des Angeklagten verwertet hat, obwohl dieses tatsächlich unverwertbar war.

a) Der Angeklagte war vor seiner ersten polizeilichen Vernehmung am … zwar über sein Schweigerecht belehrt worden, er hat diese Belehrung jedoch infolge einer Geisteskrankheit nicht verstanden. Gleichwohl hat das Gericht über die damalige Aussage des Beschuldigten, der in dieser Vernehmung ein Geständnis abgelegt hatte, durch Vernehmung des Polizeibeamten … Beweis erhoben. Allein über diese Vernehmung wurden die damaligen Angaben des Beschuldigten in die Hauptverhandlung eingeführt. Der Berücksichtigung dieser Aussage zum Nachteil des Angeklagten hatte der Verteidiger des Angeklagten unmittelbar nach der Vernehmung des Polizeibeamten in der Hauptverhandlung widersprochen.
   Die Tatsachen und der Verfahrensgang hierzu ergeben sich im Einzelnen aus: … [Es folgt der Hinweis auf die Abschnitte des Urteils, die den obigen Hergang belegen. Dabei genügt ein Hinweis, die betreffenden Ausführungen des Urteils müssen – jedenfalls bei zusätzlich erhobener Sachrüge – nicht im Wortlaut wiedergegeben werden. Sollte das Urteil auf diesen Hergang nicht (vollständig) eingehen, sind die jeweiligen Teile aus den Akten (erste Beschuldigtenvernehmung im Wortlaut, Beleg für die Geisteskrankheit, Hauptverhandlungsprotokoll bezüglich der Aussage des Polizeibeamten und des Widerspruchs des Verteidigers) vollständig mitzuteilen.]
   Das Gericht hat sich im Rahmen seiner Beweiswürdigung maßgeblich auf die Aussage des Polizeibeamten berufen. [Es folgt der Hinweis auf den Urteilsabschnitt, in dem das Gericht seine Überzeugung von der Täterschaft des Angeklagten mit dem Inhalt seiner polizeilichen Aussage begründet.]
b) Hierdurch hat das Gericht gegen §§ 136 I 2, 163a IV, 261 StPO verstoßen. Die Angaben des Beschuldigten unterlagen einem Verwertungsverbot, das zur Folge hat, dass auch die Aussage des Polizeibeamten … nicht zum Nachteil des Angeklagten berücksichtigt werden durfte. Zwar war die Vernehmung des Beschuldigten nicht fehlerhaft. Zum einen darf auch einem Geisteskranken nicht die Möglichkeit abgeschnitten werden, zu seinen Gunsten sprechende Umstände vorzutragen. Zum anderen stellt sich – wie auch hier – regelmäßig erst im weiteren Verlauf des Verfahrens heraus, ob tatsächlich eine Geisteskrankheit besteht. Entscheidend für die Frage der Verwertbarkeit der früheren Aussage muss aber sein, ob der Beschuldigte infolge seiner

---

[278] BGHSt 38, 214 (225) = NJW 1992, 1463; zur „Widerspruchslösung" – vom BVerfG gebilligt (NJW 2012, 907 (911)) – vgl. auch Schmitt/Köhler/Schmitt StPO § 136 Rn. 25 f.

[279] BGHSt 39, 349 = NJW 1994, 333 = JZ 1994, 686 mAnm Fezer; Schmitt/Köhler/Schmitt StPO § 136 Rn. 20a.

Krankheit gehindert war, die Belehrung und die ihm damit zustehende Wahlmöglichkeit zwischen Aussage und Schweigen zu verstehen. Dies beurteilt sich entsprechend den zur Verhandlungsfähigkeit entwickelten Grundsätzen. Maßgeblich ist also, ob schwere körperliche oder seelische Mängel bzw. Krankheiten vorlagen, die ausgeschlossen haben, dass der Beschuldigte die Belehrung inhaltlich verstehen konnte. Dies war hier der Fall. Hat der Beschuldigte aber die Belehrung nicht verstanden, so steht er einem nicht belehrten Beschuldigten gleich.

Aus diesem Verstoß folgt zugleich ein Verwertungsverbot. Zwar ordnet § 136 I 2 StPO – anders als § 136a III StPO – ein solches nicht an. Auch kennt die StPO kein grundsätzliches Verwertungsverbot für rechtswidrig erlangte Erkenntnisse. Ob ein Verwertungsverbot besteht, ist vielmehr eine Frage der Abwägung der betroffenen Belange. Angesichts der Tatsache, dass es sich beim Schweigerecht des Beschuldigten um ein fundamentales Schutzrecht des Beschuldigten handelt, muss im Rahmen der Abwägung der Interessen des Staates an einer effektiven Strafrechtspflege mit dem Gewicht des Verstoßes Ersteres zurücktreten. Die Vernehmung ist daher unverwertbar.

c) Auf diesem Gesetzesverstoß beruht das Urteil (§ 337 I StPO). Es ist nicht auszuschließen, dass das Gericht, das seine Überzeugung von der Tatbegehung durch den Angeklagten im Wesentlichen auf die Aussage des Polizeibeamten ... gestützt hat, ohne dessen verwertete Aussage im Rahmen der Beweiswürdigung zu einem anderen Ergebnis hinsichtlich des Tatnachweises gekommen wäre. [Hier gegebenenfalls noch ein Satz zu den weiteren zur Verfügung stehenden Beweismitteln.]

174 Einem Verwertungsverbot unterliegen nicht solche Äußerungen, die der „spätere" Beschuldigte in einer Zeugenvernehmung – eine gegebenenfalls nach § 55 II StPO erforderliche Belehrung unterstellt – oder bei einer lediglich informatorischen Befragung in einem zunächst nicht gegen ihn geführten Ermittlungsverfahren getätigt hat. Abgrenzungsprobleme können jedoch auftreten, wenn eine der Tat bereits verdächtige Person befragt wurde. In diesem Fall stellt sich die Frage, ob diese bereits den Status eines Beschuldigten erlangt hatte und daher nach § 136 I 2 StPO zu belehren gewesen wäre; eine Belehrung nach § 55 StPO ersetzt die Beschuldigtenbelehrung nicht. Hierzu führt der BGH aus:

> „Der § 136 StPO zu Grunde liegende Beschuldigtenbegriff vereinigt subjektive und objektive Elemente. Die Beschuldigteneigenschaft setzt – subjektiv – den Verfolgungswillen der Strafverfolgungsbehörden voraus, der sich – objektiv – in einem Willensakt manifestiert."[280]

Ohne Weiteres ergibt sich danach die Beschuldigteneigenschaft und die Belehrungspflicht des § 136 I 2 StPO, wenn ein Ermittlungsverfahren förmlich eingeleitet worden ist oder strafprozessuale Maßnahmen ergriffen werden, die nur gegenüber einem Beschuldigten zulässig sind.[281] Liegen diese Voraussetzungen nicht vor und wird eine Person informatorisch befragt oder formal als Zeuge vernommen, obwohl die Strafverfolgungsbehörden zu diesem Zeitpunkt bereits einen Tatverdacht haben, muss geprüft werden, ob unter dem Gesichtspunkt der Umgehung der Beschuldigtenrechte ein Verstoß gegen die Belehrungspflicht nach § 136 I 2 StPO vorliegt. Den Strafverfolgungsbehörden wird hierbei ein Beurteilungsspielraum eingeräumt. Dabei genügt nicht jeder Anfangsverdacht iSv § 152 II StPO, um Belehrungspflichten auszulösen; denn Beschuldigter ist grundsätzlich nur der Tatverdächtige, gegen den das Ermittlungsverfahren auch geführt wird.[282] Erfolgt jedoch keine Beschuldigtenbelehrung,[283]

---

[280] BGH NStZ 2007, 653; NJW 2019, 2627 (2630).

[281] BGH NStZ 2015, 291.

[282] BGH NJW 2019, 2627 (2630).

[283] Sofern tatsächliche Anhaltspunkte bestehen, dass der Hinweis versäumt worden ist, muss dies im Freibeweisverfahren geklärt werden; lässt sich nicht klären, ob der Hinweis gegeben worden ist oder nicht, darf nach BGHSt 38, 214 (224) = NJW 1992, 1463 der Inhalt der Vernehmung verwertet werden; einschränkend aber BGH NStZ-RR 2007, 80 (nur) für den Fall, dass es **keine Anhaltspunkte für eine Belehrung** gibt (im konkreten Fall hatten die Polizeibeamten keine konkrete Erinnerung an eine Belehrung; eine solche war auch nicht aktenkundig gemacht worden), bekräftigt in BGH StraFo 2012, 63; gegen eine Verwertbarkeit bei Unklarheit: Schmitt/Köhler/Schmitt StPO § 136 Rn. 20a. Nunmehr ist in § 168b III StPO für alle Ermittlungsbehörden eine Protokollierung der Belehrung gesetzlich vorgeschrieben. Dem Fehlen der Protokollierung einer Belehrung dürfte daher – unbeschadet des Ergebnisses des sonstigen Freibeweisverfahrens – Beweiswert zukommen (für das richterliche Protokoll: → Rn. 223).

obwohl der Tatverdacht so stark ist, dass die Grenzen dieses Beurteilungsspielraums willkürlich überschritten werden, liegt ein Verstoß gegen die Belehrungspflicht nach § 136 I 2 StPO vor.[284]

Wurde der Beschuldigte zunächst unter Verstoß gegen die Belehrungspflicht (→ Rn. 172 f.) vernommen, ist er bei einer nachfolgenden Vernehmung nicht nur nach § 136 I 2 StPO zu belehren; vielmehr ist er nach der Rechtsprechung des BGH[285] auch darauf hinzuweisen, dass die zuvor gemachten Angaben wegen der bis dahin unterbliebenen Belehrung unverwertbar sind. Unterbleibt – bei ansonsten ordnungsgemäßer Belehrung nach § 136 I 2 StPO – eine solche „qualifizierte Belehrung" vor einer weiteren Aussage, ist – bei rechtzeitigem Widerspruch – deren Verwertbarkeit durch Abwägung im Einzelfall zu ermitteln. Hierbei sind einerseits die Interessen an der Sachaufklärung, andererseits das Gewicht des Verfahrensverstoßes zu berücksichtigen. Diesem kommt aber nicht dasselbe Gewicht zu, wie wenn die Belehrung nach § 136 I 2 StPO vollständig fehlt. Danach kommt eine Verwertung etwa dann in Betracht, wenn eine bewusste Umgehung der Belehrungspflichten nicht ersichtlich ist und nichts dafür spricht, dass der Beschuldigte zum Zeitpunkt der Belehrung über seine Rechte als Beschuldigter annahm, von seinen anfänglich gemachten Angaben nicht mehr abrücken zu können.[286] Insofern ist maßgebliches Indiz, ob sich die weitere Vernehmung als bloße Wiederholung oder Fortsetzung der ersten Vernehmung darstellt. 175

Ebenso zieht eine unterbliebene Belehrung über die Befugnis, einen Verteidiger beauftragen[287] und befragen zu können (§§ 136 I 2, 163a III 2, IV 2 StPO) – bei Widerspruch – ein Beweisverwertungsverbot nach sich.[288] Gleiches gilt trotz Belehrung, wenn dem Beschuldigten die von ihm gewünschte Befragung seines gewählten Verteidigers verwehrt worden ist (Verstoß gegen § 137 I 1 StPO). Mittlerweile kodifiziert ist die Verpflichtung zur Hilfestellung bei der Kontaktaufnahme mit einem Verteidiger, insbesondere zu einem Hinweis auf bestehende Notdienste (§ 136 I 3, 4 StPO). Auch ist der Beschuldigte über sein Recht auf Beantragung eines Pflichtverteidigers im Falle notwendiger Verteidigung nach Maßgabe von § 140 StPO zu belehren.[289] Dieser Verstoß zieht aber nur nach den Grundsätzen der Abwägungslehre ein Beweisverwertungsverbot nach sich, insbesondere in schwerwiegenden, bewussten oder objektiv willkürlichen Fällen.[290] Dagegen führt ein Verstoß gegen § 136 I 5 Alt. 1 (Beweisantragsrecht), 6, II, III StPO grundsätzlich nicht zu einem Beweisverwertungsverbot, eine rechtsfehlerhafte Belehrung über den Tatvorwurf nach § 136 I 1 StPO jedenfalls dann nicht, wenn das Aussageverhalten des Beschuldigten hierdurch nicht beeinflusst wurde.[291] 176

[284] BGH NJW 2019, 2627 (2630); NStR-RR 2012, 49; NStZ 2008, 48; 2007, 653 (654); vgl. auch Schmitt/Köhler/Schmitt StPO Einl. Rn. 77 ff., § 163a Rn. 4a ff.

[285] Vgl. BGH NStZ 2009, 281; 2009, 702; 2019, 227.

[286] Vgl. BGH NStZ 2009, 281; 2009, 702; der Verstoß habe nicht dasselbe Gewicht wie die vollständig unterbliebene Belehrung; vgl. auch Schmitt/Köhler/Schmitt StPO § 136 Rn. 20b.

[287] Der BGH erwägt in BGH NStZ 2014, 722 ein Verwertungsverbot, wenn die Polizeibeamten nicht eine sofortige Vorführung veranlassen, § 115 StPO, sondern diese zunächst zugunsten einer polizeilichen Vernehmung aufschieben. Nach BGH BeckRS 2019, 4755 rechtfertigen polizeiliche Ermittlungshandlungen, namentlich eine Beschuldigtenvernehmung, nicht die Verzögerung der Vorführung vor den Haftrichter, zugleich begründe § 115 I StPO aber kein absolutes Verbot polizeilicher Beschuldigtenvernehmungen zwischen Festnahme und Haftvorführung. Bei einem Verstoß hiergegen wird ein Verwertungsverbot im Rahmen der Abwägung regelmäßig daran scheitern, dass die Polizeibeamten nicht bewusst die Pflichtverteidigerbestellung hintertreiben (sondern – praxisnah – eine adäquate Grundlage für die Haftentscheidung schaffen) wollen; vgl. hierzu auch Schmitt/Köhler/Schmitt StPO § 115 Rn. 16.

[288] Der Verteidiger hat nunmehr ein Anwesenheitsrecht auch bei polizeilichen Beschuldigtenvernehmungen; er ist über die Vernehmung zu benachrichtigen, § 163a IV 3 iVm § 168c I, V StPO.

[289] Nach § 141 StPO besteht im Falle notwendiger Verteidigung Anspruch auf Pflichtverteidigerbestellung – im Falle des Abs. 1 allerdings nur bei entsprechendem Antrag – bereits im Ermittlungsverfahren (grundsätzlich sogar noch vor der ersten Vernehmung, § 141a StPO).

[290] Schmitt/Köhler/Schmitt StPO § 136 Rn. 21b und § 141a Rn. 11 (unter Hinweis auf die Gesetzesbegründung).

[291] Vgl. BGHSt 47, 172 = NJW 2002, 975; BGH NJW 1993, 338 (339); NStZ 2012, 581; OLG Köln JR 2016, 264 (zu § 236 I 5 Alt. 2 StPO nF); Schmitt/Köhler/Schmitt StPO § 136 Rn. 21 ff.; zum Verstoß gegen eine Benachrichtigungspflicht nach Art. 36 I b S. 2 WÜK: Schmitt/Köhler/Schmitt StPO § 136 Rn. 21d; BVerfG NJW 2011, 207; BGH StV 2011, 603.

177 **Hinweis:** Verstöße gegen §§ 136 I, 137 I StPO sind in der Revision mit der Verfahrensrüge geltend zu machen. In dieser muss behauptet und belegt werden, dass eine notwendige Belehrung unterblieben ist bzw. eine Verteidigerkonsultation verweigert wurde, welchen Inhalt die daraufhin erfolgte Aussage hatte, wie sie in die Hauptverhandlung eingeführt wurde und dass der Angeklagte oder sein Verteidiger der Verwertung rechtzeitig widersprochen haben. Im Hinblick auf das Beruhen sollte im Falle des Verstoßes gegen Belehrungspflichten mitgeteilt werden, dass der Beschuldigte damals seine Rechte nicht kannte.
Dagegen kann ein Angeklagter nicht rügen, dass die Vernehmung eines Mitbeschuldigten zu seinen Lasten verwendet wird, die unter Verletzung des § 136 I 1, 2 StPO zustande gekommen ist (Rechtskreistheorie, ähnlich bei § 55 StPO).[292]

177a Neu eingeführt hat der Gesetzgeber die **Verpflichtung** bei bestimmten Delikten die Vernehmung audiovisuell, dh in Bild und Ton, aufzuzeichnen. Dies trifft namentlich Verfahren wegen **vorsätzlicher** Tötungsdelikte (§ 136 IV 2 Nr. 1 StPO). Nach der Gesetzesbegründung soll es sich um eine bloße Ordnungsvorschrift handeln, sodass bei Verstoß kein Beweisverwertungsverbot bestehen soll. Selbst wenn man bei willkürlichem Verstoß anderes erwägen wollte,[293] könnte Anknüpfungspunkt für ein Beweisverwertungsverbot nur sein, dass mangels Aufzeichnung nicht überprüft werden kann, ob die gesetzlich vorgeschriebenen Belehrungen erfolgt sind (diesem Argument tritt allerdings die Gesetzesbegründung ausdrücklich entgegen) oder ob verbotene Vernehmungsmethoden angewandt wurden – im Übrigen berührt § 136 IV StPO, anders als § 136 I 2 StPO, die Aussagefreiheit gerade nicht! – bzw. dass Streit über den Inhalt der Aussage bzw. Aussageverhalten besteht.[294]

178 Revisionsrügen können aber auch damit begründet werden, dass bei der Vernehmung andere Verfahrensfehler zu einem Verwertungsverbot geführt haben, das vom Gericht in seinem Urteil missachtet wurde. Von besonderer Bedeutung ist dabei § 136a StPO. Aussagen, die unter Verletzung dieser Vorschrift, also unter Einsatz verbotener Vernehmungsmethoden, zustande gekommen sind, dürfen nicht verwertet werden (§ 136a III 2 StPO).

179 **Fall:** Nach dem Verschwinden eines Kleinkindes war der Beschuldigte vorläufig festgenommen und in Anwesenheit seines Verteidigers von der Staatsanwältin wegen des Verdachts eines Tötungsdeliktes vernommen worden. Dabei hatte die Staatsanwältin wahrheitswidrig vorgegeben, dass die Kindesleiche schon gefunden worden sei. Der Beschuldigte gestand daraufhin die Tat und wiederholte dieses Geständnis in der noch am selben Tag durchgeführten ermittlungsrichterlichen Vernehmung. Später machte er keine Angaben mehr. Auf die Geständnisse, die durch die Vernehmung der jeweiligen Verhörpersonen in die Hauptverhandlung eingeführt worden waren, stützte das Schwurgericht die Verurteilung wegen Mordes. Hat die Revision des Angeklagten Aussicht auf Erfolg?

Lösung: Die Revision hat Aussicht auf Erfolg. Denn das im Urteil verwertete Geständnis des Beschuldigten gegenüber der Staatsanwältin wurde von dieser durch eine Täuschung erwirkt, also durch eine Irreführung, die bewusst darauf abzielte, den Beschuldigten zu einer Aussage zu veranlassen. Dieses Geständnis ist nach §§ 136a III 2, 163a III 2 StPO nicht verwertbar (eine „Widerspruchspflicht" – → Rn. 100 – besteht hier nicht). Unverwertbar nach dieser Vorschrift sind auch die Angaben gegenüber dem Ermittlungsrichter. Zwar macht ein Verstoß gegen § 136a StPO grundsätzlich nur die davon betroffene Aussage unverwertbar;[295] eine „Fortwirkung" kommt aber in Betracht, wenn sich die verbotene Vernehmungsmethode auf eine spätere Aussage ausgewirkt hat. Hiervon kann aufgrund des engen zeitlichen Zusammenhangs bei der noch am selben Tag durchgeführten ermittlungsrichterlichen Vernehmung ausgegangen werden.[296] Danach kann da-

[292] BGH NStZ-RR 2016, 377.
[293] Offen gelassen in BGH NStZ 2025, 498.
[294] BT-Drs. 18/11277, 27; Schmitt/Köhler/Schmitt StPO § 136 Rn. 20d.
[295] Vgl. BGH NStZ 2001, 551; vgl. auch Schmitt/Köhler/Schmitt StPO § 136a Rn. 30.
[296] Vgl. BGH NStZ 1996, 290; instruktiv aus der neueren Rspr. (Verwertung einer Zeugenaussage, auf die § 136a StPO über § 69 III StPO ebenfalls Anwendung findet): BGH NStZ 2021, 431.

hinstehen, ob die Angaben gegenüber dem Ermittlungsrichter auch unter dem Gesichtspunkt einer unterbliebenen „qualifizierten Belehrung" (dazu → Rn. 175) unverwertbar sind.[297]

Hinweis: Hat das Tatgericht zu Unrecht ein Verwertungsverbot nach Anwendung verbotener Vernehmungsmethoden verneint, ist dies in der Revision mit einer Verfahrensrüge geltend zu machen. Verstoßen wurde dann gegen § 136a III 2 iVm § 261 StPO. Nahm dagegen das Tatgericht zu Unrecht ein Verwertungsverbot nach dieser Vorschrift an, ist dies in der Revision als Verletzung der gerichtlichen Aufklärungspflicht (Verstoß gegen § 244 II StPO) bzw. wegen fehlerhafter Ablehnung eines Beweisantrags (§ 244 III–VI StPO bzw. – bei präsenten Beweismitteln – § 245 StPO) – ebenfalls mit einer Verfahrensrüge – geltend zu machen (wie im Beispiel bei → Rn. 272). 180
Die Rüge erfordert in jedem Fall die vollständige Wiedergabe der Angaben der Person, die dem Verwertungsverbot unterliegen sollen, sowie der Tatsachen, aus denen sich der (Nicht-)Verstoß gegen § 136a StPO ergibt. Eines Widerspruchs bedarf es – angesichts des gesetzlich angeordneten Beweisverwertungsverbots, § 136a III 2 StPO – nicht. Wird beanstandet, dass ein Verwertungsverbot in Bezug auf spätere Aussagen des Beschuldigten (nicht) bestanden hat, ist ferner zu belegen, dass der Verstoß gegen § 136a StPO (nicht) fortgewirkt hat.[298]

b) Verwertungsverbote in Zusammenhang mit Fehlern bei der Überwachung der Telekommunikation (§§ 100a, 100d, 100e StPO)

Ein ausdrückliches Verwertungsverbot – auch als Spurenansatz – ist in § 100d II 1 StPO in Bezug auf „Erkenntnisse aus dem Kernbereich privater Lebensgestaltung" geregelt.[299] Die Anordnung an sich ist dagegen nur rechtswidrig, wenn allein derartige Erkenntnisse zu erwarten sind, § 100d I StPO. 181

Auch sonst können Erkenntnisse, die aus einer rechtswidrigen Überwachung der Telekommunikation (zB Festanschlüsse, Mobilfunk, E-Mail-Verkehr)[300] herrühren, einem Verwertungsverbot unterliegen; die Rechtsprechung wendet die **Widerspruchslösung** an[301] (dazu → Rn. 100). Ein solches Verwertungsverbot besteht beispielsweise, wenn die Erkenntnisse aus einer Überwachung der Telekommunikation unter Umgehung des § 100e I 1 StPO ohne richterliche oder staatsanwaltschaftliche Anordnung erlangt wurden.[302] Gleiches gilt, wenn die Staatsanwaltschaft eine Maßnahme nach § 100a I StPO anordnet und dabei gegen den Richtervorbehalt in § 100e I 1 StPO verstößt, indem sie willkürlich Gefahr in Verzug bejaht.[303]

Ein Verwertungsverbot kann ferner vorliegen, wenn die sachlichen Voraussetzungen einer Anordnung nach § 100a I 1 StPO von Anfang an gefehlt haben, etwa weil von vornherein kein Verdacht einer Katalogtat nach § 100a II StPO bestanden hat[304] oder der Subsidiaritätsgrund-

---

[297] Vgl. Schmitt/Köhler/StPO § 136a Rn. 30a, wonach – wie bei § 136 StPO – zu verlangen sei, dass der Beschuldigte dahin belehrt wird, dass die vorangegangenen Angaben nicht verwertet werden dürfen; offen gelassen von BGH NStZ 2009, 281 (282) und NStZ 2021, 431.

[298] Schmitt/Köhler/Schmitt StPO § 136a Rn. 30 aE, 33.

[299] BVerfG NJW 2012, 833 (838); Schmitt/Köhler/Köhler StPO § 100d Rn. 5 f.; vgl. zum „Kernbereich" § 100d Rn. 3.

[300] Vgl. – **examenswichtig** – Schmitt/Köhler/Köhler StPO § 100a Rn. 6b, wonach für das Absenden der Nachricht bis zum Ankommen im Speicher des Providers sowie für das Abrufen der Nachricht durch den Empfänger § 100a StPO gilt; vgl. aber → Rn. 194 auch zur rechtlichen Behandlung der auf dem Mailserver des Providers zwischen- oder endgespeicherten E-Mails.

[301] Vgl. BGH StV 2016, 771; NStZ 2018, 550 (zu Hintergrundgesprächen) vgl. auch Schmitt/Köhler/Köhler StPO § 100a Rn. 39.

[302] BGHSt 31, 304 (306) = NJW 1983, 1570; BGHSt 35, 32 (34) = NJW 1988, 1223; vgl. auch Schmitt/Köhler/Köhler StPO § 100a Rn. 35.

[303] Schmitt/Köhler/Köhler StPO § 100a Rn. 35; vgl. auch § 94 Rn. 21 und § 98 Rn. 7.

[304] Nach BGHSt 48, 240 = NJW 2003, 1880 ist die Auswechslung der im Überwachungsbeschluss unzutreffend angenommenen Katalogtat durch eine andere in den Grenzen der vom Ermittlungsrichter geprüften Verdachtslage möglich; vgl. aber auch BVerfG NJW 2007, 2749 (2750), wonach eine Auswechslung des Beschuldigten und der Zielrichtung des Eingriffs nicht möglich ist; vgl. auch BGH StV 2008, 63 (64), wonach eine ungenügende Fassung der richterlichen oder staatsanwaltschaftlichen Anordnungen der Überwachung der Telekommunikation „nicht per se die Rechtswidrigkeit dieser Maßnahmen mit der Folge der Unverwert-

satz (vgl. § 100a I 1 Nr. 3 StPO) missachtet worden ist. Kein Verwertungsverbot besteht dagegen, wenn von einer im Übrigen ordnungsgemäßen Überwachungsmaßnahme Personen betroffen sind, denen nach § 52 StPO ein Zeugnisverweigerungsrecht zusteht.[305] Der Schutz von Zeugnisverweigerungsberechtigten iSd §§ 53 f. StPO richtet sich nach § 160a StPO.

Im Jahr 2017 wurden zudem Rechtsgrundlagen für die sog. Quellen-TKÜ (§ 100a I 2, 3, V StPO) geschaffen.[306] Bei der Internettelefonie standen die Strafverfolgungsbehörden vor dem Problem, dass es ihnen technisch nicht möglich war, den Inhalt der Kommunikation während des Übertragungsvorgangs abzufangen, weil dieser verschlüsselt übermittelt wird. Die Regelung zur Quellen-TKÜ erlaubt nunmehr ausdrücklich – die Rechtsprechung hatte dies schon vorher für zulässig erachtet[307] –, heimlich von extern auf das Sendegerät zuzugreifen, um den Inhalt der Telefonie vor einer Verschlüsselung durch Aufspielen eines technischen Mittels („Staatstrojaner") im Rechner des Absenders abzugreifen.

Ein sonstiges Auslesen des Rechners, auf den zugegriffen wird, ist nach dieser Norm nicht gestattet. Einschlägige – mit höheren Hürden versehene – Rechtsgrundlage für das Auslesen von Rechnern und Mobiltelefonen mittels einer hierfür installierten Spähsoftware ist § 100b StPO.[308]

Mit Beschluss vom 24.6.2025 hat das BVerfG die Anwendung der Quellen-TKÜ zur Aufklärung von Straftaten, die lediglich eine Höchstfreiheitsstrafe von drei Jahren oder weniger vorsehen, wegen insofern fehlender Verhältnismäßigkeit für verfassungswidrig und die Norm insoweit für nichtig erklärt.[309]

181a In den letzten Jahren musste sich die deutsche Rechtsprechung zudem vermehrt mit der Frage der Verwertbarkeit von im Ausland durch ausländische Strafverfolgungsbehörden in dortigen Verfahren erlangten Kommunikationsdaten auseinandersetzen. Diese richtet sich im Rahmen von § 261 StPO allein nach dem Recht des um Rechtshilfe ersuchenden Staates (hier also Deutschlands). Die Rechtmäßigkeit von Ermittlungshandlungen bemisst sich hingegen nach dem Recht des ersuchten Staates dessen hoheitliche Entscheidungen grundsätzlich nicht anhand von dessen Rechtsordnung in Deutschland überprüft werden.[310] Ein Verwertungsverbot kann sich im Einzelfall aus Verstößen gegen rechtshilferechtliche Bestimmungen, sofern diesen auch ein individualschützender Charakter zukommt, sowie aus deutschem Verfassungsrecht (Verhältnismäßigkeit!) sowie unions- oder völkerrechtlich unabdingbaren Garantien ergeben.[311] Die bloße Nichteinhaltung deutscher Verfahrensregeln bei der Erlangung von Beweismitteln nach der Rechtsordnung des anderen Staates, die dort bereits vor dem Rechtshilfeersuchen erhoben wurden, begründet per se hingegen kein Verwertungsverbot, sofern die jeweilige Maßnahme mit dem nationalen und europäischen ordre public vereinbar ist und einer strikten Verhältnismäßigkeitsprüfung genügt.[312]

Insbesondere die Verwertbarkeit der sog. EncroChat-Daten aus Frankreich hat der BGH gebilligt. Hier war es französischen Ermittlungsbehörden gelungen, die Daten aus einem in Frankreich stehenden Server mit Genehmigung eines französischen Gerichts auszuwerten (wobei die Mittel teils der Geheimhaltung unterliegen), über den die Kommunikation von sog. Kryptohandys des nicht ermittelbaren Anbieters „EncroChat" erfolgte. Dieser hatte mit

---

barkeit der hieraus gewonnenen Ergebnisse" begründet; zum Prüfungsumfang vgl. auch Schmitt/Köhler/Köhler StPO § 100a Rn. 39.

[305] Vgl. Schmitt/Köhler/Köhler StPO § 100a Rn. 18; Rn. 35a; zur – zulässigen – Verwertung von „Hintergrundgesprächen" bei der Telefonüberwachung vgl. BGH NStZ 2008, 473; 2018, 550; Schmitt/Köhler/Köhler StPO § 100a Rn. 2.

[306] BVerfG BeckRS 2025, 19413.

[307] BVerfG NJW 2008, 822 (826); Schmitt/Köhler/Köhler StPO § 100a Rn. 14a ff., 35a.

[308] Schmitt/Köhler/Köhler StPO § 100a Rn. 14f zum Cloud-Computing und Rn. 14g, 14h zur Reichweite von § 100a I 3 StPO.

[309] BVerfG BeckRS 2025, 19413.

[310] BGH NJW 2022, 1539; Schmitt/Köhler/Schmitt StPO Einl. Rn. 56e.

[311] Schmitt/Köhler/Köhler StPO § 100e Rn. 23a ff.

[312] BGH NJW 2022, 1539, wobei offengelassen wurde, ob gegebenenfalls etwas anderes gilt, wenn die deutschen Anordnungsvoraussetzungen im Wege der Rechtshilfe über ein bewusstes „Befugnis-Shopping" umgangen würden.

einer besonderen Verschlüsselungstechnik versehene Mobiltelefone über anonyme Kanäle zu einem hohen Preis für einen Nutzungszeitraum von sechs Monaten veräußert, die zunächst von Strafverfolgungsbehörden weder inhaltlich ausgelesen noch geortet werden konnten und auch entsprechend beworben wurden. Genutzt wurden die Geräte fast ausschließlich im Bereich der organisierten Kriminalität. Entgegen zahlreicher Stimmen in der Literatur[313] hat der BGH hier eine Verwertbarkeit der zunächst nicht für eine Nutzung im deutschen Strafverfahren erhobenen Daten bejaht, soweit die erlangten Informationen zur Verfolgung von auch im Einzelfall schweren Straftaten iSv § 100b II StPO verwendet werden, die Sachverhaltserforschung ansonsten wesentlich erschwert oder aussichtslos ist und der Kernbereich privater Lebensgestaltung nicht berührt wird. Auch das BVerfG ist der Verwertbarkeit von „EncroChat"-Daten, die keine Information aus dem absoluten Kernbereich privater Lebensgestaltung enthalten und wesentlichen rechtsstaatlichen Grundsätzen des deutschen und europäischen ordre public nicht widersprechen, unter dem Gesichtspunkt einer Verletzung des allgemeinen Persönlichkeitsrechts nicht entgegengetreten;[314] ebenso wenig der EuGH.[315]

Bei den sog. Anom-Daten hatte das amerikanische FBI selbst einen Kryptoanbieter mit einem Server in einem nicht genau bekannten Mitgliedstaat der Europäischen Union gegründet, um die hierüber laufenden (auslesbaren) Geräte anschließend an Kriminelle zu veräußern und die gewonnenen Daten zur Strafverfolgung zu verwenden. Die Weiterleitung der Daten an das FBI erfolgte aufgrund eines Gerichtsbeschlusses dieses Staates, dessen genauer Inhalt gleichfalls nicht bekannt ist. Auch die hierbei erlangten Daten sind nach Auffassung des BGH trotz des Erkenntnisdefizite zur Erhebung der Daten, den Gerichtsbeschlüssen sowie dem Umstand, dass Angeklagte sich hiergegen nicht unmittelbar wehren konnten (Fehlen eines Primärrechtsschutzes), nach § 261 StPO verwertbar, der Grundsatz gegenseitigen Vertrauens gelte im Grundsatz auch im Rechtshilfeverkehr mit den USA.[316]

Fall: Das Landgericht hat den Angeklagten wegen unerlaubten Handeltreibens mit Betäubungsmitteln in nicht geringer Menge (vgl. § 29a I Nr. 2 BtMG) zu einer mehrjährigen Freiheitsstrafe verurteilt. Die Verurteilung stützt sich im Wesentlichen auf Zufallserkenntnisse, die anlässlich der Überwachung und Aufzeichnung der Telekommunikation beim gesondert Verfolgten B in dem gegen diesen geführten Ermittlungsverfahren gewonnen wurden. Gegen B hatte der zuständige Ermittlungsrichter nach §§ 100a, 100e I StPO mit Beschluss Telekommunikations-Überwachungsmaßnahmen wegen des Verdachts des gewerbsmäßigen unerlaubten Handeltreibens mit Betäubungsmitteln (§ 29 I 1 Nr. 1, III 2 Nr. 1 BtMG) angeordnet. Der diesem Beschluss zugrunde liegende Verdacht gegen B gründete sich auf Erkenntnissen einer weiteren Telekommunikations-Überwachungsmaßnahme beim gesondert Verfolgten C. Gegen diesen hatte der zuständige Ermittlungsrichter Telekommunikations-Überwachungsmaßnahmen nach §§ 100a, 100e I StPO angeordnet; die den Verdacht gegen C begründenden Erkenntnisse entstammten ihrerseits einer Telekommunikations-Überwachungsmaßnahme beim gesondert Verfolgten D. 182
Der Verteidiger hat in der Hauptverhandlung rechtzeitig der Verwertung der Zufallserkenntnisse aus der Überwachungsmaßnahme gegen B widersprochen. Mit einer Verfahrensrüge rügt er die Verwertung der Zufallserkenntnisse; er führt aus, das Gericht habe nur den gegen B erlassenen Beschluss, nicht jedoch die gegen C und D ergangenen Beschlüsse einer näheren Überprüfung unterzogen. Aussichten der Revision?

Lösung: Die Revision hat keine Aussicht auf Erfolg.
Da der Verteidiger der Verwertung der Zufallserkenntnisse widersprochen hat, ist zu prüfen, ob ein Verwertungsverbot vorlag. Insoweit gilt Folgendes:

313 Vgl. nur die Nachweise in der BGH-Entscheidung (NJW 2022, 1539).
314 BVerfG NStZ-RR 2025, 25.
315 EuGH NJW 2024, 1723.
316 BGH NJW 2025, 1584.

Die Zufallserkenntnisse durften grundsätzlich gem. §§ 479 II 1, 161 III StPO verwertet werden, da sie sich auf eine Katalogtat nach § 100a II Nr. 7 lit. b StPO beziehen.[317]

Eine Verwertung auch von Zufallserkenntnissen wäre nur dann ausgeschlossen gewesen, wenn wesentliche sachliche Voraussetzungen (beispielsweise Unvertretbarkeit der ermittlungsrichterlichen Entscheidung wegen fehlenden Verdachts einer Katalogtat) für die Anordnung der Überwachungsmaßnahme gegen B gefehlt hätten. Hierfür liegen laut Sachverhalt keine Anhaltspunkte vor.

Das Gericht musste sich auch nicht mit der Rechtmäßigkeit der gegen C und D ergangenen Beschlüsse auseinandersetzen. Der BGH führt dazu aus: „Im Fall einer Kette von aufeinander beruhenden Überwachungsmaßnahmen ist die Überprüfung der Rechtmäßigkeit auf die Anordnung der Telekommunikations-Überwachungsmaßnahme beschränkt, der die verwerteten Erkenntnisse unmittelbar entstammen. Eine Fernwirkung durch die Rechtswidrigkeit nur einer vorgelagerten, für das Verfahren selbst nicht unmittelbar beweiserheblichen Telekommunikations-Überwachungsmaßnahme ergibt sich nicht" (BGHSt 51, 1 (7) = NJW 2006, 1361).

Der BGH begründet dies unter Hinweis auf das unabweisbare Bedürfnis einer wirksamen Strafverfolgung damit, dass anderenfalls das gesamte Strafverfahren „lahmgelegt" werden könnte.[318]

183 **Hinweis:** In der Revision ist mit einer Verfahrensrüge geltend zu machen, dass der Tatrichter zu Unrecht Aufzeichnungen aus einer Überwachung der Telekommunikation verwertet hat. Dabei entspricht die Kontrolle durch das Revisionsgericht der des Tatrichters, der über die Verwertbarkeit der Aufzeichnungen zu befinden hatte; sie beschränkt sich also weitgehend auf die Prüfung der Vertretbarkeit der Anordnung durch den Ermittlungsrichter oder den Staatsanwalt. Mitzuteilen sind in der Verfahrensrüge der Anordnungsbeschluss des Richters, gegebenenfalls die entsprechende Verfügung der Staatsanwaltschaft, der relevante Inhalt der Aufzeichnungen, die rechtzeitige Erhebung des Widerspruchs (gegen die Verwertung) und gegebenenfalls den diesen zurückweisenden Beschluss[319] sowie alle weiteren für die Entscheidung relevanten Umstände, etwa die Mitteilung der Verdachtslage und der übrigen Eingriffsvoraussetzungen zum Zeitpunkt des Erlasses der beanstandeten Entscheidung.[320]

184 **Fall:** Dem Angeklagten wird zur Last gelegt, er habe F Schmuck im Wert von 10.000 EUR gewaltsam abgenommen. Um ihn überführen zu können, bat der ermittelnde Polizeibeamte den F, vom Dienstapparat aus beim Beschuldigten anzurufen. Tatsächlich ließ sich der Angeklagte in dem Telefongespräch, das der Polizeibeamte an einem Zweithörer mithörte, so ein, dass hierauf seine Verurteilung gestützt werden konnte. Kann der Verteidiger die Revision darauf stützen, dass die Aussage des Polizeibeamten, der über den Inhalt des Telefongesprächs vernommen wurde, nicht verwertet werden durfte?

Lösung: Das Telefongespräch (sog. **Hörfalle**) war nach Ansicht des BGH verwertbar; folgt man dem, hätte die Revision des Verteidigers daher keinen Erfolg.[321]

- Ein Verstoß gegen §§ 100a, 100e I StPO ist nicht gegeben, da der Schutzbereich des Art. 10 I GG nicht berührt wird, wenn einer der Fernsprechteilnehmer einem (privaten) Dritten die Möglichkeit des Mithörens einräumt.
- Gegen die sich aus § 163a IV 2 iVm § 136 I 2 StPO ergebenden Belehrungspflichten wurde nicht verstoßen, da diese Vorschrift auf den vorliegenden Fall weder unmittelbar noch entsprechend anzuwenden ist. Eine Vernehmung im Sinne dieser Vorschrift liegt nur vor, wenn der

---

[317] Vgl. dazu Schmitt/Köhler/Köhler StPO § 479 Rn. 3 ff. Dem Gesetzeswortlaut „zu Beweiszwecken" ist zugleich zu entnehmen, dass eine Verwendung als „Spurenansatz" – sprich: als Anlass für weitere Ermittlungsmaßnahmen – auch bei Nicht-Katalogtaten nicht verboten ist. Geht es um die Verwertung von präventiv-polizeilich erlangten Erkenntnissen, richtet sich dies nach § 161 III, IV StPO.

[318] BGHSt 51, 1 (8) = NJW 2006, 1361; vgl. zur Fernwirkung auch Schmitt/Köhler/Köhler StPO § 100a Rn. 38 und Schmitt/Köhler/Schmitt StPO Einl. Rn. 57.

[319] Ein solcher ist aber nicht erforderlich, in der Regel wird ein erhobener Widerspruch einfach zu Protokoll genommen, ohne dass das Gericht hierauf in Beschlussform reagiert.

[320] Schmitt/Köhler/Köhler StPO § 100a Rn. 39.

[321] BGHSt 42, 139 (154) = NJW 1996, 2940.

Vernehmende der Auskunftsperson in amtlicher Funktion gegenübertritt.[322] Das war aber nicht der Fall, das Gespräch mit dem Beschuldigten führte vielmehr das Opfer, der Polizeibeamte ist gegenüber dem Beschuldigten nicht aufgetreten. Auch eine Erweiterung des Vernehmungsbegriffs oder eine entsprechende Anwendung des § 136 I 2 StPO ist hier nicht geboten. Denn wenn der Beschuldigte davon ausgeht, er unterhalte sich mit einer Privatperson, so weiß er auch, dass er dieser gegenüber nicht zu Angaben verpflichtet ist.

- Auch gegen § 163a IV 2 iVm § 136a StPO wurde nicht verstoßen. Zum einen handelte es sich nicht um eine Vernehmung im Sinne dieser Vorschrift, weil sich der Beschuldigte bei einem Privatgespräch nicht durch die „polizeiliche Autorität" des Befragenden zu einer Aussage veranlasst sah.[323] Zum anderen fehlt es auch an einer Täuschung iSd Vorschrift; denn das bloße Ausnutzen eines Irrtums ist keine Täuschung, sondern eine – auch nach § 136a StPO – erlaubte List.[324]
- Allerdings leitet der BGH aus dem Nemo-tenetur-Grundsatz, dem Rechtsstaatsprinzip und dem daraus hervorgegangenen Grundsatz des fairen Verfahrens ab, dass Maßnahmen, die ihren Schwerpunkt in der Heimlichkeit der Ausforschung des Beschuldigten haben, nicht uneingeschränkt zulässig sind. Vielmehr ergibt eine Abwägung dieser Werte einerseits mit der ebenfalls im Verfassungsrang stehenden Pflicht des Rechtsstaats zur effektiven Strafverfolgung andererseits, dass eine solche Maßnahme nur dann zulässig ist, wenn es sich bei der den Gegenstand der Verfolgung bildenden Tat um eine Straftat von erheblicher Bedeutung (vgl. hierzu die nicht abschließende Aufzählung der Katalogstraftaten in §§ 98a, 100a, 110a StPO) handelt und der Einsatz anderer Ermittlungsmethoden erheblich weniger erfolgversprechend oder wesentlich erschwert wäre.
- Fraglich ist jedoch, ob dem Urteil des BGH im Hinblick auf die Rechtsprechung des BVerfG zur Verwertbarkeit von Zeugenaussagen über den Inhalt von Telefongesprächen in vollem Umfang gefolgt werden kann.[325] Das BVerfG sieht in einem Mithörenlassen ebenfalls keinen Verstoß gegen Art. 10 I GG, in der Erhebung und Verwertung einer solchen Zeugenaussage jedoch einen Eingriff in den Schutzbereich des Rechts am gesprochenen Wort als Ausprägung des allgemeinen Persönlichkeitsrechts (Art. 2 I GG), wenn der andere Gesprächsteilnehmer in das Mithören weder ausdrücklich noch konkludent eingewilligt hat. Unter welchen Umständen ein solcher Eingriff in das allgemeine Persönlichkeitsrecht gerechtfertigt ist, hat das BVerfG nicht konkret ausgeführt. Es hat jedoch betont, dass eine solche Rechtfertigung im Strafrecht zur Aufklärung „besonders schwerer Straftaten" in Betracht kommt. Ob dies mit dem vom BGH verwendeten Begriff einer Straftat von „erheblicher Bedeutung" übereinstimmt, hat das BVerfG offengelassen.
- Hat allerdings der Beschuldigte zuvor von seinem Schweigerecht Gebrauch gemacht und wird die Hörfalle zur Umgehung dieses Schweigerechts eingesetzt, spricht Vieles für die Annahme eines Verwertungsverbotes. Die genauen Grenzen scheinen freilich noch ungeklärt.[326]

---

[322] Vgl. aber auch – instruktiv – BGH NJW 2018, 1986 zu einem Verwertungsverbot, wenn ein Polizeibeamter bei einer ärztlichen Untersuchung eines verletzten Beschuldigten im Raum verbleibt.

[323] Vgl. Schmitt/Köhler/Schmitt StPO § 136a Rn. 4 f.; vgl. aber andererseits den Fall, dass sich die Ermittlungsbehörde eine in § 136a I StPO umschriebene Verhaltensweise einer Privatperson „zurechnen" lassen muss, etwa weil sie einem Mithäftling den Auftrag erteilt hat, einen anderen Gefangenen auszuforschen, und diesen hierzu in die Haftzelle des Beschuldigten verlegt hat (→ Rn. 262).

[324] Ähnlich (heimliche Stimmprobe): BGHSt 40, 66 (70 ff.) – NJW 1994, 1807; dazu auch Schmitt/Köhler/Schmitt StPO § 136a Rn. 15 ff., vgl. aber auch § 136a Rn. 4a.

[325] BVerfG NJW 2002, 3619 (zum Zivilrecht).

[326] Schmitt/Köhler/Schmitt StPO § 136a Rn. 4a mwN. Der BGH hat in BGHSt 52, 11 = NJW 2007, 3138 ein Verwertungsverbot bejaht, wenn sich der Beschuldigte auf sein Schweigerecht berufen hat und dann ein Verdeckter Ermittler ein Vertrauensverhältnis zum Beschuldigten aufgebaut und den auf Hafturlaub befindlichen Beschuldigten gezielt ausgehorcht hat.

c) Verwertungsverbote bei der Wohnraumüberwachung und beim Abhören außerhalb von Wohnungen

185 Für das Bestehen von Verwertungsverboten nach einem „kleinen“[327] (vgl. § 100f StPO, akustische Überwachung außerhalb von Wohnraum) oder „großen“[328] (vgl. § 100c StPO, akustische Wohnraumüberwachung) Lauschangriff gelten weitgehend die zur Überwachung der Telekommunikation entwickelten Grundsätze entsprechend. Daher kommt eine Unverwertbarkeit von Aufzeichnungen beim „großen“ Lauschangriff etwa dann in Betracht, wenn die Bejahung des Verdachts einer Katalogtat iSv § 100c I Nr. 1 iVm § 100b II StPO oder die Wahrung des Subsidiaritätsgrundsatzes (vgl. § 100c I Nr. 4 StPO) durch den Anordnenden (§ 100e II StPO) nicht vertretbar war.[329]

186 Ausdrücklich ausgeschlossen – auch als Spurenansatz – (§ 100d II 1 StPO) ist eine Verwertung von Aufzeichnungen aus einer Wohnraumüberwachung, die dem „Kernbereich privater Lebensgestaltung“ zuzurechnen sind.[330]

Daneben ist gem. § 100d V StPO eine Wohnraumüberwachung unzulässig bei nach § 53 I StPO zeugnisverweigerungsberechtigten Personen. Stellt sich erst während der Wohnraumüberwachung oder nachträglich heraus, dass ein Fall des § 53 I StPO vorliegt, müssen diese Aufzeichnungen gelöscht werden; eine Verwertung ist verboten (vgl. § 100d V 1 Hs. 2, II StPO).[331] Dagegen sind Angehörige (vgl. § 52 I StPO) vor der Maßnahme grundsätzlich nicht sicher; ob Erkenntnisse aus einer Wohnraumüberwachung verwertet werden dürfen, folgt aus einer Abwägung (§ 100d V 2 StPO).

186a Selbstgespräche unterfallen nach der Rechtsprechung dem Kernbereich der Persönlichkeitsentfaltung. Argumente sind die Eindimensionalität der Selbstäußerung, die mögliche Unbewusstheit der Äußerung und ihre Identität mit inneren Gedanken bei Nicht-Öffentlichkeit der Äußerung sowie die Flüchtigkeit des gesprochenen Wortes. Sie sind damit nach § 100f IV iVm § 100d II 1 StPO unverwertbar (entschieden sowohl für Selbstgespräche in einem Krankenzimmer[332] als auch für Selbstgespräche in einem – grundsätzlich rechtmäßig nach § 100f StPO überwachten – Auto[333]).

d) Verwertungsverbote in Zusammenhang mit Fehlern bei Durchsuchung und Beschlagnahme; Online-Durchsuchung

187 Beweismittel, die aufgrund einer rechtsfehlerhaften Durchsuchung erlangt worden sind, können insbesondere bei Missachtung des Richtervorbehalts (vgl. § 105 I StPO) ein Verwertungsverbot zur Folge haben. Allerdings führt nach der oben unter → Rn. 172 dargestellten Abwägungslehre nicht jeglicher rechtlicher oder tatsächlicher Irrtum über das Vorliegen einer „Gefahr im Verzug“[334] – einem unbestimmten Rechtsbegriff ohne Beurteilungsspiel-

---

[327] ZB Überwachung des Autos. Auch der Besuchsraum einer Haftanstalt ist keine Wohnung iSd Art. 13 GG, sodass eine Abhörmaßnahme auf der Grundlage des § 100f StPO in Betracht kommt; vgl. aber auch BGH NJW 2009, 2463, wonach die heimliche akustische Überwachung eines Ehegattengesprächs im Besucherraum einer U-Haftanstalt sich als Verletzung des Rechts auf ein faires Verfahren (Art. 20 III iVm Art. 2 I GG) mit der Folge eines Beweisverwertungsverbotes darstellt, wenn ein Gespräch in einem gesonderten Besucherraum initiiert wird, um bewusst eine Vertraulichkeit des Gesprächs zu suggerieren. Demgegenüber wurde eine Verletzung des Rechts auf ein faires Verfahren in einem Fall verneint, in dem zwei Mitbeschuldigte eines Mordes für die Vorführung vor dem Haftrichter gemeinsam in einer Gewahrsamszelle untergebracht wurden, für die zuvor gerichtlich die akustische Innenraumüberwachung angeordnet worden war, wobei als Grund für die gemeinsame Unterbringung dem späteren Angeklagten wahrheitswidrig mitgeteilt worden war, dass alle anderen Gewahrsamszellen belegt seien, vgl. BGH NJW 2024, 3603.

[328] Dazu zählt auch ein Einzelzimmer im Krankenhaus: BGH NJW 2005, 3295.

[329] Vgl. Schmitt/Köhler/Köhler StPO § 100c Rn. 14; § 100f Rn. 20; § 100a Rn. 35.

[330] Die Verwendung der Erkenntnisse aus einem großen Lauschangriff zur Verfolgung anderer Taten richtet sich nach § 100e VI Nr. 1 StPO.

[331] Besteht aber der Verdacht der Teilnahme an der Tat, an einer Begünstigung, Strafvereitelung oder Hehlerei, ist die akustische Wohnraumüberwachung zulässig (vgl. § 100d V 3 iVm § 160a IV StPO); zu Ausnahmen beim Verteidiger vgl. aber auch Schmitt/Köhler/Köhler StPO § 100d Rn. 26; § 100a Rn. 21.

[332] BGH NJW 2005, 3295.

[333] BGHSt 57, 71 = NJW 2012, 945.

[334] Die Gefahr im Verzug muss **mit Tatsachen begründet** werden, die auf den Einzelfall bezogen sind; fallunabhängige Vermutungen reichen nicht aus: vgl. Schmitt/Köhler/Köhler StPO § 98 Rn. 7 mwN.

raum der Ermittlungsbehörden – zur Unverwertbarkeit der aufgefundenen Beweismittel. Wurde jedoch der **Richtervorbehalt bewusst ignoriert** oder liegt eine gleichgewichtig **gröbliche Missachtung** vor, unterliegen die bei der Durchsuchung sichergestellten Gegenstände einem Verwertungsverbot.[335] Eine solche gröbliche Missachtung liegt beispielsweise vor, wenn mit der Antragstellung zugewartet wird, bis Gefahr im Verzug vorliegt. Grundsätzlich muss der Ermittlungsbeamte bzw. der Staatsanwalt zunächst **versuchen, den Ermittlungsrichter zu erreichen.** Die Umstände, die den Beamten veranlasst haben, Gefahr im Verzug anzunehmen, sind zu **dokumentieren** (ein Verstoß gegen die Dokumentationspflicht macht die Maßnahme aber noch nicht per se unverwertbar).[336]

Haben die Ermittlungspersonen eine Sache einem Ermittlungsrichter zur Entscheidung vorgelegt – und damit Gefahr im Verzug verneint –, fällt die Entscheidungskompetenz nicht wieder an die Ermittlungspersonen zurück, auch wenn der Ermittlungsrichter eine zeitnahe Entscheidung ablehnt. Anders kann dies nur sein, wenn neue Erkenntnisse gewonnen werden, die eine Neubewertung der Dringlichkeit begründen.[337]

Bei gröblicher Missachtung des Richtervorbehalts kommt auch dem Gesichtspunkt eines „möglichen hypothetischen rechtmäßigen Ermittlungsverlaufs" keine Bedeutung zu, da anderenfalls die Einhaltung der durch Art. 13 II GG und § 105 I 1 StPO festgelegten Kompetenzregelung stets unterlaufen und der Richtervorbehalt sinnlos werden könnte.

Nach der Rechtsprechung des 2. Strafsenats des BGH erfordert die Geltendmachung eines Beweisverwertungsverbotes **nicht** die Erhebung eines auf den Zeitpunkt des § 257 StPO bezogenen Widerspruchs durch den Verteidiger.[338] Der Senat begründet seine Entscheidung in einem ersten Schritt damit, dass es sich – anders als bei Beweismitteln, die das Aussageverhalten des Angeklagten betreffen – um ein sächliches Beweismittel handelt, das nicht der Disposition des Angeklagten unterliegen könne. Die Argumentation erscheint durchaus zweifelhaft: Gerade bei einer Durchsuchung beim Beschuldigten steht es diesem frei, den Besitz eines Gegenstandes einzuräumen. Die sonstigen Argumente, die für die Widerspruchslösung ins Felde geführt werden, beanspruchen ebenfalls Geltung: Wie bei gesetzwidrig erlangten Aussagen ist es möglich, dass die Durchsuchung nicht nur Be-, sondern auch Entlastendes zu Tage gefördert hat. Insofern mag die Verteidigung ein Interesse daran haben, das Durchsuchungsergebnis – das anderenfalls in Gänze gesperrt ist – in die Verhandlung einzuführen. Insofern ist der Verteidiger die am besten geeignete Person, über das Beweisverwertungsverbot zu disponieren. Im Übrigen stellt sich die Frage, ob sich diese Rechtsprechung bruchlos in die Rechtsprechung zu verdeckten Ermittlern (hier verlangt der BGH den Widerspruch[339]) und zu Blutentnahmen (soweit ersichtlich allerdings nur Rechtsprechung der Oberlandesgerichte) einfügt.

Darüber hinaus verlangt der 2. Senat nicht, dass der Widerspruch bis zum Zeitpunkt des § 257 StPO erhoben sein muss, sondern lediglich so rechtzeitig, dass er in der Beweisaufnahme noch Berücksichtigung finden kann. Damit aber stellt der 2. Strafsenat die tradierte Rechtsprechung zum Zeitpunkt des Widerspruchs insgesamt in Frage – denn ein Grund, die Frage des Zeitpunktes in Abhängigkeit vom jeweils betroffenen Beweismittel zu bestimmen, ist nicht ersichtlich.

Der 5. Strafsenat[340] ist dieser Rechtsprechung insoweit entgegengetreten, als er am Widerspruchserfordernis bei Beweisverwertungsverboten im Zusammenhang mit Durchsuchungen festhält (und dies damit begründet, dass es Sinn und Zweck des Widerspruchserfordernis sei, dem Tatrichter Möglichkeit und Veranlassung zu geben, freibeweislich dem Vorliegen eines Beweisverwertungsverbotes nachzugehen). Da der 5. Strafsenat sich zur Frage

---

[335] BGH NJW 2007, 2269 (2272) = NStZ 2007, 601 (603) mAnm Roxin NStZ 2007, 616; vgl. Schmitt/Köhler/Köhler StPO § 105 Rn. 18 f; § 94 Rn. 21 f. Zum nächtlichen richterlichen Bereitschaftsdienst: → Rn. 194c.

[336] Schmitt/Köhler/Köhler StPO § 105 Rn. 21.

[337] BVerfG NJW 2015, 2787; BGH NJW 2017, 1332.

[338] BGH NJW 2017, 1332 (noch offen gelassen in BGH NJW 2007, 2269).

[339] BGH NStZ 1997, 249.

[340] BGH NJW 2018, 2279. Zum Ganzen: Schmitt/Köhler/Köhler StPO § 94 Rn. 21b.

des Zeitpunktes nicht äußerte, sah er keine tragende Abweichung vom 2. Strafsenat und hat ohne Anrufung des Großen Senats entschieden. Auch der 4. Strafsenat ist in einer Entscheidung aus dem Jahr 2024 von einem Widerspruchserfordernis ausgegangen und hat zudem ausgeführt, dass insofern auch keine unionsrechtlichen Bedenken bestehen.[341]

187a Grundsätzlich zieht ein rechtswidrig erlangtes Beweismittel keine Fernwirkung hinsichtlich anderer Beweismittel nach sich. Die Rechtsprechung hält ein Beweisverwertungsverbot allerdings für möglich, wenn einem Beschuldigten Vorhalte aus einer unzulässigen Maßnahme gemacht werden und dieser unter dem **unmittelbaren** Eindruck eine Aussage macht (oft als **Fortwirkung** eines Beweisverwertungsverbotes bezeichnet). Bei späteren – davon losgelösten – Vernehmungen hält der BGH es für möglich (er lässt die Frage allerdings ausdrücklich offen), dass der Beschuldigte qualifiziert zu belehren ist. Einem Verstoß misst er jedoch nur ein verhältnismäßig geringes Gewicht bei.[342] Eine echte **Fernwirkung** eines Beweisverwertungsverbotes dahingehend, dass auch Beweismittel für Strafverfahren gesperrt sein sollen, die – für sich genommen legal – erlangt wurden, weil sich Hinweise auf sie durch einem Verwertungsverbote unterliegende Beweismittel ergeben haben, erkennt die Rechtsprechung regelmäßig nicht an.[343]

187b Handelt die Polizei sowohl repressiv als auch präventiv (zB zwecks Sicherstellung einer nicht unerheblichen Menge von Betäubungsmitteln), so ist es ihr unbenommen, auf Grundlage der Polizeigesetze zu handeln (auch bei laufendem Ermittlungsverfahren) und auf dieser Grundlage eine Durchsuchung beispielsweise eines Fahrzeugs zu veranlassen. Das Ergebnis ist nach § 161 II 1 StPO im Strafverfahren verwertbar, wenn die materiellen Voraussetzungen für einen Durchsuchungsbeschluss vorlagen. Dass die Maßnahme nach den Polizeigesetzen nicht dem Richtervorbehalt unterlag, ist irrelevant.[344]

188 Verwertungsverbote können auch aus einem Beschlagnahmeverbot resultieren. So hat der Verstoß gegen das in § 97 I Nr. 1 StPO enthaltene Verbot der Beschlagnahme schriftlicher Mitteilungen zwischen dem Beschuldigten und seinen in § 52 I StPO genannten Angehörigen ein Verwertungsverbot zur Folge.[345] Dagegen ist bei dem an das Zeugnisverweigerungsrecht der Berufsgeheimnisträger (§ 53 StPO) anknüpfenden Beschlagnahmeverbot (§ 97 I Nr. 1–3 StPO) zu unterscheiden zwischen den in § 53 I 1 Nr. 1, 2, 4 StPO genannten Personen (einschließlich Rechtsanwälten) und den Angehörigen der in § 53 I 1 Nr. 3–3b oder Nr. 5 StPO genannten Beratungs- und Heilberufe sowie der Medien. Im ersten Fall folgt das Verwertungsverbot aus § 160a I 2 StPO. Im zweiten Fall hängt die Verwertbarkeit von Erkenntnissen von einer Prüfung der Verhältnismäßigkeit im Einzelfall ab (§ 160a II 3 iVm II 1 StPO); dem steht der Vorrang, der § 97 StPO nach § 160a V StPO zukommt, nicht entgegen, da § 97 StPO hinsichtlich der Verwertung von beschlagnahmefreien Gegenständen keine ausdrückliche Regelung trifft.[346]

189 **Fall:** Dem Beschuldigten wird Totschlag vorgeworfen, er wurde jedoch vom Schwurgericht freigesprochen. Hiergegen legte die Staatsanwaltschaft Revision ein, die sie auf eine Aufklärungspflichtverletzung stützte; denn das Gericht hätte beim Beschuldigten selbst sichergestellte Unterlagen verwerten müssen. Hierzu trägt die Staatsanwaltschaft im Einzelnen vor, dass in der Haftzelle des Beschuldigten von diesem herrührende, handschriftliche Unterlagen sichergestellt wurden, die Darstellungen zum Sachverhalt, zu den in Betracht kommenden Strafvorschriften und zur weiteren Verteidigungsstrategie enthielten. Wird die Revision der Staatsanwaltschaft Erfolg haben?

---

[341] BGH NStZ 2025, 2279.

[342] Lesenswert: BGH NStZ 2019, 227; Schmitt/Köhler/Köhler StPO § 100a Rn. 37; vgl. auch OLG Düsseldorf StV 2017, 12 (Fund einer Marihuana-Plantage), kritisch Schmitt/Köhler/Köhler StPO § 105 Rn. 19a. Bei echten Folterverstößen dürfte allerdings eine Erstreckung des Beweisverwertungsverbotes (vorbehaltlich qualifizierter Belehrung) auf alle – auch fernere – Vernehmungen geboten sein: Schmitt/Köhler/Schmitt StPO § 136a Rn. 30a.

[343] Schmitt/Köhler/Köhler StPO § 100a Rn. 38; kritisch diskutiert bei echten Folterverstößen: Schmitt/Köhler/Schmitt StPO § 136a Rn. 31.

[344] BGH NJW 2017, 3173 zu einer solchen legendierten Polizeikontrolle; vgl. auch NStZ 2019, 227.

[345] Vgl. Schmitt/Köhler/Köhler StPO § 97 Rn. 46.

[346] Schmitt/Köhler/Köhler StPO § 97 Rn. 50; § 160a Rn. 17.

Lösung: Die Revision der Staatsanwaltschaft wird keinen Erfolg haben; das Gericht hat seine Aufklärungspflicht (ausführlich dazu bei → Rn. 268 ff.) nicht verletzt, da die beschlagnahmten Unterlagen nicht verwertet werden durften.
Bei den in der Haftzelle des Beschuldigten beschlagnahmten Aufzeichnungen handelte es sich um Unterlagen, die der Beschuldigte erkennbar zu seiner Verteidigung angefertigt hat. Das durch Art. 6 III EMRK geschützte Recht auf eine geordnete und effektive Verteidigung ist für diesen aber von so grundlegender Bedeutung, dass es – trotz der Pflicht des Gerichts zur Wahrheitserforschung und dem staatlichen Interesse an einer funktionierenden Strafrechtspflege – bei Verstößen durch ein Verwertungsverbot geschützt werden muss. Dies ergibt sich (auch) aus der Heranziehung des Nemo-tenetur-Grundsatzes und einer entsprechenden Anwendung von § 97 I StPO sowie den von der Rechtsprechung hierzu entwickelten Grundsätzen und ist unabhängig davon, ob es sich um Unterlagen handelt, die der Beschuldigte für sich oder für seinen Verteidiger bestimmt hat.[347]

Verwertungsverbote bezüglich beschlagnahmter Gegenstände können sich auch aus verfas- 190
sungsrechtlichen Bestimmungen ergeben:

Fall: Der Angeklagte wurde von der Strafkammer wegen mehrfachen sexuellen Missbrauchs einer Schutzbefohlenen zu einer Freiheitsstrafe verurteilt. In seiner Revision macht er mit einer Verfahrensrüge geltend, dass das Tatgericht zu Unrecht Tagebuchaufzeichnungen des zwischenzeitlich verstorbenen Opfers über das Tatgeschehen als wesentliches Schuldindiz zu seinen Lasten verwertet habe. Wird das Rechtsmittel Erfolg haben?

Lösung: Die Revision des Angeklagten wird keinen Erfolg haben.[348]
Tagebuchaufzeichnungen sind zwar nicht durch ein (ausdrückliches) strafprozessuales Beschlagnahme- oder Verwertungsverbot geschützt, sie unterfallen aber dem Schutz des Persönlichkeitsrechts ihres Verfassers (Art. 2 I, 1 I GG), an das auch die Strafverfolgungsbehörden und die Gerichte gebunden sind. Für dieses Grundrecht hat das BVerfG einen unantastbaren Kernbereich privater Lebensgestaltung anerkannt, der dem Zugriff öffentlicher Gewalt schlechthin entzogen ist. Zu diesem absolut geschützten Bereich des Persönlichkeitsrechts zählen die hier verlesenen Tagebuchaufzeichnungen indes nicht; sie befassen sich zwar mit einem Geschehen, das aufgrund seiner Sexualbezogenheit der Intimsphäre der Verfasserin zuzurechnen ist, sie beschränken sich dort aber – zumindest soweit sie im Urteil verwertet wurden – auf eine Schilderung des äußeren Tatgeschehens.[349] Außerhalb des Kernbereichs der Art. 2 I, 1 I GG dürfen jedoch – auch nach der Rechtsprechung des BVerfG – Tagebuchaufzeichnungen (sowohl des Beschuldigten als auch von Zeugen) verwertet werden, wenn bei einer Abwägung dem allgemeinen Erfordernis an einer effektiven Strafrechtspflege gegenüber dem Persönlichkeitsrecht des Verfassers das größere Gewicht zukommt. Dies ist im vorliegenden Fall zu bejahen; zum einen handelt es sich bei den dem Angeklagten zur Last gelegten Sexualdelikten um Straftaten von erheblichem Gewicht, zum anderen war durch den Tod der Zeugin eine Aufklärung durch andere Beweismittel nahezu ausgeschlossen. Das Tagebuch war als Beweismittel somit von beträchtlicher Bedeutung. Schließlich war auch zu berücksichtigen, dass sich infolge des Todes des Tatopfers das Persönlichkeitsrecht verändert hat; es wurde in ein – gegenüber dem Schutz eines Lebenden geringer gewichtiges – Recht auf Abwehr von Angriffen gegen einen aus der Menschenwürde herzuleitenden Achtungsanspruch umgewandelt.
Offen gelassen hat der BGH im Übrigen, ob sich der Angeklagte überhaupt auf eine Verletzung des Persönlichkeitsrechts eines Dritten berufen kann.

Besondere Probleme können sich in Zusammenhang mit der Auswertung von Datenträgern – 191
vor allem Speichermedien aus Computern, aber beispielsweise auch aus Mobiltelefonen – ergeben. So kann eine verdeckte „Online-Durchsuchung“ nicht auf § 102 iVm § 110 StPO

[347] BGH NStZ 1998, 309; Schmitt/Köhler/Köhler StPO § 97 Rn. 37, 50.

[348] BGH NStZ 1998, 635; 2000, 383 mAnm Jahn; BVerfG StraFo 2008, 421 – Nichtannahmebeschluss; vgl. auch Schmitt/Köhler/Schmitt StPO Einl. Rn. 56, 56a; eine ähnliche Problematik besteht beim Abschiedsbrief: dazu → Rn. 227.

[349] So auch die Wertung des Gesetzgebers in § 100c IV 3 StPO aF, der zwischenzeitlich ersatzlos gestrichen wurde. Der Gesetzgeber geht nunmehr davon aus, dass die Frage des Kernbereichs eine Frage des Einzelfalls ist (vgl. dazu BT-Drs. 18/12785, 57).

gestützt werden, da eine solche nicht dem Bild der StPO von einer klassischen Durchsuchung entspricht, wonach Ermittlungsbeamte am Ort der Durchsuchung körperlich anwesend sind und die Ermittlungen offen legen.[350] Wird ein Datenträger (zB im Rahmen einer offen ausgeführten Wohnungsdurchsuchung) beschlagnahmt, richtet sich diese Maßnahme zwar hinsichtlich Anordnung und Durchführung zunächst nach den allgemeinen Vorschriften (§§ 94 ff.; 102 ff. StPO).[351]

Zu beachten sind aber folgende Besonderheiten:

192 • Die Beschlagnahme des gesamten Datenbestandes kann und wird – etwa wenn es sich um die Festplatte eines Computers handelt – häufig gegen das durch Art. 2 I, 1 I GG verbürgte Recht auf informationelle Selbstbestimmung verstoßen.[352] Die für einen solchen Eingriff erforderliche gesetzliche Grundlage lässt sich zwar (allgemein) in den §§ 94 ff., 102 ff. StPO finden, jedoch erfordert die besondere Eingriffsintensität (Zugriff auf eine Vielzahl auch verfahrensunerheblicher Daten, zumindest mögliche Betroffenheit tatunbeteiligter Dritter) „im jeweiligen Einzelfall einer regulierenden Beschränkung" (BVerfG NJW 2005, 1917 (1920)). Grundsätzlich muss die entsprechend § 110 StPO[353] erfolgende Durchsicht des Datenbestandes, die der Beschlagnahme des Datenträgers vorgelagert ist, im Rahmen des Vertretbaren versuchen, die verfahrenserheblichen von den verfahrensunerheblichen Daten zu trennen, sodass die Beschlagnahme nach Möglichkeit nur verfahrensrelevante und verwertbare Daten erfasst.[354] Daneben muss der Grundsatz der Verhältnismäßigkeit gewahrt sein.[355] „Zumindest bei schwerwiegenden, bewussten oder willkürlichen Verfahrensverstößen, in denen die Beschränkung auf den Ermittlungszweck der Datenträgerbeschlagnahme planmäßig oder systematisch außer Acht gelassen wird, ist ein Beweisverwertungsverbot als Folge einer fehlerhaften Durchsuchung und Beschlagnahme von Datenträgern und der darauf vorhandenen Daten geboten" (BVerfG NJW 2005, 1917 (1923)). Allerdings wird diese erste Sichtung vor Ort in manchen Fällen nicht möglich sein. Das BVerfG hat daher die vorläufige Sicherstellung/Beschlagnahme zwecks Durchsicht gebilligt.[356]

193 • Die Beschlagnahme eines Mobiltelefons und das „Auslesen" der dort gespeicherten Verkehrsdaten[357] verstößt nicht gegen Art. 10 I GG, da der Schutz des Fernmeldegeheimnisses mit dem Abschluss des Übertragungsvorgangs endet.[358] Die Erhebung von Verkehrsdaten aus dem Speicher eines beschlagnahmten Mobiltelefons nach Abschluss des Kommunikationsvorgangs (vgl. § 100g V StPO) setzt im Übrigen nicht voraus, dass es um die Aufklärung einer Straftat von erheblicher Bedeutung iSd § 100g I 1 Nr. 1 StPO geht.[359] Die Daten werden aber ebenfalls durch das Recht auf informationelle Selbstbestimmung geschützt.[360] Für die Beschlagnahme eines Mobiltelefons gelten daher die (→ Rn. 192) ausgeführten Grundsätze.

193a • Sofern ein beschlagnahmtes Mobiltelefon nur mittels Fingerabdrucksensor durch den Beschuldigten selbst entsperrt werden kann, ist die Anwendung von unmittelbarem Zwang (Auflegen des Fingers auf den Sensor) zur Ermöglichung der Sichtung der dort gespeicherten Daten nach einer aktuellen BGH-Entscheidung von §§ 81b, 94 ff. StPO gedeckt, sofern eine zuvor nach §§ 102, 105 StPO richterlich angeordnete Durchsuchung gerade auch dem Auffinden von Mobiltelefonen dient und der beabsichtigte Datenzugriff trotz seiner Eingriffsintensität verhältnismäßig ist.[361] Die zur Aufklärung der Straftat erforderlichen Beweismittel müssen gerade (auch) auf dem Mobiltelefon vermutet werden, unter Berück-

---

350 BGH NStZ 2007, 279.
351 BVerfG NJW 2006, 976; 2005, 1917 (1919 ff.); Schmitt/Köhler/Köhler StPO § 94 Rn. 3, 4 und 16a.
352 BVerfG NJW 2005, 1917 (1918).
353 Vgl. dazu BVerfG NJW 2003, 2669 (2670); 3761; 2005, 1917 (1921 f.); Schmitt/Köhler/Köhler StPO § 110 Rn. 1.
354 BVerfG NJW 2005, 1917 (1921); Schmitt/Köhler/Köhler StPO § 94 Rn. 18a.
355 BVerfG NJW 2005, 1917 (1922).
356 BVerfG NJW 2014, 3085; BGH NStZ 2010, 345; Schmitt/Köhler/Köhler StPO § 110 Rn. 2a.
357 Vgl. § 9 I 1 TTDSG, zB Nummer oder Kennung der beteiligten Anschlüsse; Beginn und das Ende der jeweiligen Verbindung nach Datum und Uhrzeit.
358 BVerfG NJW 2006, 976; weitergehend noch BVerfG NJW 2005, 1637 (1639).
359 BVerfG NJW 2006, 976.
360 BVerfG NJW 2006, 976.
361 BGH NStZ 2025, 560.

sichtigung der Schwere der Straftat und der Erfordernisse der Untersuchung muss ein Zugang zum Inhalt der Kommunikation oder zu sensiblen Daten auf dem Mobiltelefon gerechtfertigt sein. Das einwilligungslose Entsperren eines Mobiltelefons mittels Fingerabdrucks unterfällt zudem dem Anwendungsbereich der RL (EU) 2016/680 zum Datenschutz in Strafsachen, da der Versuch Zugang zu den auf dem Mobiltelefon gespeicherten Daten zu erlangen, eine „Verarbeitung" der Daten im Sinne der Richtlinie darstellt. Soweit dies im Rahmen polizeilicher Ermittlungen erfolgt, kann aber eine anerkannte, dem Gemeinwohl dienende Zielsetzung iSv Art. 52 I GRC vorliegen. Im Rahmen der Verhältnismäßigkeit ist zu beachten, dass der einwilligungslose Zugriff einen schwerwiegenden Eingriff in das Recht des Beschuldigten auf informationelle Selbstbestimmung (Art. 2 I iVm Art. 1 GG) sowie in die auch von Art 7 und 8 GRC verbürgten Grundrechte auf Achtung des Privat- und Familienlebens bzw. auf Schutz personenbezogener Daten darstellt, da die gespeicherten Daten detaillierte Informationen über die persönlichen Verhältnisse und die Lebensführung eines Beschuldigten eröffnen können.[362]

- Für die Beschlagnahme von E-Mails, SMS[363] oder ähnlichem – auch Cloud-Inhalte[364] (vgl. § 110 III StPO) –, die nach Abschluss des Übermittlungsvorgangs bereits im Endgerät gespeichert sind, gelten ebenfalls die obigen (→ Rn. 192 f.) Ausführungen.[365] Die Regelungen der §§ 94 ff. StPO ermöglichen grundsätzlich auch die (offene) Sicherstellung und Beschlagnahme von E-Mails, die nach Beendigung des Übertragungsvorgangs (zur Behandlung von E-Mails im Übrigen vgl. → Rn. 181) auf dem Mailserver des Providers zwischen- und endgespeichert sind.[366] **194**
- Bei der Beschlagnahme der auf dem Mailserver eines Providers gespeicherten Daten handelt es sich um eine offene Maßnahme im Sinne der StPO, wenn auch bei Dritten.[367] Ihre Anordnung ist den Verfahrensbeteiligten, auch dem Beschuldigten, grundsätzlich bekanntzumachen (§§ 33 III, IV, 35 StPO), so die frühere Rechtslage.[368] Nunmehr ermöglicht § 95a StPO, die Benachrichtigung des Beschuldigten zurückzustellen und dem Dritten die Offenbarung zu verbieten. **194a**
- Neben der offenen Durchsuchung, bei der Ermittlungspersonen vor Ort und damit für die Betroffenen sichtbar handeln, hat der Gesetzgeber mit § 100b StPO eine gesetzliche Grundlage auch für die (heimliche) **Online-Durchsuchung** geschaffen, bei der der Rechner durch externen Zugriff – vom Betroffenen unbemerkt – mittels einer speziellen Software ausgelesen wird.[369] Die Anforderungen des § 100b StPO entsprechen im Wesentlichen denen der akustischen Wohnraumüberwachung. Mit Beschluss vom 24.6.2025 hat das BVerfG einen Verstoß gegen das Zitiergebot nach Art. 19 II 2 GG im Gesetzgebungsverfahren zu § 100b StPO festgestellt, soweit dieser zu Eingriffen in das durch Art. 10 I GG geschützte Fernmeldegeheimnis ermächtigt. Angesichts der Bedeutung der Online-Durchsuchung für die Strafverfolgung und der Tatsache, dass nur ein einzelner Aspekt beim Zustandekommen **194b**

---

[362] BGH NStZ 2025, 560.

[363] Eine gänzlich andere Problematik stellen sog. **stille SMS** dar, dh von den Ermittlungsbehörden versandte, aber vom Empfänger nicht bemerkbare SMS, die der Standortermittlung des Betroffenen dienen. Die Rechtsgrundlage bildet nach BGH NJW 2018, 2809 für den Versand § 100i I Nr. 2 StPO (nicht § 100a oder § 100h I 1 Nr. 2 StPO), für die Verarbeitung § 100g I 1 Nr. 1 und S. 3 StPO iVm § 9 I 1 Nr. 1 und 5 TTDSG bzw. § 100g II StPO, § 176 IV TKG; vgl. Schmitt/Köhler/Köhler StPO § 100i Rn. 4. Zur **Unionsrechtswidrigkeit der Vorratsdatenspeicherung** in § 176 TKG (§ 113b TKG aF), auf die die Strafverfolgungsbehörden nach § 100g II StPO zugreifen können, vgl. EuGH NJW 2022, 3135 und EuGH NJW 2024, 2099 sowie BVerwG NJW 2024, 98.

[364] Schmitt/Köhler/Köhler StPO § 100a Rn. 6d.

[365] Vgl. auch BVerfG NJW 2009, 2431 (2434), wonach die Eingriffsbefugnisse gem. §§ 94 ff. StPO zwar ursprünglich auf körperliche Gegenstände zugeschnitten seien, der Wortsinn des § 94 StPO es jedoch gestatte, als „Gegenstand" des Zugriffs auch nichtkörperliche Gegenstände zu verstehen.

[366] Vgl. BVerfG NJW 2009, 2431 (2433); vgl. auch Schmitt/Köhler/Köhler StPO § 100a Rn. 6c; vgl. aber auch BGH NJW 2010, 1297, wonach die Anordnung der Beschlagnahme des gesamten auf dem Mailserver des Providers gespeicherten E-Mail-Bestandes eines Beschuldigten regelmäßig gegen das Übermaßverbot verstößt (Schmitt/Köhler/Köhler StPO § 94 Rn. 19a).

[367] Zur Zulässigkeit des **verdeckten** Zugriffs auf beim Provider ruhende E-Mails in Anwendung von § 100a StPO: vgl. Schmitt/Köhler/Köhler StPO § 100a Rn. 6d.

[368] Zur Frage eines hieraus resultierenden Beweisverwertungsverbotes: BGH NStZ 2015, 704.

[369] Zur präventiven Online-Durchsuchung: § 49 BKAG.

der Norm, nicht aber deren inhaltlicher Kern als verfassungswidrig eingestuft wurde, bleibt § 100b StPO aber bis zu einer gesetzlichen Neuregelung vorübergehend in Kraft.[370]

e) Verwertungsverbote in Zusammenhang mit Fehlern bei der Blutentnahme

194c Auch im Zusammenhang mit der Anordnung der Blutentnahme stellt sich die Frage nach der Fehlerfolge, wenn der Richtervorbehalt des § 81a II 1 StPO nicht gewahrt ist. Ein Beweisverwertungsverbot ist gesetzlich nicht angeordnet. Nach der Abwägungslehre kommt **grundsätzlich einer effektiven Strafrechtspflege Vorrang** zu, wenn die Maßnahme – wie regelmäßig – materiell nicht zu beanstanden ist. Etwas anderes muss **(ausnahmsweise)** gelten, wenn der Ermittlungsbeamte bewusst den (hier allerdings nicht verfassungsrechtlich verbürgten) Richtervorbehalt umgeht oder **willkürlich** Gefahr im Verzug bejaht. Auch im Rahmen des § 81a StPO muss der Ermittlungsbeamte zunächst versuchen, den Ermittlungsrichter zu erreichen; außerdem muss er die Gründe für die Annahme von Gefahr im Verzug dokumentieren. Verstöße gegen Letzteres führen aber nicht zu einem Verwertungsverbot. Nicht jede fehlerhafte Bejahung von Gefahr im Verzug begründet jedoch Willkür und damit ein Beweisverwertungsverbot. Die Rüge in der Revision setzt überdies voraus, dass rechtzeitig Widerspruch erhoben wurde.[371]

Die Problematik hat allerdings deutlich an Bedeutung verloren, weil der Gesetzgeber den Richtervorbehalt für bestimmte Verkehrsdelikte – und damit für die Masse der Fälle – aufgehoben hat (§ 81a II 2 StPO).[372] Nach der Rspr. soll **allein** der fortschreitende körpereigene Abbau von Alkohol oder Drogen für eine Bejahung von Gefahr im Verzug nicht ausreichen. Anders ist es bei einem unklaren und komplexen Ermittlungsbild (zB bei Nähe zum Schwellenwert 1,1 Promille, Verdacht von Nachtrunk).[373]

f) Verwertungsverbote in Zusammenhang mit Fehlern bei Zeugenvernehmungen

195 Rechtsfehler treten bei Zeugenvernehmungen insbesondere in Zusammenhang mit den nach §§ 52 III, 55 II StPO notwendigen Belehrungen auf. Schwierigkeiten können sich hier bei der Prüfung der Frage ergeben, ob ein Zeugnis- oder ein Auskunftsverweigerungsrecht besteht und wie gegebenenfalls darüber zu belehren ist (dazu → Rn. 241 ff.; zur Frage, ob eine bestimmte Person als Zeuge oder als Beschuldigter zu vernehmen und gegebenenfalls über das Schweigerecht zu belehren ist, → Rn. 173). Das fehlerhafte Unterlassen der Belehrung eines Zeugen nach § 55 StPO begründet im Rahmen der Revision des Angeklagten kein Verwertungsverbot, da § 55 StPO nicht dem Schutz des Angeklagten, sondern des Zeugen dient („Rechtskreistheorie"). Allenfalls in einem späteren Verfahren gegen den Zeugen führt das Unterlassen der Belehrung zu einem Verwertungsverbot bezüglich seiner früheren Aussage.[374]

196 Für Rechtsfehler bei einer Zeugenvernehmung im Ermittlungsverfahren ist – wie allgemein bei Gesetzesverletzungen in diesem Verfahrensabschnitt – zu beachten, dass sie eine Revision regelmäßig nur dann begründen, wenn die fehlerhafte Zeugenvernehmung trotz eines infolge des Fehlers bestehenden Verwertungsverbots in die Hauptverhandlung eingeführt und im Urteil verwertet wurde, dem Gericht selbst mithin ein revisibler Fehler unterlaufen ist und das Urteil daher auf der Gesetzesverletzung beruht (§ 337 I StPO; → Rn. 162 f., 171). Zudem hängt das Bestehen eines Verwertungsverbots hier in vielen Fallgestaltungen von einem rechtzeitigen Widerspruch des Angeklagten oder seines Verteidigers ab (vgl. das Beispiel bei → Rn. 232).

---

[370] BVerfG BeckRS 2025, 19413.

[371] Schmitt/Köhler/Schmitt StPO § 81a Rn. 32a, 34 mwN.

[372] Die Gesetzesbegründung (BT-Drs. 18/12785, 46) hält fest, dass in diesen Fällen die Anordnungskompetenz von Staatsanwaltschaft und Polizei gleichrangig ist, es also keiner „Regelanfrage" der Polizei bei der Staatsanwaltschaft bedarf.

[373] BVerfG NJW 2008, 3053; 2010, 2864; zum nächtlichen Bereitschaftsdienst: Das BVerfG verlangt einen richterlichen Bereitschaftsdienst auch außerhalb üblicher Geschäftszeiten, zu Nachtzeiten aber nur bei praktischem Bedarf: BVerfG NJW 2004, 1442; 2005, 1637; einen solchen Bedarf verneinen bspw.: OLG Bamberg NZV 2010, 310 und OLG Naumburg BeckRS 2011, 04396, während OLG Hamm NJW 2009, 3109 ihn bejaht. Vgl. Schmitt/Köhler/Köhler StPO § 105 Rn. 20.

[374] Schmitt/Köhler/Schmitt StPO § 55 Rn. 17.

g) Verwertungsverbote in Zusammenhang mit Fehlern beim Einsatz eines Verdeckten Ermittlers oder eines V-Mannes

Verdeckte Ermittler sind Beamte des Polizeidienstes, die unter einer Legende ermitteln (§ 110a II StPO),[375] ein Informant ist eine nicht dem Polizeidienst angehörende Person, der im Einzelfall Vertraulichkeit zugesichert wurde, ein V-Mann ist ein Informant, der längere Zeit mit der Strafverfolgungsbehörde zusammenarbeitet und dessen Identität grundsätzlich geheim gehalten wird (vgl. I Nr. 2 der Anlage D zur RiStBV).[376] Ebenfalls kein Verdeckter Ermittler ist ein Polizeibeamter, der ohne Legende gelegentlich verdeckt auftritt (sog. NoeP – nicht offen ermittelnde Polizeibeamte). Ausdrücklich ist im Gesetz nur die Tätigkeit Verdeckter Ermittler geregelt (§§ 110a ff. StPO). Die Zulässigkeit des Einsatzes von NoePs, Informanten und V-Männern wird aus allgemeinen Regeln (§§ 161 I 1, 163 I StPO) hergeleitet; die §§ 110a ff. StPO sind auf sie nicht anwendbar, ihr Einsatz ist zur Verhinderung oder Aufdeckung besonders gefährlicher und schwer aufklärbarer Straftaten nach der Rechtsprechung erlaubt.[377] 197

Fall: Der Angeklagte wurde unter anderem wegen unerlaubten Handeltreibens mit BtM zu einer Freiheitsstrafe verurteilt. Im Rahmen der Strafzumessungserwägungen führte das Landgericht aus, dass strafmildernd berücksichtigt werde, „dass die Tat durch den direkten Einsatz eines Verdeckten Ermittlers ohne die gesetzlich erforderliche richterliche Genehmigung gefördert" worden sei, da „nur" der Staatsanwalt mündlich dem Einsatz des Polizeibeamten als Scheinaufkäufer zugestimmt habe. Kann die Staatsanwaltschaft diese Erwägung mit der Revision beanstanden? 198

Lösung: Die Revision der Staatsanwaltschaft kann zum Rechtsfolgenausspruch Erfolg haben; dies hängt allerdings von den näheren Umständen des Falls ab.
Einer richterlichen Genehmigung der Tätigkeit des Polizeibeamten als Scheinaufkäufer bedurfte es – wie § 110b II 1 StPO zeigt – nur, wenn er als Verdeckter Ermittler aufgetreten war. Dies setzt voraus, dass er als Beamter des Polizeidienstes **auf Dauer** unter einer Legende ermittelt hat (§ 110a II StPO). Dabei kommt es indes nicht auf zeitliche Mindestgrenzen an; entscheidend ist vielmehr, ob sein Ermittlungsauftrag über einzelne, konkret bestimmte Ermittlungshandlungen hinausging, ob es erforderlich war, eine unbestimmte Vielzahl von Personen über seine wahre Identität zu täuschen und ob im Hinblick auf Art und Umfang des Auftrags abzusehen war, dass die Identität des Beamten längere Zeit geheim gehalten werden muss.[378] Bei einem Polizeibeamten, der lediglich einmal (wenn auch unter Falschnamen) als Scheinaufkäufer verdeckt aufgetreten ist, ist das Vorliegen dieser Voraussetzungen zumindest zweifelhaft.
Es könnte jedoch – wiederum abhängig von den Umständen des Falles – dahingestellt bleiben, ob diese Voraussetzungen hier gegeben sind. Denn auch die Nichterholung einer richterlichen Zustimmung für den Einsatz als Verdeckter Ermittler würde das Auftreten des Scheinaufkäufers nicht ohne Weiteres rechtswidrig machen.[379] Die Handlung des Polizeibeamten könnte nämlich durch die Zustimmung der Staatsanwaltschaft nach § 110b II 2 StPO – bei Gefahr im Verzug – gedeckt und damit rechtmäßig gewesen sein. Insoweit ist zunächst ohne Bedeutung, dass die Staatsanwaltschaft entgegen § 110b I 3 StPO lediglich mündlich zugestimmt hatte; der Verstoß gegen diese Formvorschrift begründet kein Verwertungsverbot. Rechtswidrig könnte der Einsatz des Polizeibeamten aber geworden sein, wenn er erfolgt ist, nachdem gem. § 110b II 4 StPO die staatsanwaltschaftliche Eilgenehmigung wegen der fehlenden richterlichen Zustimmung außer Kraft getreten war; dies teilt der Sachverhalt jedoch nicht mit. § 110b II 4 StPO hat also nicht zur Folge, dass auch der bis dahin erfolgte Einsatz rechtswidrig wird, vielmehr sind lediglich künftige Handlungen des Verdeckten Ermittlers unzulässig. Es kommt im vorliegenden Fall also zum einen

---

[375] Die Identität des Verdeckten Ermittlers kann auch nach Beendigung des Einsatzes geheim gehalten werden (§ 110b III 1 StPO); vgl. dazu Schmitt/Köhler/Köhler StPO § 110b Rn. 8.
[376] Abgedruckt bei Schmitt/Köhler Anh. 3.
[377] Vgl. BGH NJW 2000, 1123; s. auch Schmitt/Köhler/Köhler StPO § 110a Rn. 4; § 163 Rn. 34 ff. mwN.
[378] BGH NStZ 1996, 450 mAnm Rogall; BGH NStZ 1995, 516 mAnm Krey/Jaeger; Schmitt/Köhler/Köhler StPO § 110a Rn. 1, 2.
[379] BGH NStZ 1997, 294; Schneider NStZ 2004, 359 (363); Schmitt/Köhler/Köhler StPO § 110b Rn. 11.

darauf an, ob der Polizeibeamte überhaupt als Verdeckter Ermittler eingesetzt war; sollte dies bejaht werden, wäre entscheidend, ob er seine Tätigkeit innerhalb von drei Tagen nach der Eilanordnung der Staatsanwaltschaft abgeschlossen hatte.
Auch dann ist aber der Erfolg der Staatsanwaltsrevision nicht garantiert, da sogar der rechtmäßige Einsatz eines Verdeckten Ermittlers strafmildernd zu berücksichtigen ist, wenn durch ihn der Angeklagte gezielt zur Begehung einer Straftat provoziert wurde.[380] Diese Rechtsprechung kann auf den Einsatz von Lockspitzeln übertragen werden. Sollte dagegen materiell eine rechtsstaatswidrige Tatprovokation vorliegen, wäre sogar zu fragen, ob die Gewährung nur eines Strafrabatts ausreichend ist oder ob nicht vielmehr das Verfahren gänzlich einzustellen wäre. Zu dieser – examensrelevanten – Frage: vgl. → Rn. 64a.
Hätte sich der Angeklagte auf die Unverwertbarkeit rechtswidriger Erkenntnisse aus dem Einsatz eines Verdeckten Ermittlers berufen, etwa weil schon ein Anfangsverdacht iSd § 110a StPO nicht bestanden habe, so hätte er zudem der Verwertung innerhalb der sich aus § 257 StPO ergebenden zeitlichen Grenzen widersprechen müssen.[381]

199 Aus dem Wesen des von der StPO zugelassenen Einsatzes von Verdeckten Ermittlern folgt, dass dieser nicht gehalten ist, den Beschuldigten, gegen den er eingesetzt ist, über sein Schweigerecht zu belehren, wenn dieser dazu ansetzt, über die Tat zu berichten. Ein Verstoß gegen den Nemo-tenetur-Grundsatz soll jedoch vorliegen, wenn ein Verdeckter Ermittler unter Ausnutzung eines geschaffenen Vertrauensverhältnisses den Beschuldigten beharrlich zu einer Aussage drängt und ihm in einer vernehmungsähnlichen Befragung Äußerungen zum Tatgeschehen entlockt, obwohl dieser sich bereits gegenüber einem Polizeibeamten auf sein Schweigerecht berufen hatte; eine solche Beweisgewinnung hat regelmäßig ein Beweisverwertungsverbot zur Folge.[382]

V. Fehler in der Hauptverhandlung[383]

1. Unterlassene oder fehlerhafte Feststellung der Personalien des Angeklagten

200 Die Vernehmung des Angeklagten zur Person (vgl. § 243 II 2 StPO) dient der Feststellung seiner Identität. Zu Angaben hierüber ist der Angeklagte verpflichtet (vgl. § 111 OWiG); Zwangsmittel sieht das Gesetz nicht vor.

201 **Hinweis:** Ist die Feststellung der Personalien des Angeklagten unterlassen oder unzureichend vorgenommen worden, kann dies die Revision grundsätzlich nicht begründen, da das Urteil darauf nicht beruhen kann.[384] Von den Feststellungen der Personalien sind die Feststellungen zu den persönlichen Verhältnissen zu unterscheiden. Letztere betreffen insbesondere den Werdegang, die familiären und wirtschaftlichen Verhältnisse des Angeklagten sowie etwaige Vorstrafen und dürfen nur erhoben werden, wenn der Angeklagte zuvor nach § 243 V 1 StPO belehrt wurde (zu den Folgen eines Verstoßes gegen diese Belehrungspflicht: → Rn. 207), der Angeklagte muss insofern keine Angaben machen.

2. Unterlassene Verlesung der Anklage

202 Die Verlesung des Anklagesatzes gehört zu den wesentlichen Förmlichkeiten iSd § 273 I 1 StPO, deren Einhaltung gem. § 274 StPO grundsätzlich nur durch das Protokoll bewiesen

[380] BGH NStZ 1995, 516 mAnm Krey/Jaeger; s. auch Schmitt/Schmitt StPO Einl. Rn. 148a ff.; Fischer/Fischer StGB § 46 Rn. 68.

[381] Zur tat- und revisionsgerichtlichen Überprüfung, ob der den Einsatz eines Verdeckten Ermittlers rechtfertigende Verdacht einer Katalogtat bestand: BGH NStZ 1997, 249 mAnm Bernsmann; zur Erforderlichkeit eines Widerspruchs: vgl. Schmitt/Köhler/Köhler StPO § 110b Rn. 11 mwN.

[382] Vgl. BGH NJW 2007, 3138 mAnm Meyer-Mews sowie BGH NStZ 2009, 343. In der Praxis leistet diese Rechtsprechung dem schnelleren Einsatz heimlicher Ermittlungsmethoden Vorschub, da es die Ermittlungsbehörden nicht auf eine offene Vernehmungssituation ankommen lassen werden, wenn dies sie am späteren Einsatz des Verdeckten Ermittlers hindert.

[383] Soweit Gesetzesverletzungen in der Hauptverhandlung zum Vorliegen absoluter Revisionsgründe führen, sind sie bei → Rn. 125 ff. behandelt.

[384] Schmitt/Köhler/Schmitt StPO § 243 Rn. 37.

werden kann.[385] Ein Verstoß gegen § 243 III 1 StPO führt nicht zum Vorliegen eines absoluten Revisionsgrundes, auf ihm wird das Urteil indes häufig beruhen (§ 337 I StPO). Ausnahmen, in denen es am Beruhen fehlt, sind möglich in Fällen, in denen der Zweck der Verlesung nicht beeinträchtigt wurde. Dieser Zweck besteht vor allem darin, den Schöffen, denen der Inhalt der Anklage nicht bekannt ist, den geschichtlichen Vorgang mitzuteilen, auf den sich das Verfahren bezieht. Dadurch soll es ihnen ermöglicht werden, ihr Augenmerk auf die für die Urteilsfindung wesentlichen Umstände zu richten. Die Verlesung soll aber auch dazu dienen, dem Angeklagten nochmals (ihm wurde die Anklage ja bereits zugestellt, vgl. § 201 I StPO) deutlich zu machen, worüber verhandelt wird.[386] Zumindest mittelbar sichert die Vorschrift die Information der Öffentlichkeit über den Gegenstand des Verfahrens.

Hinweis: Die unterlassene Verlesung des Anklagesatzes führt als Verstoß gegen § 243 III 1 StPO zu einem relativen Revisionsgrund, der als Verfahrensrüge geltend zu machen ist. Auf dem Fehler wird das Urteil regelmäßig beruhen, es sei denn, es handelte sich um einen einfach gelagerten Sachverhalt oder einen sonstigen Fall, in dem sich aufgrund besonderer Umstände ausschließen lässt, dass sich das Nichtverlesen des Anklagesatzes auf das Verhandlungsergebnis ausgewirkt hat, zB weil die Prozessbeteiligten auf andere Weise über den Untersuchungsgegenstand zweifelsfrei unterrichtet worden sind.[387] 203

Wenn die Anklage eine Vielzahl von gleichförmigen Taten oder Tateinzelakten enthält, genügt es allerdings, wenn der Anklagesatz nur insoweit verlesen wird, als in ihm die gleichförmige Tatausführung, die die Merkmale der Straftat erkennen lässt, beschrieben wird und die Gesamtzahl der Taten, der Tatzeitraum und (bei entsprechenden Delikten) der Gesamtschaden gesondert angegeben werden. Der BGH argumentiert insofern mit einer teleologischen Reduktion des Wortes „verlesen". Er trägt damit einem Bedürfnis der Praxis Rechnung, die ansonsten dazu gezwungen wäre, stunden-, ja tagelang Tabellen verlesen zu lassen, ohne dass dem ein erkennbarer Informationsgewinn gegenüberstünde.[388] In diesem Sonderfall wird also – entgegen dem Wortlaut des Gesetzes – nur ein Teil des Anklagesatzes verlesen. 204

Wird die Anklage ihrer Umgrenzungsfunktion im Anklagesatz nicht gerecht, ist sie aber wirksam, weil die notwendigen ergänzenden Angaben im Wesentlichen Ergebnis der Ermittlungen vorhanden sind (dazu → Rn. 71a ff.), begründet die Verlesung eines seiner Funktion nicht gerecht werdenden unzureichenden Anklagesatzes nach der Rechtsprechung ebenfalls die Rüge des § 243 III 1 StPO.[389] Dies gilt ungeachtet der Tatsache, dass formaliter der Anklagesatz vollständig verlesen wurde. 205

3. Unterlassene Mitteilung über verständigungsvorbereitende Gespräche, § 243 IV StPO

Hierzu wird auf → Rn. 303 verwiesen. 205a

4. Unterlassene oder fehlerhafte Belehrung des Angeklagten über seine Rechte

Nach der Verlesung des Anklagesatzes – jedenfalls vor dem Beginn der Beweisaufnahme – ist der Angeklagte über sein Schweigerecht zu belehren (§ 243 V 1 StPO). 206

Hinweis: Eine Verletzung dieser Belehrungspflicht begründet die Revision, wenn der Angeklagte sein Schweigerecht nicht kannte oder dies zumindest nicht auszuschließen ist. Bei einem im Zeitpunkt der Vernehmung verteidigten Angeklagten kann man jedoch grundsätzlich davon ausgehen, dass er über das Schweigerecht schon von seinem Rechtsanwalt unterrichtet wurde, dass er dieses also kannte. Der Gesetzesverstoß ist mit einer Verfahrensrüge geltend zu machen, 207

[385] Zu einer Protokollberichtigung: vgl. → Rn. 121.
[386] Schmitt/Köhler/Schmitt StPO § 243 Rn. 13.
[387] Vgl. Schmitt/Köhler/Schmitt StPO § 243 Rn. 38.
[388] BGH NJW 2011, 1687. Zur Notwendigkeit, die Tabellen in den Anklagesatz aufzunehmen: → Rn. 75a.
[389] BGH NStZ 2006, 649. Es ließe sich ebenso (und sogar schlüssiger) vertreten, dass in dieser Fallkonstellation § 243 III StPO gewahrt ist (der nur auf das formale Verlesen des Anklagesatzes abstellt), aber Hinweispflichten des Gerichts zum Ausgleich der Defizite der Anklage entsprechend § 265 StPO verletzt sind. So im Ergebnis auch MüKoStPO/Arnoldi § 243 Rn. 127.

in der mitgeteilt werden muss, dass keine Belehrung erfolgt ist. Bewiesen wird dies durch das Protokoll (§ 274 StPO). Ob der Angeklagte neben der Verletzung des § 243 V 1 StPO auch darlegen muss, dass er von seinem Schweigerecht nicht wusste, ist im Hinblick darauf umstritten,[390] dass er zu Ausführungen über das Beruhen an sich nicht verpflichtet ist. Vorsorglich sollte der Verteidiger des Angeklagten dazu in der Revisionsbegründung aber Stellung nehmen.

5. Fehler bei der Mitwirkung eines Dolmetschers

208 Ist eine der an der Hauptverhandlung beteiligten Personen nicht (ausreichend) der deutschen Sprache mächtig, ist ein Dolmetscher zuzuziehen (§§ 185 I 1, 187 I 1 GVG)[391], der nach § 189 I GVG (vorbehaltlich Abs. 2) zwingend zu vereidigen ist. Letzteres kann durch die Berufung auf seinen allgemeinen Eid ersetzt werden, § 189 II GVG.[392] Ein Verzicht auf die Vereidigung ist nicht möglich.[393]

209 **Hinweis:** Ein Dolmetscher muss während der gesamten Verhandlung anwesend sein und übersetzen, wenn der Angeklagte der deutschen Sprache nicht mächtig ist (§ 185 I GVG, § 259 I StPO). Seine zeitweilige Abwesenheit oder sein Fehlen führt daher zum absoluten Revisionsgrund des § 338 Nr. 5 StPO. Fehler in Zusammenhang mit der Vereidigung des Dolmetschers stehen der Abwesenheit nicht gleich, können aber grundsätzlich die Revision nach § 337 StPO begründen. Auf einer unterlassenen Vereidigung wird das Urteil regelmäßig beruhen, die Vereidigung verdeutlicht dem Dolmetscher seine besondere Verantwortung für die Wahrheitsfindung;[394] auf einer nur fehlerhaft vorgenommenen in der Regel nicht (vgl. dazu auch das Beispiel bei → Rn. 223). In Ausnahmefällen kann auch bei Fehlen einer Vereidigung ein Beruhen dann nicht gegeben sein, wenn in dem konkreten Fall die Zuverlässigkeit des Dolmetschers auf andere Weise sichergestellt werden kann.[395]

Auch im Übrigen, also vor allem bei nicht der deutschen Sprache mächtigen Zeugen, kann nur ein relativer Revisionsgrund gegeben sein. In allen Fällen sind die Gesetzesverletzungen mit einer Verfahrensrüge geltend zu machen.[396] Die Beanstandung, der Dolmetscher habe nicht richtig übersetzt, kann in der Revision nicht mit Aussicht auf Erfolg erhoben werden, weil diese Behauptung regelmäßig nicht bewiesen werden kann.

6. Fehler bei der Vernehmung des Angeklagten zur Sache

210 Eine nicht erschöpfende Vernehmung des Angeklagten, für die dieselben Grundsätze wie beim Zeugen gelten (dazu → Rn. 249 f.), kann in der Revision nur mittels einer Aufklärungsrüge (dazu → Rn. 268 ff.) beanstandet werden. Diese ist jedoch – wie auch beim Zeugen – regelmäßig erfolglos, wenn lediglich behauptet wird, dem Angeklagten seien bestimmte Fragen nicht gestellt worden.[397] Denn der Revisionsführer hatte im tatgerichtlichen Verfahren selbst ausreichend Gelegenheit, das Beweismittel, zu dem – im weiten Sinne – auch der Angeklagte zählt, „auszuschöpfen". Dagegen macht das völlige Unterlassen der Anhörung den Angeklagten zum Objekt des Strafverfahrens und wird die Revision mit der Verfahrensrüge regelmäßig begründen. Die gegenseitige Befragung durch Mitangeklagte ist nicht zulässig (§ 240 II 2 StPO).

211 **Hinweis:** Werden bestimmte Fragen an den Angeklagten nicht zugelassen (§ 241 II StPO), kann dies in der Revision beanstandet werden, wenn das Gericht – nicht nur der Vorsitzende – die Frage durch Beschluss zurückgewiesen hat oder wenn gegen eine entsprechende Anordnung des

---

[390] Vgl. Schmitt/Köhler/Schmitt StPO § 243 Rn. 39.

[391] Für das Ermittlungsverfahren ergibt sich die Anwendung des § 187 I GVG aus § 163a V StPO. Auf die Zeugenvernehmung findet § 185 I GVG über § 163 VII bzw. § 161a V StPO Anwendung.

[392] Zur Aufnahme ins Protokoll (Anlass, Zuziehung, Vereidigung und Tätigkeit) nach §§ 272 Nr. 2, 273 I 1 StPO: vgl. BGH wistra 2005, 272.

[393] BGH BeckRS 2025, 33941.

[394] BGH BeckRS 2025, 33941.

[395] BGH BeckRS 2025, 33941.

[396] Vgl. BGH NStZ 2002, 275; zum Ganzen: Schmitt/Köhler/Schmitt StPO § 338 Rn. 44 und GVG § 185 Rn. 13, § 189 Rn. 3.

[397] BGH NStZ 2000, 156 (157); 1997, 450; Schmitt/Köhler/Schmitt StPO § 243 Rn. 40.

Vorsitzenden ein Gerichtsbeschluss gem. §§ 238 II, 242 StPO herbeigeführt wurde und die Frage tatsächlich zulässig war. Eine solche Gesetzesverletzung, also der Verstoß gegen §§ 240 II 1, 241 StPO, ist mit der Verfahrensrüge geltend zu machen, deren Tatsachenvortrag dem einer Aufklärungsrüge entspricht (zu dieser → Rn. 268 ff.).

Nach § 243 V 2 iVm § 136 II StPO erfolgt die Vernehmung des Angeklagten zur Sache grundsätzlich durch mündliche Befragung und mündliche Antwort.[398] Problematisch sind daher die in der Praxis zunehmenden Fälle, in denen der Angeklagte (oder sein Verteidiger) nur eine vorbereitete Erklärung verliest, er (oder sein Verteidiger) eine solche Erklärung dem Gericht übergibt, ohne dass sich der Angeklagte zur Sache äußert, oder lediglich der Verteidiger für den schweigenden Angeklagten eine Erklärung abgibt. Hier gilt Folgendes: 212

- Verliest der Angeklagte oder sein Verteidiger eine Erklärung zur Sache, wird der entsprechende mündliche Vortrag und gegebenenfalls die Erklärung des Angeklagten, dass er sich den Inhalt der vom Verteidiger verlesenen Erklärung zu eigen mache, Gegenstand der Hauptverhandlung und muss im Rahmen der Beweiswürdigung im erforderlichen Umfang berücksichtigt werden.[399] Ein formeller Urkundsbeweis liegt darin nicht. Revisionsrechtlich bedeutsam ist dies deshalb, weil der Angeklagte nicht rügen kann, das Gericht habe in Widerspruch zur schriftlich verlesenen Stellungnahme eine hiervon abweichende Einlassung des Angeklagten seiner Beweiswürdigung zugrunde gelegt (§ 261 StPO; dazu → Rn. 325). 213
- Will der Angeklagte zum Tatvorwurf mündlich keine Angaben machen und legt er stattdessen eine schriftliche Stellungnahme dem Gericht vor, handelt es sich zwar um eine grundsätzlich verlesbare Urkunde, da das Gesetz eine Verlesung nicht ausschließt.[400] Das Gericht, wiewohl verpflichtet, eine schriftliche Erklärung des Angeklagten zur Kenntnis zu nehmen,[401] ist aber regelmäßig nicht verpflichtet, „die schriftliche Einlassung eines Angeklagten als Urkunde zu verlesen, da seine mündliche Vernehmung nicht durch die gerichtliche Verlesung einer schriftlichen Erklärung ersetzt werden kann" (BGH NStZ 2007, 349).[402] Die Verlesung einer vor der Hauptverhandlung abgegebenen schriftlichen Stellungnahme des Angeklagten[403] zum Tatgeschehen als Urkunde wird aber in Betracht kommen, wenn eine Divergenz zur mündlichen Einlassung des Angeklagten in der Hauptverhandlung besteht und das Gericht hieraus Rückschlüsse auf die Glaubhaftigkeit der mündlichen Einlassung ziehen will; ebenso kommt die Einführung eines schriftlichen Geständnisses des Angeklagten im formellen Urkundsbeweis in Betracht, wenn das Gericht dieses als Grundlage (vgl. § 261 StPO) für sein Urteil heranziehen will.[404] Im Übrigen – das übergebene Schreiben ist Aktenbestandteil geworden – ist das Gericht unter Aufklärungsgesichtspunkten (vgl. § 244 II StPO) verpflichtet, „die Beweisaufnahme auf alle nach dem Inhalt des Schreibens sich aufdrängenden Tatsachen und Beweismittel zu erstrecken."[405] 214

---

[398] Vgl. BGH NStZ 2004, 163 (164); 2008, 527; zu einem (unbegründeten) Befangenheitsantrag, nachdem das Tatgericht die Verlesung einer Erklärung durch den Verteidiger abgelehnt hatte: BGH NStZ 2008, 349 mAnm Schlösser NStZ 2008, 310.

[399] BGH NStZ 2004, 163; zum geminderten Beweiswert einer vom Verteidiger verlesenen schriftlichen Einlassung des Angeklagten, wenn Nachfragen nicht zugelassen wurden: BGH NStZ 2008, 476 (477) und 2021, 180 (182); vgl. auch BGH NStZ 2009, 173, wonach eine schriftlich vorbereitete Erklärung nicht dadurch zum Bestandteil des Hauptverhandlungsprotokolls wird, dass der Verteidiger diese im Einverständnis des Angeklagten oder seiner Billigung abgibt und sie sodann (unnötigerweise) vom Gericht entgegengenommen wird; vgl. weiter Schmitt/Köhler/Schmitt StPO § 261 Rn. 16a sowie § 243 Rn. 30 f.

[400] Vgl. BGH NStZ 2008, 527 (528).

[401] BGH NStZ 2013, 59 (dort hatte der Vorsitzende die Erklärung zerrissen; gleichwohl blieb die Revision ohne Erfolg, weil der BGH ausschließen konnte, dass die – in der Revision vorgetragene – Erklärung das Verfahren oder Urteil beeinflusst hätte).

[402] Vgl. auch BGH NStZ 2008, 527 zur Behandlung hierauf gerichteter Beweisanträge und BGH NStZ 2025, 382; vgl. aber auch Schmitt/Köhler/Schmitt StPO § 243 Rn. 30a, der unter bestimmten Umständen eine Verlesung für erforderlich hält.

[403] Zu schriftsätzlichen Ausführungen des Verteidigers vgl. BGHSt 39, 305 = NJW 1993, 3337.

[404] BGH NStZ 2008, 527 (528).

[405] BGH NStZ 2008, 527 (528); vgl. zur Aufklärungsrüge → Rn. 268 ff.

214a • In besonders umfangreichen Verfahren vor dem Land- bzw. Oberlandesgericht gibt die StPO nunmehr dem Verteidiger das Recht zu einer Eröffnungserklärung (§ 243 V 3 StPO); der Verteidigung kann – wenn die Erklärung das Verfahren verzögert – die schriftliche Einreichung aufgegeben werden (§ 243 V 4 StPO).

215 • Fraglich ist, unter welchen Voraussetzungen Erklärungen des Verteidigers, die dieser zum Tatvorwurf in Anwesenheit des schweigenden Angeklagten abgibt, als Einlassung des Angeklagten verwertet (vgl. § 261 StPO) werden dürfen. Da der Verteidiger – abgesehen von Ausnahmefällen (vgl. § 234 StPO) – grundsätzlich nicht (allgemeiner) Vertreter des Beschuldigten, sondern dessen Beistand ist,[406] ist eine solche Verteidigererklärung als Einlassung des Angeklagten nur verwertbar (vgl. § 261 StPO), wenn der Angeklagte seinen Verteidiger ausdrücklich zur Abgabe einer solchen Erklärung bevollmächtigt oder diese nachträglich genehmigt hat.[407] Das gilt grundsätzlich auch für Erklärungen nach § 243 V 3, 4 StPO (str.).[408]

7. Fehler in Zusammenhang mit der durchgeführten Beweisaufnahme

a) Fehler bei der Einnahme eines Augenscheins

216 Die Einnahme eines Augenscheins ist eine weitgehend unproblematische Beweiserhebung (zur Abgrenzung zum Urkundenbeweis: → Rn. 219). Aus revisionsrechtlicher Sicht ist zu beachten, dass der Eintrag im Protokoll, nach dem etwa ein Lichtbild „zum Gegenstand der Verhandlung" gemacht wurde, die Einnahme eines Augenscheins nicht nachweist, da dieselbe Formulierung auch bei einem bloßen Vorhalt (dazu → Rn. 235 f.) verwendet werden kann. Hilft in solchen Fällen auch die Auslegung des Protokolls nicht weiter, so ist es unklar und ihm kommt nicht die Beweiswirkung des § 274 StPO zu; das Revisionsgericht wird dann versuchen, den tatsächlichen Hergang im Freibeweisverfahren zu klären.[409] Bleiben auch dann noch Zweifel daran, ob ein Augenschein oder ein Vorhalt erfolgt ist, kommt eine Auslegung zugunsten des Angeklagten nicht in Betracht; Verfahrensfehler müssen nachgewiesen sein.[410]

217 Ein besonderer Augenschein[411] – nämlich zugleich ein Vernehmungssurrogat bzw. eine Vernehmungsergänzung – ist das Abspielen einer Videoaufzeichnung einer früher (im Ermittlungsverfahren, vgl. § 58a StPO) durchgeführten Zeugenvernehmung gem. § 255a StPO. Die Vorführung einer solchen Bild-Ton-Aufzeichnung ist zum einen unter den Voraussetzungen der §§ 251 ff. StPO zulässig (§ 255a I StPO). Zum anderen kann sie in den in § 255a II StPO aufgeführten Fällen erfolgen; Voraussetzung ist dann aber, dass es sich um eine richterliche Vernehmung handelte und der Angeklagte *und* sein Verteidiger die Möglichkeit hatten, an dieser mitzuwirken. War der Beschuldigte daher beispielsweise von der Teilnahme an der aufgezeichneten Zeugenvernehmung nach § 168c III StPO ausgeschlossen, scheidet deren Vorführung in der Hauptverhandlung selbst dann aus, wenn sein Verteidiger an dieser Vernehmung teilgenommen hat.[412] Macht der Zeuge nachträglich von seinem Zeugnisverweigerungsrecht Gebrauch, darf – wie der Hinweis auf § 252 StPO in § 255a I StPO zeigt – die Videoaufzeichnung nicht in die Hauptverhandlung eingeführt werden; in den Fällen des § 255a II StPO ist das Einführen und Verwerten der Aufzeichnung dagegen trotz einer nachträglichen Zeugnisverweigerung durch den Zeugen möglich, da es sich um vorverlagerten Teil der Hauptverhandlung handelt.[413] Die Vorführung einer Bild-Ton-Aufzeichnung einer (auch nicht-richterlichen) Beschuldigtenvernehmung erlaubt § 254 StPO.

---

[406] Vgl. Schmitt/Köhler/Schmitt StPO Vor § 137 Rn. 1 mwN; Schmitt/Köhler/Schmitt StPO § 234 Rn. 10; § 243 Rn. 27.

[407] Lesenswert: BGH NStZ 2021, 180 (182); vgl. auch Schmitt/Köhler/Schmitt StPO § 261 Rn. 16a.

[408] Schmitt/Köhler/Schmitt StPO § 243 Rn. 31c.

[409] Vgl. BGH NStZ-RR 2004, 237.

[410] Relevant werden kann dies bspw. in Fällen eines „Augenscheins", der während einer Zeugenvernehmung erfolgte, bei der der Angeklagte nach § 247 StPO ausgeschlossen war; vgl. BGH NStZ-RR 2004, 237 und → Rn. 149.

[411] Schmitt/Köhler/Schmitt StPO § 255a Rn. 1.

[412] Schmitt/Köhler/Schmitt StPO § 255a Rn. 8b.

[413] BGH NStZ 2020, 181; Schmitt/Köhler/Schmitt StPO § 255a Rn. 3, 8a.

Nach jeder Beweiserhebung haben Angeklagter, Verteidiger und Staatsanwalt Gelegenheit, zu 218
dieser eine Erklärung abzugeben (§ 257 I, II StPO).[414] Auf dieses Recht kann der Angeklagte bereits (und nur) zu Beginn der Beweisaufnahme hingewiesen werden; auf einen einzelnen Verstoß gegen § 257 StPO kann die Revision zwar grundsätzlich gestützt werden, allerdings wird das Urteil hierauf regelmäßig nicht beruhen.[415] Bedeutung hat § 257 StPO auch und vor allem für die jeweilige Beweiserhebung betreffende Verwertungsverbote (spätester Zeitpunkt des Widerspruchs, vgl. zB → Rn. 172, 176).

b) Fehler bei der Verlesung von Urkunden

aa) Allgemeines

Urkunden können als Gegenstand eines Augenscheins oder als Mittel eines Urkundenbewei- 219
ses in die Hauptverhandlung eingeführt und im Urteil verwertet werden. Der Urkundenbeweis ist zu erheben, wenn es auf den gedanklichen Inhalt des Schriftstücks ankommt, ein Augenschein wird eingenommen, wenn dessen äußere Beschaffenheit von Bedeutung ist.[416] Die Erhebung des Urkundenbeweises erfolgt grundsätzlich durch Verlesen (§ 249 I 1 StPO; aber § 249 II StPO).[417] Soll eine Fotokopie verlesen und als Urkunde verwertet werden, muss das Gericht die Übereinstimmung mit dem Original im Strengbeweisverfahren feststellen.[418] Elektronische Dokumente stehen Urkunden gleich (§ 249 I 2 StPO).

Übersicht: Verlesbarkeit von Urkunden 220

Grundsatz: Urkunden dürfen zur Feststellung ihres Inhalts verlesen werden (§ 249 I 1 StPO)

⇓

Ausnahme: Urkunden, die Niederschriften über Wahrnehmungen eines Zeugen oder eines Sachverständigen enthalten, dürfen nicht verlesen werden; hier ist die Zeugen- oder Sachverständigenvernehmung vorrangig (§ 250 StPO).

⇓

Verlesen werden dürfen trotz § 250 StPO

- Vernehmungsniederschriften in den Fällen der §§ 251, 253 I StPO, es sei denn, der vernommene Zeuge macht in der Hauptverhandlung von seinem Aussageverweigerungsrecht Gebrauch (§ 252 StPO).
- Richterliche Vernehmungsniederschriften über ein Geständnis des Beschuldigten (§ 254 I StPO) oder Protokolle über frühere Aussagen – auch eines Zeugen (vgl. § 253 II StPO) – zur Feststellung oder Behebung eines in der Hauptverhandlung hervortretenden Widerspruchs (vgl. § 254 II StPO).
- Erklärungen von Behörden, Sachverständigen oder Ärzten in den Fällen des § 256 StPO.

---

[414] Zu weiteren Äußerungsberechtigten: Schmitt/Köhler/Schmitt StPO § 257 Rn. 3, 6.

[415] BGH BeckRS 2016, 16539; Schmitt/Köhler/Schmitt StPO § 257 Rn. 2, 9 mwN; vgl. zu den Anforderungen an eine Verfahrensrüge, die Befugnis des Verteidigers, sich nach einer Beweiserhebung zu äußern, sei verletzt worden: BGH NStZ 2007, 234 f. und BGH NStZ 2025, 123.

[416] Schmitt/Köhler/Schmitt StPO § 249 Rn. 1, 7.

[417] Zur Durchführung und Protokollierung des Selbstleseverfahrens: Schmitt/Köhler/Schmitt StPO § 249 Rn. 16 ff.; zum Selbstleseverfahren ohne Beteiligung der Nebenklage: BGH NJW 2024, 2475; zur Einführung einer Urkunde durch einen Vorhalt: unten → Rn. 235 f.

[418] BGH NStZ-RR 1999, 176; Schmitt/Köhler/Schmitt StPO § 249 Rn. 6.

bb) Urkundenbeweis und Verwertungsverbote in Bezug auf frühere Aussagen des Beschuldigten

221 Polizeiliche und staatsanwaltschaftliche Protokolle über Vernehmungen des Beschuldigten dürfen nicht zum Zweck der Beweisaufnahme über ihren Inhalt verlesen werden; § 254 StPO begründet insoweit ein Verwertungsverbot[419] (Ausnahme: Niederschriften über Vernehmungen von Mitbeschuldigten können nach § 251 I, II StPO verlesbar sein). Ein weitergehendes Beweis- oder Verwertungsverbot enthält § 254 StPO aber nicht, der lediglich der (regelmäßig nicht wörtlichen) Protokollierung durch Ermittlungspersonen kein hinreichendes Vertrauen schenkt. Deshalb dürfen (und müssen) beispielsweise Polizeibeamte, die den Beschuldigten vernommen haben, als Zeugen über den Inhalt dieser Vernehmung gehört werden (im Einzelnen → Rn. 255 ff.).[420] Diese Besorgnis besteht aber nicht, wenn eine Bild-Ton-Aufzeichnung vorliegt. Diese darf daher – wie das Gesetz nunmehr ausdrücklich regelt – auch dann zum Nachweis eines Geständnisses verwertet werden, wenn es sich um eine nichtrichterliche Vernehmung handelt.

222 Das Protokoll bzw. die Aufzeichnung einer Vernehmung des Beschuldigten darf nach § 254 I StPO nur dann verlesen bzw. verwertet werden, wenn die Vernehmung ordnungsgemäß durchgeführt und protokolliert wurde.[421] Zu beachten ist hierbei aber, dass die Rechtsprechung Verwertungsverbote in Zusammenhang mit nicht ordnungsgemäßen Beschuldigtenvernehmungen – etwa im Fall der unterbliebenen Belehrung des Beschuldigten über sein Schweigerecht (→ Rn. 172 ff.) oder aber im Falle der Verletzung einer Benachrichtigungspflicht gegenüber dem Verteidiger nach § 168c V 1 StPO (der auch für staatsanwaltschaftliche und polizeiliche Vernehmungen gilt, § 163a III 2, IV 3 StPO) – regelmäßig nur dann annimmt, wenn der Beschuldigte oder sein Verteidiger der Verwertung bis zum Zeitpunkt des § 257 StPO widersprochen hat.

223 **Fall:** Dem Angeklagten wird schwerer Raub zur Last gelegt. Er hatte den Tatvorwurf zunächst bestritten, anlässlich seiner zweiten ermittlungsrichterlichen Vernehmung die Tat aber gestanden. Bei dieser Vernehmung war ein Dolmetscher zugezogen, der nach dem Protokoll weder vereidigt worden war noch sich auf eine allgemeine Vereidigung berufen hatte. Später machte der Angeklagte keine Angaben zur Sache mehr. Das Gericht hat das Protokoll der zweiten ermittlungsrichterlichen Vernehmung trotz des Widerspruchs des Verteidigers verlesen und auch verwertet. Kann sich der Verteidiger dagegen mit der Revision wenden und wie muss er dies gegebenenfalls tun?

Lösung: Der Verteidiger wird eine Verfahrensrüge mit folgendem Inhalt erheben:
„Gerügt wird die Verletzung des § 254 I StPO.

a) Das Gericht hat in der Hauptverhandlung trotz des Widerspruchs des Verteidigers eine richterliche Vernehmungsniederschrift über ein Geständnis des Angeklagten verlesen und dieses im Urteil auch verwertet.
Im Einzelnen ergibt sich der Ablauf hierzu aus dem Protokoll über die Hauptverhandlung vom … (Bl. … d. A.), das insoweit folgende Eintragungen enthält:,…' [Wiedergabe der Verlesungsanordnung des Vorsitzenden, des Widerspruchs des Verteidigers und der Durchführung der Verlesung].
Die Vernehmungsniederschrift war indes nicht ordnungsgemäß zustande gekommen, da der zugezogene Dolmetscher nicht vereidigt worden war. Dies wird durch das Protokoll über die verlesene Vernehmung des Beschuldigten vom … (Bl. … d. A.) bewiesen, das folgenden Inhalt hat:,…' [vollständige Wiedergabe der verlesenen Vernehmungsniederschrift].
b) Damit ist gegen § 254 I StPO verstoßen. Nach dieser Vorschrift darf ein Protokoll nur verlesen werden, wenn die Vernehmung ordnungsgemäß durchgeführt wurde. Hier wurde jedoch § 189

---

[419] Vgl. Schmitt/Köhler/Schmitt StPO § 254 Rn. 6; BGH BeckRS 2025, 31301.

[420] Das Protokoll darf vorgehalten werden, entscheidend ist aber, an was sich die Verhörsperson erinnert. § 253 I StPO findet insoweit keine Anwendung, weil es sich nicht um das Protokoll einer Vernehmung der Verhörsperson handelt (BGH StraFo 2013, 286).

[421] Schmitt/Köhler/Schmitt StPO § 254 Rn. 4; zu Vernehmungen, die im Ausland durchgeführt wurden, vgl. Schmitt/Köhler/Schmitt StPO § 251 Rn. 33 ff.

GVG nicht beachtet, sodass die Verlesung und damit auch die Verwertung der Niederschrift unzulässig waren.[422]

c) Auf diesem Fehler beruht das Urteil (§ 337 I StPO). Wie sich aus den Entscheidungsgründen (UA …) ergibt, wurde die Verurteilung auf das frühere Geständnis des Beschuldigten gestützt, dessen ordnungsgemäße Übersetzung indes nicht gewährleistet war."[423]

Ob hier die für richterliche Untersuchungshandlungen vorgeschriebenen Förmlichkeiten beachtet wurden, hat das Revisionsgericht im Freibeweisverfahren festzustellen. § 274 StPO gilt für solche außerhalb der Hauptverhandlung aufgenommen Protokolle nicht (vgl. Wortlaut und Stellung des § 274 StPO). Das Revisionsgericht wird daher dienstliche Stellungnahmen des Ermittlungsrichters und des Protokollführers sowie eine Erklärung des Dolmetschers erholen; daneben kommt aber auch dem Schweigen des Protokolls wegen § 168a I StPO Beweiswert zu, sodass sich der Verteidiger – da ihm die anderen Freibeweismittel gegenwärtig noch nicht zur Verfügung stehen – allein auf dieses Protokoll berufen darf.[424]

Hinweis: § 254 I StPO regelt nur den Urkundenbeweis, aus ihm wird kein über seinen Wortlaut hinausgehendes Verwertungsverbot hergeleitet. Über eine frühere Aussage des Beschuldigten darf daher insbesondere durch die Vernehmung der Verhörperson, also mittels eines Zeugen, Beweis erhoben werden. Verlesen werden darf – abgesehen von der Feststellung von Widersprüchen – nur ein Geständnis und auch dieses lediglich dann, wenn es im Rahmen einer richterlichen Vernehmung abgelegt und die Niederschrift ordnungsgemäß aufgenommen wurde (zur Verwertbarkeit und der Erforderlichkeit eines Widerspruchs: → Rn. 222). Des Weiteren kann jede Ton-Bild-Aufnahme einer Vernehmung des Beschuldigten verwertet werden. 224
Ein Verstoß gegen § 254 I StPO muss in der Revision mit einer Verfahrensrüge geltend gemacht werden (relativer Revisionsgrund). Dort ist die Gesetzesverletzung nicht nur durch den auf die Verlesung entfallenden Teil des Hauptverhandlungsprotokolls, sondern auch durch die vollständige Wiedergabe der verlesenen Vernehmungsniederschrift vorzutragen (§ 344 II 2 StPO).
Das Unterlassen der Verlesung eines den Anforderungen des § 254 I StPO entsprechenden Geständnisses kann nur mit der Aufklärungsrüge beanstandet werden (dazu → Rn. 268 ff.), es sei denn, das Gericht hat zu Unrecht einen entsprechenden Beweisantrag abgelehnt (dazu → Rn. 273 ff.).

cc) Urkundenbeweis und Verwertungsverbote in Bezug auf sonstige schriftliche Erklärungen des Beschuldigten

Schriftliche Erklärungen, die der Angeklagte im Ermittlungs- oder im Strafverfahren abgegeben hat, sind grundsätzlich verlesbar, selbst wenn der Angeklagte später oder im Übrigen keine Angaben mehr macht (auch → Rn. 214). Dies gilt jedoch nur für solche Schriftstücke, die von ihm selbst herrühren. Hat der Beschuldigte sich gegenüber einem Dritten (zB einem Polizeibeamten) mündlich erklärt und hat dieser die Äußerungen schriftlich festgehalten und dem Gericht mitgeteilt, so handelt es sich um eine Erklärung dieser Person. Geht es um den Inhalt der Äußerungen des Angeklagten diesem Dritten gegenüber, so ist der Dritte als Zeuge zu vernehmen, nicht das Niedergeschriebene zu verlesen (Unmittelbarkeitsprinzip, § 250 StPO).[425] 225

Allerdings verbietet § 250 S. 2 StPO nur die **Ersetzung,** nicht die **Ergänzung** einer Vernehmung durch Verlesung des Protokolls.[426] Die genaue Reichweite der zulässigen Ergänzung ist streitig. Der BGH hat beispielsweise in einer älteren Entscheidung die Verlesung einer schriftlichen Erklärung eines Zeugen zugelassen, obwohl dieser sich auf sein Auskunftsverweigerungsrecht nach § 55 StPO berufen, allerdings bestätigt hatte, dass die Erklärung (mit

[422] Allerdings führt nicht jeder Formfehler zu einem Verwertungsverbot, vgl. BVerfG NStZ 2006, 46 (47).

[423] Schmitt/Köhler/Schmitt GVG § 189 Rn. 3, dort auch zu Ausnahmen, vgl. hierzu auch BGH NStZ 2025, 118, wonach in Ausnahmefällen das Beruhen ausgeschlossen sein kann, wenn die Zuverlässigkeit des Dolmetschers auf andere Weise als durch den in der Hauptverhandlung geleisteten Eid sichergestellt werden kann.

[424] Schmitt/Köhler/Schmitt StPO § 168a Rn. 14 und § 274 Rn. 4.

[425] Schmitt/Köhler/Schmitt StPO § 250 Rn. 8, 9.

[426] Dazu Schmitt/Köhler/Schmitt StPO § 250 Rn. 12; Mosbacher NStZ 2014, 2; zur Zulässigkeit einer „vernehmungsergänzenden" Verlesung gem. § 251 I Nr. 3 StPO im Falle einer in der Hauptverhandlung eingetretenen Vernehmungsunfähigkeit eines Zeugen: BGH NStZ 2008, 50 (51 f.); vgl. auch Schuster/Weitner StPO-Fallrepetitorium Rn. 198 ff.

einem Geständnis) von ihm stamme.[427] Dagegen hat sich der 2. Strafsenat gegen die Verlesung eines Berichts eines Arztes ausgesprochen, der sich insoweit auf sein Zeugnisverweigerungsrecht nach § 53 StPO berufen hatte (allerdings Angaben zur Befindlichkeit des Angeklagten bei der damaligen Untersuchung gemacht hatte).[428] Erklärt ein Zeuge, er erinnere sich nicht, kann das Protokoll seiner Vernehmung schon nach § 253 I StPO verlesen werden.[429]

226 Schriftliche Erklärungen des Angeklagten, die nicht in Bezug auf das Strafverfahren verfasst wurden, können verlesen und verwertet werden, wenn sie zulässig als Beweismittel gewonnen wurden und ihrer Verwertung insbesondere verfassungsrechtliche Bestimmungen nicht entgegenstehen.

227 **Fall:** Dem Angeklagten wird zur Last gelegt, seine frühere Freundin getötet zu haben. Das Schwurgericht stützt die Verurteilung wegen Mordes im Wesentlichen auf den Inhalt eines in der Hauptverhandlung verlesenen Abschiedsbriefs des Angeklagten, der nach der Tat versucht hatte, sich selbst zu töten. Dort hatte der Angeklagte die Tatbegehung eingeräumt und die Tatausführung geschildert. Kann der Verteidiger die Verwertung dieses Briefs in der Revision mit Aussicht auf Erfolg rügen?

Lösung: Die Verfahrensrüge wird nicht durchgreifen, da das sichergestellte Abschiedsschreiben keinem Verwertungsverbot unterliegt. Der Brief war als Äußerung an Dritte nicht dem durch Art. 2 I, 1 I GG absolut geschützten Kernbereich persönlicher Lebensgestaltung zuzurechnen. Ein Verwertungsverbot könnte sich daher allenfalls aufgrund einer Abwägung zwischen dem durch diese Grundrechte geschützten Interesse des Angeklagten am Schutz persönlicher Äußerungen und dem Interesse des Staates an der Verfolgung von Straftaten ergeben. Diesen Belangen der Strafrechtspflege war hier aber der Vorrang einzuräumen; denn gegenüber dem Interesse an der Aufklärung einer schwerwiegenden Straftat muss der Eingriff in die Persönlichkeitsrechte des Angeklagten vor allem dann zurücktreten, wenn sich – wie ersichtlich hier – der verwertete Teil des Abschiedsbriefs lediglich auf das Tatgeschehen betreffende Äußerungen bezog.[430]

dd) Urkundenbeweis und Verwertungsverbote in Bezug auf frühere Aussagen von Zeugen

228 Die Verlesung und Verwertung von Vernehmungsniederschriften über Zeugenaussagen ist grundsätzlich unzulässig, vielmehr ist in solchen Fällen der Zeuge selbst zu vernehmen (§ 250 StPO; zur Verlesung eines vom Zeugen herrührenden Schriftstücks: → Rn. 190, 234). Ist allerdings die Aussage eines Zeugen in einem Urteil wiedergegeben, so darf dieses verlesen werden, ohne dass damit gegen § 250 StPO verstoßen wird; jedoch gilt auch dann § 252 StPO.[431] Die Rechtsprechung findet ihre Ratio in § 249 I 2 StPO aF, wonach Strafurteile verlesen werden durften. Hieraus schloss man auf einen Vorrang von § 249 I 2 StPO vor § 250 StPO. Mit der Streichung der Norm beabsichtigte der Gesetzgeber keine sachliche Änderung der Rechtslage.[432]

229 Eine Ausnahme vom Verlesungsverbot des § 250 StPO begründet ferner § 251 StPO. Dabei behandelt § 251 I StPO insbesondere die polizeilichen und staatsanwaltschaftlichen Protokolle, Abs. 2 **erweitert** die Möglichkeit der Verlesung richterlicher Vernehmungsniederschriften. Für das Strafbefehlsverfahren und das beschleunigte Verfahren sind §§ 411 II 2, 420 StPO, für das Berufungsverfahren ist § 325 StPO zu beachten.

230 Die Anordnung der Verlesung bedarf in den Fällen des § 251 StPO eines mit Begründung versehenen **Gerichtsbeschlusses,** nicht nur einer entsprechenden Verfügung des Vorsitzenden (§ 251 IV 1, 2 StPO). Ein fehlender Beschluss oder ein Mangel in der Begründung kann die

---

427 BGH NJW 1987, 1093.
428 BGH NStZ 2016, 428.
429 Diese Norm ist allerdings nicht einschlägig, wenn die Verhörsperson als Zeuge vernommen wird und sich nicht mehr erinnert. Denn es geht dann nicht um „ihre frühere Vernehmung", sondern um eine frühere Vernehmung durch sie.
430 BGH NStZ 1995, 79; Schmitt/Köhler/Schmitt StPO Einl. Rn. 56a, § 250 Rn. 8; zum Tagebuch → Rn. 190.
431 BGH NStZ 2003, 217 (zu § 252 StPO); zur Verlesung von Feststellungen aus einem früheren Urteil: BGH NStZ-RR 2001, 138 (139); vgl. auch Schmitt/Köhler/Schmitt StPO § 249 Rn. 9.
432 BT-Drs. 18/9416, 63.

Revision begründen. War aber allen Beteiligten der Grund der Verlesung klar, wird das Urteil nicht auf dem Verstoß beruhen.[433] Bei einer Anordnung nur durch den Vorsitzenden muss hinzukommen, dass eine persönliche Vernehmung der Person, deren Vernehmung durch die Verlesung ersetzt wird, keine bessere Aufklärung ergeben hätte.[434]

Hinweis: Soll in der Hauptverhandlung oder der Revision ein Mangel der verlesenen Vernehmung und damit ein Verwertungsverbot geltend gemacht werden, bedarf es häufig eines bis zum Zeitpunkt des § 257 StPO erklärten Widerspruchs.[435] Der Verstoß (nur) gegen § 251 StPO, bei dem letztlich die Gesetzesverletzung in einer Missachtung von § 250 StPO liegt (→ Rn. 220), kann in der Revision dagegen auch ohne Widerspruch in der tatrichterlichen Verhandlung gerügt werden.[436] 231

Fall: Der Angeklagte wurde wegen gemeinschaftlich begangenen schweren Raubes verurteilt. Diese Entscheidung stützt sich auch auf ein in der Hauptverhandlung trotz Widerspruchs des Angeklagten gem. § 251 II StPO verlesenes Protokoll über die ermittlungsrichterliche Vernehmung des in der Hauptverhandlung unerreichbaren Zeugen T (der Zeuge ist ins Ausland gezogen; sein Aufenthaltsort konnte nicht ermittelt werden). Von dieser Vernehmung war der Angeklagte versehentlich nicht benachrichtigt worden. Kann der Angeklagte dies in der Revision mit Aussicht auf Erfolg beanstanden? 232

Lösung: Die Verfahrensrüge würde im Ergebnis durchdringen; das Rechtsmittel hätte Erfolg. Nach § 168c V 1 StPO muss der Beschuldigte von einer ermittlungsrichterlichen Zeugenvernehmung grundsätzlich benachrichtigt werden (vgl. aber § 168c V 2 StPO); eine Benachrichtigung ist grundsätzlich auch dann erforderlich, wenn er von der Teilnahme an der Vernehmung gem. § 168c III StPO ausgeschlossen wurde, weil gerade dies für ihn Anlass sein kann, einen Verteidiger, der diesen Termin wahrnehmen soll, zu beauftragen (zur Erforderlichkeit einer Pflichtverteidigerbestellung: → Rn. 152, 165) oder einen schon bestellten oder gewählten Verteidiger anzuhalten, den Termin auch wahrzunehmen. Wurde gegen diese Benachrichtigungspflicht verstoßen,[437] so folgt daraus ein Beweisverwertungsverbot, wenn im Rahmen des Äußerungsrechts nach § 257 StPO der Verwertung widersprochen worden ist.[438]

- Das Protokoll über die fehlerhafte (Verstoß gegen § 168c V 1 StPO) Vernehmung des T durfte jedoch nach § 251 I StPO verlesen und verwertet werden.[439] Es leidet nämlich nur daran, dass dem Beschuldigten infolge der unterlassenen Benachrichtigung eine Teilnahme an dieser Vernehmung nicht möglich war. Da der Beschuldigte bei einer nichtrichterlichen Vernehmung aber gar kein Anwesenheitsrecht gehabt hätte (vgl. § 161a StPO), steht die insofern fehlerhafte richterliche Vernehmung einer ordnungsgemäßen Vernehmung durch die Staatsanwaltschaft oder die Polizei zumindest gleich; sie durfte daher – die Voraussetzungen von § 251 I Nr. 3 StPO lagen vor (vgl. zur Unerreichbarkeit auch → Rn. 278) – verlesen und verwertet werden.[440]

---

[433] Vgl. Schmitt/Köhler/Schmitt StPO § 251 Rn. 45.
[434] BGH NStZ 2016, 117.
[435] Vgl. etwa BGH NStZ 1992, 394.
[436] Vgl. Schmitt/Köhler/Schmitt StPO § 251 Rn. 45.
[437] Hatte der Beschuldigte einen Verteidiger und wurde dieser benachrichtigt, erwägt der BGH (NStZ 2015, 98) Vortrag dazu zu verlangen, dass der Beschuldigte nicht vom Verteidiger über die Vernehmung unterrichtet worden ist.
[438] Schmitt/Köhler/Schmitt StPO § 168c Rn. 9; vgl. aber auch BGHSt 53, 191 = NJW 2009, 1619, wonach der Verstoß gegen die Benachrichtigungspflicht nicht zu einem Verwertungsverbot hinsichtlich eines Mitbeschuldigten führt.
[439] Schmitt/Köhler/Schmitt StPO § 168c Rn. 6 und § 251 Rn. 15; vgl. auch BGHSt 51, 150 (156) = NJW 2007, 237, wonach es für den Rechtsverstoß keinen Unterschied macht, ob die erforderliche Benachrichtigung absichtlich, versehentlich oder unter Verkennung der gesetzlichen Voraussetzungen unterblieben ist.
[440] Es ist deshalb nicht zu beanstanden, wenn ein Zeuge den Inhalt seiner – unter Verstoß gegen § 168c StPO durchgeführten – ermittlungsrichterlichen Vernehmung in seiner eigenen Vernehmung durch die Strafkammer berichtet, sich von dieser Aussage distanziert, die Kammer sich aber bei der Verurteilung des Angeklagten auf den Inhalt der von dem Zeugen geschilderten Vernehmung vor dem Ermittlungsrichter stützt (weil sie die neue Version des Zeugen für nicht glaubhaft erachtet). Fehlerhaft wäre dieses Vorgehen nur dann, wenn die Strafkammer der Vernehmung vor dem Ermittlungsrichter besonderes Gewicht beigemessen hätte, weil es sich um eine richterliche Vernehmung handelte (vgl. BGH NStZ 2021, 687).

Jedoch hat eine verlesene nichtrichterliche Vernehmung einen geringeren Beweiswert als eine richterliche; dies ergibt sich schon aus den in § 168c II StPO erweiterten Anwesenheitsrechten, aber auch aus der nur bei richterlichen Vernehmungen möglichen Strafbarkeit von Falschaussagen des Zeugen nach §§ 153, 154 StGB. Aus diesem geringeren Beweiswert hat der BGH hergeleitet, dass der Tatrichter den Angeklagten darauf hinweisen muss, dass er eine nach § 251 II StPO vorgenommene Verlesung nur wie die eines nichtrichterlichen Protokolls würdigen darf und will. Die Gesetzesverletzung, die der Revision des Angeklagten zum Erfolg verhelfen wird, ist also ein Verstoß gegen die entsprechend § 265 StPO bestehende Hinweispflicht, nicht die Verletzung von § 168c V StPO und nicht die Missachtung eines nach einem solchen Gesetzesverstoß bestehenden Verwertungsverbots.[441]

233 Die früheren Bekundungen in **Vernehmungen** eines in der Hauptverhandlung berechtigt die Aussage verweigernden Zeugen dürfen – auch wenn die Voraussetzungen des § 251 StPO vorliegen – nicht verlesen werden (§ 252 StPO). Die Aussage darf dann – abgesehen von der Vernehmung der richterlichen Verhörperson (ausführlich dazu bei → Rn. 255 ff.) – auch nicht auf andere Weise in die Hauptverhandlung eingeführt und verwertet werden, wobei der Verwertung weder vom Angeklagten noch vom Verteidiger widersprochen werden muss (die „Widerspruchslösung" gilt hier also nicht).[442] Für das *Verlesungs*verbot gem. § 252 StPO spielt es – anders als beim *Zeugen*beweis – keine Rolle, ob es sich um eine richterliche oder nichtrichterliche Vernehmung gehandelt hat; ebenso ist – allerdings nur im Fall des § 52 StPO, nicht bei §§ 53, 53a StPO – gleichgültig, ob das Zeugnisverweigerungsrecht im Zeitpunkt der früheren Vernehmung schon bestanden hat.[443] § 252 StPO findet aber keine Anwendung, wenn dem Zeugen kein Zeugnis-, sondern „nur" das Auskunftsverweigerungsrecht gem. § 55 StPO zusteht.[444]

234 **Fall:** Dem Angeklagten wird die versuchte Tötung seiner Tochter zur Last gelegt. Das Mädchen hatte – jeweils nach ordnungsgemäßer Belehrung gem. § 52 StPO – den Beschuldigten im Ermittlungsverfahren sowohl bei einer richterlichen Vernehmung als auch in Gesprächen mit der Sachverständigen (Glaubwürdigkeitsgutachten) belastet. Ferner hatte die Zeugin anlässlich einer polizeilichen Vernehmung einen Bericht über den Tathergang übergeben, den sie in einer mehrstündigen Anhörung erläuterte. In der Hauptverhandlung hat sie dagegen unter Berufung auf ihr Zeugnisverweigerungsrecht keine Angaben mehr gemacht. Das Schwurgericht hat die Verurteilung des Angeklagten – obwohl der Verteidiger der Beweiserhebung jeweils unverzüglich widersprochen hatte – auf die verlesenen Protokolle über die ermittlungsrichterliche und polizeiliche Vernehmung sowie die Bekundungen der Sachverständigen über die Angaben des Mädchens gestützt. Ferner hat es den ebenfalls verlesenen Bericht der Zeugin zum Nachteil des Angeklagten berücksichtigt. Kann der Angeklagte dies mit der Revision beanstanden?

Lösung: Die Revision des Angeklagten wird Erfolg haben, sofern er jeweils zulässige Verfahrensrügen erhebt.

- Die Verlesung und Verwertung der richterlichen und polizeilichen Protokolle waren nicht zulässig. Dies ergibt sich schon aus § 250 StPO, der den Vorrang des Personalbeweises gegenüber dem Sachbeweis regelt; dass dieser Zeugenbeweis infolge der Zeugnisverweigerung letztlich nicht gelungen ist, ändert daran nichts, § 250 StPO verbietet jede Verlesung, die eine Vernehmung ersetzt.[445]
  Zudem lag auch kein Verlesungsgrund nach § 251 I, II StPO vor; denn eine berechtigte Zeugnisverweigerung ist kein Grund, der dem Erscheinen und der Vernehmung eines Zeugen iSd § 251 I Nr. 3, II Nr. 1 StPO entgegensteht, hierunter fallen solche rechtlichen Hindernisse nicht.[446]

---

441 BGH NStZ 1998, 312 mAnm Wönne; Schmitt/Köhler/Schmitt StPO § 251 Rn. 15.
442 BGH NStZ-RR 2012, 212; Schmitt/Köhler/Schmitt StPO § 252 Rn. 12, 12a, 18.
443 Vgl. Schmitt/Köhler/Schmitt StPO § 252 Rn. 2, 3 mwN.
444 BGH NJW 2002, 309; Schmitt/Köhler/Schmitt StPO § 252 Rn. 5.
445 Vgl. Schmitt/Köhler/Schmitt StPO § 250 Rn. 12.
446 Str., vgl. Schmitt/Köhler/Schmitt StPO § 251 Rn. 11, 24 jeweils mwN; gegen eine auf § 251 I Nr. 3 StPO gestützte Verlesung, wenn der Zeuge in der Hauptverhandlung nicht vernommen wurde, weil er sich vorab auf ein umfassendes Auskunftsverweigerungsrecht nach § 55 StPO berufen hat: BGH NJW 2007, 2195.

Schließlich war die Verlesung und Verwertung auch noch nach § 252 StPO verboten. Erlaubt gewesen wäre allein die Vernehmung des Ermittlungsrichters als Zeuge (→ Rn. 255 ff.).

- Unzulässig waren ferner die Verlesung und die Verwertung des von der Zeugin der Polizei übergebenen Berichts. Das folgt aus § 250 S. 2 StPO, weil diese Vorschrift auch Schriftstücke eines Zeugen erfasst, die zu Beweiszwecken angefertigt worden sind.[447]
  Ferner folgt die Unverwertbarkeit auch hier zusätzlich aus § 252 StPO. Zwar handelte es sich nicht – wie diese Vorschrift voraussetzt – um eine Vernehmungsniederschrift im eigentlichen Sinn, jedoch stand der Bericht der Zeugin einer solchen Niederschrift gleich. Die Zeugin hatte ihn anlässlich einer Vernehmung gefertigt sowie übergeben und anschließend in dieser seinen Inhalt erläutert. Dann ist die Sachlage aber nicht anders, als wenn sie den Inhalt des Schriftstücks nur mündlich mitgeteilt hätte, sodass § 252 StPO anzuwenden ist.[448]
- Entsprechend § 252 StPO war auch die Verwertung der Aussage der Sachverständigen über die Angaben des Mädchens ausgeschlossen; denn Mitteilungen eines zeugnisverweigerungsberechtigten Zeugen gegenüber einem Sachverständigen über den Tathergang – also sog. Zusatztatsachen (→ Rn. 266) – stehen einer nichtrichterlichen Vernehmung iSd § 252 StPO gleich. Sie durften infolge der Zeugnisverweigerung des Mädchens gegenüber dem erkennenden Gericht weder durch die Vernehmung der Sachverständigen noch durch die Verlesung etwa des Gutachtens zum Gegenstand der Hauptverhandlung gemacht und dementsprechend im Urteil auch nicht verwertet werden.[449]

ee) Vorhalte

235 Bei den Vorhalten muss unterschieden werden zwischen dem „einfachen" Vorhalt und dem nach §§ 253, 254 II StPO. Angeklagten, Zeugen und auch Sachverständigen können bei ihrer Vernehmung in der Hauptverhandlung Niederschriften von früheren Vernehmungen, Aussagen anderer Zeugen oder Gutachten – auch durch Verlesen – vorgehalten werden. Ein solcher „einfacher" Vorhalt ist allerdings kein Urkundenbeweis, sondern ein Vernehmungsbehelf. Zu Beweiszwecken darf daher nur das verwertet werden, was der Vernommene auf den Vorhalt hin erklärt hat, nicht aber der Inhalt der vorgehaltenen Aussage oder des vorgehaltenen Schriftstücks.[450]

236 Der Vorhalt gem. §§ 253, 254 II StPO ist demgegenüber ein Urkundenbeweis, mit dem der Inhalt der früheren Aussage zum Gegenstand der Hauptverhandlung wird. Zulässig ist ein solcher Vorhalt nur zur Gedächtnisstütze (§ 253 I StPO) oder – als subsidiäres Beweismittel (also etwa nach einem einfachen Vorhalt und Vernehmung der früheren Verhörperson) – zum Aufdecken von Widersprüchen (§§ 253 II, 254 II StPO).[451] Achtung: § 253 I StPO bezieht sich auf den originären Zeugen, nicht auf die Verhörsperson![452]

ff) Urkundenbeweis in Bezug auf Erklärungen von Behörden, Sachverständigen oder Ärzten (§ 256 StPO)

237 Die nach § 256 StPO verlesbaren Erklärungen von Behörden, Sachverständigen oder Ärzten sind dort im Einzelnen aufgeführt. Sollen andere Gutachten oder Erklärungen im Urteil verwertet werden, ist der Sachverständige oder der Zeuge in der Hauptverhandlung anzuhören (dazu → Rn. 263 ff.), sofern nicht die Voraussetzungen von § 251 I, II StPO vorliegen.

238 Hat das Gericht nach § 256 StPO an sich zulässig ein Gutachten oder eine Erklärung verlesen, war jedoch die persönliche Anhörung des Sachverständigen oder des Zeugen geboten, etwa weil der Angeklagte begründete Einwände gegen die Richtigkeit des Gutachtens erhoben hat, so muss dies in der Revision mit einer Aufklärungsrüge (dazu → Rn. 268 ff.) vorgetragen werden.[453]

---

[447] Schmitt/Köhler/Schmitt StPO § 250 Rn. 8 und § 252 Rn. 12a.

[448] BGH StV 2005, 536; KK-StPO/Diemer § 252 Rn. 3; vgl. auch BGH NStZ-RR 2005, 268 (269); vgl. aber auch: Schmitt/Köhler/Schmitt StPO § 252 Rn. 9, ebenso zu einem anlässlich einer Vernehmung übergebenen Tonband: BGH NStZ 2013, 247; zum Handy-Video, insbes. zum notwendigen Vortrag: BGH NStZ 2013, 725.

[449] BGH StV 2007, 68; vgl. auch Schmitt/Köhler/Schmitt StPO § 79 Rn. 11, § 252 Rn. 10.

[450] Schmitt/Köhler/Schmitt StPO § 249 Rn. 28.

[451] Schmitt/Köhler/Schmitt StPO § 253 Rn. 1, 6, § 254 Rn. 3.

[452] Vgl. zB BGH NStZ 2026, 57.

[453] Vgl. BGH NStZ 1993, 397 (für ein älteres nervenärztliches Gutachten des Gesundheitsamtes); Schmitt/Köhler/Schmitt StPO § 256 Rn. 30.

239 **Fall:** Dem Angeklagten wird räuberischer Diebstahl zur Last gelegt. Der den Angeklagten belastende Zeuge hatte den Täter nach dem Diebstahl verfolgt und war von diesem verletzt worden. Der Tatrichter hat die Verurteilung unter anderem darauf gestützt, dass die Aussage dieses Zeugen durch ein verlesenes ärztliches Attest über seine festgestellten Verletzungen bestätigt worden sei. Kann der Verteidiger des Angeklagten die Verwertung des Attestes in der Revision beanstanden?

Lösung: Der Verteidiger kann die entsprechende Verfahrensrüge nicht mit Aussicht auf Erfolg erheben. § 256 I Nr. 2 StPO erlaubt uneingeschränkt die Verlesung ärztlicher Atteste über Körperverletzungen. Dies gilt ausdrücklich unabhängig vom Tatvorwurf. Damit darf das Attest auch zum Nachweis des räuberischen Diebstahls verwendet werden.

c) Fehler in Zusammenhang mit Zeugenvernehmungen

aa) Fehler bei der allgemeinen Zeugenbelehrung

240 Das Unterlassen oder die Unvollständigkeit der allgemeinen Zeugenbelehrung nach § 57 S. 1, 2 StPO kann nach der Rechtsprechung die Revision nicht begründen, da diese Regelung nur eine Ordnungsvorschrift im Interesse des Zeugen darstellt, deren Verletzung den Rechtskreis des Angeklagten nicht berührt.[454]

bb) Fehler in Zusammenhang mit Zeugnisverweigerungsrechten

241 **Übersicht zu den Zeugnisverweigerungsrechten**

Ein Zeugnisverweigerungsrecht haben die in § 52 I StPO bezeichneten Angehörigen; sie sind nicht zu einer Aussage verpflichtet, sondern können frei entscheiden, ob sie aussagen wollen oder nicht. Die Zeugnisverweigerungsberechtigten sind über dieses Recht zu belehren (§ 52 III 1 StPO).	Zeugnisverweigerungsrechte haben ferner die Angehörigen bestimmter Berufsgruppen (§§ 53, 53a StPO). Sie müssen über dieses Recht grundsätzlich nicht belehrt werden.	Ein Vernehmungsverbot besteht nach § 54 StPO für Mitarbeiter des öffentlichen Dienstes. Sie dürfen nur vernommen werden, wenn das Gericht (vgl. Nr. 66 I RiStBV) zuvor die Aussagegenehmigung des Dienstvorgesetzten eingeholt hat. Eine Belehrung der Zeugen ist nicht erforderlich; die Missachtung von § 54 StPO kann grundsätzlich die Revision nicht begründen (Rechtskreistheorie).

242 **Fall:** Dem Angeklagten wird versuchter Totschlag an seiner Ehefrau zur Last gelegt. In der Hauptverhandlung, in der diese das Zeugnis verweigert hat, wurde der Arzt vernommen, der das Opfer nach der Tat im Krankenhaus behandelt und demgegenüber die Frau den Tathergang geschildert hatte. Diesen Arzt hatte die Frau im Ermittlungsverfahren zwar zunächst von seiner Schweigepflicht entbunden, sie hatte diese Schweigepflichtentbindung aber später – noch vor der Zeugenvernehmung des Arztes – widerrufen. Gleichwohl hatte der Vorsitzende des Schwurgerichts den Arzt darauf hingewiesen, dass er von der Schweigepflicht befreit sei. Vor allem auf die Aussage des Arztes hat das Schwurgericht die Verurteilung des Angeklagten gestützt. Kann der Angeklagte dies in der Revision mit Aussicht auf Erfolg beanstanden?

Lösung: Die Revision wird Erfolg haben.[455] Ein Patient, der den ihn behandelnden Arzt von der Schweigepflicht befreit hat, kann diese Erklärung – wie hier geschehen – jederzeit widerrufen, sodass dem Arzt dann wieder das Zeugnisverweigerungsrecht gem. § 53 I Nr. 3 StPO zusteht. Steht einem Arzt ein Zeugnisverweigerungsrecht zu, so obliegt es ausschließlich seiner freien Entscheidung, ob er sich nach Abwägung der widerstreitenden Interessen zur Aussage entschließt. Der Angeklagte hat grundsätzlich aber keinen strafprozessualen Anspruch darauf, dass der Arzt

[454] Schmitt/Köhler/Schmitt StPO § 57 Rn. 7.

[455] Vgl. BGHSt 42, 73 = NJW 1996, 2435; Schmitt/Köhler/Schmitt StPO § 53 Rn. 50; zur Möglichkeit des Widerrufs der Schweigepflichtentbindung: Schmitt/Köhler/Schmitt StPO § 53 Rn. 49.

von dem Zeugnisverweigerungsrecht auch Gebrauch macht, sodass allein in der Verwertung der Aussage kein revisibler Gesetzesverstoß liegt.[456] Jedoch durfte das Gericht diese Entscheidungsfreiheit nicht durch falsche Hinweise beeinflussen, was hier aber mit der fehlerhaften Auskunft des Vorsitzenden über die Schweigepflichtentbindung erfolgt war, da der Arzt infolge dieses Hinweises davon ausgehen musste, zur Aussage verpflichtet zu sein (vgl. § 53 II StPO). Folge hiervon ist – nach Ansicht des BGH – ein Verwertungsverbot, weil die unzulässige Einflussnahme des Gerichts auf die Entschließung des Arztes zur Aussage das Recht des Angeklagten auf ein prozessordnungsgemäßes Verfahren verletzte; dabei sind – so der BGH weiter – die aus der „Rechtskreistheorie" beim Verstoß gegen andere Verfahrensnormen, namentlich des § 55 StPO (dazu → Rn. 247), hergeleiteten Erwägungen für eine Einschränkung der prozessualen Befugnisse des Angeklagten auf den Regelungsbereich des § 53 StPO nicht übertragbar. Einer Beanstandung gem. § 238 II StPO bedurfte es im Übrigen (laut BGH) nicht, weil sich der Vorsitzende über Verfahrensvorschriften hinweggesetzt hat, die keinen Entscheidungsspielraum zulassen.

Zweifelsfälle können sich auch – und vor allem – ergeben, wenn es um die Pflicht zur Belehrung von Angehörigen geht (§ 52 III 1 StPO). Wurde ein Zeuge über ein ihm zustehendes Zeugnisverweigerungsrecht nicht belehrt – wobei die Belehrung grundsätzlich vor jeder Vernehmung erfolgen muss[457] – und hat er Angaben gemacht, so kann der Verstoß gegen § 52 III 1 StPO in der Revision mit der Verfahrensrüge sogar dann geltend gemacht werden,[458] wenn das Gericht von der Angehörigenstellung des Zeugen gar nichts wusste.[459] Voraussetzung für den Erfolg der Revision ist aber, dass das Urteil auf der Verwertung dieser Angaben beruht (§ 337 I StPO). Dies wird bei einer Angeklagtenrevision regelmäßig zu bejahen sein, wenn die Aussage im Urteil zu seinem Nachteil berücksichtigt wurde. Nur in besonders gelagerten Fällen, etwa wenn feststeht, dass der Zeuge auch ohne die Belehrung sein Zeugnisverweigerungsrecht kannte und davon bei einer ordnungsgemäßen Belehrung keinen Gebrauch gemacht hätte, kann ein Beruhen trotz der Verwertung im Urteil ausgeschlossen sein.[460] Wurde dagegen ein Zeuge nach § 52 III 1 StPO belehrt, obwohl ihm ein Zeugnisverweigerungsrecht nicht zustand, und hat er daraufhin keine Angaben gemacht, hat das Gericht gegen § 245 I StPO verstoßen oder seine Aufklärungspflicht (§ 244 II StPO) verletzt (Beispiel dazu bei → Rn. 272). 243

Fall: Die Zeugin ist die Schwester eines Beschuldigten, der mit einem anderen eine Straftat begangen haben soll. Muss sie nach § 52 III 1 StPO belehrt werden, 244
- wenn sie in dem Verfahren gegen ihren Bruder sowie dessen Mittäter aussagen soll?
- wenn sie (nur) in dem Verfahren gegen den (nicht-angehörigen) Mittäter aussagen soll?

Lösung: In der ersten Alternative liegt eindeutig ein Fall von § 52 III 1 StPO vor, die Zeugin muss also über ihr Aussageverweigerungsrecht belehrt werden.
In der zweiten Alternative kommt es dagegen auf die näheren Umstände des Falls an:
- Nach der bisherigen Rechtsprechung des BGH ist zunächst entscheidend, ob die Verfahren gegen den Bruder der Zeugin und gegen dessen Mittäter jemals – und sei es auch nur während des Ermittlungsverfahrens – gemeinsam geführt wurden.

[456] BGHSt 42, 73 = NJW 1996, 2435; Schmitt/Köhler/Schmitt StPO § 53 Rn. 45; zum Verhältnis zu § 203 StGB: Schmitt/Köhler/Schmitt StPO § 53 Rn. 4 ff.
[457] Schmitt/Köhler/Schmitt StPO § 52 Rn. 29. Zum Vortrag: BGH StV 2015, 758.
[458] Eine Fernwirkung des Verstoßes gegen die Belehrungspflicht lehnt die Rechtsprechung ab: BGH NStZ-RR 2016, 216.
[459] Schmitt/Köhler/Schmitt StPO § 52 Rn. 34; für den Fall des Verlöbnisses offen gelassen von BGH NJW 2003, 2619 (2621). Das Gericht kann eine Glaubhaftmachung des Zeugnisverweigerungsrechtes verlangen, § 56 StPO. Stellt der Vorsitzende fest, er gehe nicht von einem Verlöbnis aus, muss der Angeklagte den Zwischenrechtsbehelf des § 238 II StPO ergreifen, wenn er sich die Chance wahren will, die unterbliebene Belehrung nach § 52 StPO in der Revision zu rügen, BGH NJW 2010, 1824. Hintergrund ist, dass bezüglich der Annahme eines Verlöbnisses dem Tatgericht ein Beurteilungsspielraum zukommt.
[460] BGH wistra 2004, 349 (Aussage des Zeugen im Ermittlungsverfahren mit Belehrung nach § 52 StPO und Anschluss des Zeugen als Nebenkläger); ähnlich BGH NStZ 1998, 583 (584); anders bei bloßer polizeilicher Vernehmung mit Belehrung gem. § 52 StPO: BGH BeckRS 2004, 04560; vgl. auch Schmitt/Köhler/Schmitt StPO § 52 Rn. 32, 34.

Sollte dies nicht der Fall gewesen sein, so steht – zumindest nach der bisherigen Rechtsprechung – der Zeugin in der Hauptverhandlung gegen den Mittäter kein Aussageverweigerungsrecht zu, sie ist daher auch nicht nach § 52 III 1 StPO zu belehren.[461] „Geschützt" wird die Zeugin dann nur durch § 55 StPO (dazu → Rn. 246 ff.).

- Sollten die Verfahren irgendwann gemeinsam geführt worden sein, so besteht nach der Rechtsprechung das Aussageverweigerungsrecht der Zeugin nach der Trennung weiter – auch in dem Verfahren gegen den Mittäter; dann müsste sie also in diesem Verfahren nach § 52 III 1 StPO belehrt werden. Voraussetzung hierfür ist allerdings, dass hinsichtlich des dem Angehörigen und dem Mittäter zur Last gelegten Geschehens Tatidentität iSd § 264 StPO besteht.[462]
  Hintergrund dieser Rechtsprechung ist zum einen, dass die Konfliktlage der Zeugin, durch eine wahrheitsgemäße Aussage gegebenenfalls einen Angehörigen belasten und der strafrechtlichen Verfolgung aussetzen zu müssen, von der Trennung nicht berührt wird. Zum anderen sollen Missbrauchsmöglichkeiten unterbunden werden.
  Von obiger Grundregel gibt es jedoch eine Ausnahme, nämlich wenn das Verfahren gegen den Angehörigen im Zeitpunkt der Zeugenaussage bereits endgültig abgeschlossen ist; dann besteht für den Zeugen die der Regelung in § 52 StPO zugrunde liegende Konfliktlage nicht mehr. Dementsprechend hat der BGH eine Belehrungspflicht gem. § 52 III 1 StPO in dem Verfahren gegen den Mittäter verneint, wenn das Verfahren gegen den Angehörigen rechtskräftig abgeschlossen[463], wenn der Angehörige verstorben ist[464] oder – wegen stark eingeschränkter Wiederaufnahmemöglichkeiten – bei einer Einstellung nach § 154 I oder II StPO im Hinblick auf eine rechtskräftige Verurteilung,[465] anders bei einer Einstellung nach § 170 II StPO (bei der das Verfahren jederzeit ohne besondere Gründe wieder aufgenommen werden kann).[466]
- Der BGH hat allerdings eine Abkehr von dieser eher Zufälligkeiten produzierenden Rechtsprechung nicht tragend erwogen. Erwogen wird, allein darauf abzustellen, ob sich im Zeitpunkt der Entscheidung über das Zeugnisverweigerungsrecht das Verfahren noch gegen den Angehörigen richtet. Anderenfalls komme der nicht-angehörige Mitbeschuldigte in den Genuss eines nicht verdienten Rechtsreflexes.[467]

245 Ist der Zeuge nicht oder nur beschränkt geschäftsfähig, so ist bezüglich der Belehrungspflicht maßgeblich, ob er die erforderliche Verstandesreife hat, um beurteilen zu können, ob er aussagen will oder nicht und welche Folgen sein Verhalten gegebenenfalls hat. Ist er dazu in der Lage, was der Vorsitzende nach pflichtgemäßem Ermessen zu beurteilen hat, so entscheidet der Zeuge selbst – also ohne seinen gesetzlichen Vertreter – über die Ausübung seines Schweigerechts; dementsprechend ist auch nur er zu belehren. Ist er dazu nicht in der Lage, sind – trotz der fehlenden Verstandesreife – der Zeuge selbst *und* sein gesetzlicher Vertreter zu belehren (§ 52 II 1, III 1 StPO).[468] Ist der oder einer der gesetzlichen Vertreter selbst der Beschuldigte, muss ein Ergänzungspfleger bestellt werden (vgl. § 52 II 2 StPO, § 1909 I 1 BGB). Auch dann sind bei mangelnder Verstandesreife des Zeugen dieser und der Ergänzungspfleger zu belehren.[469]

cc) Fehler in Zusammenhang mit Auskunftsverweigerungsrechten

246 Ein Zeuge, der durch die wahrheitsgemäße Beantwortung einer Frage sich selbst oder einen Angehörigen der Gefahr strafrechtlicher Verfolgung aussetzen würde, hat ein Auskunftsverweigerungsrecht (§ 55 I StPO).

---

[461] Vgl. BGH NStZ 1998, 583; Schmitt/Köhler/Schmitt StPO § 52 Rn. 11.

[462] Zur Unteilbarkeit des Zeugnisverweigerungsrechts: Schmitt/Köhler/Schmitt StPO § 52 Rn. 13.

[463] Für den Fall der Verurteilung: BGH NStZ 1992, 195 mAnm Widmaier; für den Fall des Freispruchs: BGH NStZ 1993, 500; zum dann allerdings bestehenden Auskunftsverweigerungsrecht nach § 55 StPO, wenn eine Wiederaufnahme möglich ist: Schmitt/Köhler/Schmitt StPO § 55 Rn. 9.

[464] BGH NStZ 1992, 291.

[465] Vgl. BGH NStZ 2009, 515 (516).

[466] BGH NStZ 2012, 221; für § 153a StPO offen gelassen von BGH NStZ 1998, 583; zum Ganzen Schmitt/Köhler/Schmitt StPO § 52 Rn. 11.

[467] BGH NStZ 2012, 221; Schmitt/Köhler/Schmitt StPO § 52 Rn. 12.

[468] BGH NStZ 1999, 91; Schmitt/Köhler/Schmitt StPO § 52 Rn. 19, 28.

[469] BGH NStZ-RR 2000, 210 (211); vgl. auch Schmitt/Köhler/Schmitt StPO § 52 Rn. 19, 20 f.; zu den Anforderungen an die Verfahrensrüge in einem solchen Fall: BGH NStZ 1997, 145.

Fall: Dem Angeklagten wird Steuerhinterziehung zur Last gelegt. In der Hauptverhandlung wurde ein möglicherweise an dieser Tat beteiligter Zeuge vernommen. Dieser machte zunächst ohne Belehrung gem. § 55 StPO Angaben, verweigerte aber – nachdem er belehrt worden war – alle Antworten auf die ihm gestellten Fragen. In seiner Verurteilung stützt sich das Gericht auf die zunächst gemachte Aussage des Zeugen. Kann der Angeklagte dies mit der Revision beanstanden? 247

Lösung: Die Revision des Angeklagten wird keinen Erfolg haben. Dem Zeugen stand zwar von Anfang an das Auskunftsverweigerungsrecht gem. § 55 I StPO zu, zumal hierfür genügt, dass aus seiner wahrheitsgemäßen Aussage Tatsachen entnommen werden *können,* die den für die Einleitung eines Ermittlungsverfahrens ausreichenden Anfangsverdacht[470] eines eigenen strafbaren Verhaltens rechtfertigen könnten, auch wenn diese Angaben lediglich „Teilstücke in einem mosaikartig zusammengesetzten Beweisgebäude" (BGH NJW 1999, 1413) betreffen würden.[471] Dieses Auskunftsverweigerungsrecht kann sich auch zu einem Aussageverweigerungsrecht verdichtet haben, wenn sich der Zeuge durch jede Aussage der Gefahr der Selbstbelastung ausgesetzt haben würde.[472] Lagen – wie ersichtlich hier – die Voraussetzungen von § 55 I StPO schon von Anfang an vor, so hätte der Zeuge bereits am Beginn seiner Vernehmung belehrt werden müssen (§ 55 II StPO). Trotz des somit zumindest wahrscheinlichen Verstoßes gegen § 55 II StPO liegt in der Verwertung der Angaben des Zeugen jedoch kein revisibler Rechtsfehler.[473] Grundlage hierfür ist, dass nach der ständigen Rechtsprechung frühere Aussagen eines nicht nach § 55 II StPO belehrten Zeugen verwertbar bleiben, weil § 55 StPO – anders als etwa §§ 52, 252 StPO – nicht dem Schutz des Angeklagten dient, sondern ausschließlich dem des Zeugen (Rechtskreistheorie).[474] Wenn aber schon die Angaben eines Zeugen verwertbar sind, die ohne Belehrung gem. § 55 II StPO zustande kamen, so muss dies auch und erst recht im Fall einer zu späten Belehrung gelten.

Hinweis: Das Unterlassen der Belehrung über das Auskunftsverweigerungsrecht nach § 55 StPO begründet die Revision des Angeklagten nicht, da diese Belehrung ausschließlich dem Schutz und den Interessen des Zeugen dient (Rechtskreistheorie). Aus der berechtigten Auskunftsverweigerung darf das Gericht sogar Schlüsse zum Nachteil des Angeklagten ziehen (→ Rn. 339). Hat sich der Zeuge dagegen auf ein tatsächlich nicht bestehendes Auskunftsverweigerungsrecht berufen und keine oder nur teilweise Angaben gemacht, kann dieser Verstoß gegen § 245 I StPO oder die Aufklärungspflicht (§ 244 II StPO) mit der Verfahrensrüge beanstandet werden (Beispiel dazu bei → Rn. 272; zur „Verwirkung" der Verfahrensrüge → Rn. 104: Die Frage, ob und inwieweit einem Zeugen ein Auskunftsverweigerungsrecht nach § 55 StPO zusteht, wird von der Rechtsprechung als Frage der Sachleitungsbefugnis behandelt; der Rechtsmittelführer muss daher einen Gerichtsbeschluss nach § 238 II StPO herbeigeführt haben, will er sich die Rüge in der Revision offenhalten[475]). 248

dd) Fehler in Zusammenhang mit der Vernehmung des Zeugen zur Sache

Der Zeuge soll – wie auch der Angeklagte – die Angaben zur Sache zunächst im Zusammenhang machen (§ 69 I 1 StPO), anschließend kann er von den Prozessbeteiligten nach weiteren Einzelheiten befragt werden (§§ 69 II, 240 StPO). 249

Hinweis: Wie bei der Angeklagtenvernehmung (→ Rn. 210 f.) kann mit der Revision grundsätzlich nicht geltend gemacht werden, dem Zeugen seien bestimmte Fragen nicht gestellt worden. Aussicht auf Erfolg hat eine solche Verfahrensrüge nur, wenn die Verletzung des § 240 II StPO beanstandet wird, weil das Gericht (§§ 242, 238 II StPO) Fragen zu Unrecht nicht zugelassen hat. 250

---

[470] Zum Prüfungsumfang des Revisionsgerichts bezüglich der Verfolgungsgefahr (Beurteilungsspielraum): BGH NStZ 2006, 178.

[471] BVerfG NJW 2002, 1411 (1412); 2003, 3045 (3046); zu § 55 StPO bei einem rechtskräftig abgeurteilten Zeugen: BGH StraFo 2005, 420; zu § 55 StPO bei einem erst im Schuldspruch rechtskräftig abgeurteilten Zeugen: BGH NJW 2005, 2166; s. auch unten → Rn. 339.

[472] BGH StV 2002, 604; Schmitt/Köhler/Schmitt StPO § 55 Rn. 2, 14 aE.

[473] Vgl. BGH NStZ 1998, 312 mAnm Wönne.

[474] BGH NStZ 2004, 442; Schmitt/Köhler/Schmitt StPO § 55 Rn. 17 jew. mwN.

[475] Schmitt/Köhler/Schmitt StPO § 55 Rn. 16; BGH NStZ 2007, 230.

Dabei ist darauf zu achten, dass Fragen nach § 241 II StPO auch zurückgewiesen werden können, wenn sie gem. § 68a StPO nicht gestellt werden dürfen.[476]

ee) Fehler in Zusammenhang mit der (Nicht-)Vereidigung von Zeugen

251 Gemäß § 59 I 1 StPO ist die Nichtvereidigung eines Zeugen die Regel. Will das Gericht von dieser gesetzlichen Regel **abweichen,** bedarf dies einer ausdrücklichen gerichtlichen – in der Hauptverhandlung aber gem. § 59 I 2 StPO nicht zu begründenden – Entscheidung. Da es sich um eine Maßnahme der Prozessleitung (§ 238 I StPO) handelt, ist zunächst der Vorsitzende zuständig.[477]

252 Umstritten ist, ob eine ausdrückliche gerichtliche Entscheidung auch dann zu erfolgen hat, wenn das Gericht von der gesetzlichen Regel **nicht** abweichen will. Nach einer Auffassung ist eine förmliche Entscheidung für den Regelfall des § 59 StPO nicht erforderlich.[478] Nach anderer Ansicht liegt in der Entlassungsverfügung (vgl. § 248 S. 1 StPO) des Vorsitzenden die (konkludente) Entscheidung, nicht zu vereidigen.[479] Nach dieser Ansicht setzt die Zulässigkeit einer Verfahrensrüge, der Vorsitzende habe rechtsfehlerhaft einen Ausnahmefall iSd § 59 I 1 StPO nicht erkannt, voraus, dass diese Entscheidung in der Hauptverhandlung beanstandet und gem. § 238 II StPO ein gerichtlicher Beschluss herbeigeführt wurde.[480] Nach wiederum anderer Ansicht bedarf auch die Entscheidung über die Nicht-Vereidigung stets einer ausdrücklichen Entscheidung, die – ebenso wie die Anordnung der Vereidigung – als wesentliche Förmlichkeit (§ 273 I 1 StPO) in das Protokoll aufzunehmen ist.[481] Unterbleibt eine solche Entscheidung, würde der Zulässigkeit einer Verfahrensrüge nicht entgegenstehen, dass keine Entscheidung des Gerichts (vgl. § 238 II StPO) herbeigeführt worden ist.[482]

253 Im Hinblick auf den weiten in der Revision nur eingeschränkt überprüfbaren Beurteilungsspielraum, den § 59 I 1 StPO dem Tatrichter eröffnet, wird auch bei Vorliegen einer Entscheidung nach § 238 II StPO eine revisible Gesetzesverletzung in Zusammenhang mit der (Nicht-)Vereidigung eines Zeugen nur selten vorliegen.[483] Zudem muss das Urteil auf der Gesetzesverletzung beruhen (§ 337 I StPO). Bei einer zu Unrecht vorgenommenen Vereidigung liegt zumindest nicht auf der Hand, dass ein Zeuge ohne die Vereidigung, mit der er seine Aussage bekräftigt und sich einer erhöhten Strafbarkeit bei Falschaussage unterwirft, anders ausgesagt hätte.[484] Soll ein Zeuge dagegen zu Unrecht nicht vereidigt worden sein, kann es am Beruhen fehlen, wenn das Revisionsgericht – in der gebotenen Einzelfallprüfung – ausschließen kann, dass der Zeuge, wäre er vereidigt worden, andere Angaben gemacht hätte und dass gegebenenfalls andere Angaben zu einer für den Angeklagten günstigeren Entscheidung geführt hätten.[485] Grundlage für eine solche Annahme kann zB die Eindeutigkeit des übrigen Beweisergebnisses oder die geringe Bedeutung der Beweisfrage sein, zu der sich der zu Unrecht nicht vereidigte Zeuge geäußert hat.[486] Ausgeschlossen ist ein Beruhen bei einer auf die Regel des § 59 I 1 StPO gestützten Nichtvereidigung eines Zeugen jedenfalls dann, wenn ein Vereidigungsverbot nach § 60 StPO bestand.[487]

---

476 Schmitt/Köhler/Schmitt StPO § 241 Rn. 15.

477 Schmitt/Köhler/Schmitt StPO § 59 Rn. 9.

478 BGH (2. Senat) NJW 2006, 388.

479 BGH (1. Senat) NStZ 2009, 647.

480 Vgl. BGH NStZ 2009, 647; vgl. auch BGH NStZ 2006, 234; einschränkend aber BGH NStZ 2009, 343 für den Fall, dass erst aus den Urteilsgründen zutage trete, dass nach der Beurteilung des Gerichts die tatbestandlichen Voraussetzungen des § 59 I 1 StPO für eine Vereidigung an sich vorlagen.

481 Vgl. BGH (3. Senat) NStZ 2005, 340; Schmitt/Köhler/Schmitt StPO § 59 Rn. 12 und § 273 Rn. 7; H. E. Müller JR 2005, 79 f. (auch zu den Materialien).

482 Vgl. dazu Schmitt/Köhler/Schmitt StPO § 59 Rn. 13 mwN.

483 BGH BeckRS 2013, 14343; vgl. zur Überprüfung von Entscheidungen mit Beurteilungsspielraum: Schmitt/Köhler/Schmitt StPO § 337 Rn. 17.

484 Vgl. Schuster StV 2005, 628 (630) sowie H. E. Müller JR 2005, 79.

485 Vgl. BGH NStZ 2006, 114; vgl. aber OLG Frankfurt a. M. NStZ-RR 1999, 336; Schmitt/Köhler/Schmitt StPO § 59 Rn. 13.

486 Vgl. BGH NStZ 2006, 114 mwN; in solchen Fällen kann Vortrag zum Beruhen erforderlich sein: KG StV 2000, 189 mAnm Herdegen.

487 Vgl. BGH NStZ 2006, 114.

Dagegen kommt ein revisibler Verstoß in Betracht, wenn Zeugen entgegen § 60 StPO vereidigt wurden. Eines Gerichtsbeschlusses bedarf es in diesen Fällen nicht, die Gesetzesverletzung folgt hier schon aus der Verwertung als eidliche im Urteil.[488] Erkennt das Gericht erst im Urteil, dass ein Verstoß gegen § 60 StPO vorlag und wertet die Aussage (erst dort) als uneidlich, liegt in der Regel ein Verstoß gegen die Hinweispflicht nach § 265 StPO vor, da sich die Prozessbeteiligten hierauf nicht einstellen konnten.[489] 254

ff) Fehler in Zusammenhang mit der Vernehmung von Verhörpersonen

Verhörpersonen, also insbesondere Polizeibeamte, Staatsanwälte oder Ermittlungsrichter, die eine Beschuldigten- oder Zeugenvernehmung durchgeführt haben, können grundsätzlich als Zeugen über den Inhalt der damaligen Aussage des Beschuldigten bzw. des Zeugen vernommen werden. Insoweit sind sie „normale" Zeugen; ihre Anhörung widerspricht nicht dem Unmittelbarkeitsprinzip des § 250 StPO, der lediglich einen Vorrang des Personal- vor dem Sach-(Urkunden-)beweis statuiert.[490] 255

Dies gilt uneingeschränkt für Vernehmungspersonen, die über den Inhalt einer früheren Beschuldigtenvernehmung berichten sollen. Insofern besteht ein Verwertungsverbot insbesondere nicht allein deshalb, weil der Angeklagte in der Hauptverhandlung keine Angaben mehr macht oder ein früheres Geständnis widerruft (zur Verlesung einer richterlichen Vernehmungsniederschrift über ein Geständnis → Rn. 222). Voraussetzung für die Verwertung der Angaben der Verhörperson ist aber, dass die Vernehmung ordnungsgemäß durchgeführt wurde bzw. – sollte dem Vernehmungsbeamten ein Fehler unterlaufen sein – der Verwertung der Angaben der Verhörperson nicht bis zum Zeitpunkt des § 257 StPO widersprochen wurde (vgl. das Beispiel bei → Rn. 174). 256

In den Fällen der berechtigten Zeugnisverweigerung eines Zeugen in der Hauptverhandlung (§ 252 StPO) **darf die Verhörperson dann als Zeuge vernommen werden, wenn es sich um eine ordnungsgemäße richterliche Vernehmung gehandelt hat;** Personen, die eine nichtrichterliche Vernehmung durchgeführt bzw. an einer solchen teilgenommen haben, dürfen dagegen grundsätzlich nicht vernommen werden. Jedoch kann der in der Hauptverhandlung die Aussage verweigernde Zeuge die Verwertung seiner früheren Aussage gestatten und damit die Verwertbarkeit einer auch polizeilichen Vernehmung herbeiführen.[491] Die dazu erforderliche Erklärung des Zeugen muss eindeutig sein.[492] Eine nur teilweise Gestattung ist unzulässig. Der Zeuge kann nur darüber entscheiden, ob er insgesamt als Beweismittel zur Verfügung steht oder nicht, nicht aber über den Umfang der Verwertbarkeit seiner Aussage; insofern besteht kein schützenswertes Interesse des Zeugen.[493] Problematisch ist darüber hinaus, wenn der Opferzeuge auf diese Weise die Möglichkeit einer konfrontativen Befragung durch den Angeklagten und seinen Verteidiger (Art. 6 III d EMRK) unterläuft. Der Beweiswert der Befragung ist entsprechend reduziert; regelmäßig darf die Verurteilung dann nicht allein auf diese Vernehmung gestützt werden.[494] 257

Die „Freigabeerklärung" (BGH NStZ 2008, 293) des Zeugen überwindet zwar das Verwertungsverbot des § 252 StPO, lässt aber den Unmittelbarkeitsgrundsatz unberührt. Das Gericht darf die Vernehmung der Verhörperson durch eine Verlesung der polizeilichen bzw. staatsanwaltschaftlichen Vernehmungsniederschrift nur ersetzen, wenn die Voraussetzungen des § 251 I StPO vorliegen.[495]

Gerechtfertigt wurde die Erweiterung des Verlesungsverbots des § 252 StPO auf ein Verwertungsverbot damit, dass ein zeugnisverweigerungsberechtigter Zeuge in der (öffentlichen) Hauptverhandlung der Konfliktsituation des Zeugen – zwischen Wahrheitspflicht und Nähe- 258

488 MüKoStPO/Maier § 60 Rn. 83.
489 Schmitt/Köhler/Schmitt StPO § 60 Rn. 30 f., 34.
490 BGH NStZ-RR 2014, 152; Schmitt/Köhler/Schmitt StPO § 250 Rn. 2, 4 f.
491 BGHSt 45, 203 (205 ff.) = NJW 2000, 596; Schmitt/Köhler/Schmitt StPO § 252 Rn. 13, 14, 16a mwN.
492 Vgl. BGH NStZ 2007, 652; vgl. auch BGH NStZ 2007, 712, wonach die Erklärung nicht zwingend in der Hauptverhandlung abgegeben werden muss.
493 Schmitt/Köhler/Schmitt StPO § 252 Rn. 16b.
494 Schmitt/Köhler/Schmitt StPO § 252 Rn. 16c mwN.
495 BGH NStZ 2008, 293; Schmitt/Köhler/Schmitt StPO § 252 Rn. 16a.

verhältnis zum Beschuldigten – in größerem Umfang ausgesetzt ist als bei seiner Vernehmung im Ermittlungsverfahren und es ihm auch zu diesem Zeitpunkt noch möglich sein muss, sein Recht auf Zeugnisverweigerung effektiv zu nutzen.[496] Dass die Vernehmung eines Richters über Angaben eines zeugnisverweigerungsberechtigten Zeugen, der in der Hauptverhandlung von seinem Schweigerecht Gebrauch macht, zulässig ist, hat die Rechtsprechung mit einer Güterabwägung gerechtfertigt. Danach gebührt angesichts der verfahrensrechtlich hervorgehobenen Situation einer richterlichen Vernehmung dem öffentlichen Interesse an der effektiven Strafverfolgung der Vorrang gegenüber dem Interesse des Zeugen, sich die Entscheidungsfreiheit über die Ausübung des Zeugnisverweigerungsrechts bis zur Hauptverhandlung erhalten zu können, zumal die höhere Bedeutung der richterlichen Vernehmung mit ihrer Sanktion der §§ 153 ff. StGB dem Zeugen erkennbar ist und auch der Gesetzgeber dem richterlichen Protokoll und damit auch einer Vernehmung durch ihn ein höheres Gewicht beimisst, wie § 251 I und II StPO zeigt.[497] Maßgeblich ist allein, an was sich der vernommene Richter – gegebenenfalls nach Vorhalt – erinnert (§ 253 I StPO ist nicht anwendbar, da es sich nicht um eine Vernehmung des Richters, sondern durch den Richter handelt). Allein die Aussage des vernommenen Richters, er habe die Aussage richtig protokolliert, ist nicht verwertbar.[498]

259 Die richterliche Verhörperson darf jedoch grundsätzlich dann nicht vernommen werden, wenn damals eine Belehrung nach § 52 StPO nicht erfolgt oder das ein Zeugnisverweigerungsrecht begründende Rechtsverhältnis erst später entstanden ist.[499] Probleme können hierbei insbesondere dann entstehen, wenn ein (früherer) Belastungszeuge in der Hauptverhandlung behauptet, schon im Zeitpunkt der früheren Vernehmung mit dem Angeklagten verlobt gewesen zu sein. An sich darf dann die Vernehmung aus dem Ermittlungsverfahren nicht verwertet werden, auch wenn die Belehrung nach § 52 StPO unterblieben ist, weil der damals vernehmende Richter von der Angehörigenstellung des Zeugen nichts wusste oder diese damals noch nicht bestand.[500] Der BGH hat jedoch die Aussage des Richters über die früheren Angaben einer Zeugin zugelassen, die trotz entsprechender Frage des Richters das seinerzeit bereits bestehende Verlöbnis verschwiegen und in der Hauptverhandlung ihre früheren belastenden Angaben widerrufen hatte. Denn in Fällen „unlauterer Manipulation gebührt dem Grundsatz der Wahrheitserforschung … Vorrang vor den Interessen des Zeugen, der sich pflichtwidrig durch sein Verhalten zum ‚Herrn des Verfahrens‘ zu machen sucht, um durch sein Verhalten die gebotene Wahrheitsermittlung zu vereiteln."[501] – Probleme können auch bestehen, wenn ein aussageverweigerungsberechtigter Zeuge in einer nichtrichterlichen Vernehmung nach Belehrung über sein Zeugnisverweigerungsrecht Angaben gemacht hat, der Zeuge aber in der Hauptverhandlung nicht vernommen werden kann. Nach der Rechtsprechung greift § 252 StPO regelmäßig ein, solange Ungewissheit darüber besteht, ob der Zeuge von seinem Weigerungsrecht Gebrauch macht oder darauf verzichtet.[502]

Nach der Rechtsprechung setzt die Vernehmung der richterlichen Verhörperson **nicht** voraus, dass diese den Zeugen **qualifiziert** belehrt hatte, ihn also über die Möglichkeit der Vernehmung der Verhörperson in der Hauptverhandlung informiert hatte. Die Rechtsprechung hatte das damit begründet, dass nicht über die Möglichkeit des Widerrufs des Verzichts auf das Zeugnisverweigerungsrecht belehrt werden müsse (vgl. § 52 III 2 StPO) und auch sonst keine Belehrung vorgeschrieben sei.[503] Der 2. Strafsenat wollte hiervon abweichen und eine quali-

[496] Vgl. hierzu auch MüKoStPO/Ellbogen § 252 Rn. 42.
[497] Ausführlich BGH NStZ 2014, 596.
[498] BGH NStZ 2012, 521; zu § 253 I StPO: BGH StraFo 2013, 286.
[499] BGH NJW 2003, 2619 (2620) mwN.
[500] Vgl. BGH NJW 2003, 2619 (2621); Schmitt/Köhler/Schmitt StPO § 52 Rn. 34 jeweils mwN.
[501] BGH NJW 2003, 2619 (2620); vgl. auch BGH NJW 2000, 1274 bei einer „aus prozesstaktischen Gründen" herbeigeführten Angehörigeneigenschaft (Heirat).
[502] Vgl. BGH NStZ-RR 2000, 210; BayObLG NStZ 2005, 468; vgl. aber zur Verlesungsmöglichkeit einer früheren Aussage eines Zeugnisverweigerungsberechtigten, wenn dessen Aufenthalt unbekannt und nicht zu ermitteln ist: KK-StPO/Diemer § 251 Rn. 6; zur Verlesbarkeit der Aussage eines früher nicht belehrten, vor der Hauptverhandlung verstorbenen Zeugen: Schmitt/Köhler/Schmitt StPO § 52 Rn. 32 mwN und § 252 Rn. 2.
[503] BGHSt 32, 25 = NJW 1984, 621; BGH StV 1984, 326; NStZ 1985, 36.

fizierte Belehrung verlangen. Ohne qualifizierte Belehrung werde der Zeuge in Unkenntnis über die Reichweite und Endgültigkeit seines Verzichts gelassen; dies widerstreite der besonderen Bedeutung, die der Gesetzgeber der Belehrung beigemessen habe.[504] Der Große Senat[505] hält an der bisherigen Rechtsprechung fest: Selbst wenn man unterstellen wolle, dass der Zeuge bei seiner ermittlungsrichterlichen Vernehmung davon ausgehe, dass sein Zeugnisverweigerungsrecht in der Hauptverhandlung auch materiell unberührt bleibe – allein diese Annahme begegnet schon Zweifeln –, so habe der Gesetzgeber eine Belehrung über solche Fernwirkungen nicht vorgesehen (s. oben zum Widerruf des Verzichts auf das Zeugnisverweigerungsrecht) und es dem Zeugen überantwortet, gegebenenfalls Rechtsrat über die Wirkungen seines Tuns einzuholen. Im Übrigen anerkenne die Rechtsprechung qualifizierte Belehrungspflichten dann, wenn zunächst eine Belehrung **rechtswidrig** unterblieben sei – diese Fallgestaltung sei aber vorliegend nicht einschlägig. Schließlich wäre zu erwarten gewesen, dass der Gesetzgeber eingeschritten wäre, hätte er die tradierte Rechtsprechung missbilligt.

Fall: Die Mutter des jetzigen Angeklagten war früher selbst (Mit-)Beschuldigte; gegen sie ist das Verfahren allerdings gem. § 170 II StPO eingestellt worden. In dem Verfahren gegen ihren Sohn verweigerte sie bei ihrer Zeugenvernehmung in der Hauptverhandlung die Aussage (zu diesem Zeitpunkt war das Verfahren gegen sie schon eingestellt). Kann der Verteidiger mit der Revision beanstanden, dass das Gericht den Ermittlungsrichter als Zeugen dazu vernommen hat, was die Mutter des Angeklagten – noch als Beschuldigte – ihm gegenüber ausgesagt hat? 260

Lösung: Der Verteidiger kann mit der Verfahrensrüge einen Verstoß gegen § 252 StPO geltend machen.[506] Nach der Rechtsprechung ist eine Einlassung auch dann unverwertbar, wenn ein Zeuge als früherer Beschuldigter in demselben oder einem anderen Verfahren Angaben gemacht hat und sich nunmehr auf sein Zeugnisverweigerungsrecht beruft. Auch eine Vernehmung des (Ermittlungs-)Richters scheidet dann aus. Denn die Mutter kann von diesem nicht nach § 52 StPO über ihr Zeugnisverweigerungsrecht belehrt worden sein; im Zeitpunkt der ermittlungsrichterlichen Vernehmung hatte sie das Schweigerecht als Beschuldigte, nicht das Recht einer Zeugin auf Aussageverweigerung. Im Übrigen hatte die Mutter in ihrer Beschuldigtenvernehmung nicht die gesetzliche Verpflichtung, die Wahrheit zu sagen. Es kann nicht ausgeschlossen werden, dass die Mutter unter dem Gesichtspunkt ihrer Selbstverteidigung etwas gesagt hat, was im späteren Verfahren gegen ihren Sohn diesen belastet bzw. belasten könnte. Müsste die Mutter damit rechnen, dass ihre früheren Angaben ohnehin verwertet werden, könnte sie nicht mehr frei darüber entscheiden, ob sie aussagt oder nicht. Dem hilft das aus § 252 StPO folgende Verwertungsverbot ab.

Hat der Zeuge die Angaben nicht bei einer Vernehmung, sondern bei einem privaten Gespräch gemacht, kann der Gesprächspartner dagegen als Zeuge vernommen und seine Aussage verwertet werden. Dasselbe gilt – weil auch dann keine Vernehmung vorliegt – für Spontanäußerungen gegenüber beispielsweise Polizeibeamten.[507] 261

Fall: Den Angeklagten wird Mord zur Last gelegt. Zur Tataufklärung hatte die Polizei Kontakt zu einer Vertrauensperson der Verdächtigen aufgenommen und diese – wie einen V-Mann – um „Ermittlung" und Weitergabe von Wahrnehmungen gebeten. Die Vertrauensperson teilte in der Hauptverhandlung unter anderem ihr gegenüber abgegebene Erklärungen einer Zeugin mit, die – ebenfalls in der Hauptverhandlung – von einem ihr nach § 52 StPO zustehenden Zeugnisverweigerungsrecht Gebrauch gemacht hatte. Dürfen diese Angaben verwertet werden? Können Angaben verwertet werden, die einer der inhaftierten Beschuldigten gegenüber einem Mitgefangenen gemacht hat? 262

---

504 BGH NStZ 2014, 596.

505 BGH GSSt NJW 2017, 94.

506 BGH NStZ-RR 2005, 268 (269); Schmitt/Köhler/Schmitt StPO § 252 Rn. 11.

507 Schmitt/Köhler/Schmitt StPO § 252 Rn. 7, 8.

Lösung: Die Aussagen der Vertrauensperson über die Angaben der schließlich nach § 52 StPO schweigenden Zeugin sind nach Ansicht des BGH verwertbar.[508]

§ 252 StPO verbietet zwar an sich nur die Verlesung der Aussage eines Zeugen, der erst in der Hauptverhandlung von seinem Zeugnisverweigerungsrecht Gebrauch macht. In ständiger Rechtsprechung ist das Verlesungsverbot über den Wortlaut des § 252 StPO hinaus aber dahin ausgedehnt worden, dass es dem Gericht auch verwehrt ist, die früheren Aussagen durch Anhörung eines nichtrichterlichen Vernehmungsbeamten in die Hauptverhandlung einzuführen und zu verwerten. Voraussetzung für ein auf § 252 StPO gestütztes Beweisverwertungsverbot ist jedoch stets, dass es sich um Angaben eines Zeugen handelt, die er im Rahmen einer Vernehmung gemacht hat. Dem stehen solche Äußerungen des Zeugen gleich, die er gegenüber einem Ermittlungsbeamten während einer informatorischen Befragung oder sonst in einer vernehmungsähnlichen Situation abgegeben hat.[509] Eine Vernehmung in diesem Sinne liegt aber nur vor, wenn der Vernehmende dem Zeugen in amtlicher Funktion gegenübergetreten ist und in dieser Eigenschaft von ihm Auskunft verlangt hat[510] (der BGH hat dies allerdings selbst relativiert, weil er – unter anderem – auf eine Befragung durch den Verteidiger § 252 StPO analog angewandt hat).[511] Das ist jedoch bei V-Leuten nicht der Fall und zwar unabhängig davon, ob diese auf einen Verdächtigen „angesetzt" wurden oder zufällig die von ihnen berichteten Umstände wahrgenommen haben. Der V-Mann führt also keine Vernehmungen durch; § 252 StPO greift deshalb nicht ein.

Das BVerfG war mit dieser Entscheidung ersichtlich nicht ganz einverstanden. Es hat ausgeführt,[512] dass ein Verstoß gegen den Grundsatz des fairen Verfahrens vorliegt, wenn durch ein den Ermittlungsbehörden zuzurechnendes aktives Verhalten eines V-Mannes (zB gezieltes Nachfragen) das Vertrauensverhältnis zwischen einem Beschuldigten und einem aussageverweigerungsberechtigten Zeugen missachtet wird. Da jedoch die vom Verurteilten bzw. seinem Verteidiger erhobene Verfassungsbeschwerde schon unzulässig war, blieb die Entscheidung des BGH letztlich aber bestehen; auch hat das BVerfG keine Ausführungen dazu gemacht, ob der Verstoß gegen den Grundsatz des fairen Verfahrens zu einem Verwertungsverbot führt.

Die Angaben des Beschuldigten gegenüber dem Mitgefangenen dürften ebenfalls verwertbar sein; dies hängt indes von im Sachverhalt nicht mitgeteilten Einzelheiten ab. Hier stellt sich – anders als oben – aber nicht die Frage nach einem Verwertungsverbot gem. § 252 StPO, sondern das Problem, ob §§ 136 I 2, 136a StPO oder der Nemo-tenetur-Grundsatz verletzt wurden. Nach der Entscheidung des BGH zur „Hörfalle" (→ Rn. 184) liegt ein solcher Verstoß nicht schon allein deshalb vor, weil die Strafverfolgungsbehörden zur Aufdeckung einer erheblichen Straftat eine Privatperson veranlasst haben, mit einem Tatverdächtigen ein Gespräch zu führen, um so an Erkenntnisse zu gelangen, die zur Überführung des Täters beitragen können. Die dort angestellten Überlegungen sind indes nicht mehr tragfähig, wenn sich die Ermittlungsbehörde ein zusätzlich gegen § 136a I StPO verstoßendes Verhalten der Privatperson zurechnen lassen muss, etwa weil sie einem Mithäftling den Auftrag erteilt hat, einen anderen Gefangenen auszuforschen, und diesen hierzu in die Haftzelle des Beschuldigten verlegt hat.[513] Ob im vorliegenden Fall eine solche „Zurechnung" erfolgt und damit ein Verstoß gegen § 136a I StPO gegeben ist, hängt davon ab, ob und gegebenenfalls unter Einsatz welcher Mittel die Ermittlungsbehörde diesen auf den Beschuldigten „angesetzt" und welche Methoden der Mithäftling eingesetzt hat, um an eine Aussage des Beschuldigten zu gelangen.[514]

---

[508] BGHSt 40, 211 = NJW 1994, 2904; Schmitt/Köhler/Schmitt StPO § 252 Rn. 8 mwN.
[509] Vgl. BayObLG NStZ 2005, 468; Schmitt/Köhler/Schmitt StPO § 252 Rn. 7.
[510] Vgl. Schmitt/Köhler/Schmitt StPO § 136a Rn. 4.
[511] BGH NStZ 2001, 49 mAnm Schittenhelm; Schmitt/Köhler/Schmitt StPO § 252 Rn. 13; auch die Befragung eines Angehörigen durch einen Vertreter der Jugendgerichtshilfe wurde vom BGH als Vernehmung iSd § 252 StPO gewertet: BGH NStZ 2005, 219; Schmitt/Köhler/Schmitt StPO § 252 Rn. 7.
[512] BVerfG NStZ 2000, 489 mAnm Rogall; vgl. ferner BVerfG NJW 2010, 287; Schmitt/Köhler/Schmitt StPO § 252 Rn. 8.
[513] Vgl. auch EGMR StV 2003, 257 mAnm Gaede; zur grundsätzlichen Nicht-Geltung von § 136a StPO für Privatpersonen: Schmitt/Köhler/Schmitt StPO § 136a Rn. 2, 3.
[514] Vgl. BGH NStZ 1999, 147 mAnm Roxin = JR 1999, 346 mAnm Hanack; Schmitt/Köhler/Schmitt StPO § 136a Rn. 2 mwN; ausführlich Schneider NStZ 2001, 8.

d) Fehler in Zusammenhang mit der Anhörung eines Sachverständigen

Die StPO sieht die Zuziehung eines Sachverständigen in einigen Fällen (zB §§ 81 I, 87, 91, 92, 246a, 275a IV StPO) zwingend vor. Im Übrigen ist die Erholung eines Sachverständigengutachtens erforderlich, wenn kein Mitglied des Spruchkörpers die erforderliche Fachkunde hat, um eine für die Urteilsfindung relevante Frage klären zu können. 263

Wird ein Sachverständiger zugezogen, so werden dessen Erkenntnisse nach dem Unmittelbarkeitsgrundsatz (§ 250 StPO) regelmäßig durch seine Anhörung in die Hauptverhandlung eingeführt. Die Verlesung eines schriftlich erstatteten Gutachtens ist nur in den Fällen des § 256 StPO gestattet (dazu → Rn. 237 ff.); die Verlesung der Aussage eines Sachverständigen erlaubt § 251 I, II StPO. Vor der Anhörung ist der Sachverständige zu belehren (§§ 72, 57 StPO). Seine Vereidigung (Nacheid) steht im Ermessen des Gerichts (§ 79 I StPO). 264

Hinweis: Hat das Gericht die Zuziehung eines Sachverständigen entgegen einer zwingenden Regelung unterlassen, führt diese Gesetzesverletzung, zB der Verstoß gegen §§ 246a S. 1, 275a IV StPO, regelmäßig zum Erfolg der Revision (§ 337 I StPO). Die unterlassene Zuziehung eines Sachverständigen in sonstigen Fällen kann dagegen nur mit der Aufklärungsrüge geltend gemacht (dazu → Rn. 268 ff.) oder darauf gestützt werden, dass das Gericht zu Unrecht einen entsprechenden Beweisantrag abgelehnt hat (dazu → Rn. 273 ff.). 265

Vor allem bei medizinischen oder psychologischen Gutachten kann die Anhörung eines Sachverständigen auch eine teilweise Zeugenvernehmung sein. Dann ist der Gutachter als Zeuge und als Sachverständiger zu belehren, auch muss über seine Vereidigung sowohl nach den §§ 59 ff. StPO als auch nach § 79 StPO entschieden werden.[515] Ob der Gutachter zugleich als Zeuge aussagt, hängt davon ab, ob seine Bekundungen nur sog. Befundtatsachen oder auch Zusatztatsachen betreffen. Befundtatsachen – insoweit wird er als Sachverständiger gehört – sind die von ihm aufgrund seiner besonderen Sachkunde festgestellten Tatsachen; Zusatztatsachen – insoweit wird er als Zeuge vernommen – sind dagegen solche Umstände, für deren Wahrnehmung keine besondere Fachkunde erforderlich war (vgl. das Beispiel bei → Rn. 234).[516] Zu beachten ist ferner, dass ein Arzt **als Sachverständiger** in dem Verfahren, in dem eine Untersuchung etwa des Beschuldigten erfolgt ist, weder der ärztlichen Schweigepflicht unterliegt noch für ihn ein Zeugnisverweigerungsrecht nach § 53 StPO besteht.[517] 266

Hinweis: Fehler in Zusammenhang mit der Anhörung des Sachverständigen begründen die Revision relativ selten. So kann die Revision beispielsweise nicht auf die unterlassene Belehrung des Sachverständigen gem. §§ 72, 57 StPO gestützt werden, da es sich hierbei nur um Ordnungsvorschriften handelt, die allein dem Schutz des Zeugen (§ 57 StPO) bzw. Sachverständigen (über § 72 StPO) und nicht den Belangen des Angeklagten dienen.[518] Auf die mangelnde Sachkunde kann die Revision gestützt werden, wenn das Urteil Anlass zu Zweifeln gibt; insoweit kommt die Erhebung einer Aufklärungsrüge (vgl. sogleich → Rn. 268 ff.) in Betracht. Hat die Ungeeignetheit des Sachverständigen im Urteil zu Feststellungen geführt, die gegen Denkgesetze oder Erfahrungssätze verstoßen, kann die Sachrüge (dazu → Rn. 328) begründet sein. Unterliegen Ausführungen des Sachverständigen einem Verwertungsverbot, etwa weil er nach § 136a StPO verbotene Vernehmungsmethoden eingesetzt hat, ist die Berücksichtigung der nicht verwertbaren Erkenntnisse im Urteil mit der Verfahrensrüge geltend zu machen. Ein Verwertungsverbot kann ferner bestehen, wenn dem Untersuchten ein Untersuchungsverweigerungsrecht zustand, über das er nicht durch die das Gutachten anordnende Person (nicht durch den Sachverständigen) belehrt wurde (vgl. dazu § 81c III StPO), oder wenn der Untersuchte in der Hauptverhandlung von seinem Zeugnisverweigerungsrecht Gebrauch gemacht hat (→ Rn. 234). Auch gerichtliche Fehler im Zusammenhang mit einem gegen einen Sachverständigen gerichteten Befangenheitsantrag (§ 74 StPO) können gegebenenfalls eine Revision begründen,[519] wobei die Rüge – anders als bei 267

---

[515] BGH NStZ 1993, 245; 1995, 44; vgl. auch Schmitt/Köhler/Schmitt StPO § 79 Rn. 11, 13.
[516] Schmitt/Köhler/Schmitt StPO § 79 Rn. 10 f.
[517] BGHSt 38, 369 (370) = NJW 1993, 803; Schmitt/Köhler/Schmitt StPO § 53 Rn. 20.
[518] BGH NStZ 1998, 158 (159).
[519] Vgl. Schmitt/Köhler/Schmitt StPO § 74 Rn. 21 mit Beispielen.

der Richterablehnung[520] – nach allgemeinem Revisionsrecht zu behandeln ist; zu prüfen ist nur, ob der Tatrichter über Rechtsfragen geirrt hat.[521]

8. Verletzung der Aufklärungspflicht

268 Die Aufklärungspflicht des Gerichts (§ 244 II StPO), die auf dem im Strafprozessrecht geltenden Untersuchungsgrundsatz beruht, gebietet die „bestmögliche Aufklärung" (BVerfG NJW 2003, 2444 (2445); vgl. auch BVerfG NJW 2013, 1058 (1062 f.)). Sie bezieht sich auf alle Tatsachen, die für den Schuld- und/oder den Rechtsfolgenausspruch Bedeutung haben oder haben können, bedeutet aber nicht, dass versucht werden muss, jedes Detail der Vorgeschichte oder des Randgeschehens oder etwa Teile der Lebensgeschichte von Zeugen im Hinblick auf deren Glaubwürdigkeit zu ermitteln. Aufgabe des Gerichts ist vielmehr, die Wahrheit in Bezug auf die abzuurteilende Tat zu erforschen, dabei auch die gegen eine mögliche Täterschaft des Angeklagten sprechenden Umstände aufzuklären und gegebenenfalls den Unrechtsgehalt des strafbaren Verhaltens des Beschuldigten festzustellen.[522]

269 Die Bedeutung der Aufklärungspflicht im konkreten Verfahren ist vielfältig; ihre Umsetzung ist stets einzelfallbezogen und vom Ablauf und der Beweislage im jeweiligen Verfahren abhängig. Allgemein gilt: Je weniger gesichert ein Beweisergebnis ist, je gewichtiger die Unsicherheitsfaktoren, je mehr Widersprüche bei der Beweiserhebung zutage getreten sind, desto größer ist der Anlass, weitere vorhandene Beweismittel zu benutzen.[523] Erschöpfend und für jeden Einzelfall gültig können die sich daraus ergebenden Anforderungen an dieser Stelle nicht dargestellt werden. Beispielhaft hingewiesen sei vielmehr lediglich darauf, dass die Aufklärungspflicht regelmäßig – sofern möglich – die Benutzung des sachnäheren Beweismittels gebietet (also etwa des unmittelbaren Zeugen statt eines Zeugen vom Hörensagen).[524] Andererseits sind beim Umfang der Beweisaufnahme aber auch Opferschutzinteressen zu berücksichtigen, ist also beispielsweise das Opfer vor einer rechtsstaatswidrigen Verteidigung des Angeklagten zu schützen.[525]

270 **Fall:** Dem Angeklagten wird ein Wohnungseinbruchdiebstahl zur Last gelegt. Das Landgericht hat seine Verurteilung darauf gestützt, dass ein Wachmann, der den Täter überrascht hatte, diesen in einer auf den Angeklagten passenden Weise beschrieben hat (Größe, Statur, Haarfarbe, Haarlänge). Ferner wurden in der Wohnung und im Pkw des Angeklagten Werkzeuge beschlagnahmt, die mit den Einbruchswerkzeugen übereinstimmende individuelle Merkmale aufwiesen. Der Angeklagte, der während des gesamten Verfahrens keine Angaben zur Sache gemacht hatte, will mit einer Aufklärungsrüge geltend machen, seine in der Hauptverhandlung nicht vernommene Ehefrau habe schon im Ermittlungsverfahren ausgesagt, dass er sich in der Tatnacht ununterbrochen zu Hause aufgehalten habe. Wird die Rüge Erfolg haben und was muss der Verteidiger vortragen?

Lösung: Die Aufklärungsrüge wird Erfolg haben. Vortragen muss der Verteidiger hierfür insbesondere, dass ein bestimmtes Beweismittel ein bestimmtes Beweisergebnis erbracht hätte und dass die Erhebung des Beweises sich dem Gericht aufgedrängt hat. Dies kann in folgender Weise geschehen:

„Gerügt wird eine Verletzung der Aufklärungspflicht, § 244 II StPO.

a) Die Strafkammer hat die ihr nach § 244 II StPO obliegende Aufklärungspflicht verletzt, da sie die Ehefrau des Angeklagten, die Zeugin …, in der Hauptverhandlung nicht vernommen hat. Die Zeugin hätte ausgesagt, dass der Angeklagte, der nach den Urteilsfeststellungen den Diebstahl eigenhändig begangen haben soll, während der Tatnacht ununterbrochen zu Hause war, sodass er nicht der Täter gewesen sein kann.

---

520 Hier ist über eine Rüge vom Revisionsgericht wegen § 28 II StPO nach Beschwerdegesichtspunkte zu entscheiden; vgl. Schmitt/Köhler/Schmitt StPO § 338 Rn. 25 ff.

521 Schmitt/Köhler/Schmitt StPO § 74 Rn. 21.

522 Vgl. BVerfG NJW 2003, 2444 (2446); vgl. auch Schmitt/Köhler/Schmitt StPO § 244 Rn. 11 ff.

523 BGH StV 2017, 502; ähnlich BVerfG NJW 2003, 2444 (2446).

524 BGH NStZ 2004, 50; vgl. auch Schmitt/Köhler/Schmitt StPO § 250 Rn. 15.

525 BGH NStZ 2005, 579; vgl. auch Schmitt/Köhler/Schmitt StPO § 68a Rn. 1 ff.

Zu dieser Beweiserhebung musste sich die Strafkammer gedrängt sehen, weil die Zeugin bereits im Ermittlungsverfahren entsprechend ausgesagt hatte. Die Niederschrift über die polizeiliche Vernehmung der Zeugin vom ... (Bl. ... d. A.) hat folgenden Wortlaut: ‚...' [wörtliche Wiedergabe der Vernehmungsniederschrift].
Die Zeugin hätte in der Hauptverhandlung Angaben zur Sache gemacht; sie hätte dabei ihre frühere Aussage wiederholt.

b) Die Vernehmung der Zeugin war gem. § 244 II StPO geboten. Denn das Gericht muss von Amts wegen Beweis erheben, wenn ihm aus den Akten oder aus der Verhandlung Umstände bekannt sind, die bei verständiger Würdigung der Sachlage begründete Zweifel an der Richtigkeit der aufgrund der bisherigen Beweisaufnahme erlangten Überzeugung wecken müssen. Das war hier der Fall. Die Überzeugung des Tatrichters von der Täterschaft des Angeklagten beruhte allein auf Rückschlüssen (Indizien). Jedenfalls in einem solchen Fall ist aber eine Beweiserhebung über ein mögliches Alibi des Angeklagten durchzuführen; denn je weniger gesichert ein Beweisergebnis ist und je gewichtiger die Unsicherheitsfaktoren sind, desto größer ist der Anlass für das Gericht, trotz der erlangten Überzeugung weitere erkennbare Beweismöglichkeiten zu benutzen.
c) Auf dem Verstoß gegen die Aufklärungspflicht beruht das Urteil auch (§ 337 I StPO). Es kann nicht ausgeschlossen werden, dass die Strafkammer den Angaben der Zeugin über das Alibi des Angeklagten gefolgt wäre. Dann könnte er aber zumindest nicht der Alleintäter des Diebstahls gewesen sein."

Hinweis: Die Aufklärungsrüge ist zulässig erhoben, wenn (1) ein bestimmtes Beweismittel, (2) eine konkrete Beweistatsache und (3) das zu erwartende Beweisergebnis benannt werden. Ferner ist (4) die Darlegung der Umstände und Vorgänge erforderlich, die das Gericht zu weiteren Ermittlungen hätten drängen müssen. Schließlich ist (5) anzugeben, dass sich die nicht aufgeklärten Tatsachen zugunsten des Beschwerdeführers ausgewirkt hätten (zum Beispiel im Falle ihres Erwiesenseins [möglicherweise] der Schuldvorwurf widerlegt oder in relevanter Weise modifiziert worden wäre).[526] 271
Regelmäßig ist dabei – erst recht nach der nunmehr gesetzlich verankerten Definition des Beweisantrags in § 244 III 1 StPO – auf die **Konnexität** im Sinne eines verbindenden Zusammenhangs zwischen Beweismittel und Beweistatsache (zB durch Angabe, warum der nicht vernommene Zeuge in der Lage wäre, Angaben zur nicht aufgeklärten Beweistatsache machen zu können) einzugehen, es sei denn die Konnexität liegt auf der Hand.[527]

Fall: Der Angeklagte wurde wegen Totschlags zu einer Freiheitsstrafe verurteilt. Kann die Staatsanwaltschaft mit der Revision geltend machen, dass das Gericht einem Zeugen ein diesem tatsächlich nicht zustehendes Zeugnisverweigerungsrecht zugebilligt hat, wenn im Falle der Aussage des Zeugen eine Verurteilung wegen Mordes in Betracht gekommen wäre? 272

Lösung: Die Staatsanwaltschaft muss diese Beanstandung mit der Verfahrensrüge geltend machen und eine Verletzung der Aufklärungspflicht (§§ 244 II, 245 I StPO) rügen. In den Fällen der Zubilligung eines in Wahrheit nicht bestehenden Zeugnisverweigerungsrechts wird beanstandet, dass das Gericht ein Beweismittel nicht benutzt hat. Das stellt einen Verstoß gegen § 244 II StPO oder § 245 I StPO dar, je nachdem, ob der Zeuge zur Hauptverhandlung geladen und dort erschienen war (dann § 245 I StPO) oder ob das Gericht schon von der Ladung des Zeugen abgesehen hatte (dann § 244 II StPO).[528]
Sollte der Zeuge zur Hauptverhandlung geladen worden und dort erschienen sein, könnte die Staatsanwaltschaft ihre Verfahrensrüge wie folgt begründen:[529]
„Gerügt wird die Verletzung des § 245 I StPO.

[526] Schmitt/Köhler/Schmitt StPO § 244 Rn. 102 mwN.
[527] Vgl. BGH NStZ 2008, 232 (233).
[528] Das Gleiche gilt, wenn das Gericht zu Unrecht verbotene Vernehmungsmethoden angenommen und deshalb das Beweismittel nicht verwertet hat: BGH NStZ 1995, 462; Schmitt/Köhler/Schmitt StPO § 136a Rn. 33 aE.
[529] Schmitt/Köhler/Schmitt StPO § 52 Rn. 35, § 244 Rn. 102 und § 245 Rn. 30.

a) Das Gericht hatte zur Hauptverhandlung den Zeugen ... geladen; dies ergibt sich aus der Ladungsverfügung des Vorsitzenden vom ... (Bl. ... d. A.) und der Zustellungsurkunde vom ... (Bl. ... d. A.), die folgenden Inhalt haben: ‚...'
Der Zeuge, der in der Hauptverhandlung auch erschienen war, wurde nach seiner Vernehmung zur Person vom Vorsitzenden über ein Zeugnisverweigerungsrecht belehrt; daraufhin machte er keine Angaben zur Sache und wurde entlassen, was das Gericht nach einer Beanstandung gem. § 238 II StPO[530] durch den Sitzungsvertreter der Staatsanwaltschaft per Beschluss bestätigt hat. Im Einzelnen ergibt sich der Hergang hierzu aus dem Hauptverhandlungsprotokoll vom ... (Bl. ... d. A.), das insoweit folgenden Eintrag aufweist: ‚...' [Wiedergabe des betreffenden Teils des Sitzungsprotokolls im Wortlaut].

b) Diese Verfahrensweise verstieß gegen § 245 I StPO. Nach dieser Vorschrift darf das Gericht von der Vernehmung eines geladenen und erschienenen Zeugen nur absehen, wenn die Beweiserhebung unzulässig ist oder die Verfahrensbeteiligten auf die Vernehmung verzichten. Beide Voraussetzungen lagen hier nicht vor. Ein Verzicht der Staatsanwaltschaft wurde – wie der wiedergegebene Auszug aus der Sitzungsniederschrift belegt – nicht erklärt. Entgegen der Ansicht des Gerichts war die Vernehmung des Zeugen zur Sache auch nicht unzulässig, da dem Zeugen das von ihm geltend gemachte Zeugnisverweigerungsrecht nicht zustand. ... [Hier muss erörtert und gegebenenfalls belegt werden, warum das Zeugnisverweigerungsrecht nicht bestand.]

c) Auf diesem Verfahrensverstoß beruht das Urteil (§ 337 I StPO). Bei seiner polizeilichen Vernehmung vom ... (Bl. ... d. A.) hatte der Zeuge folgende Angaben gemacht: ‚...' [vollständige Wiedergabe der polizeilichen Vernehmungsniederschrift].
Diese Angaben hätte der Zeuge in der Hauptverhandlung wiederholt, wenn er entsprechend seiner Pflicht zur Sache ausgesagt hätte. Auf der Grundlage dieser Aussage wäre der Angeklagte aber statt wegen Totschlags wegen Mordes zu verurteilen gewesen. ... [Es folgt die Darlegung, warum dann ein Mordmerkmal gegeben wäre.]"

9. Fehlerhafte Zurückweisung von Beweisanträgen

273 Für die Revision, mit der die fehlerhafte Ablehnung eines Beweisantrags gerügt werden soll, ist die Abgrenzung zwischen Beweisantrag und Beweisermittlungsantrag von erheblicher Bedeutung. Die fehlerhafte Ablehnung eines Beweisantrages verstößt gegen § 244 III–VI StPO.[531] Daneben steht allerdings die Erhebung der „bloßen" Aufklärungsrüge zur Wahl.[532] Dagegen kann die Ablehnung eines Beweisermittlungsantrages grundsätzlich selbst dann nur als Verletzung der Aufklärungspflicht nach § 244 II StPO beanstandet werden, wenn das Tatgericht ihn nach Beweisantragsgrundsätzen verbeschieden hat.[533]

274 Einen Beweisantrag definiert (nunmehr) das Gesetz in § 244 III 1 StPO wie folgt: Ein Antragsteller verlangt ernsthaft, Beweis über eine bestimmt behauptete konkrete Tatsache, die die Schuld- oder Rechtsfolgenfrage betrifft, durch ein bestimmt bezeichnetes Beweismittel[534] zu erheben, wenn dem Antrag zu entnehmen ist, weshalb das bezeichnete Beweismittel die behauptete Tatsache belegen können soll. Ein Beweisermittlungsantrag liegt dagegen vor, wenn es an einer bestimmten Tatsachenbehauptung fehlt[535], etwa beim Ausforschungsbeweis, oder wenn es an der Konkretisierung des Beweismittels mangelt, beispielsweise weil der Zeuge

[530] Anders als beim Auskunftsverweigerungsrecht nach § 55 StPO bedarf es eines solchen Beschlusses allerdings nur ausnahmsweise (zB wenn der Vorsitzende ein wirksames Verlöbnis bejaht), da bezüglich des Aussageverweigerungsrechts dem Gericht (regelmäßig) kein Beurteilungsspielraum zusteht.

[531] Vgl. zur rechtsfehlerhaften Behandlung eines Beweisantrags Schmitt/Köhler/Schmitt StPO § 244 Rn. 104 ff.

[532] BGH NStZ 2011, 471; wohl aA Schmitt/Köhler/Schmitt StPO § 244 Rn. 100, 101.

[533] BGH BeckRS 2006, 10229. Will das Gericht einem Beweisermittlungsantrag nicht nachgehen, muss das Beweisersuchen entweder durch Beschluss nach § 244 VI StPO oder durch Anordnung des Vorsitzenden nach § 238 I StPO zurückgewiesen werden: BGH NStZ 2008, 109; Schmitt/Köhler/Schmitt StPO § 244 Rn. 27.

[534] Der Ausdruck einer E-Mail ist tauglicher Gegenstand eines Beweisantrags. Anders als bei bloßen Ablichtungen einer Urkunde kommen hier Dokumente originär elektronischer Natur zur Verlesung (BGH NStZ 2022, 354 (357)).

[535] Ein Antrag, einen Zeugen dazu zu vernehmen, **ob** (und nicht **dass**) eine bestimmte Tatsache eingetreten ist, ist daher ein bloßer Beweisermittlungsantrag (vgl. Schmitt/Köhler/Schmitt StPO § 244 Rn. 19, 20).

nicht ausreichend individualisiert bezeichnet ist.[536] Zu beachten ist ferner, dass die Beweistatsache dem jeweiligen Beweismittel auch zugänglich sein muss. So darf ein Zeuge nur zu eigenen Wahrnehmungen benannt werden, nicht aber zu Wertungen oder Folgerungen, die aus der Wahrnehmung gezogen werden sollen (Beweisziel).[537] Schließlich muss – sofern sich das nicht von selbst versteht[538] – auch dem Erfordernis der Konnexität genügt werden, also erkennbar sein, warum beispielsweise der benannte Zeuge zu der Beweisbehauptung überhaupt etwas bekunden können soll. Denn nur dann vermag das Gericht die Ablehnungsgründe der Bedeutungslosigkeit der Beweistatsache oder der völligen Ungeeignetheit des Beweismittels (vgl. § 244 III 2 StPO) sinnvoll zu prüfen.

Nach Beginn der Hauptverhandlung ist das Gericht bis zum Beginn der Urteilsverkündung[539] 275
verpflichtet, Beweisanträge entgegenzunehmen (§ 246 I StPO). Ein solcher Beweisantrag muss protokolliert werden (§ 273 I 1 StPO). Jedoch kann das Gericht den Verfahrensbeteiligten auferlegen, die Anträge schriftlich einzureichen (§ 257a StPO); dann wird die Vorlage im Protokoll vermerkt.

Die Ablehnung eines Beweisantrages erfolgt grundsätzlich durch Gerichtsbeschluss 276
(§ 244 VI 1 StPO), der begründet (vgl. § 34 StPO) und grundsätzlich in der Hauptverhandlung verkündet werden muss (vgl. auch § 35 I 1 StPO; zu Besonderheiten bei bedingten Beweisanträgen: → Rn. 280 ff.). Der Beschluss und seine Verkündung sind in das Protokoll aufzunehmen (§ 273 I 1 StPO). Die Begründung[540] des Ablehnungsbeschlusses soll den Antragsteller in die Lage versetzen, sich in seiner Verteidigung auf die Verfahrenslage einzustellen; daher ist das Revisionsgericht grundsätzlich gehindert, bei einem (Haupt-)Beweisantrag einen fehlerhaften Ablehnungsgrund durch einen fehlerfreien Ablehnungsgrund zu ersetzen.[541]

Nach Abschluss der von Amts wegen durchgeführten Beweisaufnahme kann der Vorsitzende den Verfahrensbeteiligten eine angemessene Frist für die Stellung von Beweisanträgen setzen. Beweisanträge, die – obwohl eine rechtzeitige Antragstellung möglich war – erst nach Fristablauf gestellt werden, müssen nicht mehr in der Hauptverhandlung verbescheiden werden, sondern können erst im Urteil behandelt werden (§ 244 VI 3–5 StPO)[542]; ähnlich wie bei Hilfsbeweisanträgen (dazu → Rn. 280 ff.) erscheint es dann aber gerechtfertigt, dem Revisionsgericht – in Grenzen – zu erlauben, den Ablehnungsgrund auszutauschen, da das Urteil nicht auf der unterbliebenen Beweisaufnahme beruht, wenn ein anderer zulässiger Ablehnungsgrund vorliegt.[543]

In Prozessverschleppungsabsicht gestellte Anträge – zu den tatbestandlichen Voraussetzungen, die objektiv keine Verzögerung voraussetzen, vgl. § 244 VI 2 StPO – sieht der Gesetzgeber nicht als echte Beweisanträge an und hat sie von der Bescheidungspflicht durch Beschluss freigestellt. Es genügt eine Bescheidung durch Verfügung des Vorsitzenden.[544]

Übersicht: Gründe für die Ablehnung von Beweisanträgen

- Unzulässigkeit der Beweiserhebung (§ 244 III 2 StPO); 277
- Offenkundigkeit der Beweisbehauptung (§ 244 III 3 Nr. 1 StPO);
- Bedeutungslosigkeit der Beweisbehauptung (§ 244 III 3 Nr. 2 StPO);

536 Schmitt/Köhler/Schmitt StPO § 244 Rn. 21.

537 Zur Unterscheidung zwischen Beweistatsache und Beweisziel: Schmitt/Köhler/Schmitt StPO § 244 Rn. 20b.

538 Schmitt/Köhler/Schmitt StPO § 244 Rn. 21b.

539 Zu Beweisanträgen während der Urteilsverkündung: Schmitt/Köhler/Schmitt StPO § 244 Rn. 33 f.

540 Das Revisionsgericht (als reine Rechtsinstanz) prüft aber nicht nach, ob die tatsächlichen Voraussetzungen, von denen das Tatgericht bei der Verbescheidung ausgeht, zutreffen, Schmitt/Köhler/Schmitt StPO § 244 Rn. 106b.

541 Vgl. Schmitt/Köhler/Schmitt StPO § 244 Rn. 107 f. mwN, dort auch zur Frage, wann ein Beruhen des Urteils auf der rechtsfehlerhaften Antragsablehnung ausgeschlossen werden kann; vgl. dazu auch → Rn. 98.

542 Zur Notwendigkeit, im Einzelfall wegen eines Informationsinteresses des Antragstellers einen Antrag gleichwohl in der Hauptverhandlung zu bescheiden: Schmitt/Köhler/Schmitt StPO § 244 Rn. 96a.

543 Schmitt/Köhler/Schmitt StPO § 244 Rn. 107c.

544 Schmitt/Köhler/Schmitt StPO § 244 Rn. 93 ff., insbes. Rn. 93 f.

- Erwiesenheit der Beweisbehauptung (§ 244 III 3 Nr. 3 StPO; **nicht:** Erwiesenheit des Gegenteils);
- völlige Ungeeignetheit des Beweismittels (§ 244 III 3 Nr. 4 StPO);
- Unerreichbarkeit des Beweismittels (§ 244 III 3 Nr. 5 StPO);
- Wahrunterstellung (§ 244 III 3 Nr. 6 StPO);
- bei Augenschein zusätzlich nach Ermessen (§ 244 V 1 StPO);
- bei Auslandszeugen zusätzlich nach Ermessen (§ 244 V 2 StPO);
- Verlesung des Ausgangsdokuments bei elektronischen Dokumenten (§ 244 V 3 StPO);
- bei Sachverständigen zusätzlich wegen eigener Sachkunde (§ 244 IV 1 StPO);
- bei weiteren Sachverständigen zusätzlich wegen Erwiesenheit des Gegenteils der Beweisbehauptung (§ 244 IV 2 StPO).

278 **Fall:** Dem Angeklagten wird Mord zur Last gelegt. In der Hauptverhandlung hatte sein Verteidiger beantragt, den in Tschechien inhaftierten und grundsätzlich aussagebereiten P als Entlastungszeugen zu im Einzelnen vorgetragenen, für die Schuldfrage bedeutsamen Tatsachen zu vernehmen. Das Schwurgericht hat diesen Beweisantrag wegen Unerreichbarkeit des Zeugen abgelehnt. Zuvor hatte es den Zeugen „unter Zusicherung freien Geleits" geladen, jedoch hatten die zuständigen tschechischen Behörden die Überstellung des P nach Deutschland – und sei es auch nur zu der Zeugenvernehmung – im Hinblick auf die langjährige Freiheitsstrafe, die in Tschechien gegen ihn verhängt worden war, und die hohe Fluchtgefahr abgelehnt. Auf sonstige Vernehmungsmöglichkeiten ging das Gericht bei der Ablehnung des Beweisantrags nicht ein. Kann der Verteidiger des Angeklagten aus der Ablehnung des Beweisantrags einen Revisionsgrund herleiten?

Lösung: Die Revision des Verteidigers hätte Aussicht auf Erfolg, weil das Schwurgericht bei der Ablehnung des Beweisantrags die Annahme einer Unerreichbarkeit des Zeugen nicht ausreichend umfassend geprüft hat und zugleich hierdurch auch seine Aufklärungspflicht verletzt hat.

- Das Landgericht ist – zunächst – zutreffend von der Unerreichbarkeit des Zeugen ausgegangen, weil dessen Erscheinen in der Hauptverhandlung für ungewisse Zeit ein nicht zu beseitigendes Hindernis entgegenstand. Unerreichbar ist ein Zeuge, wenn das Tatgericht unter Beachtung der ihm obliegenden Sachaufklärungspflicht alle der Bedeutung des Zeugnisses entsprechenden Bemühungen zur Beibringung des Zeugen vergeblich entfaltet hat und keine begründete Aussicht besteht, dass der Zeuge in absehbarer Zeit als Beweismittel herangezogen werden kann.[545] Ein im Ausland aufhältlicher Zeuge kann grundsätzlich nicht dazu gezwungen werden, vor einem deutschen Gericht zu erscheinen, zumal hier die (kurzzeitige) Überstellung des inhaftierten Zeugen (Art. 11 Rechtshilfeübereinkommen 1959) von den tschechischen Behörden abgelehnt worden war.[546]
- Für die Annahme einer Unerreichbarkeit hätte sich das Gericht darüber hinaus aber auch mit den Möglichkeiten einer kommissarischen oder audiovisuellen Vernehmung des Zeugen auseinandersetzen müssen.[547] Dies hat es nicht getan. Hierdurch hat das Gericht zugleich auch gegen seine Aufklärungspflicht verstoßen, an die insbesondere in Bezug auf die Vernehmung eines wichtigen Entlastungszeugen unter Berücksichtigung von Art. 6 III lit. d EMRK strenge Maßstände anzulegen sind.[548]
- Nach § 223 StPO kann eine Zeugenvernehmung auch durch einen beauftragten oder ersuchten Richter erfolgen, wenn dem persönlichen Erscheinen eines Zeugen ein nicht zu beseitigendes Hindernis entgegensteht. Kommissarische Vernehmungen im Ausland können grundsätzlich durch die zuständige ausländische Behörde oder das zuständige ausländische Gericht, einen deutschen Konsularbeamten oder aber auch durch einen beauftragten deutschen Richter erfolgen, wobei bei letzterem zuvor im Wege der Rechtshilfe die Zustimmung des Gastlandes

[545] BGH NStZ 2023, 374.
[546] BGH StV 2000, 345; vgl. auch Schmitt/Köhler/Schmitt StPO § 244 Rn. 64 aE.
[547] BGH NStZ 2023, 478.
[548] Vgl. zu den verfassungsrechtlichen Anforderungen an das Absehen der Vernehmung eines Auslandszeugen: BVerfG BeckRS 2025, 24851.

einzuholen ist.[549] Zwar kann im Einzelfall eine solche Zeugenvernehmung unterbleiben, wenn diese für das erkennende Gericht ohne Beweiswert ist, weil es die Glaubwürdigkeit des Zeugen nur beurteilen kann, wenn es sich einen persönlichen Eindruck von dem Zeugen verschaffen kann.[550] Hierzu hat das Gericht vorliegend aber gerade keine Ausführungen gemacht, es hat sich mit der Möglichkeit einer kommissarischen Vernehmung des Zeugen in seinem Beschluss vielmehr überhaupt nicht auseinandergesetzt.

- Auch die Möglichkeit einer audiovisuellen Vernehmung des Zeugen nach § 247a I 1 Hs. 2 StPO hat das Gericht nicht in Betracht gezogen. Zu einer Prüfung war das Schwurgericht verpflichtet, weil der Beweisantrag auf Ladung und Vernehmung des Zeugen zugleich jedes Weniger an Beweisaufnahme umfasst, sofern der Tatrichter dieses Weniger nicht als für die Wahrheitsfindung wertlos erachten darf und erachtet.[551] Auch lagen die rechtlichen Voraussetzungen von § 247a I 1 Hs. 2 StPO vor, weil der Zeuge an sich unerreichbar iSd § 251 II Nr. 1 StPO war und – im Hinblick auf das Gewicht der in sein Wissen gestellten Entlastungstatsachen (vgl. dazu auch unten bei § 244 V 2 StPO) – seine Vernehmung zur Erforschung der Wahrheit grundsätzlich erforderlich war. Weitere – hier ersichtlich gegebene – Voraussetzung für eine audiovisuelle Zeugenvernehmung ist, sofern der Vernehmungsort im Ausland liegt, dass eine solche Vernehmung im Rechtshilfeweg rechtlich möglich ist und dass die Art der Durchführung einer solchen nach § 247a I StPO im Inland weitgehend entspricht.[552] Eine Videovernehmung kann zwar ein völlig ungeeignetes Beweismittel sein, wenn nur eine unmittelbare Vernehmung des Zeugen vor dem erkennenden Gericht zur Wahrheitsfindung beizutragen vermag.[553] Auch hier fehlt aber eine diesbezügliche Prüfung des Gerichts.
- Etwas anderes ergibt sich für die Revision auch nicht aus der Unanfechtbarkeit einer Entscheidung über eine audiovisuelle Vernehmung nach § 247a I 3 iVm § 336 S. 2 StPO. Das Tatgericht hat sich mit § 247a StPO gerade nicht befasst, es fehlt daher bereits an einer solchen Entscheidung nach § 247a StPO.[554] Darüber hinaus kann eine Revision auch bei Vorliegen einer Entscheidung zwar nicht auf eine unmittelbare Verletzung von § 247a StPO gestützt werden. Die Möglichkeit der Rüge einer Verletzung von § 244 StPO, wenn das Gericht etwa einen Beweisantrag nach § 244 III 3 Nr. 5 StPO wegen vermeintlicher Unerreichbarkeit des Zeugen abgelehnt hat und sich dabei nicht mit der Möglichkeit eines Vorgehens nach § 247a StPO auseinandergesetzt hat, obwohl dies ernsthaft in Betracht kam, wird hierdurch jedoch nicht berührt.[555]
- Der Verlesung einer Vernehmungsniederschrift gem. § 251 I Nr. 3, II Nr. 1 StPO hätte im Übrigen § 247a StPO nicht entgegengestanden. Für die Zulässigkeit einer solchen Verlesung käme es nicht darauf an, ob eine audiovisuelle Vernehmung des Zeugen hätte vorgenommen werden können, weil § 251 StPO (insofern) allein auf die körperliche An- oder Abwesenheit des Zeugen in der Hauptverhandlung abstellt.[556] Im vorliegenden Fall war indes eine solche Vernehmungsniederschrift nicht vorhanden.
- Auf § 244 V 2 StPO hat das Schwurgericht die Ablehnung des Beweisantrags zu Recht nicht gestützt. Denn bei wesentlichen Tatsachenbehauptungen, die zur Entlastung des Angeklagten beitragen sollen, gebietet die Aufklärungspflicht auch die Vernehmung von Auslandszeugen, zumindest sofern keine Anhaltspunkte dafür vorliegen, dass der Zeuge die behaupteten Tatsachen nicht bekunden kann.[557]

---

549 KK-StPO/Ritscher § 223 Rn. 18.

550 BGHSt 45, 188 (189 f.) = NJW 1999, 3788; BGH NStZ 2023, 478; Schmitt/Köhler/Schmitt StPO § 244 Rn. 65. Das pflichtwidrige Unterlassen der Prüfung einer kommissarischen Vernehmung kann der Rüge zum Erfolg verhelfen: BGH NStZ 2015, 102.

551 BGHSt 45, 188 (190) = NJW 1999, 3788; Schmitt/Köhler/Schmitt StPO § 244 Rn. 65b.

552 Vgl. zum gesamten Fall die (lesenswerte) Entscheidung BGHSt 45, 188 = NJW 1999, 3788 = JR 2000, 74 mAnm Rose = JZ 2000, 471 mAnm Vassilaki; Anm. Duttge NStZ 2000, 158; ausführlich zu den revisionsrechtlichen Problemen des § 247a StPO: Diemer NStZ 2001, 393; Hofmann NStZ 2002, 569 und StraFo 2004, 303 sowie Leitner StraFo 2004, 306.

553 BGH NStZ 2004, 347 (348); 2023, 478.

554 BGHSt 45, 188 (197) = NJW 1999, 3788; Schmitt/Köhler/Schmitt StPO § 247a Rn. 13 f.

555 MüKoStPO/Niehaus § 247a Rn. 28.

556 BGHSt 46, 73 (76) = NJW 2000, 2517 = JZ 2001, 51 mAnm Sinn = JR 2001, 343 mAnm Rose; s. auch BGH NStZ 2004, 347 (348); Schmitt/Köhler/Schmitt StPO § 251 Rn. 21.

557 Vgl. BGH NStZ 2017, 96; Schmitt/Köhler/Schmitt StPO § 244 Rn. 78a ff.

279 **Hinweis:** Zur Begründung einer Verfahrensrüge, mit der die fehlerhafte Ablehnung eines Beweisantrages beanstandet wird, müssen – im Wortlaut – der Beweisantrag, eine etwaige Stellungnahme der Staatsanwaltschaft, der diesen zurückweisende Gerichtsbeschluss sowie die Tatsachen mitgeteilt werden, aus denen sich die Fehlerhaftigkeit des Beschlusses ergibt. Es können auch Darlegungen zur Konnexität geboten sein.[558] Wird – wie häufig – in dem Beweisantrag auf ein anderes Schriftstück Bezug genommen, muss auch dieses in die Revisionsbegründung aufgenommen werden.[559]

280 Ein besonderes Problemfeld sind bedingte Beweisanträge.[560] Darunter versteht man Beweisanträge, die im Fall des Eintritts einer Bedingung als gestellt gelten sollen, wobei die Bedingungen – als zulässige Rechtsbedingungen – zum einen prozessuale Ereignisse betreffen können, zB den Misserfolg eines Befangenheitsantrags oder den Erfolg des Beweisantrags eines anderen Verfahrensbeteiligten. Zum anderen kann die Bedingung aber auch auf das Urteil bezogen sein. Dann wird weiter unterschieden, zum einen nach den sog. Hilfsbeweisanträgen, bei denen die Bedingung mit dem Urteilstenor verknüpft ist. Solche Beweisanträge werden zumeist im Plädoyer gestellt und lauten beispielsweise auf „Freispruch, hilfsweise – also für den Fall der Verurteilung – beantrage ich den Zeugen … dazu zu vernehmen, dass …“ (hier bezieht sich die Bedingung auf den Schuldspruch des Tenors). Zum anderen gibt es die sog. Eventualbeweisanträge, bei denen die Bedingung einen Teil der Urteilsbegründung betrifft. Dies ist etwa gegeben, wenn ein Beweisantrag für den Fall gestellt wird, dass das Gericht einen Belastungszeugen als glaubwürdig erachtet oder die Anwendung des § 21 StGB ablehnt (hier bezieht sich die Bedingung auf die Urteilsausführungen zur Beweiswürdigung (1. Fall) bzw. zu den Rechtsfolgen (2. Fall)).

281 Bedingte Beweisanträge, die an prozessuale Ereignisse anknüpfen, sind unkompliziert; über sie ist zu entscheiden, sobald die Bedingung eingetreten ist. Dagegen bereiten die Hilfs- und die Eventualanträge vor allem dann Probleme, wenn der Antragsteller eine Verbescheidung vor Erlass des Urteils begehrt. Damit will er nämlich das Gericht dazu zwingen, das Beratungsergebnis – zumindest teilweise – bereits vor der Urteilsverkündung offen zu legen. Ein solches Begehren wird von der Rechtsprechung nicht ohne Weiteres zugelassen.

282 **Fall:** Dem Angeklagten wird sexueller Missbrauch von Kindern zur Last gelegt. Der Angeklagte bestreitet, die ihm vorgeworfenen Taten begangen zu haben. In seinem Schlussvortrag stellte der Verteidiger einen Beweisantrag für den Fall, dass der Angeklagte zu einer Freiheitsstrafe ohne Bewährung verurteilt wird; dann soll die Zeugin J (eine Cousine der Geschädigten) zum Nachweis der Tatsache vernommen werden, dass ein von der Geschädigten behauptetes Gespräch über sexuelle Vorfälle mit ihr nicht stattgefunden habe. Kann der Verteidiger mit der Revision beanstanden, dass das Gericht über den Antrag erst im Urteil entschieden und ihn dort als unzulässig verworfen hat?

Lösung: Die Revision des Verteidigers hat keine Aussicht auf Erfolg. Der Beweisantrag war unzulässig, hierüber durfte auch erst im Urteil entschieden werden:
Die Unzulässigkeit ergibt sich aber nicht schon daraus, dass die Beweisbehauptung – Nichtstattfinden eines Gesprächs der benannten Zeugin J mit der Geschädigten – eine sog. negative Beweistatsache bzw. Negativtatsache betraf. Zwar ist eine in einem Beweisantrag bezeichnete Tatsache oftmals nicht hinreichend bestimmt, wenn lediglich behauptet wird, ein Ereignis habe nicht stattgefunden. Wenn zB die Vernehmung eines Zeugen X beantragt wird „zum Beweis der Tatsache, dass der Angeklagte sich in der Nacht vom 29. auf den 30.12.2025 nicht in der Gaststätte F. aufgehalten hat“, wird *nur* ein Beweisziel benannt, zu dem das Gericht aufgrund von Schlüssen aus bestimmten – aber gerade nicht unter Beweis gestellten – Tatsachen (so zB die konkrete Tatsachenbehauptung, der Zeuge X habe in der fraglichen Nacht von 20.00 Uhr bis zur

558 BGH bei Miebach/Sander NStZ-RR 2001, 6 (7); BGH NStZ 1999, 145; Schmitt/Köhler/Schmitt StPO § 244 Rn. 106.

559 BGH NStZ 2020, 758; 2022, 51; 2023, 762.

560 Die Terminologie zum Folgenden ist allerdings nicht einheitlich, vgl. Schmitt/Köhler/Schmitt StPO § 244 Rn. 22–22b.

Sperrstunde an der Theke der Gaststätte F. gesessen, von dort aus den Eingangsbereich beobachtet, den Angeklagten aber weder kommen noch gehen gesehen) möglicherweise gelangen kann; ein Beweisantrag liegt dann nicht vor. Im vorliegenden Fall aber betraf die Beweisbehauptung nicht nur ein Beweisziel, sondern auch eine konkrete Beweisbehauptung. Denn die Zeugin J hätte aufgrund eigener Wahrnehmung bekunden können, ob das von der Geschädigten geschilderte Gespräch stattgefunden hat oder nicht.[561]

Bedingte Beweisanträge, die sich nach der zu beweisenden Behauptung gegen den Schuldspruch richten, nach der vom Antragsteller gewählten Bedingung aber nur für den Fall einer bestimmten Rechtsfolgenentscheidung als gestellt gelten sollen (es handelt sich vorliegend also um einen besonders formulierten Hilfsbeweisantrag), sind jedoch schon als solche unzulässig. Die Unzulässigkeit des Beweisantrages folgt daraus, dass sich die unter Beweis gestellte Behauptung inhaltlich nicht auf die Entscheidung bezog, die zur Bedingung des Antrages gemacht worden war; der Beweisantrag zielte nicht auf die Entscheidungsgrundlage für eine Freiheitsstrafe, deren Vollstreckung zur Bewährung ausgesetzt wird, sondern auf diejenige des Schuldspruchs. Vom Gericht kann aber nicht verlangt werden, sich in Umkehrung der sachlogisch vorgegebenen Reihenfolge zunächst über die Strafe oder deren Aussetzung zur Bewährung schlüssig zu werden, bevor es darüber befindet, ob es zur Schuldfrage Beweis erheben soll oder nicht. Ein solches – hier gegebenes – Beweisbegehren ist in sich widersprüchlich und unzulässig.[562]

Auch die Verbescheidung des bedingten Beweisantrags erst in den Gründen des Urteils war richtig. Grundsätzlich bedarf die Ablehnung eines Beweisantrages zwar eines Gerichtsbeschlusses (§ 244 VI 1 StPO), der in der Hauptverhandlung noch vor dem Schluss der Beweisaufnahme zu verkünden ist. Das gilt aber nicht ausnahmslos. Hilfsbeweisanträge, die für den Fall eines bestimmten Urteilsausspruchs gestellt worden sind, brauchen – abgesehen von der Ablehnung wegen Prozessverschleppung (jedenfalls wenn sie vor Ablauf einer nach § 244 VI 3 StPO gesetzten Frist gestellt wurden)[563] – erst in den Gründen des Urteils verbeschieden zu werden, weil sie nur mit diesem zusammen beraten werden können und weil erst mit der Urteilsverkündung die Bedingung eintritt.[564]

10. Präsente Beweismittel

Präsente Beweismittel sind zum einen die vom Gericht geladenen und erschienenen Zeugen 283
und Sachverständigen sowie alle anderen, dem Gericht vorliegenden Beweismittel (Augenscheinsobjekte, Urkunden), soweit sie entweder vom Gericht selbst oder von der Staatsanwaltschaft schon vor der Hauptverhandlung herbeigeschafft oder vorgelegt wurden. Die Erhebung eines solchen präsenten Beweismittels darf nur unterbleiben, wenn alle Beteiligten hierauf verzichtet haben oder die Beweiserhebung unzulässig ist (§ 245 I StPO; vgl. auch das Beispiel bei → Rn. 272); ansonsten darf noch nicht einmal völlige Bedeutungslosigkeit zum Unterlassen der Beweiserhebung führen.[565] Allerdings fehlt es bei völliger Bedeutungslosigkeit regelmäßig an einem Beruhen des Urteils auf der Ablehnung des Beweisantrags.[566]

Ferner zählen zu den präsenten Beweismitteln die von der Staatsanwaltschaft oder dem 284
Angeklagten (oder dem Verteidiger)[567] geladenen und auch erschienenen Zeugen oder Sachverständigen (§ 245 II StPO), wobei diese, soweit sie vom Angeklagten benannt wurden, nach §§ 220, 38 StPO geladen sein müssen. Voraussetzung für die Verpflichtung des Gerichts, ein in diesem Sinne präsentes Beweismittel auch zu erheben, ist ferner, dass derjenige, der den Zeugen oder Sachverständigen geladen hat, hierzu einen Beweisantrag gestellt hat (§ 245 II 1 StPO). Die Gründe für die Ablehnung eines solchen Beweisantrags – und damit die Nicht-Erhebung des Beweises – sind in § 245 II 2, 3 StPO aufgeführt.

---

[561] BGH NJW 2003, 2761 (2762); Trennung von Beweistatsache und Beweisziel: Schmitt/Köhler/Schmitt StPO § 244 Rn. 20a, 20b; vgl. auch BGH NStZ 2019, 628.
[562] BGHSt 40, 287 = NJW 1995, 603; BGH NStZ 1995, 246; Schmitt/Köhler/Schmitt StPO § 244 Rn. 22a mwN.
[563] Schmitt/Köhler/Schmitt StPO § 244 Rn. 90b (trotz § 244 VI 2 StPO).
[564] Schmitt/Köhler/Schmitt StPO § 244 Rn. 90a.
[565] BGH NStZ 2014, 351; Schmitt/Köhler/Schmitt StPO § 245 Rn. 7.
[566] Instruktiv: BGH NStZ 2022, 354 (357).
[567] BGH NStZ 2014, 351.

285 **Fall:** Dem Angeklagten wird die Vergewaltigung einer (erwachsenen) Frau zur Last gelegt. Zur Hauptverhandlung hatte der Verteidiger ordnungsgemäß einen Sachverständigen geladen, der ein Glaubwürdigkeitsgutachten über die Zeugin erstellen sollte. Kann der Verteidiger mit der Revision beanstanden, dass das Gericht den Beweisantrag auf Vernehmung des erschienenen Sachverständigen unter Hinweis auf seine eigene Sachkunde abgelehnt hat?

Lösung: Der Verteidiger kann mit der Verfahrensrüge die Verletzung des § 245 II StPO beanstanden.
Der Sachverständige war ein iSd § 245 II StPO präsentes Beweismittel, da er – laut Sachverhalt – vom Verteidiger ordnungsgemäß geladen wurde und auch erschienen war. Voraussetzung der Beweiserhebung ist nach § 245 II StPO weiter, dass der Verteidiger – wie hier – einen Beweisantrag auf Erholung dieses Sachverständigenbeweises stellt. Ein solcher Antrag auf Vernehmung eines präsenten Sachverständigen darf nur unter den Voraussetzungen des § 245 II StPO abgelehnt werden. Zwar gehört die Würdigung von Zeugenaussagen zum Wesen richterlicher Rechtsfindung, sodass – von besonders gelagerten Fällen abgesehen (zB bei Hirnschädigung, Geisteskrankheit, kleines Kind) – grundsätzlich der Tatrichter selbst die erforderliche Sachkunde hat, um die Glaubwürdigkeit eines Zeugen beurteilen zu können. Jedoch sieht § 245 II StPO – anders als § 244 IV StPO – den Ablehnungsgrund „eigene Sachkunde" nicht vor, sodass das Gericht zu Unrecht ein präsentes Beweismittel nicht benutzt hat.[568] Das Urteil beruht auch auf diesem Verfahrensverstoß, da die Nicht-Anhörung des Sachverständigen aus anderen Gründen ebenfalls nicht zulässig war. Insbesondere war der Sachverständige – selbst wenn er die Zeugin nicht untersuchen konnte – kein iSd § 245 II StPO ungeeignetes Beweismittel; denn eine Glaubwürdigkeitsbeurteilung setzt nicht notwendig eine psychologische Exploration voraus. Geeignetes Beweismittel ist der Sachverständige auch dann, wenn die vorhandenen Anknüpfungstatsachen ihm die Darlegung solcher Erfahrungssätze oder Schlussfolgerungen erlauben, die für sich allein die unter Beweis gestellte Behauptung lediglich wahrscheinlicher machen.[569] Allerdings ist das Gericht nicht gehalten, einem „mitgebrachten" Sachverständigen Vorbereitungsmaßnahmen zu ermöglichen, ihm also beispielsweise sichergestelltes Untersuchungsmaterial zur Verfügung zu stellen.[570]

11. Unterlassener Hinweis nach § 265 StPO

286 Anklage und Eröffnungsbeschluss legen fest, welche prozessuale Tat Gegenstand der gerichtlichen Untersuchung und des Urteils ist (§§ 155 I, 264 I StPO). Bezüglich dieser Tat ist das Gericht zu einer umfassenden Aburteilung (Kognition) verpflichtet, wobei es nicht an die rechtliche Beurteilung in der Anklage und im Eröffnungsbeschluss gebunden ist (§§ 155 II, 264 II StPO). Damit der Angeklagte aber, wenn sich rechtliche oder tatsächliche Umstände ändern, davon nicht überrascht wird und seine Verteidigung auf die Änderung einrichten kann, begründet § 265 StPO eine Hinweispflicht des Gerichts. Ein Hinweis nach dieser Vorschrift kann sich nur auf die angeklagte und zur Hauptverhandlung zugelassene Tat (den geschichtlichen Vorgang) beziehen. Dagegen kann eine andere prozessuale Tat nie durch einen richterlichen Hinweis zur Aburteilung des Gerichts gestellt werden, sondern nur durch eine Nachtragsanklage und deren Zulassung (§ 266 StPO) oder infolge einer Verfahrensverbindung; wird sie gleichwohl abgeurteilt, fehlt es an der Verfahrensvoraussetzung einer zugelassenen Anklage (dazu → Rn. 71 ff.).

287 • Hinweispflicht bei Änderung eines rechtlichen Gesichtspunktes (§ 265 I StPO):

Ein Hinweis nach § 265 I StPO ist erforderlich, wenn anstelle oder neben den in Anklage und Eröffnungsbeschluss genannten Strafvorschriften eine andere bzw. weitere Strafnorm zur Anwendung kommen soll, wenn also – vereinfacht ausgedrückt – der Schuldspruch im Urteil anders ausfallen soll als die entsprechende rechtliche Belehrung in der zugelassenen Anklage (vgl. zur Qualifikation aber → Rn. 289). Dieser Hinweis muss förmlich vom Vorsitzenden erteilt werden; er ist zu protokollieren (§ 273 I 1 StPO).

---

568 BGH StV 1994, 358; Schmitt/Köhler/Schmitt StPO § 245 Rn. 21, 22.
569 BGH NStZ 2008, 116; vgl. auch BGH StV 2011, 711; Schmitt/Köhler/Schmitt StPO § 244 Rn. 58 aE, 74 f., § 245 Rn. 26.
570 BGH NStZ 1998, 93.

Fall: Dem Angeklagten wurde in der zugelassenen Anklage eine mittäterschaftlich begangene besonders schwere räuberische Erpressung (Banküberfall) (§§ 255, 250 II StGB) zur Last gelegt. In der Hauptverhandlung hat sich abweichend hiervon ergeben, dass der Angeklagte die Tat allein begangen, dass er aber – zusätzlich zum Anklagevorwurf – mit der mitgeführten und vorgezeigten (einsatzbereiten) Schusswaffe einen der Bankangestellten niedergeschlagen hatte. Kann der Verteidiger des Angeklagten, der wegen besonders schwerer räuberischer Erpressung in Tateinheit mit gefährlicher Körperverletzung zu einer Freiheitsstrafe verurteilt wurde, mit der Revision einen Verstoß gegen § 265 I StPO auch dann rügen, wenn sich der Angeklagte in der Hauptverhandlung lediglich dahin eingelassen hat, er könne sich an das Geschehen nicht erinnern? 288

Lösung: Die Rüge des Verteidigers – eine Verfahrensrüge – hätte Erfolg.

- Will das Gericht von einer anderen Teilnahmeform ausgehen als die unverändert zugelassene Anklage, muss es den Angeklagten nach § 265 I StPO darauf hinweisen. Bei einer Verurteilung wegen Allein- statt wegen Mittäterschaft folgt diese Notwendigkeit schon daraus, dass als Mittäter auch verurteilt werden kann, wer selbst nicht alle tatbestandsmäßigen Handlungen ausgeführt hat, während Alleintäter nur sein kann, wer eigenhändig den Tatbestand voll verwirklicht hat. Für den Angeklagten ist dies bedeutsam, weil seine Verteidigung gegen den Vorwurf der Alleintäterschaft schon dann erfolgreich wäre, wenn nur ein einziges Tatbestandsmerkmal in seiner Person nicht gegeben ist.[571]
- Ferner hat das Gericht gegen § 265 I StPO verstoßen, weil es den Angeklagten nicht auf die (mögliche) Verurteilung wegen gefährlicher Körperverletzung – hier ersichtlich § 224 I Nr. 2 StGB – hingewiesen hat.[572]
- Das Urteil beruht auch auf den Verstößen gegen § 265 I StPO, da nicht mit Sicherheit auszuschließen ist, dass sich der Angeklagte nach einem entsprechenden Hinweis anders als geschehen verteidigt hätte (§ 337 I StPO). Denn es ist zumindest möglich, dass der Angeklagte bei Kenntnis von dem veränderten Vorwurf ein anderes Verteidigungsverhalten gewählt hätte; zudem hätte der gebotene Hinweis den Verteidiger des Angeklagten veranlassen können, sich mit § 224 StGB (näher) auseinanderzusetzen.[573]

- Hinweispflicht bei straferhöhenden oder die Verhängung von Maßregeln, Nebenstrafen oder Nebenfolgen rechtfertigenden Umständen (§ 265 II Nr. 1 StPO): 289

Straferhöhend iSd § 265 II StPO sind alle an gesetzlich bestimmte Umstände anknüpfenden Strafschärfungen, also die Qualifikationen (zB § 250 I StGB gegenüber § 249 I StGB), aber auch die mit Regelbeispielen versehenen besonders schweren Fälle (zB § 243 I 2 Nr. 1 statt § 242 StGB). Nicht hinzuweisen ist dagegen auf unbenannte besonders schwere Fälle, also solche, bei denen im Gesetz keine Regelbeispiele aufgeführt sind; auch die Annahme eines besonders schweren Falls außerhalb der Regelbeispiele erfordert keinen Hinweis.[574]

290 In der Rechtsprechung war schon vor der Neuregelung des § 265 StPO anerkannt, dass ein Hinweis auf die mögliche Anordnung einer Maßnahme (§ 11 Nr. 8 StGB), etwa einer Maßregel der Besserung und Sicherung (§ 61 StGB), zB – examenswichtig – die Entziehung der Fahrerlaubnis (§ 69 StGB), oder der Einziehung (§§ 73 ff. StGB) – trotz des insoweit missverständlichen Wortlautes des Gesetzes – stets erforderlich ist, wenn diese nicht schon in der Anklage oder im Eröffnungsbeschluss erwähnt ist.[575] Die Hinweispflicht gilt, wie der Große Senat für Strafsachen entschieden hat,[576] auch dann, wenn zwar die Anknüpfungstatsachen für

---

[571] BGH StV 2016, 778; ebenso für den umgekehrten Fall: BGH NStZ 1992, 292; Schmitt/Köhler/Schmitt StPO § 265 Rn. 14; zum erforderlichen Vortrag in der Verfahrensrüge (Wiedergabe der Anklage): Schmitt/Köhler/Schmitt StPO § 265 Rn. 47.

[572] Zur Pflicht des Gerichts, nach einem rechtlichen Hinweis bei Vorliegen der Voraussetzungen des § 265 III StPO die Hauptverhandlung auszusetzen (und nicht nur zu unterbrechen): BGH NJW 2003, 1748; Schmitt/Köhler/Schmitt StPO § 265 Rn. 35 ff., keine Aussetzung aber bei Übergang von versuchter zu vollendeter Vergewaltigung, BGH NStZ 2013, 358 (es falle lediglich eine fakultative Strafmilderung weg).

[573] Schmitt/Köhler/Schmitt StPO § 265 Rn. 49.

[574] Schmitt/Köhler/Schmitt StPO § 265 Rn. 18, 19.

[575] Zur Entbehrlichkeit eines Hinweises, wenn dieser im wesentlichen Ergebnis der Ermittlungen, also in der Anklage enthalten ist: BGH NStZ 2001, 162; vgl. auch Schmitt/Köhler/Schmitt StPO § 265 Rn. 20.

[576] BGH NJW 2022, 201; Schmitt/Köhler/Schmitt StPO § 265 Rn. 20a.

die Maßnahme in der Anklageschrift genannt sind, dort aber ein Hinweis auf die Rechtsfolge (hier konkret: die Einziehung des Wertes von Taterträgen nach §§ 73, 73c StGB) fehlte; dies sogar dann, wenn die Anordnung der Maßnahme zwingend ist. Denn nur bei einem Hinweis kann sich der Angeklagte adäquat verteidigen. Die Hinweispflicht gilt auch für Nebenstrafen und Nebenfolgen. Zweifelhaft ist dies allerdings dann, wenn die Nebenstrafe des Fahrverbotes nicht wegen eines Verkehrsdeliktes – dann hängt die in der Regel gebotene (§ 44 I 3 StGB) Nebenstrafe von besonderen Umständen ab –, sondern als „generelle" Nebenstrafe verhängt wird. Die Gesetzesbegründung spricht sich in diesem Fall gegen eine Hinweispflicht aus[577]; dies erscheint im Hinblick auf den Charakter als dritte Strafart neben Geld- und Freiheitsstrafe zwar folgerichtig, ist aber nicht unbedenklich, zumal die Verhängung der Nebenstrafe nicht völlig voraussetzungslos ausgestaltet worden ist.[578] Entscheidend für eine Hinweispflicht spricht auch hier das Erfordernis der Gewährung rechtlichen Gehörs.

291 **Fall:** Dem Beschuldigten wurde in der Anklage Totschlag zur Last gelegt, verurteilt wurde er jedoch wegen Mordes. Kann der Angeklagte in der Revision mit Aussicht auf Erfolg beanstanden, dass er hierauf nicht hingewiesen wurde, auch wenn bereits der Staatsanwalt auf eine Verurteilung wegen Mordes plädiert hatte?

Lösung: Die Revision des Angeklagten wird Erfolg haben, wenn er mit einer zulässigen Verfahrensrüge die Verletzung von § 265 StPO beanstandet. Mit der Verurteilung wegen Mordes – statt (wie angeklagt) wegen Totschlags – hat das Gericht gegen § 265 I StPO verstoßen.[579] Abs. 1, nicht Abs. 2 Nr. 1, von § 265 StPO wurde missachtet, weil die Rechtsprechung des BGH §§ 211, 212 StGB im Verhältnis zueinander als jeweils andere Strafgesetze ansieht. Würde man demgegenüber einem Teil des Schrifttums folgen,[580] wonach § 211 StGB eine Qualifikation des § 212 StGB ist, wäre § 265 II Nr. 1 StPO verletzt (was in der Sache aber nichts ändern würde).

Der Hinweis hätte zudem genau sein, also deutlich machen müssen, welches Mordmerkmal gegeben sein soll. Auch hätte das Gericht – sofern das sich aus der Hauptverhandlung nicht zweifelsfrei ergab – mitteilen müssen, durch welche Tatsachen das Tatbestandsmerkmal erfüllt worden sein soll.[581]

Der Hinweis war auch nicht deshalb entbehrlich, weil der Staatsanwalt bereits eine entsprechende Verurteilung beantragt hatte; dem Angeklagten muss durch den Hinweis deutlich werden, dass *das Gericht* einen anderen Straftatbestand als möglicherweise gegeben ansieht, sodass es nicht einmal ausreichen würde, wenn alle anderen Verfahrensbeteiligten den neuen rechtlichen Gesichtspunkt in der Hauptverhandlung erörtert hätten.[582]

291a • Abweichung von einer vorläufig mitgeteilten Bewertung der Sach- bzw. Rechtslage, § 265 II Nr. 2 StPO

292 • Änderung eines tatsächlichen Umstandes, § 265 II Nr. 3 StPO:

Die Hinweispflicht wegen Änderung eines tatsächlichen Umstandes bezieht sich auf alle Tatsachen (aber eben auch nur auf solche), die zur genügenden Verteidigung erforderlich sind, etwa zur Motivlage bei § 211 StGB.[583] Insoweit gilt die Rechtsprechung fort, dass sich die Hinweispflicht nur auf Tatsachen, die für die Tatbestandsmerkmale der betreffenden Strafnorm relevant sind, regelmäßig nicht auf solche der Tatplanung und der Tatvorbereitung, bezieht.[584] Im Falle eines Hinweises bestimmen sich die Rechte des Angeklagten ausschließlich nach § 265 IV StPO (nicht nach § 265 III StPO).

---

[577] BT-Drs. 18/11277, 37.

[578] Für eine Hinweispflicht (allerdings ganz allgemein): Fischer/Fischer/Lutz StGB § 44 Rn. 39; Schmitt/Köhler/Schmitt StPO § 265 Rn. 20a.

[579] Vgl. BGH NStZ 2005, 111 (112); Schmitt/Köhler/Schmitt StPO § 265 Rn. 9 (für den umgekehrten Fall).

[580] Vgl. dazu Fischer/Fischer StGB § 211 Rn. 6, 88 ff. mwN.

[581] BGH NStZ 2007, 116 (zur Heimtücke); BGH NStZ 2005, 111 (112) (zum niedrigen Beweggrund); vgl. auch Schmitt/Köhler/Schmitt StPO § 265 Rn. 12 f., 15b.

[582] BGH NStZ-RR 2005, 376 (377); Schmitt/Köhler/Schmitt StPO § 265 Rn. 29; es kann in Einzelfällen dann aber am Beruhen fehlen: Schmitt/Köhler/Schmitt StPO § 265 Rn. 49 mwN.

[583] BGH NStZ 2019, 236.

[584] BGH StV 2019, 818; Schmitt/Köhler/Schmitt StPO § 265 Rn. 22 ff.

Fall: Dem Angeklagten wird die Tötung eines Polizeibeamten zur Last gelegt, wobei die Leiche des im Drogenmilieu eingesetzten Verdeckten Ermittlers erst Wochen nach der Tat aufgefunden worden war. Tatzeit soll laut der zugelassenen Anklage der 1.2.2025 gewesen sein. In der Hauptverhandlung ergab sich jedoch aus der Aussage eines glaubwürdigen Zeugen, dass die Tötung bereits am 20.1.2025 erfolgte. Kann der Verteidiger die Revision mit Aussicht auf Erfolg darauf stützen, dass das Gericht diese (neue) Tatzeit der Verurteilung wegen Mordes zugrunde gelegt hat, ohne den Angeklagten darauf hingewiesen zu haben? 293

Lösung: Der Verteidiger wird mit einer Verfahrensrüge einen Verstoß gegen § 265 II Nr. 3 StPO beanstanden; ist diese zulässig (§ 344 II 2 StPO), wird die Revision Erfolg haben.[585] Der Tatrichter durfte den Angeklagten nicht darüber im Unklaren lassen, dass er die Verurteilung auf einen anderen tatsächlichen Umstand, also auf eine andere Tatzeit stützen will, zumal die Tatzeit schon für ein mögliches Alibi von ausschlaggebender Bedeutung ist und deshalb die Verteidigungsmöglichkeiten und das Verteidigungsverhalten des Angeklagten maßgeblich beeinflussen kann. Ein Hinweis wäre allerdings nicht mehr ausreichend gewesen (auch → Rn. 286), wenn – wie häufig – infolge der Änderung der Tatzeit die Identität zwischen angeklagter und abgeurteilter Tat nicht mehr gewahrt gewesen wäre, wenn also verschiedene prozessuale Taten vorliegen würden. Dabei ist die Identität der prozessualen Tat nur dann gegeben, wenn das in der Anklage beschriebene Geschehen unabhängig von der Tatzeit aufgrund anderer Merkmale ausreichend individualisiert, also unverwechselbar ist und diese Umstände unverändert bleiben. Ist dies nicht der Fall und wird keine Nachtragsanklage erhoben, kann die (neu festgestellte) Tat dem Urteil nicht zugrunde gelegt werden; geschieht dies gleichwohl, fehlt die Verfahrensvoraussetzung einer zugelassenen Anklage, das Verfahren müsste eingestellt werden (→ Rn. 71 ff.). Bei der Tötung eines Menschen ist die Tat allerdings durch die Person des Opfers ausreichend individualisiert,[586] sodass die geänderte Tatzeit – nach einem Hinweis – der Verurteilung zugrunde gelegt werden durfte.

12. Schlussvorträge und letztes Wort

Nach dem Schluss der Beweisaufnahme halten Staatsanwalt und Verteidiger ihre Plädoyers (§ 258 I StPO), anschließend hat der Angeklagte das letzte Wort (§ 258 II, III StPO; Rechtsgrundlage in der Berufung: § 326 S. 2 StPO). 294

Hinweis: Wird das Recht auf den Schlussvortrag oder das letzte Wort nicht gewährt, begründet dieser Verfahrensverstoß als relativer Revisionsgrund regelmäßig die Revision, da zumeist nicht auszuschließen ist, dass der Anzuhörende noch Wesentliches mitgeteilt hätte.[587] Der Inhalt dieser möglichen Ausführungen muss in der Verfahrensrüge nicht dargelegt werden.[588] Die (Nicht-)Beachtung von § 258 StPO wird grundsätzlich (nur) durch das Protokoll bewiesen (§ 274 StPO).[589] 295

Fall: Dem die Tatbegehung bestreitenden Angeklagten wird ein Tankstellenüberfall zur Last gelegt. In seinem Schlussvortrag beantragte der Staatsanwalt unter anderem, den Haftbefehl gegen den Angeklagten wieder in Vollzug zu setzen; anschließend plädierte der Verteidiger, und der Angeklagte hatte das letzte Wort. Daraufhin zog sich das Gericht zu einer kurzen Beratung zurück und verkündete dann einen Beschluss, mit dem der Haftbefehl wegen des aufgrund der Hauptverhandlung weiter bestehenden dringenden Tatverdachts sowie der hohen Straferwartung wieder in Vollzug gesetzt wurde. Anschließend beriet die Strafkammer erneut und verkündete das Urteil. Kann der Verteidiger des Angeklagten mit der Revision einen Verstoß gegen § 258 StPO geltend machen? 296

---

585 Schmitt/Köhler/Schmitt StPO § 265 Rn. 23.

586 BGHSt 40, 44 (46) = NJW 1994, 2556; anders bei BtM-Delikten: vgl. BGH BeckRS 2014, 15652; s. auch Schmitt/Köhler/Schmitt StPO § 200 Rn. 7 f.

587 Ist allerdings nur dem Nebenkläger nicht die Möglichkeit eingeräumt worden, einen Schlussvortrag zu halten, ist der Einzelfall in den Blick zu nehmen. Daraus kann sich ergeben, dass ausgeschlossen werden kann, dass das Plädoyer des Nebenklägers den Schuldspruch zu Nebenklagedelikten (§ 400 I StPO) berührt hätte (BGH NStZ-RR 2022, 52).

588 Vgl. Schmitt/Köhler/Schmitt StPO § 258 Rn. 33 mwN.

589 Vgl. BGH NStZ 2005, 280; Schmitt/Köhler/Schmitt StPO § 258 Rn. 31.

Lösung: Die Rüge des Verteidigers, die Strafkammer habe gegen § 258 II, III StPO verstoßen, wird Erfolg haben. Das Gericht war mit seiner Entscheidung über die Wiederinvollzugsetzung des Haftbefehls nochmals in die Verhandlung eingetreten, weil es sich wieder mit der Sache selbst befasst hat, als es im Rahmen der Haftentscheidung den dringenden Tatverdacht bejaht hat. In einem solchen Fall hat die vorangegangene Schlusserklärung des Angeklagten die Bedeutung als letztes Wort (zum Tatvorwurf und dessen Nachweis) verloren, es muss nochmals gewährt werden.[590] Da zumindest bei einem zur Sache schweigenden oder die Tatbegehung bestreitenden Angeklagten regelmäßig nicht auszuschließen ist, dass er noch Angaben gemacht hätte, die die Entscheidung zu seinen Gunsten beeinflussen konnten, beruht das Urteil auf diesem Verfahrensverstoß. Bei einem geständigen Angeklagten wird dagegen die Nichtgewährung des letzten Worts häufig nur den Rechtsfolgenausspruch betreffen.[591]
Ob vorliegend auch das Recht von Staatsanwalt und Verteidiger auf den Schlussvortrag verletzt wurde, lässt sich aufgrund des Sachverhalts im Übrigen nicht feststellen. Zum einen muss die Gelegenheit zum Schlussvortrag – anders als das letzte Wort – nicht ausdrücklich gewährt werden, zum anderen kann im Schweigen von Staatsanwalt und Verteidiger eine Bezugnahme auf die früheren Ausführungen liegen.[592]

13. Beratung

297 Bei Kollegialgerichten wird unter der Leitung des Vorsitzenden in geheimer Beratung die zu verkündende Entscheidung ermittelt (vgl. dazu im Einzelnen §§ 194 ff. GVG, § 263 StPO). Hierzu wird regelmäßig die Hauptverhandlung unterbrochen.

298 **Fall:** Das Gericht hatte sich nach den Schlussvorträgen und dem letzten Wort des Angeklagten bereits zur Beratung zurückgezogen. Vor der Urteilsverkündung trennte es dann noch das Verfahren gegen einen der Angeklagten ab. Anschließend wurden die Schlussvorträge wiederholt und das letzte Wort erneut gewährt. Sodann wurde das Urteil verkündet. Der Verteidiger rügt mit der Revision, dass keine Beratung stattgefunden habe. Hat er damit Erfolg?

Lösung: Der Verteidiger kann die Gesetzesverletzung (vgl. § 260 I StPO) mit der Verfahrensrüge geltend machen, die – ist der Verstoß gegeben – regelmäßig auch zum Erfolg der Revision führen wird (§ 337 I StPO). Schwierig ist aber der Nachweis der Gesetzesverletzung, da die Durchführung der Beratung keinen protokollierungsbedürftigen Vorgang darstellt. Ergibt sich aber aus den im Freibeweisverfahren erholten dienstlichen Stellungnahmen der Richter, dass eine nach außen hin erkennbare Verständigung darüber stattgefunden hat, dass es bei dem bisherigen Beratungsergebnis bleiben soll, so reicht dies in der Regel aus. Denn eine Beratung außerhalb des Sitzungssaales ist zumindest dann nicht erforderlich, wenn – wie hier – nach einer eingehenden Beratung nichts sachlich Neues zum bereits vorher Beratenen hinzugekommen ist.[593]

14. Verständigungen (§ 257c StPO)

299 Die seit Langem praktizierte Verständigung zwischen Gericht, Angeklagtem und Verteidigung hat 2009 in § 257c StPO eine gesetzliche Regelung erfahren. Dabei ist die Verständigung nicht etwa ein Vertrag, bei dem sich der Angeklagte gegen ein das Gericht bindendes Geständnis (eine Art „plea guilty“) mit Zustimmung der Staatsanwaltschaft auf ein bestimmtes Urteil im Wege eines kurzen Verfahrens einigen könnte. Ein solches System wäre mit dem

---

[590] BGH NStZ-RR 2002, 71; weitere Beispiele bei Schmitt/Köhler/Schmitt StPO § 258 Rn. 29–30; eine Teileinstellung durch Beschluss nach § 154 II bzw. § 154a II StPO unmittelbar vor Urteilsverkündung ist jedenfalls dann Teil der abschließenden Entscheidung und stellt keinen Wiedereintritt in die mündliche Verhandlung dar, wenn die StA schon in ihrem Plädoyer die Zustimmung erteilt hatte: BGH NJW 2001, 2109 und BeckRS 2012, 17666; anders aber BGH NStZ 2018, 290 (§ 154 II StPO auf Initiative des Gerichts nach erfolgten Plädoyers); Nachholung des Negativattestes nach § 243 IV StPO ist kein Wiedereintritt in die mündliche Verhandlung: BGH NStZ 2015, 658; ebenso wenig die Entgegennahme eines Hilfsbeweisantrags, zu dem keine Erklärungen abgegeben werden: BGH NJW 2018, 414; oder die Zurückweisung eines Befangenheitsgesuchs ohne Bezug zur Sachentscheidung: BGH NJW 2022, 1631.

[591] Vgl. Schmitt/Köhler/Schmitt StPO § 258 Rn. 34.

[592] Schmitt/Köhler/Schmitt StPO § 258 Rn. 7, 27 mwN.

[593] BGH NStZ-RR 2002, 71; Schmitt/Köhler/Schmitt StPO § 260 Rn. 3 f.

deutschen Strafprozess, der von Amtsermittlung (zulasten wie zugunsten des Angeklagten) ausgeht, nicht vereinbar. Die Verständigung ermöglicht vielmehr dem Gericht, dem Angeklagten im Falle eines Geständnisses einen bestimmten Strafrahmen für diese Instanz verbindlich in Aussicht zu stellen. Sie lässt aber die Verpflichtung zur Amtsermittlung unberührt (§ 257c I 2 StPO) und schließt insoweit einen Handel mit der Gerechtigkeit aus, als der Schuldspruch einer Absprache entzogen ist (§ 257c II 3 StPO) und die Strafe tat- und schuldangemessen sein muss (folgt aus § 257c IV 1 StPO). Der Gesetzgeber hat sich insbesondere bemüht, die Verständigung aus dem Dunkel der Hinterzimmer in das Licht der öffentlichen Hauptverhandlung zu holen, um so schon dem Anschein (und in manchen Fällen auch dem berechtigten Vorwurf) unlauterer „Deals“ den Boden zu entziehen. Er hat dementsprechend eine Vielzahl von Mitteilungs- und Dokumentationspflichten geschaffen.

Die Zentralnorm des § 257c StPO wird flankiert einerseits von §§ 160b, 202a, 212, 257b StPO – die vorbereitende Gespräche in jedem Verfahrensstadium erlauben, aber aus Transparenzgründen eine Protokollierung vorschreiben[594] –, andererseits von den gesonderten Verfahrens- und Protokollierungsvorschriften der §§ 243 IV, 267 III 5, 273 I 2, Ia StPO. Abgesichert wird die Verständigung durch das Verbot des Rechtsmittelverzichts (§ 302 I 2 StPO, dazu → Rn. 41a), der eine Überprüfung etwaiger Verständigungen durch die Rechtsmittelinstanz ermöglichen soll.

Das BVerfG hat in seiner Entscheidung vom 19.3.2013 (BVerfG NJW 2013, 1058 = NStZ 2013, 295) die gesetzliche Ausgestaltung für verfassungskonform erachtet, allerdings auf massive Vollzugsdefizite hingewiesen und – sicherlich auch deshalb – den Verfahrens- und Dokumentationsvorschriften eine wichtige verfahrenssichernde Funktion zugewiesen, und zwar im Hinblick auf die Gewährleistung einer selbstbestimmten Entscheidung des Angeklagten, sich auf eine Absprache einzulassen, im Hinblick auf die notwendige Transparenz des Strafverfahrens für den Angeklagten (der bei den Gesprächen regelmäßig nicht persönlich anwesend ist) und für die Öffentlichkeit sowie im Hinblick auf die notwendige Kontrolle durch die Rechtsmittelgerichte.

a) Zustandekommen einer Verständigung

Eine Verständigung kommt zustande, indem das Gericht **in der öffentlichen Hauptverhandlung** bekanntgibt, welchen Inhalt eine Verständigung haben könnte, § 257c III 1 StPO. Die 300
übrigen Beteiligten erhalten Gelegenheit zur Stellungnahme, § 257c III 3 StPO. Der Angeklagte ist – vor seiner Zustimmung – gem. § 257c V StPO über die Voraussetzungen und Folgen einer Abweichung des Gerichts von dem in Aussicht gestellten Ergebnis zu belehren. Die Verständigung kommt durch die ausdrückliche[595] Zustimmung von Staatsanwaltschaft und Angeklagtem zum gerichtlichen Verständigungsvorschlag zustande; nicht erforderlich ist die Zustimmung eines Nebenklägers. Die beabsichtigte Verständigung begründet nicht per se einen Fall der notwendigen Verteidigung.[596]

Fall: Das Gericht unterbreitet auf Bitten der Verteidigung einen Verständigungsvorschlag. Die Beteiligten nehmen hierzu Stellung. Der verteidigte Angeklagte erteilt schließlich wie auch die übrigen Beteiligten seine Zustimmung. Anschließend erfolgt die Belehrung nach § 257c V StPO. Danach vertagt das Gericht. Im nächsten Termin eine Woche später legt der Angeklagte ein Geständnis ab und wird – nach Überprüfung des Geständnisses anhand von Zeugenaussagen – entsprechend der Verständigung verurteilt. Kann er in der Revision erfolgreich eine Verletzung von § 257c V StPO rügen?[597]

---

[594] Für die Gespräche nach § 257b StPO folgt die Protokollierungspflicht aus § 273 I 2 StPO.

[595] Verlangt wird eine ausdrückliche Zustimmung sowohl vom Angeklagten als auch von der Staatsanwaltschaft, eine konkludente genügt nicht, BGH NStZ 2019, 688; BVerfG NJW 2021, 2269.

[596] Schmitt/Köhler/Schmitt StPO § 257c Rn. 24 (anders ggf. im Jugendstrafrecht, Rn. 7), so auch OLG Bamberg StV 2015, 539; aA OLG Naumburg StV 2014, 274.

[597] Der Fall ist BGH NStZ 2013, 728 und der dazu ergangenen Entscheidung des BVerfG NJW 2014, 3506 nachgebildet; vgl. Schmitt/Köhler/Schmitt StPO § 257c Rn. 32b.

Lösung: § 257c V StPO verlangt eine Belehrung des Angeklagten **vor** seiner Zustimmung zur Verständigung. Die Belehrungspflicht soll sicherstellen, dass der unter dem Druck des Verständigungsangebots stehende Angeklagte seine Entscheidung in vollem Bewusstsein der Reichweite seiner Erklärung, insbesondere der sich ergebenden Rechtsfolgen aus der Verständigung, abgibt. Er gibt die Zustimmung in der Erwartung einer sicheren Bindung an eine Strafobergrenze ab. Er muss aber für eine sachgerechte Entscheidung wissen, dass diese Bindung keine absolute ist. Nur dann kann er Tragweite und Risiko seiner Entscheidung abschätzen. Die Norm ist somit keine bloße Ordnungsvorschrift, sondern sichert in zentraler Weise die Fairness des Verfahrens und die Selbstbelastungsfreiheit des Angeklagten.

Der BGH hat die Revision gleichwohl als unbegründet verworfen. Er war der Auffassung, aufgrund der vorliegenden Gesamtumstände ein Beruhen auf dem Fehler ausschließen zu können. Der Angeklagte sei verteidigt gewesen und habe die Verständigung über seinen Verteidiger selbst initiiert. Das Geständnis habe er erst nach Belehrung und nach einer zusätzlichen Überlegungszeit abgelegt. In einem solchen Fall sei auszuschließen, dass der Angeklagte in einer besonderen Drucksituation und nicht in Kenntnis aller Umstände gehandelt habe.

Dem ist das BVerfG entgegengetreten. Ausgangspunkt des BVerfG ist, dass ein Verstoß gegen die Verfahrensvorschriften der Verständigung die Revision grundsätzlich begründet macht. Nur ausnahmsweise kann ein Beruhen ausgeschlossen werden. Das BVerfG wirft dem BGH vor, nicht die konkrete Willensbildung des konkret betroffenen Angeklagten in den Blick genommen zu haben, sondern auf der Basis generalisierender Erwägungen, losgelöst vom konkreten Einzelfall entschieden zu haben. Dies sei verfassungsrechtlich nicht hinzunehmen. (Erst recht folgt aus dieser Entscheidung – wovon aber auch der BGH nicht ausgeht –, dass bei verteidigten Angeklagten keine Kenntnis über Voraussetzung und Folgen einer Abweichung des Gerichts von der vorgeschlagenen Verständigung infolge Unterrichtung durch den Verteidiger unterstellt werden kann.[598])

Jedenfalls im Ergebnis ist dem BVerfG beizutreten. Der BGH hat letztlich verkannt, dass nicht ausgeschlossen werden kann, dass sich der Angeklagte bereits durch seine Zustimmung zur Verständigung gebunden sah und deshalb das Geständnis abgelegt hat. Daran vermochte die verspätete Belehrung nichts zu ändern.

Nach dem oben Gesagten müssen Absprachen offen in der Hauptverhandlung vereinbart werden. Sonstige – insbesondere heimliche – Absprachen (sog. Deals) sind illegal.[599]

Ob eine – dann freilich prozessordnungswidrige – Verständigung vorliegt, bemisst sich dabei nach dem tatsächlichen Verhalten der Beteiligten, nicht nach „Lippenbekenntnissen" des Gerichts. Einigen sich Verteidiger und Staatsanwaltschaft in Gegenwart des Gerichts auf ein Strafmaß, begnügt sich daraufhin das Gericht mit einem knappen Geständnis statt der vorgesehenen Beweisaufnahme und folgt dem Antrag, liegt trotz des Schweigens des Gerichts eine Verständigung vor. Eine Verständigung liegt sogar dann vor, wenn das Gericht in einer solchen Situation behauptet, es gebe keine Absprache.[600]

b) Möglicher Inhalt einer Verständigung

301 Aus § 257c I 1 StPO ergibt sich zunächst die Einschränkung, dass Verständigungen nur in geeigneten Fällen erfolgen dürfen. Dieser Einschränkung dürfte allenfalls geringe Bedeutung

---

[598] Anders sieht die Rspr. die Sachlage im Hinblick auf das Schweigerecht in der Hauptverhandlung (→ Rn. 207). Das ist aber auch sachgerecht, da die Frage der Aussagebereitschaft des Angeklagten in der Hauptverhandlung den Kernbereich der Verteidigungsstrategie betrifft.

[599] Soweit das OLG München in NJW 2013, 2371 sogar Nichtigkeit des Urteils annimmt, kann dem nicht gefolgt werden. Nichtige Urteile wegen Nicht-Einhaltung von Verfahrensvorschriften sind der StPO wesensfremd und führen zu erheblicher Rechtsunsicherheit (Rechtskraft von Strafurteilen?). Auch der BGH folgt diesem Ansatz nicht (BGH NStZ 2014, 113, dort wird eine Nichtigkeit nicht einmal thematisiert).

[600] BGH NStZ 2014, 113. Folge ist, dass ein Rechtsmittelverzicht unwirksam ist. Da solche Urteile wegen des scheinbaren Rechtsmittelverzichts oftmals abgekürzt abgefasst sind, § 267 IV StPO, eine Nachholung der Gründe aber bei ordnungswidrigem Verhalten des Gerichts ausscheidet, ist das Urteil in der Revision regelmäßig schon wegen des Fehlens tragfähiger Urteilsgründe auf die Sachrüge hin aufzuheben. Im Beispielsfall war die Beweiswürdigung überdies erkennbar lückenhaft, → Rn. 327, 331 f. Auf etwaige Verfahrensrügen kommt es dann nicht an.

zukommen. So erscheint es zumindest zweifelhaft, ob Fälle, in denen die Schuldfähigkeit infrage steht, für eine Verständigung infrage kommen.[601]

Inhaltlich soll (und wird in der Praxis) die Verständigung aufseiten des Angeklagten ein Geständnis beinhalten (§ 257c II 2 StPO). Das Recht des Angeklagten auf ein faires, rechtsstaatliches Verfahren gebietet es dabei aber stets, dass die Richtigkeit eines verständigungsbasierten Geständnisses durch Beweiserhebung in der Hauptverhandlung überprüft werden muss. Dem Gericht bleibt es untersagt, im Wege vertragsähnlicher Vereinbarungen mit den Verfahrensbeteiligten über die Pflicht zur Erforschung der materiellen Wahrheit zu verfügen.[602] Im Gegenzug stellt das Gericht einen gewissen Rechtsfolgenkorridor in Aussicht (§ 257c II 1 StPO), also eine Aussage zu Strafart und Strafhöhe (einschließlich der Frage einer Aussetzung der Freiheitsstrafe zur Bewährung und Bewährungsauflagen).[603] Umstritten ist die Frage, ob die Feststellung einer besonderen Schwere der Schuld nach § 57a I 1 Nr. 2 StGB einer Verständigung zugänglich ist.[604] Die Zulässigkeit einer Verständigung über Nebenstrafen (wie einem Fahrverbot) ist ebenfalls umstritten.[605] Eine Einziehung von Taterträgen kann – weil zwingendes Recht – nicht Gegenstand einer Verständigung sein, wohl aber eine diesbezügliche Verfahrensbeschränkung nach § 421 StPO.[606]

Daneben können Gegenstand der Verständigung einzelne verfahrensbezogene Maßnahmen und das Prozessverhalten von Verfahrensbeteiligten sein. Beispiele für verfahrensbezogene Maßnahmen sind die Einstellung von Tatkomplexen nach § 154 II StPO[607] oder eine Entlassung aus der U-Haft bis zur Rechtskraft,[608] Beispiel für Vereinbarungen über Prozessverhalten ist die Rücknahme von Beweisanträgen.[609] Unzulässig ist ein umfassender Verzicht auf Prozessanträge.[610]

Verboten ist nach § 257c II 3 StPO eine Verständigung über den Schuldspruch,[611] ebenso eine Verständigung über Maßregeln der Besserung und Sicherung (insbesondere Sicherungsverwahrung, aber auch – examensrelevant – die Entziehung der Fahrerlaubnis). Nach der Rechtsprechung des BVerfG ist auch die Frage einer Strafrahmenverschiebung für besonders und minder schwere Fälle einer Absprache entzogen.[612] Für die benannten Regelbeispiele ist dies nachvollziehbar, da diese tatbestandsähnliche Funktion haben und daher eine Absprache hierüber ähnlich wie eine Absprache über den Schuldspruch wirken würde. Für unbenannte besonders oder minder schwere Fälle erscheint die Einschränkung systemwidrig, da es sich um klassisches Strafzumessungsrecht handelt, überdies um eine notwendige Vorfrage zur Beantwortung der Frage, ob der vorgeschlagene Strafrahmen tat- und schuldangemessen ist. Gleichwohl hat das BVerfG seine Rechtsprechung am Beispiel des § 250 III StGB (also einem

[601] Vgl. dazu Schmitt/Köhler/Schmitt StPO § 257c Rn. 6 (zur Anwendung im Jugendstrafrecht: vgl. Rn. 7).

[602] BVerfG NJW 2024, 1103; es genügt dabei nicht, das Geständnis durch einen bloßen Abgleich mit der Aktenlage zu überprüfen.

[603] Der Verzicht des Angeklagten auf Herausgabe sichergestellten Bargelds ist kein tauglicher Gegenstand einer Verständigung, da es sich hierbei um eine materiell-rechtliche Erklärung des Angeklagten handelt und nicht um ein Prozessverhalten iSd § 257c II 1 StPO und auch nicht um eine Rechtsfolge, die Inhalt eines Urteils sein könnte; BGH NStZ 2025, 311.

[604] Schmitt/Köhler/Schmitt StPO § 257c Rn. 6.

[605] Schmitt/Köhler/Schmitt StPO § 257c Rn. 10a.

[606] BGH NStZ 2018, 366; Schmitt/Köhler/Schmitt StPO § 257c Rn. 10a.

[607] Gespräche über Teileinstellungen ohne Gegenleistung lösen keine Mitteilungspflichten nach § 243 IV StPO aus, BGH StraFo 2017, 504.

[608] So BGH NStZ 2014, 219 mit der Begründung, auch Beschlüsse wie der nach § 268b StPO könnten zum Gegenstand einer Verständigung gemacht werden; aA wohl Fischer/Fischer StGB § 46 Rn. 113 (allerdings explizit nur für die Verknüpfung des Geständnisses mit der Haftentscheidung). Bei unsachgerechter Verknüpfung steht für ein abgegebenes Geständnis ein Verwertungsverbot nach § 136a StPO (Versprechen eines unzulässigen Vorteils) im Raum.

[609] Auch hier darf keine unsachgemäße Verknüpfung entstehen, zu Einzelheiten: Schmitt/Köhler/Schmitt StPO § 257c Rn. 14; die Aufklärungspflicht nach § 244 II StPO, gerichtet auf die Überprüfung der Richtigkeit des Geständnisses, bleibt unberührt.

[610] BGH NStZ 2023, 56; NStZ-RR 2024, 84; Schmitt/Köhler/Schmitt StPO § 257c Rn. 14, 15.

[611] Eine Abrede zu einer Beschränkung des Strafverfahrens nach § 154a StPO im Rahmen einer Verständigung (im Fall: Beschränkung auf den Vorwurf der gefährlichen Körperverletzung statt eines versuchten Tötungsdeliktes) kann eine solche unzulässige Abrede über den Schuldspruch darstellen (BGH NStZ 2017, 244).

[612] BVerfG NJW 2013, 1058 (1063 f.).

unbenannten minder schweren Fall) festgemacht, freilich in einem Fall, in dem ein Handel mit der Gerechtigkeit deutlich zu Tage getreten ist.[613] Der BGH hat deshalb Bedenken gegen diese Rechtsprechung angemeldet,[614] wenn die Annahme eines (unbenannten) minder schweren Falles sachgerecht – unter Umständen sogar mit dem Geständnis als einem klassischen Strafzumessungsgrund – begründet ist, da dann weder eine unzulässige Drucksituation für den Angeklagten noch der Eindruck eines Handels mit der Gerechtigkeit entstehe, musste aber die Entscheidung nicht zur Überprüfung stellen. Es bleibt daher abzuwarten, ob die verfassungsgerichtliche Rechtsprechung insoweit uneingeschränkt Bestand haben wird.

Aus Sicht der Verfahrensbeteiligten erscheint momentan ein Angriff gegen eine Verständigung sowohl möglich mit der Begründung, es habe eine Abrede über den Schuldspruch stattgefunden, als auch mit der Begründung, es habe eine Abrede über (jedwede) Strafrahmenverschiebung stattgefunden.

Verboten ist die Vereinbarung einer Punktstrafe. Vielmehr muss das Gericht eine Strafunter- und eine Strafobergrenze für den Fall der Verständigung angeben. Der vorgeschlagene Strafrahmen muss – wie § 257c IV 1 StPO zeigt – tat- und schuldangemessen sein.[615] Nicht angeben muss das Gericht – was für den Angeklagten vielfach von besonderem Interesse wäre –, welche Strafe es ohne die Verständigung (dh faktisch: ohne Geständnis) verhängen würde.[616] Das Gericht ist berechtigt, den genannten Rahmen vollumfänglich auszuschöpfen.[617]

Fall: Das Gericht hat im Rahmen einer Verständigung dem Angeklagten eine Maximalstrafe von 4 Jahren 6 Monaten in Aussicht gestellt. Eine Strafuntergrenze war nicht angegeben. Der Angeklagte hatte sich auf die Verständigung eingelassen. Er war zu einer Freiheitsstrafe von 4 Jahren 6 Monaten verurteilt worden. Kann er mit der Revision geltend machen, die Verständigung sei fehlerhaft gewesen, weil der Vorschlag des Gerichts keine Strafuntergrenze enthalten habe?

Lösung: Ein Verstoß gegen § 257c III 2 StPO liegt vor, da die Norm dahingehend zu verstehen ist, dass sowohl eine Ober- also auch eine Untergrenze, somit ein Strafrahmen, anzugeben ist (vgl. den Wortlaut „und" in § 257c III 2 StPO, „Strafrahmen" in § 257c IV 1 StPO). Nach Ansicht des BGH ist der Angeklagte aber durch den Fehler nicht beschwert. Vertrauensschutz verdient er nur wegen der Strafobergrenze. An diese hat sich das Gericht gehalten.[618]
Allein die Angabe einer Strafobergrenze lässt auch nicht die Vereinbarung einer Punktstrafe besorgen. Diese wäre revisibel. Bei einer Punktstrafe verengt sich der Bewertungskorridor des Gerichts unzulässig, sodass das Urteil, das der Absprache folgt, auf dieser gesetzeswidrigen Verengung des Entscheidungsrahmens beruht. Im Ergebnis läge dann ein Verstoß gegen § 46 StGB vor.[619] Die Angabe einer Strafobergrenze lässt aber nicht besorgen, dass sich das Gericht seines Beurteilungsspielraums nicht bewusst gewesen wäre.

Die im Verständigungsvorschlag des Gerichts angegebenen Sanktionen sind abschließend. Der Angeklagte darf darauf vertrauen, dass keine sanktionsähnlichen Rechtsfolgen hinzu-

[613] BVerfG NJW 2013, 1058 (1071).

[614] Scharf ablehnend: BGH NStZ 2017, 363 „mit strafrechtsdogmatischen Grundsätzen kaum in Einklang zu bringen"; ebenso um eine Einschränkung der Rspr. des BVerfG bemüht: KK-StPO/Moldenhauer/Wenske § 257c Rn. 18 ff.

[615] Zur Frage, ob dabei die Absprache als solche ein Strafzumessungsgrund ist: Fischer/Fischer StGB § 46 Rn. 116, 117.

[616] Schmitt/Köhler/Schmitt StPO § 257c Rn. 19. Gibt das Gericht auch die Strafe an, die es ohne Geständnis verhängen will, ist zu prüfen, ob hier eine unzulässige Sanktionsschere vorliegt. Der BGH geht dabei davon aus, dass die Frage einer angemessenen Strafe mit und ohne Geständnis eine Frage des Einzelfalls sei (BGH StV 2011, 202), hat aber Fälle eines Angebots von 2 Jahren auf Bewährung bei Geständnis und 6 Jahre Freiheitsstrafe ohne Geständnis (BGH StV 2004, 470) ebenso beanstandet wie ein Angebot auf 3,5 Jahre bei Geständnis und 7–8 Jahre ohne Geständnis (BGH NStZ 2008, 170). In diesen Fällen ist das faire Verfahren verletzt; überdies steht der Verwertung des Geständnisses § 136a StPO (Drohung) entgegen.

[617] BGH NStZ 2010, 650.

[618] BGH StV 2011, 75; Schmitt/Köhler/Schmitt StPO § 257c Rn. 21.

[619] Diesen Verstoß gegen § 46 StGB beachtet der BGH – wenn die unzulässige Absprache aus den Urteilsgründen ersichtlich ist – auf Sachrüge, BGH NStZ 2011, 648.

kommen. Daraus folgt: Auch Bewährungsauflagen mit sanktionsähnlichem Charakter müssen in die Verständigung aufgenommen werden. Wurde das versäumt, darf das Gericht im Bewährungsbeschluss keine den Angeklagten beschwerenden Bewährungsauflagen – insbesondere keine Geldleistungen – verhängen.[620]

Nach der verfassungsgerichtlichen Rechtsprechung können Gegenstand der Absprache nur bei dem Gericht anhängige Verfahren sein (keine Paketlösungen). Zwar kann die Staatsanwaltschaft Zusagen für bei ihr anhängige Verfahren machen (zB eine Sachbehandlung nach § 154 I StPO). Unmittelbarer Teil der Verständigung dürfen sie jedoch nicht sein;[621] sie nehmen auch an der Bindungswirkung der Verständigung nicht teil. Zweifelhaft erscheint die Rechtsfolge, wenn sich die Staatsanwaltschaft nicht an ihre Zusage der Einstellung weiterer, bei ihr anhängiger Verfahren hält und stattdessen Anklage erhebt. Nach dem Gesagten lässt dieses Verhalten die Verständigung selbst unberührt. Die Entscheidung des BVerfG vom 19.3.2013 (NJW 2013, 1058 (1064)) legt nahe, dass es kein schutzwürdiges Vertrauen des Angeklagten auf eine solche Zusage geben kann. Das erscheint jedoch zweifelhaft. Zum einen hielt der Gesetzgeber ausweislich der Gesetzesbegründung derartige Zusagen der Staatsanwaltschaft auch aus Anlass von Verständigungsgesprächen für zulässig;[622] zum anderen verlagert diese Aussage das Risiko auf den Angeklagten, der am wenigsten erkennen kann, dass eine solche Regelung nach der Rechtsprechung des BVerfG Bedenken begegnet. Insofern liegt es nahe, in der absprachewidrigen Anklageerhebung einen Verstoß gegen das Fair-Trial-Gebot zu sehen, der zu einem Verfahrenshindernis in dem abredewidrig angeklagten Verfahren bzw. einem Verwertungsverbot bezüglich des abgelegten Geständnisses führen kann.[623]

c) Mitteilungs- und Dokumentationspflichten im Zusammenhang mit der Verständigung

Das BVerfG misst den Mitteilungs- und Dokumentationspflichten eine zentrale Bedeutung zu 302 (→ Rn. 299). Es handelt sich daher nicht um bloße Ordnungsvorschriften, sondern um revisible Normen. Das BVerfG geht dabei davon aus, dass ein Urteil regelmäßig auf einem solchen Verstoß beruht und nur ausnahmsweise ein Beruhen auszuschließen ist. Das BVerfG nähert diese Vorschriften den absoluten Revisionsgründen an, lässt aber der Rechtsprechung Raum, in Einzelfällen ein Beruhen auszuschließen.

Im Einzelnen sind folgende Mitteilungs- und Dokumentationspflichten zu beachten:

aa) Mitteilungspflicht des § 243 IV StPO

Um die Transparenz des Strafverfahrens für alle Beteiligten (der Angeklagte wird den 303 Gesprächen regelmäßig nicht beiwohnen), aber auch für die Öffentlichkeit zu wahren, ordnet § 243 IV 1 StPO an, dass der Vorsitzende nach Verlesung der Anklage mitteilt, ob **nach Anklageerhebung**[624] Gespräche, deren Gegenstand die Möglichkeit einer Verständigung war, stattgefunden haben. Eine Verständigung ist nicht zwingend auf eine Urteilsabsprache begrenzt.[625] Die Pflicht zur Mitteilung gilt ungeachtet einer etwaigen Erfolglosigkeit der Gespräche. Sie gilt auch für Gespräche, an denen nur der Vorsitzende – und nicht alle Berufsrichter – teilgenommen haben.[626] Ob auch sonstige Gespräche ohne Beteiligung des

[620] BGH NJW 2014, 1831; NStZ 2018, 420. Der Angeklagte kann den Bewährungsbeschluss isoliert angreifen (§§ 268a, 305a StPO). Die Auflage wird dann aufgehoben (BGH NJW 2014, 3173). Anders bei bloßen Bewährungsanweisungen wie Anzeige eines Wohnsitzwechsels: BGH StraFo 2014, 514.

[621] BVerfG NJW 2013, 1058 (1064); Schmitt/Köhler/Schmitt StPO § 257c Rn. 15a; Fischer/Fischer StGB § 46 Rn. 113.

[622] BT-Drs. 16/12310, 13.

[623] So auch Schuster/Weitner StPO-Fallrepetitorium Rn. I 318. Zum Verfahrenshindernis als Rechtsfolge und seiner Subsidiarität gegenüber anderen Möglichkeiten der Kompensation BGH NJW 2008, 1752; ablehnend zur dort angedachten Lösung nur über eine Strafmilderung: Schmitt/Köhler/Köhler StPO § 160b Rn. 11.

[624] Nicht erfasst sind Gespräche, die vor einer Anklagerücknahme erfolgt sind, BGH NStZ 2014, 600.

[625] Dies gilt auch für Gespräche, die auf eine endgültige Verfahrenseinstellung gerichtet sind, BVerfG NStZ 2016, 422; BGH NStZ 2016, 743; aA noch KG StV 2014, 522 (anders für Gespräche über Teileinstellungen: BGH NStZ 2018, 49; 2019, 684, wenn diese nicht im Zusammenhang mit dem Gesamtergebnis stehen). Ebenso bei Gesprächen zwischen Vorsitzendem und Verteidiger, die die Eignung des Verfahrens für eine Verständigung und die in diesem Zusammenhang erhobene Forderung nach einer Aufhebung des Haftbefehls betreffen: BGH NStZ 2021, 61.

[626] BGH NStZ 2016, 221; NStZ-RR 2018, 355.

Gerichts – zB zwischen Staatsanwaltschaft und Verteidigung – mitteilungspflichtig sind, ist umstritten, wird aber vom BGH verneint.[627] Nicht mitgeteilt werden müssen Gespräche innerhalb des Spruchkörpers des Gerichts (etwa mit den Schöffen).[628]

Insbesondere **muss eine Mitteilung auch erfolgen, wenn keine Gespräche stattgefunden haben.**[629] Die früher verbreitet (auch von der Rechtsprechung) vertretene gegenteilige Auffassung – die Mitteilungspflicht bestehe nur, wenn Gespräche stattgefunden hätten – hat das BVerfG unter Rekurs auf den Wortlaut, die Gesetzgebungsgeschichte, vor allem aber den Zweck einer Gewährleistung der Transparenz und auf den Gegenschluss zu § 78 II OWiG als objektiv willkürlich beanstandet.[630]

Hinweis: Fehlt im Protokoll – nach der Anklageverlesung und vor der Belehrung des Angeklagten über sein Schweigerecht – jedweder Vermerk dazu, ob Gespräche stattgefunden haben, ist dies in Klausuren als möglicher Revisionsgrund zu erörtern. Dies gilt auch dann, wenn sonst keine Hinweise auf eine Verständigung in der Klausur enthalten sind.

Haben Gespräche stattgefunden, ist deren wesentlicher Inhalt mitzuteilen, § 243 IV 1 StPO. Was genau mitgeteilt werden muss, ist nicht abschließend geklärt, denn – anders als für Gespräche während der Hauptverhandlung (dort § 257b iVm § 273 I 2 StPO) – ist hier nicht vorgeschrieben, den Ablauf der Gespräche zu schildern.[631] Gleichwohl nicht genügend ist mitzuteilen, dass erfolglose Gespräche stattgefunden haben. Aus der Mitteilung muss jedenfalls der Ausgang des Gesprächs ersichtlich sein, sowie wer teilgenommen hat, von welcher Seite die Frage einer Verständigung aufgeworfen wurde, gegebenenfalls welchen Verständigungsvorschlag das Gericht unterbreitet hat, welche Standpunkte die einzelnen Gesprächsteilnehmer vertreten haben und ob diese bei anderen Gesprächsteilnehmern auf Zustimmung oder Ablehnung gestoßen sind.[632] Dies gilt auch dann, wenn eine Verständigung letztlich nicht zustande gekommen ist.[633] Dagegen soll nicht erforderlich sein mitzuteilen, von wem die Initiative zu Gesprächen ausging, denn diese Frage betreffe den äußeren Ablauf und nicht den Inhalt der Gespräche.[634]

Eine davon zu trennende Frage ist, ob nur die Vornahme der Mitteilung nach § 243 IV StPO als solche protokollierungspflichtig ist oder auch deren Inhalt. Die gesetzliche Differenzierung in § 273 I 2 und Ia 1 StPO einerseits und § 273 Ia 2 StPO andererseits scheint zwar für eine Protokollierungspflichtigkeit nur der Tatsache der Mitteilung als solcher zu sprechen. Dem ist der BGH nicht gefolgt und erzwingt im Interesse einer besseren Überprüfbarkeit der Einhaltung des Verfahrens für die Rechtsmittelinstanz eine inhaltliche Dokumentation.[635]

Dieselben Mitteilungspflichten ergeben sich, wenn später – außerhalb der Hauptverhandlung[636] nach § 212 StPO – Gespräche geführt werden (§ 243 IV 2 StPO),[637] auch dann, wenn diese ergebnislos geblieben sind.[638] Die entsprechende Mitteilung in der Hauptverhandlung muss „alsbald" nach der Fortsetzung der Hauptverhandlung erfolgen, Sinn und Zweck der Regelung gebieten eine möglichst umgehende Mitteilung.[639]

---

[627] BGH NStZ 2016, 362; Schmitt/Köhler/Schmitt StPO § 243 Rn. 18c.
[628] BGH NStZ-RR 2022, 285.
[629] Schmitt/Köhler/Schmitt StPO § 243 Rn. 18b.
[630] BVerfG NJW 2014, 3504; Schmitt/Köhler/Schmitt StPO § 243 Rn. 18b.
[631] Die unterschiedliche Dichte von Informationspflichten ist vom BVerfG grundsätzlich gebilligt, BVerfG NJW 2013, 1058 (1065).
[632] BGH NStZ 2013, 722; 2025, 431; BVerfG NJW 2024, 1097; Schmitt/Köhler/Schmitt StPO § 243 Rn. 18d.
[633] BGH NStZ 2025, 431.
[634] BGH NStZ 2015, 293; im Einzelnen streitig, vgl. zum Meinungsstand: KK-StPO/Schneider § 243 Rn. 62.
[635] BGH NStZ 2014, 219; Schmitt/Köhler/Schmitt StPO § 273 Rn. 12b.
[636] Für in der Hauptverhandlung geführte Verständigungsgespräche gilt die Mitteilungspflicht nicht, da diese der Kenntnis und Kontrolle aller Verfahrensbeteiligten und der Öffentlichkeit unterliegen, vgl. hierzu BGH NStZ 2024, 366.
[637] BGH NStZ 2024, 125; 2024, 375. Zur Frage eines Beruhens bei einer wesentlich verspäteten Unterrichtung: BGH NStZ-RR 2015, 379.
[638] Schmitt/Köhler/Schmitt StPO § 243 Rn. 18a.
[639] BGH BeckRS 2023, 2195; NStZ 2025, 125.

Zur Revisibilität der Norm folgende Fallgestaltungen:

Fall: In der Hauptverhandlung erfolgt keine Mitteilung nach § 243 IV 1 StPO.
a) Kann der Angeklagte in der Revision erfolgreich eine Verletzung des § 243 IV 1 StPO rügen, wenn keine derartigen Gespräche stattgefunden haben?
b) Kann der Angeklagte in der Revision erfolgreich eine Verletzung des § 243 IV 1 StPO rügen, wenn derartige Gespräche zu einer Verständigung in der Verhandlung führen?
c) Kann der Angeklagte in der Revision erfolgreich eine Verletzung des § 243 IV 1 StPO rügen, wenn derartige Gespräche stattgefunden haben, ohne zu einer Verständigung zu führen?
d) Kann der Angeklagte in der Revision erfolgreich eine Verletzung des § 243 IV 1 StPO rügen, wenn sich nicht erweisen lässt, ob derartige Gespräche stattgefunden haben, der Angeklagte aber eine informelle Absprache behauptet?
e) Was ist notwendiges Revisionsvorbringen für eine zulässige Verfahrensrüge, wenn keine Mitteilung erfolgt ist?
f) Kann der Angeklagte rügen, dass eine Protokollierung unterblieben ist?

Lösung: Ein Verstoß gegen die Mitteilungspflicht nach § 243 IV 1 StPO begründet keinen absoluten Revisionsgrund. Dies ergibt sich selbst bei einer Zusammenschau mit § 169 GVG, § 338 Nr. 6 StPO (Verletzung der Öffentlichkeit). Zwar bezweckt § 243 IV 1 StPO auch, die Transparenz des Strafverfahrens gegenüber der Öffentlichkeit zu wahren. Dieser rein mittelbare Zweck rechtfertigt jedoch keine Gleichstellung mit der Vorschrift des § 169 GVG und dem daraus folgenden absoluten Revisionsgrund.[640]
Damit kommt es bei Vorliegen eines Verstoßes auf die Frage des Beruhens an. Mit der Rechtsprechung des BVerfG ist im Ausgangspunkt davon auszugehen, dass den formalen Vorschriften zur Information und Dokumentation (unter anderem) die wichtige Funktion zukommt, die Transparenz des Strafverfahrens und die Entscheidungsautonomie des Angeklagten zu wahren. Auf einem Verstoß wird das Urteil daher regelmäßig beruhen. Nur in besonders gelagerten Einzelfällen wird dagegen ein Beruhen auszuschließen sein. Im Rahmen einer Gesamtbetrachtung können hier die Schwere des Verstoßes, die Art der in der Hauptverhandlung nicht mitgeteilten Gesprächsinhalte sowie eine sonstige umfassende Information des Angeklagten berücksichtigt werden.[641] Im Hinblick auf die Transparenzfunktion kann ein Beruhen ausnahmsweise dann ausgeschlossen sein, wenn der Inhalt der geführten Gespräche zweifelsfrei feststeht und diese nicht auf die Herbeiführung einer gesetzeswidrigen Absprache gerichtet waren.[642]
Variante a):
Wie oben ausgeführt, ist § 243 IV 1 StPO dahingehend auszulegen, dass eine Mitteilungspflicht auch dann besteht, auch wenn keine Gespräche geführt wurden. Gegen diese Pflicht wurde seitens des Gerichts verstoßen.
Ein Beruhen ist aber auszuschließen, wenn es überhaupt keine Gespräche gegeben hat. Wenn es keine Gespräche gegeben hat, können diese und damit auch die fehlende Mitteilung nicht das Verhalten des Angeklagten beeinflusst haben.
Daran ändert sich auch nichts durch die Entscheidung des BVerfG vom 15.1.2015 (2 BvR 878/14). In dieser Entscheidung stellt das BVerfG klar, dass die Vorschriften über die Mitteilungspflichten auch der Einhaltung der Transparenz des Verfahrens in der Öffentlichkeit dienen. Diese Kontrolle durch die Öffentlichkeit (Stichwort: unzulässiger Druck auf den Angeklagten) diene wiederum dem Schutz des Angeklagten unter dem Gesichtspunkt des fair trial. Die Revisionsinstanz dürfe den Schutzgehalt des § 243 IV StPO – wenngleich kein absoluter Revisionsgrund – nicht um diesen Aspekt verkürzen. Dies geschehe, wenn der BGH die Frage des Beruhens auf den Zusammenhang des Verstoßes gegen § 243 IV StPO mit dem Aussageverhalten des Angeklagten reduziere. Die Beruhensprüfung müsse daher gegebenenfalls um normative Aspekte angereichert werden, die über eine bloße Kausalität hinausgehen.[643] Wenn aber positiv feststeht, dass keinerlei Gespräche stattgefunden haben und damit auch eine gesetzwidrige Absprache ausgeschlossen

[640] BGH NStZ 2013, 724.
[641] BVerfG NJW 2024, 1097.
[642] BVerfG NJW 2024, 1097.
[643] Scharf ablehnend: BGH NStZ 2016, 221; hiergegen wiederum (allerdings ohne argumentative Auseinandersetzung wegen Unzulässigkeit der Verfassungsbeschwerde) BVerfG BeckRS 2016, 47265.

ist, ist die Kontrollfunktion der Öffentlichkeit und damit das Fair-Trial-Gebot nicht beeinträchtigt. Ein Beruhen kann dann auch unter diesem Aspekt ausgeschlossen werden.[644]
Das Revisionsgericht wird daher im Freibeweisverfahren klären, ob Gespräche stattgefunden haben.[645]
Variante b):
Die Mitteilung über die Gespräche gibt dem Angeklagten die notwendige Informationsgrundlage für die Entscheidung, ob er sich auf die Absprache einlassen soll oder nicht. Fehlt dem Angeklagten diese Informationsgrundlage, beruht darauf die Zustimmung des Angeklagten zur Absprache; auf dieser wiederum beruht das Urteil. Die Revision wird daher regelmäßig Erfolg haben.
Anders ist dies ausnahmsweise dann, wenn der Angeklagte **in gleichwertiger Weise** vom Inhalt der Gespräche informiert war. Dies soll **in Einzelfällen** nach der Rechtsprechung auch durch eine entsprechende **umfassende** Information des Verteidigers möglich sein.[646] Grundsätzlich aber misst die StPO einer Unterrichtung gerade durch das Gericht besondere Bedeutung bei, der eine Unterrichtung „nur" durch den Verteidiger nicht gleichkommt.[647] Es ist danach eine Frage des Einzelfalls, ob die Information durch den Verteidiger das Mitteilungsdefizit ausgleicht und ausnahmsweise ein Beruhen ausschließt. Nach Ansicht des 1. Strafsenats dürfte dies nur in einfach gelagerten Konstellationen der Fall sein.[648]
Dessen ungeachtet wird auch hier die oben zitierte Rechtsprechung des BVerfG (2 BvR 878/14) zu berücksichtigen sein, wonach eine Verletzung der geforderten Transparenz in der Öffentlichkeit zu einem Verstoß gegen das Fair-Trial-Prinzip führen kann. Werden die Mitteilungspflichten – wie hier – massiv verletzt (nicht mitgeteilte Gespräche trotz Vereinbarung einer Verständigung), wird umso weniger auszuschließen sein, dass die Gespräche auf eine rechtswidrige Abrede gerichtet waren. Das BVerfG hält es dabei ausdrücklich für möglich, im Rahmen einer normativen Betrachtung des Schutzzwecks des § 243 IV StPO bei der Beruhensprüfung die Schwere des Verstoßes zu berücksichtigen. Ob und unter welchen Voraussetzungen die Rechtsprechung bei solch gravierenden Verstößen künftig ein Beruhen noch ausschließen kann (zB falls der Gesprächsverlauf für das Revisionsgericht durch übereinstimmende Stellungnahmen rekonstruierbar ist), bleibt abzuwarten. Im Zweifel wird ein Beruhen nicht auszuschließen sein, die Revision Erfolg haben.
Variante c):
Auch hier ist ein Beruhen regelmäßig nicht auszuschließen.[649] Gerade die Information, welcher Verfahrensbeteiligter welchen Verständigungsvorschlag unterbreitet hat, ist für die Verteidigung des Angeklagten von wesentlicher Bedeutung, selbst wenn es zu einer Absprache nicht kommt. Es kann daher – auch unabhängig von der Rechtsprechung des BVerfG – nicht ausgeschlossen werden, dass das Urteil auf dem Verfahrensfehler basiert.[650]. Daneben ist grundsätzlich auch zu berücksichtigen, ob die nicht mitgeteilte Information zu einer nennenswerten Verkürzung der Kontrolle des Verständigungsgeschehens durch die Öffentlichkeit geführt haben könnte.[651]
Variante d):
Grundsätzlich muss der Revisionsführer den Verfahrensfehler nachweisen. Hier behauptet der Angeklagte eine informelle und damit illegale Verfahrensabsprache. Aus dem Protokoll ist eine solche nicht ersichtlich. Da das Gesetz ausdrücklich eine Negativmitteilung verlangt, § 273 Ia 3

644 Schmitt/Köhler/Schmitt StPO § 243 Rn. 38c.
645 BGH NStZ 2013, 722.
646 BGH NStZ 2014, 418.
647 BVerfG NJW 2024, 1097.
648 BGHSt 60, 150 = NJW 2015, 645 (1. Strafsenat), noch deutlicher der 2. Strafsenat: NStZ-RR 2017, 51.
649 So – erneut – BVerfG NJW 2020, 2461, allerdings mit dem ausdrücklichen Vorbehalt eines Ausschlusses im Einzelfall. Die Norm hat außerdem keine Drittwirkung für Angeklagte, um die es bei den Gesprächen nicht ging (BVerfG NStZ 2014, 528).
650 BGH NStZ 2015, 178; zu einem Sonderfall: BGH NStZ 2014, 221. Dort stand fest, dass der Angeklagte **zu keinem Zeitpunkt** gestehen, sondern auf seiner Unschuld beharren wollte. Dann aber sei die Mitteilung von Gesprächen über eine mögliche Verständigung für ihn ohne Belang gewesen. Ein Beruhen könne ausgeschlossen werden. Das BVerfG hat die Entscheidung des BGH in seiner Entscheidung (NJW 2015, 1235) zwar insoweit beanstandet, als der BGH den Öffentlichkeitsaspekt vernachlässigt habe. Auf diesem Aspekt habe das Urteil des BGH aber nicht beruht, da eine gesetzwidrige Absprache ausgeschlossen sei. Die übrigen Kausalitätsüberlegungen des BGH hat das BVerfG nicht beanstandet.
651 BGH NStZ 2025, 431.

StPO, ist das Protokoll durch sein Schweigen widersprüchlich, entfaltet also nicht etwa eine Beweiskraft dahingehend, dass eine Verständigung nicht stattgefunden hätte. Das Revisionsgericht klärt daher im Freibeweisverfahren das Vorliegen einer solchen Verständigung. Nach allgemeinen Grundsätzen trüge hierfür der Angeklagte die Beweislast. Da aber vorliegend das Gericht mit der unterlassenen Protokollierung – obwohl gesetzlich vorgeschrieben – den Beweis vereitelt, dürfen Beweisschwierigkeiten nicht zulasten des Angeklagten gehen.[652] Eine Verständigung wird daher vermutet.

Variante e):

Unstreitig vorzutragen ist, dass eine Mitteilung nicht erfolgt ist. Streitig ist aber, ob zusätzlich vorzutragen ist, wann zwischen wem welche Gespräche stattgefunden haben sollen. Vor dem Hintergrund, dass ein Beruhen nur möglich ist, wenn entsprechende Gespräche stattgefunden haben, verlangt die Rechtsprechung entsprechenden Vortrag für eine zulässige Verfahrensrüge (§ 344 II 2 StPO).[653]

Variante f):

Grundsätzlich beruht das Urteil nur auf dem Geschehen der Hauptverhandlung, nicht aber auf dem (oftmals ohnehin erst nach Urteilsfällung fertiggestellten) Protokoll. Die Rüge fehlerhafter Protokollierung ist daher regelmäßig unbehelflich.

Das BVerfG geht allerdings im Grundsatz davon aus, dass Verstöße gegen die Dokumentationspflicht bei Verfahrensabsprachen im Hinblick auf deren wichtige Funktion zur Sicherung eines ordnungsgemäßen Verfahrens einen revisiblen Verfahrensverstoß begründen.[654]

Der 2. Senat des BGH[655] hat sich dem unter Hinweis auf die gesetzliche Sonderregelung in § 273 Ia StPO angeschlossen. In diesem Fall genüge (ausnahmsweise und im Gegensatz zur sonstigen unberührt bleibenden Rechtsprechung zur Protokollrüge) der Hinweis auf die fehlerhafte Dokumentation für die Verfahrensrüge. Ein Beruhen könne regelmäßig auch nicht ausgeschlossen werden, da es für den Angeklagten von Bedeutung sei, ob er in zusammenfassender Weise von seinem Verteidiger oder in dokumentierter Weise durch das Gericht informiert werde. Die Dokumentationspflicht habe somit eine besondere eigenständige Bedeutung.

Dem haben der 3. und sodann auch der 4. und 5. Senat widersprochen. Das Protokoll werde erst im Nachgang zur Verhandlung (und bei einer Verständigung regelmäßig auch im Nachgang zum Urteil) erstellt; vorher bilde es einen bloßen Entwurf, der keine eigenständige Bedeutung habe. Eine eigenständige Bedeutung könne dem Protokoll daher auch im Bereich der Verständigung nicht beigemessen werden. Die Rechtsprechung des BVerfG zur Bedeutung der Transparenz- und Dokumentationspflichten vermögen hieran nichts zu ändern.[656]

Nachdem das BVerfG in einer weiteren Entscheidung[657] geäußert hat, dass bei Fehlen des Negativattests nach § 273 Ia 3 StPO nach Sinn und Zweck des gesetzlichen Schutzkonzepts ein Beruhen des Urteils auf einem Verstoß gegen § 257c StPO grundsätzlich nicht auszuschließen sei, sofern nicht ausnahmsweise zweifelsfrei feststehe, dass es keinerlei Gespräche gegeben habe, in denen die Möglichkeit einer Verständigung im Raum stand, hat nunmehr auch der 2. Senat geäußert, dass er unter Aufgabe seiner bisherigen Rechtsprechung zu der Ansicht neige, dass die unzutreffende oder ungenügende Protokollierung von verständigungsbezogenen Gesprächen als solche nicht mit der Revision gerügt werden können.[658]

Gerade im Bereich der unterbliebenen Mitteilung wird sich der Streit entschärfen: Verlangt man mit der Rechtsprechung Vortrag dazu, wann welche Gespräche stattgefunden haben, wird man gegebenenfalls die Rüge dahingehend auslegen können, dass geprüft werden soll, dass auch gegen die Mitteilungspflicht – und nicht nur gegen die Protokollierungspflicht – verstoßen wurde.[659]

---

[652] BVerfG NJW 2012, 1136.

[653] BGHSt 58, 315 = NJW 2013, 3045 und BGH NStZ 2017, 424.

[654] BVerfG NJW 2013, 1058 (1067).

[655] BGHSt 58, 310 = NJW 2013, 3046.

[656] BGH NStZ 2014, 284; 2023, 306; 2024, 311; BeckRS 2024, 1934.

[657] BVerfG BeckRS 2016, 40841.

[658] BGH NStZ-RR 2023, 324.

[659] Dies gilt umso mehr, als der BGH zutreffend darauf hinweist, dass bei unterbliebener Mitteilung nach § 243 IV StPO bei Schweigen des Protokolls dieses zutreffend ist (vgl. BGHSt 60, 150 = NJW 2015, 645).

bb) Das Negativattest in § 273 Ia 3 StPO

304 Kommt keine Verständigung zustande, muss auch dies im Protokoll vermerkt werden. Fehlt das Negativ-Attest, ohne dass eine Verständigung protokolliert ist, ist das Protokoll widersprüchlich und entfaltet keine Beweiskraft. Das BVerfG geht davon aus, dass in diesem Fall gegebenenfalls nicht ausgeschlossen werden könne, dass ein heimlicher Deal stattgefunden habe, auf dem das Urteil beruhe. Dieser Frage wird das Rechtsmittelgericht im Freibeweisverfahren nachgehen. Der Revisionsführer ist gehalten anzugeben, wann zwischen wem welche Gespräche stattgefunden haben sollen. Kommt das Revisionsgericht zu dem Ergebnis, dass keine Verständigung erfolgt ist, beruht das Urteil nicht auf dem fehlenden Negativ-Attest.[660]

cc) § 267 III 5 StPO

305 Im Urteil muss vermerkt werden, wenn das Urteil auf einer Absprache basiert, § 267 III 5 StPO. Es genügt hier allerdings der bloße Hinweis auf die Absprache. Die übrigen Umstände ergeben sich aus dem Protokoll. Auf einem unterbliebenen Positivattest beruht das Urteil – das vor Absetzung der schriftlichen Gründe gesprochen wurde – regelmäßig nicht.

d) Verständigung, Aufklärungspflicht und verfahrensrechtliche Position des Angeklagten

306 Die Verständigung entbindet das Gericht nicht von der Verpflichtung zur Amtsermittlung, §§ 257c I 2, 244 II StPO. Gerade das Verständigungsangebot entfaltet auf den Angeklagten eine besondere Drucksituation und Anreizfunktion, unter denen mit Falschgeständnissen zu rechnen ist. Das Geständnis muss daher auf seine Richtigkeit überprüft werden.[661] Eine Bindung des Gerichts an das Geständnis gibt es nicht und kann es nach den Grundsätzen des deutschen Strafprozesses auch nicht geben. § 257c I 2 StPO (in Verbindung mit dem Verbot eines Rechtsmittelverzichts, § 302 I 2 StPO) bringt im Übrigen mittelbar zugleich zum Ausdruck, dass eine Verständigung die verfahrensrechtliche Position des Angeklagten unberührt lässt.

Zu diesem Komplex folgender

Fall: Der verteidigte Angeklagte ist wegen Körperverletzung mit Todesfolge vor der Großen Strafkammer des Landgerichts angeklagt. Vor seiner Vernehmung hat er die Zuständigkeit der Großen Strafkammer gerügt. Der Vorsitzende hat – ordnungsgemäß – einen Verständigungsvorschlag unterbreitet, dem der Angeklagte nach ordnungsgemäßer Belehrung zugestimmt hatte. Entsprechend der Verständigung hat der Angeklagte über seinen Verteidiger die Vorwürfe der Anklage pauschal eingeräumt. Auf Rückfrage des Gerichts hat der Angeklagte die Einlassung des Verteidigers als richtig bestätigt. Eine weitere Beweisaufnahme fand nicht statt. Kann der Angeklagte in der Revision die Aufklärungsrüge erheben und gleichzeitig geltend machen, es habe die unzuständige Kammer entschieden?

Eine Verständigung lässt die Verpflichtung zur Amtsaufklärung unberührt, §§ 257c I 2, 244 II StPO. Zwar lag ein wirksames Geständnis vor, da der Angeklagte die Richtigkeit der Verteidigerangaben bestätigt hat. Ein Geständnis entbindet das Gericht jedoch nicht von der Ermittlung des Sachverhalts von Amts wegen. Bei einer Verfahrensabsprache befindet sich der Angeklagte regelmäßig unter nicht unerheblichem Druck. Mit der Möglichkeit von Falschgeständnissen muss daher ernstlich gerechnet werden. Im Falle eines bloßen Pauschalgeständnisses drängt sich die Notwendigkeit einer Überprüfung sogar besonders auf. Das Gericht hätte daher das Geständnis überprüfen müssen. In welchem Umfang das Geständnis zu überprüfen ist, hängt vom Einzelfall ab, insbesondere auch vom Grad der Detaillierung des Geständnisses. Das Bundesverfassungsgericht hat insoweit ausgeführt, dass die zwingende Überprüfung der Richtigkeit des Geständnisses nicht allein anhand der Aktenlage erfolgen darf. Eine Überprüfung nur anhand der

---

[660] BGH NStZ 2013, 541.

[661] BVerfG NJW 2024, 1103. Eine ähnliche Problematik kann sich stellen, wenn der Angeklagte, der auf Grundlage einer Verständigung ein Geständnis abgelegt hat, in einem Folgeprozess als Zeuge aussagt und dort Angeklagte belastet. In diesem Fall muss sich das dort erkennende Gericht mit der Frage des Beweiswertes der Aussage intensiv auseinandersetzen. Dies setzt bei wesentlichen Zeugen regelmäßig voraus, dass das Gericht die Absprache aus dem Vorprozess in das Verfahren einführt. Unterlässt das Gericht dies, ist die Aufklärungsrüge begründet (BGH NStZ 2014, 287).

Aktenlage stelle keine hinreichende Überzeugungsbildung aus dem Inbegriff der Hauptverhandlung dar und würde dem Transparenzgebot des Gesetzgebers nicht hinreichend Rechnung tragen.[662] Vorliegend hat das Gericht – trotz bloßen Pauschalgeständnisses – sogar jede Beweisaufnahme unterlassen. Eine Verfahrensrüge nach § 244 II StPO und auch die bloße Sachrüge wegen der erkennbar lückenhaften Beweisführung hätten daher Erfolg.
Auch die Rüge des § 6a StPO – absoluter Revisionsgrund nach § 338 Nr. 4 StPO – wegen der verletzten Zuständigkeit der Schwurgerichtskammer (die nach § 74 II 1 Nr. 8 GVG zuständig ist) kann der Angeklagte erheben. Die Rüge ist nicht präkludiert; er hat sie rechtzeitig vor seiner Vernehmung zur Sache erhoben (§ 6a S. 2 StPO). In der Verständigung liegt auch nicht etwa die Rücknahme der Rüge. Denn die Zustimmung zur Verständigung besagt nicht, dass der Angeklagte die erkennende Kammer nunmehr für zuständig hielte. Er stellt diese Bedenken lediglich – gegebenenfalls aus taktischen Gründen – zurück. Das ist aber zulässig, denn – wie das Verbot eines Rechtsmittelverzichts zeigt – lässt die Verständigung die verfahrensrechtliche Position des Angeklagten unberührt. Aus diesem Grund kann die Erhebung der Rüge – trotz Zustimmung zur Absprache – auch nicht als missbräuchlich angesehen werden.[663]
Darüber hinaus dürfte auch die Sachrüge Erfolg versprechen. Der Tatrichter ist zwar nicht verpflichtet, in allen Einzelheiten zu dokumentieren, warum er ein Geständnis für glaubhaft erachtet. Er muss jedoch zumindest in gedrängter Form für das Revisionsgericht nachvollziehbar darlegen, warum er dem Geständnis folgt. Anderenfalls bleibt die Beweiswürdigung erkennbar lückenhaft. Dieser Umstand kann mit der allgemeinen Sachrüge beanstandet werden.[664]

e) Reichweite der Bindung und Verwertbarkeit eines Geständnisses

Durch das Zustandekommen der Verständigung werden die Prozessbeteiligten gebunden. 307
Hält sich das Gericht nicht an die Verständigung, begründet das die Revision.

Der Angeklagte kann freilich die Verständigung dadurch unterlaufen, dass er seine „Leistung" nicht erbringt, also nicht gesteht. Dann ist nach § 257c IV 2 StPO auch das Gericht nicht mehr gebunden.

Das Gericht ist seinerseits an die Verständigung nicht mehr gebunden, wenn sich neue rechtliche oder tatsächliche Aspekte ergeben oder aber solche (gegebenenfalls auch aus Nachlässigkeit) übersehen worden sind,[665] die das Gericht zu der Überzeugung führen, dass der in Aussicht gestellte Strafrahmen nicht mehr tat- und schuldangemessen ist (§ 257c IV 1 StPO). Maßgeblich ist hier in erster Linie der Wortlaut des gerichtlichen Verständigungsvorschlags, der den Umfang der gerichtlichen Bindung bestimmt.[666] Der Wegfall der Bindung erfolgt aber nicht kraft Gesetzes, notwendig ist eine konstitutive Entscheidung des Gerichts.[667] Dies ergibt sich schon daraus, dass zuvor eine Bewertung der Sachlage durch das Gericht notwendig ist, ob der in Aussicht gestellte Strafrahmen nicht mehr angemessen ist.[668] Das Gericht muss die Abweichung unverzüglich mitteilen, § 257c IV 4. Ein Geständnis des Angeklagten darf dann nicht mehr verwertet werden (§ 257c IV 3 StPO). Eine gleichwohl erfolgte Verwertung des Geständnisses würde die Revision begründen.

---

[662] BVerfG NJW 2013, 1058 (1063) und 2024, 1103. Mit dieser Anforderung unterwirft das BVerfG ein Geständnis nach Verständigung schärferen Anforderungen, als bei der Überprüfung sonstiger Geständnisse angelegt werden. In der Sache mag dies wegen der besonderen Drucksituation des Angeklagten und im Hinblick auf erhöhte Anforderungen an die Transparenz des Verfahrens nach einer Verständigung gerechtfertigt sein, es widerstreitet allerdings den eigenen Bekundungen des Verfassungsgerichts, wonach Geständnisse nach Verständigung keinen erhöhten Anforderungen an die Überprüfung gegenüber sonstigen Geständnissen unterworfen werden sollen.

[663] BGH NJW 2012, 468; zweifelnd – allerdings vor Inkrafttreten des Gesetzes zur Verständigung: BGH StraFo 2009, 73; für einen Wegfall der Rüge der Befangenheit – ebenfalls vor Inkrafttreten des neuen Gesetzes: BGH NJW 2009, 690.

[664] BGH NStZ-RR 2016, 147.

[665] Nicht genügend ist hingegen eine andere Bewertung derselben Umstände, Fischer/Fischer StGB § 46 Rn. 118.

[666] BGH NStZ-RR 2023, 58; vgl. auch Schmitt/Köhler/Schmitt StPO § 257c Rn. 25c.

[667] BGH NJW 2012, 3113; BeckRS 2025, 10298; BeckRS 2025, 10307; Schmitt/Köhler/Schmitt StPO § 257c Rn. 27b.

[668] Hält das Gericht an einem Strafrahmen fest, der aufgrund neuer Umstände unvertretbar milde erscheint, begründet dies regelmäßig die Sachrüge. Auf eine Verfahrensrüge kommt es dann nicht an.

Gebunden ist nur das erkennende Gericht[669] (eine Erstreckung der Bindungswirkung auf Rechtsmittelgerichte ist nicht angeordnet und wäre mit dem Verbot des Rechtsmittelverzichts und der gewünschten Überprüfung von verständigungsbasierten Urteilen nicht vereinbar). Nicht gebunden sind daher das Berufungsgericht, das Revisionsgericht und auch nicht das Gericht, an das das Verfahren nach erfolgreichem Revisionsverfahren zurückverwiesen wurde.[670]

Damit stellt sich die revisionsrechtlich bedeutsame Frage, ob das Berufungsgericht bzw. das Gericht, an das die Sache zurückverwiesen wurde, das Geständnis verwerten darf. Dasselbe gilt, wenn ein Verfahren nach Aussetzung neu verhandelt wird (vgl. § 229 IV 1 StPO).[671] Ein Beweisverwertungsverbot nach § 257c IV 3 StPO besteht mangels Einschlägigkeit der dort genannten Fallgruppen nicht. Ein instanzübergreifendes Verwertungsverbot ist nicht Gesetz geworden. Bei Entfallen der Bindungswirkung nach Rechtsmitteleinlegung ist zu unterscheiden: Im Falle einer Aufhebung und Zurückverweisung nach einer Revision des Angeklagten hat der BGH ein Verwertungsverbot abgelehnt und im konkreten Fall ausgeführt, dass der Angeklagte – der allein Rechtsmittel eingelegt hatte – über das Verschlechterungsverbot in § 358 II StPO ausreichend geschützt sei.[672] Da dann der Strafrahmen aus der Verständigung nicht überschritten und Vertrauen des Angeklagten in die Zusage bei Abgabe des Geständnisses nicht enttäuscht werde, soll das Geständnis verwertbar bleiben.[673]

Dieser Ansatz führt freilich dann nicht weiter, wenn (zumindest auch) die Staatsanwaltschaft oder die Nebenklage[674] Rechtsmittel eingelegt hat. In diesen Fällen ist davon auszugehen, dass das neue Tatgericht eine Art Selbstbindung an die Verständigung eingeht (Ausfluss des Fair-Trial-Grundsatzes, Art. 6 EMRK), wenn es das Geständnis aus dem Verfahren erster Instanz verwertet. Denn wenn sich das Gericht von der Verständigung lösen will, entfällt die Vertrauensgrundlage, auf deren Basis der Angeklagte sein Geständnis abgegeben hatte.[675] Dann darf das Gericht das Geständnis aus der ersten Instanz nicht verwerten. Dasselbe gilt für eine neue Verhandlung nach einer Aussetzung, auch hier ist das zuvor im Vertrauen auf eine Verständigung abgegebene Geständnis jedenfalls dann nicht verwertbar, wenn sich das Gericht in der späteren Verhandlung nicht durch die Verständigung als gebunden sieht.[676]

Strittig ist, ob hierüber zu Beginn der neuen Verhandlung qualifiziert belehrt werden muss.[677] Auch wer dies bejaht, muss bedenken, dass das Fehlen einer qualifizierten Belehrung nicht in jedem Fall, sondern nur nach Abwägung zu einem Beweisverwertungsverbot führt.[678] Der 5.

---

[669] Schmitt/Köhler/Schmitt StPO § 257c Rn. 25a. Allerdings nicht nach Aussetzung (ein etwaiges Geständnis ist nicht mehr verwertbar); über die in der ausgesetzten Verhandlung geführten Gespräche ist gem. § 243 IV StPO zu unterrichten (schon wegen der neuen Schöffen!), ebenso über die Rechtsfolgen der Aussetzung für die Verständigung, BGH NStZ 2019, 483.

[670] BGH NStZ-RR 2013, 373.

[671] BGH NJW 2021, 2445.

[672] BGH StV 2010, 470; BeckRS 2021, 30089; vgl. auch Schmitt/Köhler/Schmitt StPO § 257c Rn. 29b.

[673] Anders wird man dies sehen müssen, wenn der Angeklagte bei seiner Zustimmung zu der Verständigung in seinen Rechten verletzt war, zB mangels Belehrung nach § 257c V StPO, und er einer Verwertung des Geständnisses in der neuen Verhandlung bzw. der Berufungsverhandlung widersprochen hat (die Widerspruchslösung dürfte auch hier gelten), so auch Schneider NZWiSt 2015, 1.

[674] BGH NJW 2025, 519, zu beachten ist, dass hier auch bei einer Urteilsaufhebung auf die Sachrüge hin die Feststellungen aufzuheben sind, wenn das Urteil (auch) auf einem im Rahmen einer Verständigung abgegebenen Geständnis beruht. Ansonsten wäre der Angeklagte im nächsten Rechtsgang an die auf seinem vorherigen Geständnis beruhenden Feststellungen gebunden, ohne dass ihm die hierfür zugesagte Strafobergrenze noch zugute käme.

[675] BGH NJW 2021, 2445; BeckRS 2021, 30089 Rn. 39 f.; NStZ 2023, 310.

[676] Schmitt/Köhler/Schmitt StPO § 257c Rn. 29c.

[677] So OLG Karlsruhe NStZ 2014, 294 – das allerdings seine Ausführungen zumindest formaliter nicht auf den Fall der Berufung (auch) der Staatsanwaltschaft beschränkt; ähnlich OLG Düsseldorf StV 2011, 80 und OLG Hamburg NStZ 2016, 182; aA OLG Nürnberg NStZ-RR 2012, 255, das ein Geständnis nur dann für unverwertbar hält, wenn sich bereits das Erstgericht von der Zusage gelöst hat. Offengelassen in: BGH NStZ-RR 2023, 381.

[678] Nach OLG Karlsruhe NStZ 2014, 294 ist bei der Abwägung das Gewicht des Verfahrensverstoßes, das Interesse an der Sachaufklärung und das Aussageverhalten des Angeklagten sowie ergänzend einzustellen, ob der Angeklagte verteidigt ist, ob die Verständigung formal fehlerfrei zustande gekommen ist und wer Berufungsführer ist.

Strafsenat des BGH sieht jedenfalls dann, wenn der Angeklagte im Rahmen der Verständigung korrekt nach § 257c V StPO belehrt wurde und ihm ferner im Rahmen der neuen Verhandlung mitgeteilt wurde, dass eine Bindung an die Verständigung entfallen sei, keine Notwendigkeit zu einer qualifizierten Belehrung.[679]

Eine ähnliche Fragestellung ergibt sich, wenn sich die zugrunde liegende Verständigung als rechtswidrig erweist. Rechtswidrige Verständigungen können keine Bindungswirkung entfalten. Das Ausgangsgericht hat jedoch regelmäßig das Geständnis des Angeklagten verwertet. Damit stellt sich die Frage, ob der Revisionsführer im Falle einer rechtswidrigen Verständigung eine Verwertung des Geständnisses (gesondert) rügen kann. Der BGH sieht – für das Ausgangsgericht – ein Verwertungsverbot nach § 257c IV 3 StPO nur, wenn sich das Erstgericht von der Verständigung lösen wollte (zB weil es den Fehler erkannt hat); sonst werde das Vertrauen des Angeklagten nicht enttäuscht. Dementsprechend hatte der BGH keine Bedenken gegen eine Verwertung eines Geständnisses durch das Erstgericht, dem eine Verständigung auch über den Schuldspruch (Verstoß gegen § 257c II 3 StPO) zugrunde lag.[680] Erst recht hatte der BGH im Falle einer informellen Absprache keine Bedenken, die Geständnisse für verwertbar zu erachten.[681] Hier dürfte § 257c StPO schon keine Anwendung finden. Jedenfalls fehlt es an einem Lösungstatbestand analog § 257c IV 3 StPO, solange das Gericht an der Abrede festhält. Bei informellen Verständigungen wäre zusätzlich zu berücksichtigen, dass es dem Gesetzgeber gerade darauf ankam, diese zu verhindern. Sie können daher grundsätzlich keinen Vertrauensschutz genießen.[682] Den durch eine protokollierte Verständigung mit gesetzeswidrigem Inhalt geschaffenen Vertrauenstatbestand kann das Gericht selbst durch eine an den Maßgaben des § 257c V StPO ausgerichtete Belehrung wieder beseitigen.[683]

Fehler im Zusammenhang mit Verständigungen und den in diesem Zusammenhang bestehenden Mitteilungs- und Dokumentationspflichten sind grundsätzlich mit der **Verfahrensrüge** geltend zu machen. Nur dann, wenn sich alle relevanten Umstände (ausnahmsweise) unmittelbar aus den Urteilsgründen ergeben **und** sich diese auf den sachlichen Gehalt des Urteils auswirken, genügt die Sachrüge (denkbar vor allem im Zusammenhang mit der Beweiswürdigung und der Strafzumessung). 308

F. Revisionsrügen in Bezug auf Fehler des Urteils

I. Grundsatz

Fehler des Tatgerichts, die sich erst und ausschließlich im Urteil zeigen, sind in der Revisionsbegründung regelmäßig mit der Sachrüge geltend zu machen.[684] 309

Die Sachrüge muss der Revisionsführer nicht näher ausführen; es genügt vielmehr, wenn er – beispielsweise mit dem Satz „Es wird die Verletzung sachlichen Rechts gerügt." – nur allgemein die Verletzung materiellen Rechts beanstandet.[685] Ist die allgemeine Sachrüge rechtzeitig erhoben und ist die Revision auch im Übrigen zulässig, können nähere Ausführungen zur Verletzung des materiellen Rechts auch noch nach Ablauf der Revisionsbegründungsfrist vorgebracht werden. 310

679 BGH NJW 2021, 2445.

680 BGH StV 2011, 337.

681 BGH NStZ 2013, 353.

682 Diese oft gebrauchte, recht apodiktische Aussage darf freilich nicht zulasten eines gutgläubigen, unverteidigten Angeklagten gehen, so auch KK-StPO/Moldenhauer/Wenske § 257c Rn. 87, die – in engen Grenzen – Vertrauensschutz für möglich halten.

683 BGH BeckRS 2025, 6810.

684 Zur Abgrenzung zwischen Sach- und Verfahrensrüge: → Rn. 89 ff.; zu sich erst im Urteil zeigenden Verfahrensfehlern: → Rn. 324 ff. und → Rn. 340.

685 Der Staatsanwalt darf sich hierauf aber – nach der nur innerdienstlich wirkenden Vorschrift der Nr. 156 I, II RiStBV – nicht beschränken; einschränkend (Unzulässigkeit der Revision, wenn neben der allgemeinen Sachrüge nur Angriffe gegen die Beweiswürdigung vorgetragen werden): OLG Karlsruhe VRS 107, 376; Schmitt/Köhler/Schmitt StPO § 344 Rn. 19 jew. mwN.

311 **Hinweis:** Wird in einer Examensklausur die Erstellung einer Revisionsbegründungsschrift gefordert, muss die Sachrüge im Einzelnen ausgeführt werden.[686] Dabei sollten alle Revisionsgründe angeführt werden, die nach der Überzeugung des Bearbeiters das Rechtsmittel sicher rechtfertigen. Darüber hinaus können auch solche Umstände vorgetragen werden, bei denen die Erfolgsaussichten unsicher sind. In diesem Fall sollte zugleich im Hilfsgutachten bzw. im Mandantenschreiben im Rahmen eines Risikohinweises dargelegt werden, was gegen den Erfolg der Rüge spricht bzw. sprechen könnte. Alle anderen Problempunkte, die zweifellos nicht zum Erfolg der Revision führen, sind im Hilfsgutachten bzw. wiederum im Mandantenschreiben zu erörtern.

312 Die Sachrüge kann beispielsweise folgendermaßen eingeleitet werden (Staatsanwaltsrevision):

> „II. Gerügt wird die Verletzung materiellen Rechts. Beanstandet wird insbesondere – ohne damit eine Beschränkung der Revision vorzunehmen – Folgendes:
> 1. Das Landgericht hat den Angeklagten zu Unrecht nicht auch wegen eines tateinheitlich mit dem Mord begangenen Raubes mit Todesfolge schuldig gesprochen. …"

312a **Hinweis:** Zwar können die meisten der im Folgenden besprochenen Angriffe mit der Sachrüge geltend gemacht werden. Dies gilt jedoch nicht für alle Angriffe (→ Rn. 326a, 331, 335, 340).

II. Angriffe gegen Form und Aufbau des Urteils

313 Es kann ein (mit der Sachrüge geltend zu machender) sachlichrechtlicher Mangel des Urteils sein, wenn dieses erhebliche Fassungsmängel aufweist. Der BGH hat hierzu Folgendes ausgeführt:

> „Eine … über das Urteil verstreute Sachdarstellung ist grundsätzlich fehlerhaft, weil sie keine revisionsrechtliche Überprüfung des Urteils zulässt. § 267 I 1 StPO verlangt die Angabe der für erwiesen erachteten Tatsachen, in denen die gesetzlichen Merkmale der Straftat gefunden werden. Dies erfordert eine in sich geschlossene Darstellung aller äußeren und der damit im Zusammenhang stehenden inneren Tatsachen, damit erkennbar wird, auf welcher Grundlage der Tatrichter die rechtliche Beurteilung vorgenommen hat. Unklare und unübersichtliche Feststellungen, die insbesondere nicht zwischen den Feststellungen zum Tatgeschehen, der Beweiswürdigung und der rechtlichen Würdigung unterscheiden, stellen einen sachlichrechtlichen Fehler des Urteils dar."[687]

314 Über § 267 I 2 StPO hinaus, wonach bei einem Indizienbeweis lediglich die diesbezüglichen Tatsachen (Beweisanzeichen) angegeben werden müssen, fordert die Rechtsprechung seit langem, dass das Urteil die Angabe der Beweisgründe und eine Beweiswürdigung enthalten muss.[688] Eine Abkürzung der Urteilsgründe gestattet § 267 IV StPO, wenn das Urteil nicht angefochten wird.

Nach der Rechtsprechung ist es daher „grundsätzlich auch ein sachlichrechtlicher Fehler, der zur Aufhebung des Urteils führen muss, wenn die Beweisgründe im Urteil fehlen und die Gründe weder die Einlassung des Angeklagten wiedergeben noch diese unter Berücksichtigung der erhobenen Beweise würdigen" (BGH StV 1984, 64).

315 Enthält das Urteil keine Feststellungen über die persönlichen Verhältnisse des Angeklagten, stellt dies ebenfalls einen sachlichrechtlichen Mangel dar, der zur Aufhebung des Strafausspruchs führen kann. Insbesondere bei nicht unerheblichen Freiheitsstrafen ist die Kenntnis von Werdegang und Lebensverhältnissen des Angeklagten unentbehrlich.[689]

316 Ein Urteil muss gem. § 267 I 1 StPO aus sich heraus verständlich sein; Verweisungen und Bezugnahmen auf ein anderes Urteil oder Teile der Ermittlungsakten sind grundsätzlich

[686] Eine Liste der Sachprobleme in Revisionsklausuren der bayerischen Examina seit 1986 findet sich im Anhang, → Rn. 425.
[687] Vgl. schon BGH NStZ 1990, 496 ff.
[688] Vgl. Schmitt/Köhler/Schmitt StPO § 267 Rn. 12 ff.
[689] BGH NStZ-RR 2007, 236 (237); vgl. auch Schmitt/Köhler/Schmitt StPO § 267 Rn. 42 mwN.

ausgeschlossen. § 267 I 3 StPO gestattet ausnahmsweise eine Verweisung auf eine bei den Akten befindliche Abbildung; dadurch kann eine mitunter nicht einfache textliche Schilderung eines Umstandes erleichtert werden.[690] Im Übrigen dürfen gebotene eigene Urteilsfeststellungen oder Würdigungen nicht durch Bezugnahmen ersetzt werden, „da es ansonsten sachlichrechtlich an der Möglichkeit einer Nachprüfung durch das Revisionsgericht fehlt" (BGH NStZ-RR 2007, 22 (23)).

Die Begründung eines Freispruchs muss den Anforderungen des § 267 V 1 StPO genügen. Bei 317
einem Freispruch aus tatsächlichen Gründen muss der Tatrichter in der Regel zunächst den Anklagevorwurf mitteilen und sodann den Sachverhalt darlegen, welchen er als festgestellt erachtet (daran fehlt es nicht selten!); in der sich anschließenden Beweiswürdigung muss er darlegen, weshalb die Feststellungen nicht ausreichen und – falls sich das nicht von selbst versteht – erforderliche, zusätzliche Feststellungen nicht getroffen werden konnten. Durch diese Art der Darstellung wird es dem Revisionsgericht ermöglicht nachzuprüfen, ob der Freispruch auf rechtlich bedenkenfreien Erwägungen beruht,[691] insbesondere ob der Tatrichter überspannte Anforderungen an seine Überzeugungsbildung gestellt hat.[692] Fehlerhaft wäre es danach, wenn in den Urteilsgründen nach Schilderung des Anklagevorwurfs sogleich in die Beweiswürdigung (zu den Anforderungen an die Beweiswürdigung → Rn. 330) eingetreten würde;[693] in diesem Falle hätte die Revision mit der Sachrüge Aussicht auf Erfolg.

III. Widersprüche innerhalb des Urteils bzw. zwischen verkündetem und schriftlichem Urteil

Widersprechen einander die verkündete Urteilsformel und der Tenor der schriftlichen Ur- 318
teilsfassung, geht der verkündete Tenor grundsätzlich vor; dies prüft das Revisionsgericht von Amts wegen (str.).[694] Die Berichtigung des Tenors durch den Tatrichter ist nach der Urteilsverkündung – abgesehen von Korrekturen bei offensichtlichen Schreibversehen oder Unrichtigkeiten – ausgeschlossen.[695] Weicht die schriftliche Urteilsfassung dagegen nur in den Gründen von der mündlichen Erläuterung gem. § 268 II 2 StPO ab, so sind die schriftlichen Gründe maßgeblich; auch diese können aber, sobald die Frist des § 275 I StPO abgelaufen ist, vom Tatrichter nur noch im Fall eines offensichtlichen Fassungsversehens berichtigt werden (vgl. auch § 275 I 3 StPO).[696] In der Revision können Widersprüche zwischen dem Tenor des Urteils und dessen Gründen zum (Teil-)Erfolg der Sachrüge führen.[697]

Fall: Laut verkündetem Urteil und auch laut Tenor des schriftlichen Urteils wurde der Angeklagte 319
des sexuellen Missbrauchs eines Kindes in 26 Fällen schuldig gesprochen, laut den (schriftlichen) Urteilsgründen hatte er jedoch nur 25 Taten begangen. Als die Strafkammer dies bemerkte, berichtigte sie den Tenor entsprechend. Ferner wies die Liste der angewendeten Vorschriften nicht aus, auf welchen Absatz des § 176 StGB sich die Verurteilung bezieht. Wie wird das Revisionsgericht auf die Sachrüge des Angeklagten hin entscheiden?

Lösung: Die Revision des Angeklagten wird zu einer Schuldspruchberichtigung führen. Diese Korrektur kann aber nur das Revisionsgericht vornehmen. Der Berichtigungsbeschluss des Landgerichts ist dagegen unwirksam, denn dort ist eine Änderung der Urteilsformel nur solange möglich, wie die Urteilsverkündung noch nicht abgeschlossen ist. Nach diesem Zeitpunkt dürfen nur noch offensichtliche Schreibversehen und Unrichtigkeiten berichtigt werden, also solche

[690] Schmitt/Köhler/Schmitt StPO § 267 Rn. 8 ff.
[691] BGH BeckRS 2014, 11007; vgl. auch BGH NStZ 2008, 647 und NStZ-RR 2013, 52, wonach bei einem freisprechenden Urteil Feststellungen zur Persönlichkeit und zum Werdegang des Angeklagten erforderlich sind, wenn sie für die Beurteilung des Tatvorwurfs von Bedeutung sein können.
[692] Vgl. BGH NStZ-RR 2022, 146.
[693] Schmitt/Köhler/Schmitt StPO § 267 Rn. 32, 33 ff.
[694] Vgl. zum Streitstand der Senate: BGH NStZ 2021, 185 mwN; aA Verfahrensrüge.
[695] Vgl. BGH NStZ 2000, 194; Schmitt/Köhler/Schmitt StPO § 260 Rn. 6, § 268 Rn. 9 ff., 18.
[696] Schmitt/Köhler/Schmitt StPO § 268 Rn. 18, § 275 Rn. 11, § 267 Rn. 39 f., § 337 Rn. 22.
[697] BGH NStZ 2008, 711. Bei Widerspruch zwischen Tenor und Gründen im schriftlichen Urteil gilt (auch für das Verschlechterungsverbot nach Zurückverweisung) der Tenor: BGH NStZ 2014, 225.

Fehler, bei denen sich das Versehen aus Tatsachen ergibt, die für alle Verfahrensbeteiligten offenkundig sind und bei deren Berichtigung auch der entfernte Verdacht einer nachträglichen Änderung der Entscheidung in der Sache ausgeschlossen ist. Ein solcher offensichtlicher Fehler lag hier aber nicht vor, zumindest bietet der mitgeteilte Sachverhalt keine (sicheren) Anhaltspunkte dafür, dass dem Gericht lediglich ein Zählfehler unterlaufen ist.[698]
Die Unvollständigkeit (vgl. dazu § 260 V 1 StPO) der Liste der angewendeten Vorschriften – oder eine Unrichtigkeit – kann die Revision dagegen nicht begründen. Denn diese Liste ist weder Bestandteil der Urteilsformel noch der Urteilsgründe, auf ihrer Unzulänglichkeit kann das Urteil daher nicht beruhen.[699]

IV. Angriffe gegen die Sachverhaltsfeststellung

1. Allgemeines

320 An die vom Tatgericht getroffenen Tatsachenfeststellungen ist das Revisionsgericht gebunden.[700] Mit der Sachrüge kann nicht beanstandet werden, bestimmte Tatsachen seien unrichtig; unzulässig ist insbesondere die sog. Rüge der Aktenwidrigkeit (→ Rn. 325). Auf die Sachrüge hin wird jedoch geprüft, ob die getroffenen – nicht lediglich formelhaften – Feststellungen eine ausreichende Grundlage für die Rechtsanwendung darstellen; der **festgestellte Sachverhalt** muss nach § 267 I 1 StPO die vom Tatgericht vorgenommene Subsumtion rechtfertigen.

321 Der BGH hat hierzu ausgeführt:

„Im Falle der Verurteilung des Angeklagten müssen, was das Revisionsgericht auf die Sachrüge zu prüfen hat, die Urteilsgründe die für erwiesen erachteten Tatsachen angeben, in denen die gesetzlichen Merkmale der Straftat gefunden werden. Dabei ist unter Angabe der für erwiesen erachteten Tatsachen die Schilderung des als Ergebnis der Beweiswürdigung festgestellten Lebenssachverhalts zu verstehen. Eine ‚Feststellung', die nur die Worte des Gesetzes wiederholt oder mit einem gleichbedeutenden Wort oder einer allgemeinen Redewendung umschreibt, reicht nicht aus. Rechtsbegriffe müssen, sofern sie nicht allgemein geläufig sind, grundsätzlich durch die ihnen zugrunde liegenden tatsächlichen Vorgänge dargestellt (‚aufgelöst') werden."[701]

322 Ist die Sachdarstellung in wesentlichen Teilen unvollständig, führt dieser Mangel zur Aufhebung des Urteils.[702] Hat der Tatrichter etwa bei einer Verurteilung wegen Betrugs zwar Ausführungen zur Täuschung, Irrtumserregung, Vermögensverfügung und zum Vermögensschaden gemacht, bei der Darstellung des subjektiven Tatbestandes jedoch keinerlei Feststellungen zur Bereicherungsabsicht getroffen (und lässt sich diese auch nicht aus den sonstigen Feststellungen herleiten) entnehmen, so ist eine erhobene Sachrüge begründet.

323 **Hinweis:** Bei völlig unzureichenden Feststellungen zum Tathergang im Urteil sind häufig schon die Anklage und der Eröffnungsbeschluss so allgemein gefasst, dass sich dort die dem Angeklagten zur Last gelegte Tat nicht individualisiert bestimmen lässt. Dann fehlen aber schon die Verfahrensvoraussetzungen der wirksamen Anklage und des wirksamen Eröffnungsbeschlusses (→ Rn. 71 ff.).

2. Verwertung nicht in die Verhandlung eingeführter Umstände

324 Ein Verfahrensverstoß gegen § 261 StPO liegt vor, wenn das Urteil auf Feststellungen gestützt wird, die nicht in die Hauptverhandlung eingeführt wurden[703] oder wenn **wesentliche** Beweismittel, die laut Hauptverhandlungsprotokoll erhoben wurden, im Urteil nicht erörtert

698 Vgl. auch Schmitt/Köhler/Schmitt StPO § 267 Rn. 39a.
699 Schmitt/Köhler/Schmitt StPO § 260 Rn. 51, 62; gelegentlich wird die Liste der angewendeten Vorschriften vom Revisionsgericht berichtigt.
700 Vgl. Schmitt/Köhler/Schmitt StPO § 337 Rn. 15, 32 mwN.
701 BGH NStZ 2000, 607 (für eine Verurteilung wegen gewerbsmäßiger Hehlerei).
702 BGH NStZ 2008, 352.
703 BGH NStZ 2017, 375: Dort hatte das Gericht nach Urteilsverkündung und vor Urteilszustellung eine Stellungnahme eines Sachverständigen eingeholt und verwertet.

sind.[704] Das muss sich allerdings entweder aus dem Urteil selbst ergeben oder durch einen Vergleich zwischen Hauptverhandlungsprotokoll und Urteil belegen lassen (vgl. auch das Beispiel bei → Rn. 116):

Fall: Dem Angeklagten wird schwere Brandstiftung zur Last gelegt. Die Urteilsfeststellungen zur Schuldfähigkeit des Angeklagten stützen sich im Wesentlichen auf ein Gutachten des Sachverständigen Prof. Dr. S, nach dem Hauptverhandlungsprotokoll hatte dagegen nur ein Dr. T ein Gutachten erstattet. Kann der Verteidiger dies mit der Revision beanstanden?

Lösung: Der Verteidiger wird mit einer Verfahrensrüge beanstanden, dass im Urteil ein Sachverständigengutachten verwertet wurde, das nicht Gegenstand der Hauptverhandlung war; er wird also einen Verstoß gegen § 261 StPO geltend machen. Den für diese Verfahrensrüge erforderlichen Tatsachenvortrag kann er dem Protokoll entnehmen. Denn aus dieser Niederschrift ergibt sich nur die Anhörung des Dr. T, nicht aber die des Prof. Dr. S. Dessen Vernehmung hätte aber – wie im Übrigen auch eine Verlesung gem. § 256 StPO – als wesentliche Förmlichkeit ins Protokoll aufgenommen werden müssen (§ 273 I 1 StPO). Da das Protokoll insoweit jedoch schweigt, gilt die Vernehmung als nicht erfolgt (§ 274 StPO; negative Beweiskraft); ein Gegenbeweis ist auch durch die Urteilsgründe ausgeschlossen. Der BGH hat hier allerdings nur den Strafausspruch aufgehoben, weil lediglich die Anwendung von § 21 StGB in Betracht kam, aufgrund der von der Strafkammer im Übrigen – rechtsfehlerfrei – getroffenen Feststellungen eine Schuldunfähigkeit dagegen auszuschließen war (fehlendes Beruhen).[705]
In Revisionsklausuren sind daher stets die im Urteil angeführten Beweismittel mit den in der Hauptverhandlung erhobenen abzugleichen. Beachten Sie allerdings, dass Urkunden nicht zwingend durch Verlesung eingeführt werden müssen, sondern auch im Wege des nicht protokollierungspflichtigen Vorhalts eingeführt worden sein können. Dass dies nicht erfolgt ist, ist gegebenenfalls als Negativtatsache in der Revisionsbegründung anzuführen.

Die in → Rn. 324 angesprochenen Anforderungen an den Nachweis eines Verstoßes gegen § 261 StPO sind auch bei der sog. Rüge der Aktenwidrigkeit zu beachten. Mit dieser Rüge werden Widersprüche zwischen dem Inhalt des Urteils und den Akten beanstandet. Da einerseits das Urteil nur auf dem beruhen kann, was Gegenstand der Hauptverhandlung war, es andererseits dem Revisionsgericht verwehrt ist, über die vom Tatrichter vorgenommene Beweisaufnahme selbst Beweis zu erheben (keine „Rekonstruktion der Hauptverhandlung"[706]), haben solche Verfahrensrügen häufig keinen Erfolg.[707] So kann der Revisionsführer regelmäßig nicht geltend machen, eine mündliche Verteidigererklärung sei im Urteil unzutreffend wiedergegeben worden;[708] ein Augenschein sei unzutreffend gewürdigt worden[709] oder ein Zeuge habe in der Hauptverhandlung oder bei der Polizei anders ausgesagt als in den Urteilsgründen festgestellt. Das gilt auch, soweit Aussagen vor dem Amtsgericht „standardmäßig" – dh nicht wörtlich – protokolliert werden (vgl. § 273 II StPO: „wesentliche Ergebnisse der Vernehmungen").[710] Vor dem Landgericht (als Große Strafkammer oder als Berufungsgericht) werden Zeugenaussagen regelmäßig ohnehin inhaltlich gar nicht protokolliert („Der Zeuge machte Angaben zur Sache"). 325

Wurde dagegen der Inhalt einer Aussage – eine seltene Ausnahme nach § 273 III StPO – in der Hauptverhandlung **wörtlich** protokolliert, kann ein etwaiger Widerspruch hierzu in den Urteilsgründen durch das Hauptverhandlungsprotokoll bewiesen werden. In gleicher Weise lässt sich ohne Rekonstruktion der Hauptverhandlung der Gegenbeweis gegen die Urteilsfeststellungen führen, wenn das Urteil die in der Hauptverhandlung verlesene Aussage eines

[704] BGH NStZ 2007, 115 (116); 2008, 705 (706).
[705] BGH BeckRS 1996, 12374; ähnlich (zum Augenschein) BGH NStZ 2002, 219 und 1999, 424 (zum Urkundenbeweis).
[706] Schmitt/Köhler/Schmitt StPO § 261 Rn. 42.
[707] Vgl. Schmitt/Köhler/Schmitt StPO § 337 Rn. 23.
[708] BGH NStZ-RR 2025, 82.
[709] BGH BeckRS 2024, 42070; BeckRS 2024, 42070.
[710] Vgl. dazu Schmitt/Köhler/Schmitt StPO § 274 Rn. 10, wonach sich die Beweiskraft derartiger Protokolle nicht auf den Inhalt Aussage erstreckt, vielmehr die Urteilsgründe maßgebend sind.

Zeugen (vgl. § 251 StPO) oder den Wortlaut einer in der Hauptverhandlung verlesenen Urkunde (vgl. § 249 StPO) falsch wiedergibt.[711] Auch kann im Einzelfall mit der Verfahrensrüge geltend gemacht werden, dass ein in Augenschein genommenes Lichtbild im Urteil unvollständig, unrichtig oder trotz sich aufdrängender Erörterungsbedürftigkeit überhaupt nicht gewürdigt wurde, wenn der Nachweis ohne Rekonstruktion der Hauptverhandlung geführt werden kann, was zB der Fall sein kann, wenn der erörterungsbedürftige Inhalt des Bildes auf einen Blick erfasst werden kann und zugleich ein polizeilicher Vermerk zum Inhalt des Bildes verlesen wurde.[712]

Bisher nicht geklärt ist, ob eine Bild-Ton-Aufzeichnung einer Beschuldigtenvernehmung im Ermittlungsverfahren nach § 136 IV (gegebenenfalls iVm § 163a III 2, IV 2) StPO, die nach § 254 StPO in die Hauptverhandlung eingeführt werden kann, ebenfalls im Revisionsverfahren zum Beweis eines Widerspruchs zu den Urteilsgründen herangezogen werden kann. Der Schutzzweck der Norm – insbesondere von § 136 IV 2 Nr. 1 StPO – und der Vergleich mit wörtlich protokollierten Aussagen spricht dafür[713]; überprüft werden kann insoweit allerdings allenfalls die richtige Wiedergabe der Aussage, nicht deren Würdigung durch den Tatrichter.[714]

325a Über die Protokollierung der Hauptverhandlung entbrennt derzeit heftiger politischer Streit. Es wird weithin als nicht mehr zeitgemäß erachtet, dass in erstinstanzlichen Verfahren vor dem Land- und Oberlandesgericht, also in Fällen der Schwerkriminalität, der Inhalt der Einlassung der Angeklagten und der Aussagen von Zeugen und Sachverständigen nicht dokumentiert wird. Eine Anlehnung an das geltende Zivilprozessrecht – in dem der Richter Angaben (oftmals zusammenfassend) diktiert und genehmigen lässt (§ 162 iVm § 160 III Nr. 4 ZPO) – ist für das wesentlich kontroverser geführte Strafverfahren nicht tauglich. Das Bundesministerium der Justiz hatte zunächst einen Referentenentwurf erstellt, der für die Hauptverhandlung vor Land- und Oberlandesgerichten eine Aufzeichnung in Bild und Ton vorsah. Der Gesetzentwurf hat zum Teil heftige Proteste, insbesondere vonseiten der Justiz, ausgelöst. Im Zentrum der Kritik stehen – neben Fragen der technischen Machbarkeit, der Zuverlässigkeit automatisch erstellter Niederschriften der Aussagen und der Notwendigkeit einer „Beweisaufnahme über die Beweisaufnahme“ bei Streit über den Inhalt und die Bewertung der bisherigen Beweisaufnahme – Bedenken, dass sich bei einer Aufzeichnung der Aussage das Aussageverhalten von Zeugen ändert, ein unzureichender Schutz der Zeugen und ihrer Persönlichkeitsrechte (etwa bei Opferzeugen oder bei Gefährdung des Zeugen), fehlende effektive Vorkehrungen gegen eine Zweckentfremdung der Aufzeichnungen (zB Einstellen in das Internet) sowie die Auswirkungen auf den Prüfungsumfang in der Revision. Das Ministerium hat sodann einen erheblich entschärften Gesetzentwurf vorgelegt, der (mit Übergangsfristen bis 2030) zwingend nur eine Ton-Aufzeichnung mit automatisch erstelltem Transkript als bloßem „Arbeitsmittel“ und eine Revisibilität nur in Evidenzfällen vorsieht, nicht aber wenn erst eine Gesamtschau des Materials einen Fehler begründen kann oder wenn tatrichterliche Bewertungsfragen betroffen sind. Den Ländern wurde eine darüber hinausgehende Video-Aufzeichnung im Gesetzentwurf freigestellt. Dieser Entwurf hat sich durch den frühzeitigen Ablauf der letzten Wahlperiode erledigt. Im September 2025 hat das Bundesjustizministerium nun eine Expertenkommission zur Reform des Strafprozesses eingesetzt, die sich auch mit der Thematik „Dokumentation der Hauptverhandlung“ beschäftigen wird. **Der Examenskandidat ist für das mündliche Examen gut beraten, die Entwicklung zu verfolgen.**

326 **Fall:** Der Angeklagte wurde unter anderem wegen versuchten Mordes in Tateinheit mit schwerer Brandstiftung zu lebenslanger Freiheitsstrafe verurteilt. Das Gericht stützt seine Überzeugung von der Täterschaft des Angeklagten auf DNA-Spuren des Angeklagten an einem Latexstück. In der

---

711 Vgl. Schmitt/Köhler/Schmitt StPO § 261 Rn. 44.

712 BGH BeckRS 2025, 35320.

713 Ebenso Schmitt/Köhler/Schmitt StPO § 136 Rn. 20d und § 261 Rn. 44; vgl. aber auch – zu § 255a II StPO – BGH NJW 2003, 2761 (2763), wo eine eigene Inaugenscheinnahme durch das Revisionsgericht abgelehnt wird.

714 Der 5. Strafsenat hält offenbar die Überprüfung einer Videosequenz (es ging allerdings nicht um Vernehmungen) auf ihren Inhalt im beschriebenen Sinne für möglich, BeckRS 2019, 10331; zurückhaltender: BGH (4. Strafsenat) BeckRS 2018, 37934; vgl. auch Mosbacher JuS 2019, 129 (130) und 2020, 128 (132).

Hauptverhandlung war ein Sachverständiger angehört worden. Dieser hatte zur Vorbereitung auf die Hauptverhandlung in einem schriftlichen Gutachten unter anderem ausgeführt, dass an dem neben dem Bett des Tatopfers aufgefundenen Latexstück nicht nur DNA-Spuren des Opfers und des Angeklagten festgestellt werden konnten, sondern zusätzlich auch Minimalbeimengungen, welche jedoch für einen Abgleich zu geringfügig waren. Mit seiner Revision (Verfahrensrüge) beanstandet der Angeklagte, dass sich die Urteilsausführungen nicht mit diesen Angaben im schriftlichen Gutachten befassen. Wird das Rechtsmittel Erfolg haben?

Lösung: Die Revision wird keinen Erfolg haben, da die Rüge nicht alternativ darauf gestützt werden kann, der Tatrichter habe entweder den Widerspruch zwischen dem Inhalt des vorbereitenden schriftlichen Gutachtens und den Urteilsgründen unter Verletzung seiner Aufklärungspflicht (vgl. § 244 II StPO) nicht in die Hauptverhandlung eingeführt oder er habe ihn in den Urteilsgründen nicht erörtert (vgl. § 261 StPO). Die Rüge würde auf eine unzulässige Rekonstruktion der Hauptverhandlung hinauslaufen, da das Revisionsgericht ohne eine solche Rekonstruktion nicht erfährt, wie sich der Sachverständige in der Hauptverhandlung geäußert hat. Möglicherweise hatte dieser in der Hauptverhandlung erklärt, dass „Spuren von ausschließlich dem Tatopfer und dem Angeklagten an dem Latexstück gefunden werden konnten", und etwaige Unklarheiten beseitigt.[715]

Hinweis: Diese Rüge ist regelmäßig als **Verfahrensrüge** geltend zu machen, da sich der Fehler meistens nicht aus dem Urteil selbst ergibt, sondern nur durch einen Vergleich des Urteils mit dem Protokoll der Hauptverhandlung.[716] 326a

V. Angriffe gegen die Beweiswürdigung

1. Allgemeines

Mit der Sachrüge kann die Beweiswürdigung aussichtsreich beanstandet werden, wenn sie einen **Rechts**fehler – eine Gesetzesverletzung iSd § 337 StPO – enthält. Dem Revisionsgericht ist es damit verwehrt, die freie Beweiswürdigung des Tatrichters durch eine eigene zu ersetzen oder sie etwa nur deshalb zu beanstanden, weil aus seiner Sicht eine andere Bewertung näher gelegen hätte.[717] **Dagegen ist die Beweiswürdigung** (nur dann) **rechtsfehlerhaft, wenn sie lückenhaft ist** (→ Rn. 331), **Widersprüche enthält oder gegen Denkgesetze oder gesicherte Erfahrungssätze verstößt.**[718] 327

Hinweis: In Revisionsklausuren darf deshalb auf keinen Fall eine eigene Beweiswürdigung gegen die tatrichterliche gestellt werden. Es muss vielmehr unbedingt deutlich werden, dass die Revisionsinstanz als reine Rechtskontrolle nur anhand des oben dargestellten Maßstabes prüft. **Dieser auswendig zu lernende Maßstab ist zu benennen und dann zu subsumieren.** 327a

Ein Verstoß gegen Denkgesetze liegt etwa bei einem Kreis- oder Zirkelschluss vor;[719] ein Verstoß gegen Erfahrungssätze ist gegeben, wenn Regeln missachtet werden, die aufgrund allgemeiner Lebenserfahrung oder wissenschaftlicher Erkenntnisse gewonnen werden, keine Ausnahme zulassen und eine an Sicherheit grenzende Wahrscheinlichkeit zum Inhalt haben (zB unwiderlegliche Annahme der Fahruntüchtigkeit eines Führers von Kraftfahrzeugen bei einer Blutalkoholkonzentration ab 1,1 Promille).[720] 328

Der Schuldspruch muss auf einer Beweisgrundlage aufbauen, die die objektiv hohe Wahrscheinlichkeit der Richtigkeit des Beweisergebnisses ergibt.[721] Die Urteilsgründe müssen daher „erkennen lassen, dass die Beweiswürdigung auf einer tragfähigen, verstandesmäßig 329

[715] BGH NStZ 2007, 115; Schmitt/Köhler/Schmitt StPO § 337 Rn. 15a.
[716] KK-StPO/Tiemann § 261 Rn. 210 f.
[717] BGH NStZ-RR 2015, 178.
[718] BGH NStZ 2002, 48, Schmitt/Köhler/Schmitt StPO § 337 Rn. 26 ff.
[719] Schmitt/Köhler/Schmitt StPO § 337 Rn. 30a.
[720] Vgl. Schmitt/Köhler/Schmitt StPO § 337 Rn. 31 mwN.
[721] Vgl. BVerfG NJW 2003, 2444 (2445) mwN.

einsehbaren Tatsachengrundlage beruht und die vom Gericht gezogene Schlussfolgerung sich nicht etwa nur als bloße Vermutung erweist.“[722]

330 Im Falle eines Freispruchs kann ein Rechtsfehler darin liegen, dass der Tatrichter überspannte Anforderungen[723] an die richterliche Überzeugung gestellt hat, etwa weil er seine Zweifel an der Täterschaft des Angeklagten auf lediglich abstrakt-theoretische Möglichkeiten gestützt und übersehen hat, dass „Überzeugung“ einem nach der Lebenserfahrung ausreichenden Maß an Sicherheit entspricht, eine absolute, von niemandem anzweifelbare Gewissheit aber nicht erfordert.[724]

331 Lücken, die sich auf die (Un-)Vollständigkeit der Beweis**erhebung** beziehen, sind grundsätzlich mit einer Verfahrensrüge – regelmäßig der Aufklärungsrüge – geltend zu machen (→ Rn. 268 ff.). Dagegen kann eine lückenhafte **Beweiswürdigung mit der Sachrüge** beanstandet werden. Allerdings ist der Tatrichter grundsätzlich nicht verpflichtet, alle in der Hauptverhandlung benutzten Beweismittel in den Urteilsgründen aufzuführen und sich über ihren Beweiswert zu äußern. Eine lückenhafte Beweiswürdigung kommt aber insbesondere dann in Betracht, wenn der Tatrichter eine für den Angeklagten günstige, nahe liegende Möglichkeit außer Acht gelassen hat.

332 **Fall:** Dem die Tatbegehung bestreitenden Angeklagten wird Vergewaltigung zur Last gelegt. Seine Verurteilung stützt sich allein auf die Zeugenaussage des Tatopfers. Kann der Angeklagte hierauf seine Revision stützen?

Lösung: Ob die Revision des Angeklagten Erfolg hat, hängt von hier nicht mitgeteilten Umständen des Einzelfalls ab. Grundsätzlich leidet eine tatrichterliche Beweiswürdigung aber nicht allein deshalb an einem Rechtsfehler, weil der Richter seine Überzeugung von der Täterschaft des Angeklagten nur auf die Aussage eines einzigen Zeugen stützt. Steht allerdings – wie hier – Aussage gegen Aussage, so muss der Tatrichter (damit keine Lücke in der Beweiswürdigung vorliegt) in seinem Urteil erkennen lassen, dass er alle Umstände, welche die Entscheidung zugunsten oder zuungunsten des Angeklagten zu beeinflussen geeignet sind, erkannt und in seine Beweiswürdigung einbezogen hat. Das bedeutet beispielsweise, dass der Tatrichter mitteilen muss, ob die Aussage der Zeugin – sei es auch nur in Randbereichen oder zu ähnlichen Taten des Angeklagten – von anderen Beweismitteln bestätigt wurde (ähnlich für den Zeugen vom Hörensagen).[725]

333 Dagegen kann die Revision regelmäßig nicht allein darauf gestützt werden, dass eine vom Tatrichter gezogene Schlussfolgerung nicht zwingend sei. Das Revisionsgericht muss sie schon dann hinnehmen, wenn sie möglich sowie aufgrund der getroffenen Feststellungen plausibel war und sich der Tatrichter mit anderen nahe liegenden Möglichkeiten des Geschehensablaufs auseinandergesetzt hat.[726]

334 **Fall:** Dem Angeklagten wird eine schwere räuberische Erpressung zur Last gelegt. Er leugnete die Tatbegehung, gleichwohl wurde er verurteilt. In seiner Beweiswürdigung führt das Gericht unter anderem aus: „Letzte Zweifel an der Täterschaft des Angeklagten werden dadurch beseitigt, dass der Angeklagte ein Alibi behauptet hat, das sich als falsch erwiesen hat." Kann der Verteidiger diese Beweiswürdigung mit der Sachrüge beanstanden?

Lösung: Der Verteidiger sollte die Sachrüge erheben und die Beweiswürdigung beanstanden. Denn dem Umstand, dass der Angeklagte ein Alibi erfunden hat, kann allenfalls in besonders gelagerten Fällen Beweiswert zukommen; Lügen lassen sich nur mit Vorsicht als Beweiszeichen für die Schuld eines Angeklagten werten, weil auch ein Unschuldiger Zuflucht zur Lüge nehmen kann und ein solches Verhalten nicht ohne Weiteres tragfähige Rückschlüsse darauf zulässt, was

---

722 BGH NStZ 2017, 486.
723 Vgl. Schmitt/Köhler/Schmitt StPO § 337 Rn. 27 mwN.
724 Schmitt/Köhler/Schmitt StPO § 261 Rn. 2.
725 Schmitt/Köhler/Schmitt StPO § 261 Rn. 11a mwN.
726 Vgl. BGH NStZ 2001, 491 (492); Schmitt/Köhler/Schmitt StPO § 337 Rn. 26, 29.

sich in Wirklichkeit ereignet hat.[727] Hinter dieser Überlegung steht als Grundsatz, dass das Fehlen entlastender Umstände nicht als Belastungsindiz gewertet werden kann.[728] Zum Nachteil des Angeklagten dürfte die nachweisbar erlogene Alibibehauptung aber beispielsweise dann verwertet werden, wenn sie – wofür hier aber nichts spricht – als Vorwegverteidigung darauf gerichtet gewesen wäre, den Ermittlungsbehörden noch gar nicht bekannte Tatumstände zu entkräften, wenn etwa das Alibi die diesen noch gar nicht bekannte (genaue) Tatzeit betraf.[729]

2. Verwertungsverbote

Berücksichtigt der Tatrichter im Rahmen der Beweiswürdigung Beweise, obwohl dies wegen eines Verwertungsverbots nicht zulässig war, so ist dieser Rechtsfehler regelmäßig **mit der Verfahrensrüge** zu beanstanden (→ Rn. 92 f., 171 ff.). Dies gilt auch dann, wenn sich das Verwertungsverbot aus den Feststellungen im Urteil ergibt, ohne dass es eines Rückgriffs auf sonstige Aktenbestandteile bedarf.[730] Nur bei Fehlern, die sich erst und ausschließlich im Urteil zeigen, kann die Sachrüge eingreifen.[731] 335

Umstritten ist dabei insbesondere, ob die unzulässige Berücksichtigung des Schweigens eines Angeklagten oder von Zeugen mit der Verfahrens- oder der Sachrüge zu beanstanden ist. Bevor hierauf eingegangen wird, ist zu klären, wann ein Verwertungsverbot angenommen wird: 336

Hat der Beschuldigte bei allen Vernehmungen geschwiegen (vollständiges Schweigen), so darf dies nicht zu seinem Nachteil verwertet werden, da er dann lediglich ein ihm zustehendes Recht in Anspruch genommen hat. Das gleiche gilt, wenn der Angeklagte nur zu einzelnen Taten oder nur zeitweise geschwiegen, also bei einer Vernehmung Angaben gemacht, bei einer anderen aber von seinem Schweigerecht Gebrauch gemacht hat. Insbesondere darf nicht zulasten des Angeklagten verwertet werden, dass er sich erstmals in der Hauptverhandlung zur Sache einlässt und sich dort auf entlastende Umstände beruft.[732] Dagegen darf teilweises Schweigen – der Angeklagte hat sich innerhalb einer Vernehmung zu einer Tat zu einigen Punkten erklärt, zu anderen aber nicht – zu seinem Nachteil gewertet werden.[733] 337

Im Wesentlichen dieselben Grundsätze gelten für den nach §§ 52–53a StPO berechtigt die Aussage verweigernden Zeugen: 338

Fall: Dem Angeklagten wird Totschlag zur Last gelegt. Das Schwurgericht ist von seiner Täterschaft überzeugt. Im Rahmen der Beweiswürdigung führt es unter anderem aus: „Die Schwester des Angeklagten hat in der Hauptverhandlung zwar ein Alibi für ihren Bruder bekundet. Das Gericht ist jedoch der Ansicht, dass diese Aussage falsch war. Zweifel drängen sich schon deshalb auf, weil die Zeugin keinerlei Veranlassung gesehen hat, ihr Wissen auch schon der Polizei oder der Staatsanwaltschaft mitzuteilen, sondern – obwohl sich ihr Bruder in Untersuchungshaft befand – mit ihrer Aussage bis zur Hauptverhandlung abgewartet hat." Kann der Verteidiger des Angeklagten diese Beweiswürdigung mit Aussicht auf Erfolg angreifen?

Lösung: Die Revision des Verteidigers wäre auch hier erfolgreich. Der Schluss vom anfänglichen Schweigen der Zeugin auf die Unrichtigkeit ihrer Aussage war unzulässig. Nach der ständigen Rechtsprechung darf die vollständige oder zeitweise Zeugnisverweigerung eines Angehörigen – anders als das teilweise Schweigen – nicht gegen den Angeklagten verwertet werden. Der Angehörige soll vielmehr unbefangen entscheiden können, ob er aussagt oder nicht. Muss er aber befürchten, aus seinem zeitweisen Schweigen könnten nachteilige Schlüsse für den Ange-

---

[727] BGH NStZ 2004, 392 (394) (lesenswert!) und 2021, 113 (114); anders bei Vorwegverteidigung: BGH NStZ-RR 2011, 184; Schmitt/Köhler/Schmitt StPO § 261 Rn. 11a, 25.

[728] BGH NStZ 1995, 559; vgl. auch BGH NStZ 2002, 161.

[729] BGH NStZ 2004, 392 (394 f.); Nack StV 2002, 510 (517 f.); Schmitt/Köhler/Schmitt StPO § 261 Rn. 25.

[730] BGH NStZ 2019, 107.

[731] Vgl. Schmitt/Köhler/Schmitt StPO § 337 Rn. 7 ff. mwN.

[732] BGH NStZ-RR 2000, 37. Allerdings ist der Beweiswert möglicherweise gemindert, wenn die Möglichkeit bestand, die Darstellung an die Ermittlungsergebnisse anzupassen (BGH NStZ-RR 2017, 183).

[733] BGHSt 45, 367 (368 ff.) = NJW 2000, 1962 = JZ 2000, 683 mAnm Kühne; Schmitt/Köhler/Schmitt StPO § 261 Rn. 15, 16 und 17 f.

klagten gezogen werden, wäre der Zeuge in seiner Entschließung, ob er aussagt oder nicht, nicht mehr frei.[734]

339 Dagegen dürfen nach der Rechtsprechung aus dem Schweigen eines nach § 55 StPO auskunftsverweigerungsberechtigten Zeugen Schlüsse zum Nachteil des Angeklagten gezogen werden.

Fall: Dem Angeklagten wird unerlaubter Handel mit BtM zur Last gelegt. In der Hauptverhandlung gegen seinen gesondert verfolgten Abnehmer wurde er als Zeuge vernommen; nach Belehrung gem. § 55 StPO verweigerte er jede Auskunft. Darf das Gericht aus diesem Schweigen als Zeuge in dem dann gegen ihn als Angeklagten geführten Verfahren auf die Schuld schließen?

Lösung: Das Gericht darf diesen Schluss nicht ziehen. Ausgangspunkt ist dabei, dass an sich die Verweigerung der Auskunft gem. § 55 StPO durch einen Zeugen der freien Beweiswürdigung zugänglich ist, aus ihr dürfen also Schlüsse zum Nachteil desjenigen Angeklagten gezogen werden, der in dem Verfahren verfolgt wird.[735] Zudem darf eine – tatsächlich gemachte – Aussage des Zeugen in dem gegen diesen selbst geführten Verfahren verwertet werden, wenn er nach § 55 StPO belehrt worden ist. Eine Verwertung des Schweigens gem. § 55 StPO ist in einem solchen Fall – also **zulasten des später selbst angeklagten Zeugen** – jedoch ausgeschlossen. Dies ergibt sich – bezogen auf den vorliegenden Fall – daraus, dass dem Zeugen an sich dann nicht nur das Auskunftsverweigerungsrecht gem. § 55 StPO, sondern zugleich das Schweigerecht des Beschuldigten (§ 136 I 2 StPO) zustand. Beide Vorschriften ergänzen einander; denn in dem Verfahren gegen den Abnehmer war der jetzige Angeklagte – wegen des formellen Beschuldigtenbegriffs – „nur" Zeuge, sodass sein Schweigerecht als Beschuldigter durch § 55 StPO „abgestützt" werden musste. Wenn aber in Fällen der vorliegenden Art § 136 I 2 StPO und § 55 StPO somit – letztlich als Ausprägung des Nemo-tenetur-Grundsatzes – auf denselben Zweck und Grundgedanken zurückgehen und – wie allgemein anerkannt – das zeitweise Schweigen eines Beschuldigten nicht zu dessen Nachteil verwertet werden darf, so ist es auch ausgeschlossen, das Schweigen gem. § 55 StPO zulasten des Zeugen, also des jetzigen Angeklagten, zu verwerten.[736]

340 Streitig ist allerdings, ob in diesen Fällen die unzulässige Verwertung des Schweigens in der Revision mit der Verfahrensrüge oder der Sachrüge geltend gemacht werden muss. Auch die Rechtsprechung ist nicht einheitlich. Der BGH hat im zuletzt aufgeführten Beispiel entschieden, dass eine Verfahrensrüge erhoben werden muss.[737] Dies lässt sich überzeugend damit begründen, dass das Revisionsgericht die Grundlage der Prüfung, ob ein Verwertungsverbot besteht, nicht allein dem Urteil entnehmen kann, sondern auf das Hauptverhandlungsprotokoll, andere Akteneile oder gar andere Verfahrensakten zurückgreifen muss. Dagegen wird im Schrifttum überwiegend und in anderen Fällen auch in der Rechtsprechung[738] die Sachrüge für ausreichend erachtet. Ein Revisionsführer (auch der Referendar in einer Examensklausur) sollte deshalb auf Nummer sicher in solchen Fällen stets eine – mit den höheren Anforderungen zu formulierende – Verfahrensrüge (Verletzung des § 261 StPO) und zusätzlich zumindest die allgemeine Sachrüge erheben (ist eine Revisionsbegründung zu fertigen, kann der Referendar den Streit über die Erforderlichkeit einer Verfahrensrüge und seine Meinung zu diesem Problem im Hilfsgutachten darlegen).

3. Fehlerhafte Anwendung des Grundsatzes „in dubio pro reo"

341 Als Beweiswürdigungsfehler wird häufig der Verstoß gegen den Grundsatz „in dubio pro reo" gerügt. Ein solcher ist aber nicht schon dann gegeben, wenn das Gericht nach Ansicht des Revisionsführers Zweifel am Gegebensein einer Tatsache oder an der Schuld des Angeklagten **hätte haben müssen.** Die Beanstandung, das Gericht habe den Zweifelssatz verletzt, kann

[734] BGH NStZ 2010, 101 f.; Schmitt/Köhler/Schmitt StPO § 261 Rn. 20 f.
[735] BGH NStZ 2002, 608; Schmitt/Köhler/Schmitt StPO § 261 Rn. 20 mwN.
[736] BGHSt 38, 302 = BGH JR 1993, 378 mAnm Rogall; Schmitt/Köhler/Schmitt StPO § 261 Rn. 20 aE.
[737] Ebenso BGH StV 1992, 97 und für die unzulässige Verwertung des Schweigens eines Beschuldigten: BGHSt 32, 140.
[738] Vgl. die Nachweise bei Schmitt/Köhler/Schmitt StPO § 261 Rn. 38, 39, § 337 Rn. 8; aus der Rspr.: BGH NStZ 1997, 147; 2010, 101; NStZ-RR 2018, 286; NStZ 2023, 752; BeckRS 2024, 45662.

vielmehr nur dann Erfolg haben, wenn das Gericht ausweislich des Urteils **tatsächlich solche Zweifel hatte,** aber gleichwohl verurteilt hat (vgl. auch das Beispiel bei → Rn. 348).[739]

Zu beachten ist, dass der Zweifelssatz grundsätzlich nicht auf einzelne Elemente der Beweiswürdigung, sondern erst nach abgeschlossener Beweiswürdigung anzuwenden ist, wenn das Gericht nicht die volle Überzeugung vom Vorliegen einer für den Schuld- oder Rechtsfolgenausspruch unmittelbar entscheidungserheblichen Tatsache gewonnen hat. Der In-Dubio-Grundsatz ist keine Beweis-, sondern eine Entscheidungsregel.[740] Der Zweifelssatz gebietet es nicht, zugunsten des Angeklagten dessen Einlassung[741] oder Tatvarianten zu unterstellen, für deren Vorliegen es keine konkreten Anhaltspunkte gibt.[742] 342

Hinweis: Ein Verstoß gegen den Grundsatz „in dubio pro reo" liegt in der Praxis nur selten vor, da kaum ein Gericht im Urteil mitteilt, dass es trotz Verurteilung von der Schuld des Angeklagten nicht überzeugt ist. Ob der Tatrichter auf der Grundlage der getroffenen Feststellungen von der Täterschaft des Angeklagten überzeugt sein durfte, ist keine Frage des In-Dubio-Grundsatzes. 343

VI. Angriffe gegen die rechtliche Würdigung

Aufgrund der Sachrüge wird die vom Tatrichter vorgenommene Anwendung materiellen Rechts durch das Revisionsgericht grundsätzlich in vollem Umfang überprüft. Dementsprechend wird der Revisionsführer in der Revisionsbegründung vortragen, dass der festgestellte Sachverhalt die angewendete Strafnorm nicht erfüllt, weil objektive oder subjektive Tatbestandsmerkmale, die Rechtswidrigkeit oder die Schuld fehlen. Ferner kann er beanstanden, dass der Tatrichter eine anzuwendende Strafvorschrift übersehen oder nicht richtig ausgelegt hat. 344

Der Umfang der Ausführungen des Tatrichters zum angewendeten Strafgesetz ist dagegen grundsätzlich nicht revisibel; eine ausführliche Subsumtion wird von ihm nicht verlangt. In der Regel genügt vielmehr, wenn er nur das angewendete Strafgesetz bezeichnet (§ 267 III 1 StPO). Sind dort allerdings mehrere Begehungsweisen mit Strafe belegt, muss er auch angeben, in welcher Form der Tatbestand nach seiner Auffassung erfüllt worden ist. 345

Bei der Prüfung der Anwendung des sachlichen Rechts ist zu beachten, dass Grundlage dieser Prüfung nur diejenigen Feststellungen sind, die der Tatrichter in seinem Urteil mitgeteilt hat (→ Rn. 322). **Dabei wird nicht danach unterschieden, ob diese Feststellungen rechtsfehlerfrei getroffen wurden oder nicht,** sie werden vielmehr insgesamt der materiell-rechtlichen Prüfung zugrunde gelegt. Es darf also grundsätzlich nicht ein Umstand, der etwa aufgrund der unzulässigen Verwertung eines Beweismittels festgestellt wurde, „weggedacht" werden, denn das liefe auf eine hypothetische Betrachtung und auch auf eine eigene Beweiswürdigung durch das Revisionsgericht hinaus (die allenfalls im Rahmen der Beruhensprüfung Bedeutung haben kann). Eine aussichtsreiche – gegen eine Urteilsfeststellung gerichtete – Verfahrensrüge hat also für sich genommen keinen unmittelbaren Einfluss auf die Erfolgsaussichten der Sachrüge; es ist vielmehr jede erhobene Rüge selbstständig und unabhängig vom Erfolg der anderen Rügen zu prüfen (s. auch → Rn. 92 f.). 346

Hinweis: In Klausuren ist darauf zu achten, dass Sie in diesem Bereich der Prüfung unbedingt von den vom Tatgericht festgestellten Tatsachen ausgehen.

In der Prüfung, ob die vom Tatrichter vorgenommene Anwendung des sachlichen Rechts zutreffend und vollständig ist, liegt der **materiell-rechtliche Schwerpunkt der Revisionsklausuren.** Wegen der Verschiedenheit der dazu gestellten Aufgaben ist es unmöglich, die in Betracht kommenden Sachprobleme solcher Klausuren hier zu erörtern. Eine Übersicht zu den materiell-rechtlichen Problemen in Examensklausuren findet sich im Anhang (→ Rn. 425). 347

---

[739] BVerfG NJW 2002, 3015; Schmitt/Köhler/Schmitt StPO § 261 Rn. 26 ff., 41.
[740] BGH NStZ 2010, 102 (103); Schmitt/Köhler/Schmitt StPO § 261 Rn. 26.
[741] BGH NStZ-RR 2005, 45 (46).
[742] BGH NStZ-RR 2003, 371; 2009, 630.

In Klausuren geht es dabei zum einen darum, die **Subsumtion** des Gerichts unter im Urteil genannte Straftatbestände **kritisch zu hinterfragen,** zum anderen darum, **übersehene Straftatbestände zu entdecken.** Das gilt nicht nur für die Staatsanwaltsrevision, sondern – eingeschränkt – auch für die Verteidigerrevision. Denn eine unbeschränkte Verteidigerrevision hindert eine Verschärfung des Schuldspruchs nicht, § 358 II 1 StPO. Dies kann für den Angeklagten erhebliche Nachteile (zB bei Bewerbungen mit einem entsprechenden BZR-Eintrag wegen Raubes statt wegen Diebstahls) bedeuten. In einer solchen Situation muss der Verteidiger entsprechend über die Risiken beraten.

Eine Sachrüge soll an folgendem Beispiel dargestellt werden:

348 **Fall:** Die beiden Frauen G und T, die mit dem späteren Tatopfer O in einer Dreiecksbeziehung lebten, hatten sich entschlossen, den O zu töten. Sie wollten die Tat aber nicht selbst ausführen und baten deshalb die Angeklagten B und K um Hilfe. Diese erklärten sich gegen Bezahlung zur Tatbegehung bereit. Nachdem B ein Messer gekauft hatte, forderte K den O unter einem Vorwand auf, in seinen Pkw zu steigen. Dann fuhren alle drei zu einem abgelegenen Parkplatz. Dort erstach einer der beiden Angeklagten den O von hinten; welcher von ihnen die Tat ausführte, ließ sich nicht klären. Das Schwurgericht hat deshalb beide Angeklagte nur wegen Beihilfe zum Mord verurteilt. Kann die Staatsanwaltschaft die rechtliche Bewertung des Tatgerichts in der Revision mit Aussicht auf Erfolg beanstanden?

Vorüberlegung zur Lösung: Ein Angriff gegen die Beweiswürdigung verspricht keine Aussicht auf Erfolg; dass sich das Schwurgericht – nach Ausschöpfung aller Beweise – nicht die sichere Überzeugung darüber verschaffen konnte, wer von den beiden Angeklagten die Tötung ausgeführt hat, stellt keinen Rechtsfehler dar. Dann musste das Schwurgericht aber nach dem Grundsatz in dubio pro reo bei jedem der Angeklagten von der für diesen günstigeren Sachverhaltsgestaltung ausgehen. Die Anwendung des Zweifelssatzes kann also vor allem bei mehreren Angeklagten dazu führen, dass verschiedene – einander sogar ausschließende – Feststellungen der rechtlichen Würdigung zugrunde gelegt werden müssen. Im vorliegenden Fall bedeutet dies, dass zugunsten jedes Angeklagten zu unterstellen war, der jeweils andere sei derjenige gewesen, der die Tötung (unmittelbar) ausgeführt hat.[743]

Lösung: Die – unter Anwendung des Zweifelssatzes – getroffenen Feststellungen des Schwurgerichts sind der Ausgangspunkt und die Basis für die Prüfung der Anwendung des materiellen Rechts. Diese Rechtsanwendung war fehlerhaft, was die Staatsanwaltschaft mit folgender Sachrüge vortragen kann:

„Auf der Grundlage der vom Landgericht rechtsfehlerfrei[744] getroffenen Feststellungen hätten die Angeklagten als Mittäter des Mordes verurteilt werden müssen.

a) Die Annahme von Mittäterschaft erfordert nicht zwingend eine Beteiligung auch am Kerngeschehen der Tat, vielmehr kann eine Mitwirkung im Vorbereitungsstadium des unmittelbar tatbestandsmäßigen Handelns genügen. Der Mittäter muss lediglich einen Beitrag leisten, der die Tat fördert, und er muss die Tat als eigene wollen. Hierbei ist eine wertende Betrachtung vorzunehmen, bei der der Grad des eigenen Interesses an der Tat, der Umfang der Tatbeteiligung und die Tatherrschaft oder wenigstens der Wille zu ihr maßgeblich sind.
b) Ausgehend hiervon waren die Angeklagten Mittäter. Beide hatten mit dem Versprechen einer Entlohnung ein erhebliches Interesse an der Tatausführung. Auch haben die Angeklagten jeweils gewichtige Tatbeiträge erbracht; der Angeklagte B hatte das bei der Tat verwendete Messer gekauft, der Angeklagte K hatte das Opfer in den Pkw gelockt. Ferner waren beide Angeklagte bei der unmittelbaren Tatbegehung zugegen und haben damit den Ausführenden zumindest durch ihre Anwesenheit unterstützt und bestärkt. Schließlich lag ein Tatbeitrag

[743] Insofern ähnlicher Fall: BGH NStZ-RR 2005, 351 (352).

[744] Eigentlich kommt es – entsprechend obiger Ausführungen – nicht darauf an, ob die Tatsachen rechtsfehlerfrei festgestellt wurden. Die Staatsanwaltschaft will vorliegend jedoch verdeutlichen, dass die Tatsachenfeststellungen Bestand haben sollen. Vorliegend kann nämlich das Revisionsgericht selbst entscheiden, weil auf täterschaftlichen Mord eine absolute Strafe steht, § 354 I StPO. Insofern sind Aufhebung und Zurückverweisung auch im Strafausspruch nicht erforderlich.

auch schon darin, dass sich K und B bereit erklärt haben, die Tötung gemeinsam vorzunehmen. Aus diesen Umständen lässt sich auch der Wille der Angeklagten zur Täterschaft herleiten.[745]

c) Auf diesem Rechtsfehler beruht das Urteil (§ 337 I StPO) in Schuldspruch und Rechtsfolgenausspruch; denn Mittäter sind nach § 25 II StGB wie Alleintäter zu bestrafen, während bei Gehilfen eine zwingende Strafmilderung (§ 27 II 2 StGB) vorzunehmen ist."

VII. Angriffe gegen die Strafzumessung

Mängel des Urteils in Bezug auf die verhängten Rechtsfolgen[746] (Strafzumessung und/oder Strafaussetzung zur Bewährung und/oder Verhängung von Maßregeln, Nebenstrafen oder Nebenfolgen) begründen die Revision nicht in jedem Fall; wie bei der Beweiswürdigung kommt auch hier zum Tragen, dass das Revisionsgericht ein Urteil nur auf Rechtsfehler hin überprüft. Selbst bei Vorliegen von Rechtsfehlern in der Strafzumessung muss es nicht in jedem Fall zu einer Aufhebung des Urteils im Rechtsfolgenausspruch kommen. Gegebenenfalls kann das Revisionsgericht nach § 354 Ia bzw. Ib StPO verfahren. Klassischer Fall eines Rechtsfehlers ist die Verwertung getilgter oder tilgungsreifer Vorstrafen (§§ 51 I, 63 IV BZRG) zum Nachteil des Angeklagten. In diesem – examenswichtigen – Themenkreis geht der BGH davon aus, dass er eine Überprüfung auf der Basis einer **Sachrüge** vornehme, weil sich der Fehler erst und ausschließlich im Urteil zeige. An dieser Verortung als Sachrüge hat der 5. Strafsenat 2020 zwar – nicht tragend – Zweifel angemeldet, da es sich dogmatisch um eine Frage eines Beweisverwertungsverbotes handelt;[747] dem sind jedoch der 1., 2. und 4. Strafsenat entgegengetreten.[748] 349

Der BGH[749] umschreibt die Revisibilität der Strafzumessung in ständiger Rechtsprechung folgendermaßen: 350

„Die Strafzumessung ist grundsätzlich Sache des Tatrichters. Es ist seine Aufgabe, auf der Grundlage des umfassenden Eindrucks, den er in der Hauptverhandlung von der Tat und der Persönlichkeit des Täters gewonnen hat, die wesentlichen entlastenden und belastenden Umstände festzustellen, sie zu bewerten und gegeneinander abzuwägen. Ein Eingriff des Revisionsgerichts in diese Einzelakte der Strafzumessung ist in der Regel nur möglich, wenn die Zumessungserwägungen in sich fehlerhaft sind, wenn das Tatgericht gegen rechtlich anerkannte Strafzwecke verstößt oder wenn sich die verhängte Strafe nach oben oder unten von ihrer Bestimmung löst, gerechter Schuldausgleich zu sein. Nur in diesem Rahmen kann eine ‚Verletzung des Gesetzes' (§ 337 Abs. 1 StPO) vorliegen. Dagegen ist eine ins einzelne gehende Richtigkeitskontrolle ausgeschlossen."

Vor der konkreten Strafzumessung obliegt dem Tatrichter die Bestimmung des Strafrahmens. Dazu muss er prüfen, ob der verwirklichte Straftatbestand einen besonders oder einen minder schweren Fall vorsieht und ob ein solcher gegeben ist; ferner muss erörtert werden, ob ein vertypter Milderungsgrund eine Strafrahmenverschiebung nach § 49 StGB rechtfertigt. Dabei ist zu beachten, dass manche vertypten Milderungsgründe eine Strafrahmenverschiebung **zwingend** nach sich ziehen (für Klausuren insbesondere relevant: Beihilfe, § 27 II 2 StGB, und Versuch der Beteiligung, § 30 I 2 StGB), andere nur die **Möglichkeit** einer Strafrahmenverschiebung vorsehen (für Klausuren insbesondere relevant: Unterlassen, § 13 II StGB, Versuch, § 23 II StGB, verminderte Schuldfähigkeit, § 21 StGB,[750] der vermeidbare Verbotsirrtum, § 17 S. 2 StGB, und der Täter-Opfer-Ausgleich, § 46a StGB). **Bei fakultativen Strafrahmenverschiebungen** muss deutlich werden, dass sich das Gericht dieser Möglichkeit bewusst war und sein **Ermessen** – in die eine oder andere Richtung – ausgeübt hat. 351

[745] Fischer/Fischer StGB § 25 Rn. 23 ff.

[746] Vgl. dazu die jährlichen Rechtsprechungsübersichten von Detter in der NStZ (etwa NStZ 2023, 530 und 2024, 655).

[747] BGH BeckRS 2020, 27117 (mit Nachweisen zur bisherigen Rspr.).

[748] BGH NStZ-RR 2022, 87 mwN; BeckRS 2023, 10610.

[749] BGHSt 34, 345 (349) = NJW 1987, 3014 (Großer Senat für Strafsachen).

[750] Zur Versagung der fakultativen Strafmilderung bei selbstverschuldeter Trunkenheit vgl. BGH (GS) NJW 2018, 1180 und Fischer/Fischer/Anstötz StGB § 21 Rn. 25 ff.

Die hierbei vorgegebene Prüfungsreihenfolge, die im nachfolgenden Beispiel erläutert wird, muss beachtet werden, ihre Einhaltung kontrolliert das Revisionsgericht auf die Sachrüge hin. Die inhaltliche Richtigkeit der Entscheidung, ob also tatsächlich ein minder schwerer Fall vorliegt oder ob ein fakultativer Milderungsgrund die Strafrahmenverschiebung wirklich rechtfertigt, kontrolliert das Revisionsgericht dagegen nur am Maßstab der Vollständigkeit der dabei berücksichtigten Erwägungen und an der Vertretbarkeit des Ergebnisses.

352 **Fall:** Das Schwurgericht hat den Angeklagten wegen Totschlags zu einer Freiheitsstrafe von sechs Jahren verurteilt. Bei der Strafzumessung hat es den Strafrahmen des § 212 I StGB wegen der für die Tatzeit festgestellten erheblichen Verminderung der Steuerungsfähigkeit des Angeklagten nach §§ 21, 49 I StGB gemildert, sodass sich ein Strafrahmen von 2 Jahren bis zu 11 Jahren und 3 Monaten Freiheitsstrafe ergab. Sodann hat es begründet, dass ein minder schwerer Fall iSd § 213 StGB nicht vorliegt. Wird die vom Verteidiger des Angeklagten erhobene allgemeine Sachrüge Erfolg haben?

Lösung: Die Revision wird zum Strafausspruch Erfolg haben.[751] Kommt – wie hier – ein minder schwerer Fall in Betracht, so ist zunächst zu entscheiden, ob die allgemeinen Milderungsgründe (ohne Berücksichtigung der vertypten Milderungsgründe) für dessen Bejahung ausreichen.[752] Verneint der Tatrichter dies, so ist der vertypte Milderungsgrund in die bei der Prüfung des minder schweren Falles erforderliche Gesamtwürdigung einzubeziehen.[753] Verneint das Gericht auch unter Heranziehung des vertypten Milderungsgrundes einen minder schweren Fall, kann (bei fakultativen Strafmilderungsgründen wie zB §§ 21, 23 II StGB) oder muss (bei zwingenden Strafmilderungsgründen wie etwa §§ 27 II 2, 30 I 2 StGB) dieser zur Milderung des Regelstrafrahmens gem. § 49 I StGB herangezogen werden. Ergibt sich allerdings der minder schwere Fall nur unter Berücksichtigung des vertypten Milderungsgrunds, hat das Gericht im Rahmen einer Gesamtabwägung zu prüfen, ob es den Strafrahmen aus § 49 I StGB oder aus dem minder schweren Fall entnimmt. Dies richtet sich dogmatisch nach dem Schwergericht des Milderungsgrundes. Im Zweifel wird das Gericht den günstigeren Strafrahmen wählen.[754]
Für den vorliegenden Fall bedeutet dies, dass die Ablehnung des „sonstigen minder schweren Falles" iSd § 213 Alt. 2 StGB rechtsfehlerhaft war, weil das Gericht in der falschen Prüfungsreihenfolge vorgegangen ist. Es musste zunächst feststellen, ob ein solcher minder schwerer Fall vorliegt; erst wenn dies – gegebenenfalls auch unter Berücksichtigung von § 21 StGB – verneint wurde (bzw. es bei Annahme eines minder schweren Falles wegen verminderter Schuldfähigkeit im Rahmen der Gesamtabwägung rechtsfehlerfrei zu dem Ergebnis gekommen wäre, dass es statt von § 213 StGB von der Möglichkeit des § 49 I StGB Gebrauch machen wolle), durfte die Strafrahmenverschiebung nach §§ 21, 49 I StGB vorgenommen werden. Auf dem Fehler beruht das Urteil auch, weil der Strafrahmen von § 213 StGB geringer ist als der nach § 49 I StGB geminderte Strafrahmen von § 212 I StGB, sodass nicht ausgeschlossen werden kann, dass die Strafe ohne die Gesetzesverletzung geringer ausgefallen wäre.

353 Nachdem der Strafrahmen ermittelt ist, nimmt der Tatrichter auf der Grundlage des § 46 StGB die konkrete Strafzumessung vor; im Urteil muss er dann die für ihn hierbei wesentlichen Umstände mitteilen (§ 267 III 1 StPO). Insofern findet in der Revision eine nach den oben erörterten Grundsätzen (→ Rn. 350) eingeschränkte Überprüfung statt, wobei allerdings der

---

[751] Vgl. BGH NStZ 2012, 271; Fischer/Fischer StGB § 50 Rn. 2 ff., § 46 Rn. 82, 84 ff.; Entsprechendes gilt, wenn das Regelbeispiel eines besonders schweren Falls gegeben ist: BGH wistra 2003, 297; vgl. zur Strafrahmenwahl bei versuchtem Totschlag und zur notwendigen Prüfung eines minder schweren Falls bei Zusammentreffen mehrerer gesetzlich vertypter Milderungsgründe mit allgemeinen Milderungsgründen BGH NStZ-RR 2008, 105.

[752] Dann nämlich können die vertypten Milderungsgründe für eine **weitere** Strafrahmenverschiebung herangezogen werden. Verkennt das Gericht diese Reihenfolge, schneidet es dem Angeklagten die Möglichkeit dieser zusätzlichen Milderung des Strafrahmens rechtswidrig ab.

[753] Bejaht das Gericht (erst) auf Basis einer Einbeziehung des vertypten Milderungsgrundes einen minder schweren Fall, so ist dieser verbraucht, darf daher nicht noch einmal für eine Strafmilderung nach § 49 I StGB herangezogen werden, § 50 StGB.

[754] Fischer/Fischer StGB § 50 Rn. 5.

Verstoß gegen das **Verbot der Doppelverwertung von Tatbestandsmerkmalen** (§ 46 III StGB) stets einen Rechtsfehler darstellt.

Fall: Der Angeklagte wurde wegen Beihilfe zum Mord zu einer langjährigen Freiheitsstrafe verurteilt. In der Revisionsbegründung erhebt der Verteidiger die allgemeine Sachrüge. Im Einzelnen beanstandet er, dass (1) das Schwurgericht den das Ermittlungsverfahren betreffenden Verstoß gegen das Beschleunigungsgebot des Art. 6 I 1 EMRK strafmildernd hätte berücksichtigen müssen. (2) Im Übrigen hätte in der Strafzumessung nicht strafschärfend gewertet dürfen, dass der Angeklagte sich – ausweislich der Urteilsgründe – „ohne Not zur Beihilfe an einem Kapitalverbrechen" bereitgefunden habe. (3) Schließlich hätte dem Angeklagten nicht strafschärfend angelastet werden dürfen, dass er die Tatbegehung „hartnäckig geleugnet" habe. Wird die Strafmaßrevision des Angeklagten Erfolg haben? 354

Vorüberlegungen zur Lösung zu (1): Grundsätzlich sind rechtsstaatswidrige Verfahrensverzögerungen zu kompensieren. Früher erfolgte eine Kompensation in der Weise, dass eine Strafminderung, dh ein erheblicher Strafabschlag, gewährt wurde (sog. Strafabschlagslösung). Dieser Praxis ist der Große Strafsenat in seinem Beschluss v. 17.1.2008 – GSSt 1/07 – mit seiner „Vollstreckungslösung" entgegengetreten. Danach ist bei der Kompensation einer rechtsstaatswidrigen Verfahrensverzögerung Folgendes zu beachten: In einem ersten Schritt sind „zunächst Art und Ausmaß der Verzögerung sowie ihre Ursachen zu ermitteln und im Urteil konkret festzustellen"; ferner ist darzulegen, ob und in welchem Umfang – einer Bezifferung bedarf es jedoch nicht – der zeitliche Abstand zwischen Tat und Urteil sowie die besonderen Belastungen, denen der Angeklagte hierbei ausgesetzt war, bei der Strafzumessung mildernd zu berücksichtigen sind. In einem zweiten Schritt ist zu prüfen, ob „vor diesem Hintergrund zur Kompensation die ausdrückliche Feststellung der rechtsstaatswidrigen Verfahrensverzögerung genügt". Ist eine solche Feststellung in den Urteilsgründen als Entschädigung nicht ausreichend, hat das Gericht in die Urteilsformel die nach den Kriterien des § 46 StGB zugemessene Strafe aufzunehmen und gleichzeitig auszusprechen, welcher bezifferte Teil dieser Strafe als Entschädigung für die überlange Verfahrensdauer als vollstreckt gilt.[755] Diese von der Rechtsprechung entwickelte Lösung hat zwischenzeitlich in § 199 III GVG die Anerkennung des Gesetzgebers gefunden.

Lösung: Die Revision des Angeklagten wird Erfolg haben.
(1) Aufgrund des mitgeteilten Sachverhalts lassen sich die Erfolgsaussichten der ersten Rüge allerdings nicht beurteilen. Denn nach der Rechtsprechung muss der Revisionsführer, der das Vorliegen einer Art. 6 I 1 EMRK verletzenden Verfahrensverzögerung geltend machen will, grundsätzlich eine Verfahrensrüge erheben. Dagegen kann das Revisionsgericht auf die hier allein erhobene Sachrüge nur eingreifen, wenn sich bereits aus den Urteilsgründen die Voraussetzungen einer solchen Verzögerung ergeben.[756]
Hierzu teilt der Sachverhalt jedoch nichts mit.
(2) Dagegen begründet die Strafzumessungserwägung, der Angeklagte habe sich „ohne Not" zur Beteiligung an der Tat bereit gefunden, einen Verstoß gegen § 46 III StGB. Denn damit hat das Gericht zulasten des Angeklagten berücksichtigt, dass er die Tat überhaupt begangen hat.[757]
(3) Fehlerhaft war auch die strafschärfende Berücksichtigung des Nachtatverhaltens des Beschuldigten. Das Leugnen der Tatbegehung ist ein zulässiges Verteidigungsverhalten;[758] dürfte man dies strafschärfend berücksichtigen, würde man den Beschuldigten – durch das Androhen einer höheren Strafe – dazu zwingen, zu seiner Überführung beizutragen (Verstoß gegen den Nemo-tenetur-Grundsatz; vgl. auch § 258 V StGB). Etwas anderes würde nur gelten, wenn der Beschuldigte nicht nur die Tatbegehung geleugnet, sondern darüber hinaus durch seine Angaben oder sein Verhalten weitere strafbewehrte Verbote verletzt hätte, etwa weil er über einen Zeugen

[755] BGH (GSSt) NStZ 2008, 234 mAnm Bußmann; vgl. zur „Vollstreckungslösung" auch Schmitt/Köhler/Schmitt EMRK Art. 6 Rn. 9a ff.
[756] Vgl. Schmitt/Köhler/Schmitt EMRK Art. 6 Rn. 9g und 9h; BGH NStZ-RR 2007, 71, dort auch zu einem sachlichrechtlich zu beanstandenden Erörterungsmangel, sofern sich anhand der Urteilsgründe ausreichende Anhaltspunkte ergeben, die das Tatgericht zur Prüfung einer Verfahrensverzögerung drängen mussten.
[757] BGH BeckRS 2008, 07720.
[758] Vgl. BGH NStZ 1996, 80; s. auch Fischer/Fischer StGB § 46 Rn. 50, 52.

wider besseres Wissen unwahre ehrenrührige Tatsachen verbreitet hat.[759] Hierfür liegen jedoch keine Anhaltspunkte vor.

355 Rechtsfehler können aber auch gegeben sein, wenn es um **„besondere" Begründungserfordernisse** geht, etwa weil im Fall der **Verhängung einer kurzen Freiheitsstrafe (§ 47 I StGB) oder der nicht bewilligten Strafaussetzung zur Bewährung (§ 56 StGB)** nähere Ausführungen zu diesen Vorschriften fehlen, obwohl die (Nicht-)Anwendung dieser Vorschriften nach den getroffenen Feststellungen nahe lag.[760] Liegt dagegen eine solche Begründung vor, so sind diese Entscheidungen – auch im Hinblick auf den dem Tatrichter dabei häufig eingeräumten Beurteilungsspielraum (etwa bei der Prüfung der besonderen Schuldschwere gem. § 57a I Nr. 2 StGB)[761] oder bei Vorschriften, die ihm ein Ermessen einräumen (zB § 56 II StGB) – vom Revisionsgericht hinzunehmen, selbst wenn ein anderes Ergebnis – also etwa die Versagung einer gewährten Strafaussetzung – möglich gewesen wäre.[762]

356 **Fall:** Der Angeklagte wurde wegen mehrerer Wohnungseinbruchsdiebstähle verurteilt. Da eine einbeziehungsfähige Vorverurteilung vorhanden war, bildete der Tatrichter eine nachträgliche Gesamtstrafe gem. § 55 StGB mit den Strafen für diejenigen Taten, die vor dieser Verurteilung begangen worden waren. Aus den Strafen, die für die später begangenen Taten verhängt wurden, bildete er eine weitere Gesamtstrafe (§§ 53, 54 StGB). In welchem Umfang prüft das Revisionsgericht die Gesamtstrafen auf die Sachrüge hin nach?

Lösung: Schon bei der Bemessung der Gesamtstrafe nach §§ 53, 54 StGB können dem Richter zahlreiche Fehler unterlaufen, die auf die Sachrüge hin beachtet werden. So wird beispielsweise – entgegen § 54 II 1 StGB – gelegentlich die Summe der Einzelstrafen überschritten. Ferner kann ein Verstoß gegen § 54 I 3 StGB vorliegen, weil es an der dort geforderten zusammenfassenden Würdigung der Person des Täters und seiner Taten fehlt, bei der das Verhältnis der einzelnen Straftaten zueinander, insbesondere ihr Zusammenhang, ihre größere oder geringere Selbstständigkeit, ferner die Häufigkeit der Begehung, die Gleichheit oder Verschiedenheit der verletzten Rechtsgüter und der Begehungsweisen sowie das Gesamtgewicht des abzuurteilenden Sachverhalts von besonderer Bedeutung ist.[763]
Probleme gibt es aber auch bei der nachträglichen Gesamtstrafenbildung. Hier ist der (neue) Tatrichter an die bereits rechtskräftig verhängten Einzelstrafen, also an die, die er einbezieht, gebunden; er muss diese unverändert übernehmen.[764] Daneben wird in der Rechtsprechung zu § 55 StGB ein weiterer Aspekt betont. Bei Straftaten, die über einen längeren Zeitraum hinweg verübt werden, hängt es oft von Zufälligkeiten ab, ob sie gleichzeitig abgeurteilt werden können und insgesamt nur eine Gesamtstrafe zu bilden ist, oder ob die Zäsurwirkung zwischenzeitlich ergangener Urteile die Bildung mehrerer Gesamtstrafen erforderlich macht. Im Ergebnis kann dem Angeklagten dadurch ein Nachteil entstehen, dass die durch die Zäsurwirkung erzwungene Bildung von mehreren (Gesamt-)Strafen – statt einer Gesamtstrafe – zu einer in der Summe außergewöhnlich hohen Strafe führt und dadurch das „Gesamtstrafübel" dem Unrechts- und Schuldgehalt der Taten nicht mehr gerecht wird. Hat der Tatrichter in derartigen Fallgestaltungen in den Urteilsgründen nicht dargelegt, dass er sich seiner Verpflichtung bewusst war, ein zu hohes „Gesamtstrafübel" ausgleichen zu müssen, kommt eine Aufhebung des Urteils in den Aussprüchen über die Gesamtstrafen in Betracht.[765]

---

[759] BGH NStZ 1995, 78; vgl. auch Fischer/Fischer StGB § 46 Rn. 54. Zu beachten ist, dass es bei einer fehlenden Begründung zur Anwendung von § 47 StGB im Einzelfall am Beruhen fehlen kann, wenn sich diese aufgrund der Gesamtumstände aufdrängt (Beruhen bejaht in BGH BeckRS 2024, 23135; verneint in BGH BeckRS 2024, 36450).

[760] Schmitt/Köhler/Schmitt StPO § 267 Rn. 23; Fischer/Fischer StGB § 47 Rn. 15.

[761] Vgl. dazu BGH NStZ 2014, 511; Fischer/Fischer StGB § 57a Rn. 27.

[762] Fischer/Fischer StGB § 56 Rn. 25; zu einem Autorennen: BGH NJW 2017, 3011.

[763] Fischer/Fischer StGB § 54 Rn. 6 ff., 10.

[764] Dazu auch Fischer/Fischer StGB § 55 Rn. 15, 16; zur streitigen Frage des Vorgehens bei fehlenden Einzelstrafen im einzubeziehenden Urteil: Fischer/Fischer StGB § 55 Rn. 8a ff.

[765] BGHSt 41, 310 (313) = NJW 1996, 667; BGH BeckRS 2007, 13490; Fischer/Fischer StGB § 55 Rn. 16a; zum gebotenen **„Härteausgleich"** für den Fall, dass eine in einem früheren Urteil verhängte, an sich gesamtstrafenfähige Einzelstrafe bereits vollstreckt und daher eine nachträgliche Gesamtstrafenbildung nach § 55 StGB nicht möglich ist: Fischer/Fischer StGB § 55 Rn. 21 ff.

Bei Verkehrsdelikten im Zusammenhang mit dem Führen von Kraftfahrzeugen – nicht Fahrrädern – hat der Tatrichter für die Entscheidung über die Entziehung der Fahrerlaubnis (eine Maßregel im Sinne des StGB) die Regelvermutung des § 69 II StGB zu beachten. Sieht der Tatrichter hiervon ab, ist zumindest die Verhängung eines Fahrverbots (dogmatisch eine Nebenstrafe), § 44 I 3 StGB, indiziert. 356a

Darüber hinaus ist die Verhängung eines Fahrverbots auch bei Delikten möglich, die nicht mit dem Führen eines Kraftfahrzeugs im Zusammenhang stehen, insbesondere, wenn dies zur Einwirkung auf den Täter bzw. zur Verteidigung der Rechtsordnung erforderlich erscheint oder auf diese Weise die Verhängung oder Vollstreckung einer Freiheitsstrafe vermieden werden kann (§ 44 I 2 StGB). Das Fahrverbot kann für maximal sechs Monate verhängt werden.

G. Besonderheiten der Nebenklägerrevision

Der Nebenkläger ist – wenn auch mit Einschränkungen – berechtigt, gegen ein Urteil Revision einzulegen (§ 401 I 1 StPO). Voraussetzung dafür ist unter anderem, dass er anschlussbefugt (§ 395 StPO) ist und den (auch erst zum Zweck der Einlegung von Rechtsmitteln möglichen, § 395 IV 2 StPO) Anschluss nach § 396 I StPO ordnungsgemäß – dh bei anwaltlicher Vertretung durch elektronisch übermitteltes Dokument, § 32d S. 2 StPO – erklärt hat; beides prüft das Revisionsgericht im Fall einer Nebenklägerrevision von Amts wegen nach.[766] Weitere Anforderungen bezüglich der Zulässigkeit einer Nebenklägerrevision ergeben sich aus §§ 399 II, 401 I 3, II StPO, die Regelungen über den Lauf und die Berechnung der Revisionseinlegungs- und -begründungsfrist enthalten. 357

Das Anfechtungsrecht des Nebenklägers ist vor allem durch § 400 I StPO beschränkt. Der Nebenkläger kann mit seiner Revision nur die Fehlerhaftigkeit des **Schuldspruchs wegen des Nebenklagedelikts**[767] geltend machen, nicht aber beispielsweise (und vor allem) die Unrichtigkeit des Rechtsfolgenausspruchs. Den sich aus § 400 I StPO ergebenden inhaltlichen Anforderungen muss die Revisionsbegründungsschrift des Nebenklägers entsprechen. Sein Rechtsmittel ist daher grundsätzlich **unzulässig, wenn er lediglich die allgemeine Sachrüge erhoben hat,** weil dann nicht deutlich wird, ob er mit seiner Revision ein nach § 400 I StPO zulässiges Ziel verfolgt oder (unzulässig) nur eine härtere Bestrafung des Angeklagten erreichen will.[768] Etwas anderes kann lediglich dann gelten, wenn der Freispruch eines Angeklagten allein nebenklagefähige Delikte betrifft, für die die Nebenklagebefugnis gegeben ist, da dann kein Zweifel hinsichtlich des Anfechtungsziels bestehen kann.[769] 358

Fall: Der Angeklagte war wegen vorsätzlichen Vollrausches (Rauschtat: vorsätzliche Körperverletzung) in Tatmehrheit mit gefährlicher Körperverletzung zu einer Gesamtfreiheitsstrafe von 10 Monaten verurteilt worden; die Vollstreckung der erkannten Gesamtfreiheitsstrafe wurde zur Bewährung ausgesetzt. Einen Schuldspruch wegen eines mit § 224 StGB in Tateinheit stehenden Waffendelikts (§ 51 I WaffG) hat das Landgericht abgelehnt. Das Tatopfer beabsichtigt Revision einzulegen, diese mit der unausgeführten Sachrüge und einer Verfahrensrüge zu begründen. (1) Kann sich das in beiden Fällen gleiche Tatopfer dem Verfahren mit der Revisionseinlegung anschließen, auch wenn es keinen Strafantrag gestellt hatte? (2) Kann die Revision mithilfe des Urkundsbeamten der Geschäftsstelle begründet werden? (3) Kann mit der Verfahrensrüge geltend gemacht werden, dass das Landgericht einen schon in der ersten Instanz erklärten Nebenklägeranschluss nicht zugelassen hat? Kann damit zusammenhängend beanstandet werden, dass der Nebenkläger Tatsachen nicht habe vorbringen und Beweismittel nicht habe benennen können, sodass eine Verurteilung wegen des Waffendelikts unterblieben sei? 359

[766] Schmitt/Köhler/Schmitt StPO § 396 Rn. 20; Ausnahme: Die Anschlussbefugnis nach § 395 III StPO wird wegen §§ 396 II 2, 336 S. 2 StPO nicht mehr geprüft; vgl. dazu Schmitt/Köhler/Schmitt StPO § 396 Rn. 23.

[767] Die Verfolgungsbeschränkung nach § 154a StPO hindert die Anschlussbefugnis nicht; der Anschluss führt sogar eo ipso zum Wegfall der Verfolgungsbeschränkung, § 395 V StPO.

[768] BGH NStZ 2007, 700 (701); NStZ-RR 2024, 288; Schmitt/Köhler/Schmitt StPO § 400 Rn. 6.

[769] BGH NStZ-RR 2025, 85.

Lösung: (1) Sofern noch keine Rechtskraft eingetreten ist, kann der Nebenklägeranschluss des Tatopfers noch mit der Revisionseinlegung erfolgen (vgl. § 395 IV 2 StPO). Für die gefährliche Körperverletzung folgt die Anschlussberechtigung aus § 395 I Nr. 3 StPO.[770]
Dieselbe Vorschrift ist auch auf die im Vollrausch begangene vorsätzliche Körperverletzung anzuwenden, weil § 395 I Nr. 3 StPO nur auf die Begehung einer „rechtswidrigen Tat" der dort aufgeführten Art abstellt (vgl. § 11 I Nr. 5 StGB).[771] Ohne Bedeutung ist, dass der Nebenkläger wegen des Vollrausches bzw. wegen der vorsätzlichen Körperverletzung keinen Strafantrag gestellt hatte (vgl. § 323a III StGB). Bei dem hier gegebenen „gemischten" Antragsdelikt ist eine Verfolgung des Vollrausches auch ohne Strafantrag des Verletzten möglich, da die Staatsanwaltschaft – zumindest konkludent mit der Anklageerhebung – das besondere öffentliche Interesse an der Strafverfolgung bejaht hat (§ 230 I StGB). In diesem Fall ist der Anschluss als Nebenkläger auch ohne Strafantrag des Verletzten zulässig.[772]
(2) Der Nebenkläger kann die Revision jedoch nicht mithilfe des Urkundsbeamten, sondern nur mittels einer von einem Rechtsanwalt „unterschriebenen" Schrift begründen. Dies ergibt sich zunächst daraus, dass § 345 II StPO schon nach seinem Wortlaut nur für die Revision des Angeklagten gilt, dass aber für die Form der Nebenklägerrevision keine weiterreichende Regelung (etwa die bloße Schriftlichkeit) gelten kann, als für die Revisionsbegründung des verurteilten Angeklagten. Da es in den §§ 395 ff. StPO keine Vorschrift über die Form der Revisionsbegründung des Nebenklägers gibt, besteht eine Gesetzeslücke, die durch die entsprechende Anwendung der sachnächsten Gesetzesregelung geschlossen werden muss. Dies ist § 390 II StPO, der vor der Neufassung der §§ 395 ff. StPO auch ausdrücklich auf die Nebenklägerrevision anwendbar war.[773]
Da Rechtsanwälte seit dem 1.1.2022 Rechtsmittelschriften und -begründungen zwingend als elektronisches Dokument übermitteln müssen (§ 32d S. 2 StPO), wird das Dokument nicht unterschrieben, sondern muss der Form des § 32a III, IV StPO genügen, muss also qualifiziert elektronisch signiert oder einfach signiert auf einem sicheren Übermittlungsweg eingereicht werden.
(3) Die Revision ist jedoch unzulässig. Zwar liegt in der Nichtzulassung als Nebenkläger eine Gesetzesverletzung (Verstoß gegen § 395 I Nr. 3 StPO), die zu einem relativen Revisionsgrund (§ 337 I StPO) führen könnte.[774] Der Nebenkläger kann jedoch im Hinblick auf § 400 StPO das Urteil nicht mit dem Ziel anfechten, dass eine andere Rechtsfolge der Tat verhängt wird. Im Übrigen erstreckt sich die Nebenklägerrevision nur auf die richtige Anwendung der Vorschriften über Nebenklagedelikte, also nicht auf die hier angestrebte Verurteilung wegen eines Waffendelikts; dies gilt auch dann, wenn dieses mit einem Nebenklagedelikt in Tateinheit stehen würde.[775]
Da der Nebenkläger den Schuldspruch wegen gefährlicher Körperverletzung nicht angreifen will (er könnte beispielsweise geltend machen, dass eine Verurteilung wegen versuchten Totschlags hätte erfolgen müssen), verfolgt er mit seinem Revisionsantrag kein zulässiges Ziel iSd § 400 I StPO.

H. Revisionen bei besonderen Urteilsarten

I. Revision gegen ein Urteil im beschleunigten Verfahren

360 Wird ein im beschleunigten Verfahren (§§ 417 ff. StPO) ergangenes Urteil mit der Revision angegriffen, so bestehen bezüglich deren Zulässigkeit keine Besonderheiten. Die Revision

[770] Unerheblich ist das in Tateinheit damit möglicherweise gegebene Waffendelikt; vgl. Schmitt/Köhler/Schmitt StPO § 395 Rn. 4.
[771] Vgl. Schmitt/Köhler/Schmitt StPO § 395 Rn. 3 mwN.
[772] Vgl. Schmitt/Köhler/Schmitt StPO § 395 Rn. 5 mwN.
[773] BGH NJW 2014, 3320; Schmitt/Köhler/Schmitt StPO § 401 Rn. 2.
[774] Der Nebenkläger zählt nicht zu den Personen, deren Anwesenheit das Gesetz iSd § 338 Nr. 5 StPO vorschreibt; er hat gem. § 397 I 1 StPO ein Anwesenheitsrecht, keine Anwesenheitspflicht; vgl. Schmitt/Köhler/Schmitt StPO § 338 Rn. 42.
[775] Vgl. BGH NStZ 1997, 402 (403).

kann als Sprungrevision (§ 335 I StPO; dazu → Rn. 8) oder auch als Revision gegen das Berufungsurteil (dazu → Rn. 375 ff.) eingelegt werden.

Für die Begründetheit sind die allgemeinen Regeln zu beachten; aus den Eigenheiten des beschleunigten Verfahrens können sich jedoch zusätzliche Probleme ergeben:[776] 361

- Die Bejahung der „materiellen" Voraussetzungen des beschleunigten Verfahrens (§§ 419 I 1, 417 StPO: Eignung zur sofortigen Verhandlung bei einfachem Sachverhalt oder klarer Beweislage) durch den Richter ist nicht revisibel.[777] Auch die Ablehnung der Durchführung eines beschleunigten Verfahrens kann mit der Revision nicht angegriffen werden (§§ 419 II 2, 336 S. 2 StPO).
- Wurde das beschleunigte Verfahren ohne den nach §§ 417, 418 I 1 StPO erforderlichen Antrag der Staatsanwaltschaft oder auch ohne mündliche bzw. schriftliche Anklageerhebung (§ 418 III StPO) durchgeführt, so fehlt es an einer Verfahrensvoraussetzung. Dies wird in der Revision von Amts wegen beachtet und führt zur Verfahrenseinstellung.[778] 362
- Das Fehlen des nach § 418 IV StPO notwendigen Verteidigers während eines wesentlichen Teils der Hauptverhandlung führt zum absoluten Revisionsgrund des § 338 Nr. 5 StPO.[779] 363
- Ob das Überschreiten der Strafgewalt des § 419 I 2 StPO in der Revision von Amts wegen beachtet werden muss, ist streitig.[780] 364
- Für das Verfahren gelten die Erleichterungen des § 420 StPO (dessen Abs. 4 gilt allerdings nur für beschleunigte Verfahren vor dem Strafrichter). Streitig ist, ob die Erleichterungen des § 420 I–III StPO auch für das Berufungsverfahren gegen Urteile im beschleunigten Verfahren gelten.[781] 365
- Zur Revision, wenn eine entsprechende Berufung annahmebedürftig wäre: → Rn. 11. 365a

Fall: Die Staatsanwaltschaft hat am 27.10. ordnungsgemäß die Aburteilung des Beschuldigten im beschleunigten Verfahren beantragt. Unter Hinweis darauf, dass in dieser Verfahrensart verhandelt werden soll, bestimmte das Amtsgericht – nach mehreren Verlegungen – Termin zur Hauptverhandlung auf den 13.2. des nächsten Jahres. Kurz vor Durchführung des Termins verband der Amtsrichter dieses Verfahren mit einem weiteren, in dem gegen den Beschuldigten eine normale Anklage erhoben worden war. Der Angeklagte, der in dem Termin verurteilt wurde, legte gegen dieses Urteil (zulässig) Revision ein. Hat diese unabhängig davon, welche Rügen konkret erhoben wurden, Aussicht auf Erfolg? 366

Lösung: Die Revision könnte unabhängig von den erhobenen Rügen Erfolg haben, wenn eine von Amts wegen zu beachtende Verfahrensvoraussetzung nicht gegeben wäre. Als solche käme hier der fehlende Eröffnungsbeschluss in Betracht. In der obergerichtlichen Rechtsprechung wird nämlich vertreten, dass in der weit hinausgeschobenen Terminierung eine (konkludente) Ablehnung des beschleunigten Verfahrens und eine Überleitung in ein „normales" Erkenntnisverfahren nach der StPO (vgl. § 419 III StPO) liege.[782] Für eine Verurteilung im „normalen" Erkenntnisverfahren fehle es jedoch an dem dort erforderlichen Eröffnungsbeschluss, also an einer von Amts wegen zu beachtenden Verfahrensvoraussetzung (→ Rn. 71 ff.), sodass das Verfahren in der Revision eingestellt werden müsse.[783]

Ob dem zu folgen ist, hat der BGH in einem vom OLG Köln initiierten Vorlageverfahren offengelassen. Denn mit dem Verbindungsbeschluss, verbunden mit der Terminierung, habe das Amtsgericht schlüssig über die Eröffnung des „normalen" Hauptverfahrens entschieden, weil dort eine überwiegende Verurteilungswahrscheinlichkeit bejaht worden sei (auch → Rn. 76). Da somit

[776] Zum beschleunigten Verfahren in der Revisionsinstanz: Ranft NStZ 2004, 424.
[777] Schmitt/Köhler/Schmitt StPO § 419 Rn. 12; aA (Überprüfung auf die Vertretbarkeit hin): KK-StPO/Graf § 419 Rn. 18.
[778] OLG Frankfurt a. M. StV 2000, 299; Schmitt/Köhler/Schmitt StPO § 419 Rn. 15.
[779] Schmitt/Köhler/Schmitt StPO § 418 Rn. 18.
[780] Vgl. Schmitt/Köhler/Schmitt StPO § 419 Rn. 18 mwN.
[781] Dafür: Schmitt/Köhler/Schmitt StPO § 419 Rn. 12 mwN und § 420 Rn. 12; aA BayObLG NStZ 2005, 403.
[782] Vgl. OLG Düsseldorf NStZ 1997, 613.
[783] OLG Düsseldorf NStZ 1997, 613 f.; nach aA führt der Verfahrensverstoß auf zulässige Verfahrensrüge zur Aufhebung des Urteils und Zurückverweisung an das Amtsgericht, das nach § 419 III StPO zu verfahren hat: vgl. Schmitt/Köhler/Schmitt StPO § 419 Rn. 14 mwN.

aber ein Eröffnungsbeschluss vorliege, fehle auch keine Verfahrensvoraussetzung für die „normale" Verurteilung.[784]

II. Revision gegen ein nach einem Strafbefehl ergangenes Urteil

367 Legt der Angeklagte nach einem Strafbefehl Einspruch (§ 410 I 1 StPO) ein und ergeht aufgrund der dann durchgeführten Hauptverhandlung ein Urteil, gelten für eine hiergegen eingelegte (Sprung-)Revision zunächst die allgemeinen Regeln. Die oben unter → Rn. 365 skizzierte Problematik gilt über § 411 II 2 StPO auch im Strafbefehlsverfahren, falls gegen das amtsgerichtliche Urteil zunächst Berufung eingelegt wird.

368 Probleme können sich nach einem im Strafbefehlsverfahren ergangenen Urteil in der Revision bezüglich folgender Besonderheiten ergeben:

- Wurde ein Strafbefehl ohne Antrag der Staatsanwaltschaft erlassen, fehlt – weil dieser Antrag im Falle des Einspruchs die Anklage ersetzt[785] – eine von Amts wegen zu beachtende Verfahrensvoraussetzung, das Verfahren ist einzustellen. Hatte die Staatsanwaltschaft dagegen einen Strafbefehlsantrag gestellt, ist aber der vom Gericht erlassene Strafbefehl von diesem abgewichen, so ist dies für die Revision regelmäßig ohne Bedeutung, weil das Urteil hierauf nicht beruht (das Urteil beruht – gem. § 261 StPO – nur auf dem Inbegriff der nach dem Einspruch durchgeführten Hauptverhandlung, aber nicht auf zuvor gemachten Fehlern; diese sind unbeachtlich, soweit sie nicht zu Verfahrenshindernissen oder Verwertungsverboten (auch → Rn. 162, 164) führen).[786]
- 369 Bei inhaltlichen Mängeln des Strafbefehls ist zu unterscheiden: Ist die dem Beschuldigten zur Last gelegte Tat so unzureichend beschrieben, dass die Umgrenzungsfunktion einer Anklage nicht gewahrt ist (dazu → Rn. 71 ff.), ist das Verfahren in der Revision einzustellen.[787] Das Gleiche gilt im Fall der fehlenden Unterzeichnung des Strafbefehls durch den Richter (weil der Erlass des Strafbefehls nach dem Einspruch den Eröffnungsbeschluss ersetzt).[788] Nach § 407 II StPO unzulässige Rechtsfolgen sind dagegen nach einem Einspruch gegen den Strafbefehl unbeachtlich (→ Rn. 368).[789]
- 370 Der Verstoß gegen § 408b StPO (Verteidigerbestellung beim Strafbefehlsantrag mit Freiheitsstrafe) ist als solcher folgenlos, weil nach dem zulässigen Einspruch gegen den Strafbefehl über den Vorwurf insgesamt (neu) verhandelt werden muss, sodass frühere Verfahrensfehler unerheblich sind.[790] Für die notwendige Verteidigung in der Hauptverhandlung nach einem Einspruch gegen einen Strafbefehl – die zu einem Revisionsgrund führen könnte (§ 338 Nr. 5 StPO) – gelten (nur) die allgemeinen Regeln (§§ 140 ff. StPO).
- 371 Zur Revision gegen ein Urteil nach Einspruch gegen einen Strafbefehl im Fall der Annahmebedürftigkeit einer eingelegten Berufung: → Rn. 11.
- 372 Im Fall der Revision gegen eine Einspruchsverwerfung nach § 412 StPO gelten die Ausführungen zur Revision gegen ein die Berufung nach § 329 I StPO verwerfendes Urteil entsprechend (→ Rn. 377). Der Angeklagte kann sich vertreten lassen kann (§ 411 II StPO), muss also grundsätzlich nicht selbst anwesend sein (Ausnahme von § 230 I StPO). Allerdings bleibt dem Gericht die Möglichkeit, die Anwesenheit des Angeklagten nach § 236 StPO zu erzwingen. Die Vertretungsmöglichkeit besteht auch in einer etwaig folgenden Berufungsverhandlung.
- 373 War der Einspruch nicht zulässig und wurde das in den unteren Instanzen übersehen, so wird dies in der Revision von Amts wegen beachtet; das Revisionsgericht hebt dann die früheren Urteile auf und verwirft den Einspruch.[791]

---

[784] BGH NStZ 2000, 442; vgl. auch Schmitt/Köhler/Schmitt StPO § 207 Rn. 8. Die Terminierung allein soll aber nicht genügen.
[785] Vgl. Schmitt/Köhler/Schmitt StPO § 411 Rn. 3.
[786] Schmitt/Köhler/Schmitt StPO § 408a Rn. 7.
[787] OLG Karlsruhe wistra 2005, 399; Schmitt/Köhler/Schmitt StPO § 409 Rn. 4.
[788] Schmitt/Köhler/Schmitt StPO § 409 Rn. 12, 13, § 411 Rn. 3.
[789] Schmitt/Köhler/Schmitt StPO § 409 Rn. 7.
[790] Schmitt/Köhler/Schmitt StPO § 408b Rn. 10, 13.
[791] Schmitt/Köhler/Schmitt StPO § 411 Rn. 12. Streitig ist, ob der Einspruch unter Beachtung des Verschlechterungsverbotes (§ 358 II StPO) zu verwerfen ist, sofern das Amtsgericht durch Urteil auf eine

Wurde der Einspruch bereits vom Strafrichter als unzulässig verworfen, so kommt es darauf an, ob diese Entscheidung in einem Beschluss oder in einem Urteil getroffen worden ist.[792] Ein Beschluss kann nur mit der sofortigen Beschwerde angegriffen werden (§ 411 I 1 StPO), gegen das Urteil wäre dagegen die (Sprung-)Revision statthaft, in der aber nur die Richtigkeit der Einspruchsverwerfung geprüft wird.[793] Entsprechendes gilt, wenn der Tatrichter nach einem auf die Tagessatzhöhe beschränkten Einspruch durch Beschluss bzw. durch Urteil entschieden hat (vgl. § 411 I 3 StPO). 374

III. Revision gegen ein Berufungsurteil

Auch für die Revision gegen ein Berufungsurteil gelten zunächst die allgemeinen Regeln. Die wichtigsten Besonderheiten sind hier: 375

- In der Revision werden **von Amts wegen** berücksichtigt:
  - das Vorliegen der allgemeinen Verfahrensvoraussetzungen, auch die sachliche Zuständigkeit des erstinstanzlichen und des Berufungsgerichts (→ Rn. 67 ff.);[794]
  - die Zulässigkeit der Berufung (→ Rn. 88; zur Annahmebedürftigkeit: → Rn. 376);
  - die Wirksamkeit und die Beachtung von Berufungsbeschränkungen (dazu auch → Rn. 54 ff.);[795]
  - die Beachtung des Verschlechterungsverbots gem. § 331 StPO (dazu auch → Rn. 88a).[796]
- Nicht mit der Revision angreifbar sind: 376
  - die Verwerfung der Berufung als unzulässig durch das Amtsgericht (vgl. § 319 StPO) oder – sofern sie in Beschlussform erfolgt ist – durch das Berufungsgericht (§§ 322, 336 S. 2 StPO);
  - die Entscheidung über die (Nicht-)Annahme der Berufung (§§ 322a S. 2, 336 S. 2 StPO; vgl. → Rn. 11).[797]
- Enthält das Berufungsurteil eine Zurückverweisung nach § 328 II StPO oder eine Berufungsverwerfung nach § 329 I, IV 2 StPO – eine Verteidigervollmacht, die den Verteidiger zur Vertretung auch im Falle der Abwesenheit des Angeklagten in allen Instanzen berechtigt, genügt für eine Vertretungsvollmacht iSv § 329 I 1 StPO, auch wenn sie keinen Bezug auf die Berufungsverhandlung enthält[798] –, so wird in der Revision nur die Richtigkeit dieser Zurückverweisung oder Verwerfung überprüft. Gegen das Verwerfungsurteil können grundsätzlich nur Verfahrensrügen erhoben werden; auf die Sachrüge hin wird lediglich geprüft, ob (neue) Verfahrenshindernisse vorliegen.[799] 377

mildere Strafe erkannt hat als diejenige, die mit dem Strafbefehl verhängt worden war: vgl. auch OLG München NJW 2008, 1331 mablAnm Meyer-Goßner NJW 2008, 1332; Schmitt/Köhler/Schmitt StPO § 411 Rn. 12.

[792] Zu diesen Möglichkeiten: Schmitt/Köhler/Schmitt StPO § 411 Rn. 1.
[793] Vgl. Schmitt/Köhler/Schmitt StPO § 411 Rn. 14.
[794] Vgl. OLG Brandenburg NStZ 2001, 611 mAnm Meyer-Goßner.
[795] Schmitt/Köhler/Schmitt StPO § 327 Rn. 9, § 352 Rn. 4.
[796] Schmitt/Köhler/Schmitt StPO § 331 Rn. 24.
[797] Vgl. dazu auch Schmitt/Köhler/Schmitt StPO § 322a Rn. 5, 8.
[798] BGH BeckRS 2023, 3996.
[799] BGH NStZ 2001, 440 mAnm Duttge und Paulus; Schmitt/Köhler/Schmitt StPO § 329 Rn. 48 f.; zu § 328 II StPO: Schmitt/Köhler/Schmitt StPO § 328 Rn. 14; zum Zusammentreffen von § 335 III und § 329 I StPO: OLG Bamberg NStZ 2006, 591.

4. Kapitel. Prüfungsumfang und Entscheidung über die Revision

A. Prüfungsreihenfolge

378 Das Revisionsgericht prüft zunächst die Zulässigkeit der Revision (vgl. § 349 I StPO). Unabhängig davon, ob dies gerügt ist, wird anschließend festgestellt, ob die von Amts wegen zu beachtenden Verfahrensvoraussetzungen vorliegen. Erst dann befasst sich das Revisionsgericht mit den einzelnen Verfahrens- und Sachrügen. In der Reihenfolge ist das Revisionsgericht frei: Es kann sich auf die Prüfung der durchgreifenden Rügen beschränken, die dem Rechtsmittelführer zum (vollen) Erfolg seines Antrags verhelfen.[1]

B. Prüfung der Zulässigkeit der Revision und der Verfahrensvoraussetzungen

379 Bei der von Amts wegen vorzunehmenden Prüfung der Zulässigkeit der Revision und auch der des Vorliegens der Verfahrensvoraussetzungen wendet das Revisionsgericht grundsätzlich[2] das Freibeweisverfahren an. Es ist dann nicht an die Strengbeweismittel der StPO (Zeugen, Sachverständige, Augenschein, Urkunden) gebunden, sondern kann nach seinem Ermessen bestimmen, wie es sich die erforderliche Überzeugung verschaffen will. Zulässig sind insbesondere die Verwertung einer polizeilichen Vernehmungsniederschrift (zB zur Feststellung, ob ein Strafantrag gestellt wurde) oder – sehr häufig – die Einholung von (dienstlichen) Stellungnahmen der Tatrichter oder des Staatsanwalts.

380 **Fall:** Dem Angeklagten wird Totschlag zur Last gelegt. Das Schwurgericht hat das Verfahren wegen Verhandlungsunfähigkeit des Angeklagten durch Urteil eingestellt. Hiergegen hat die Staatsanwaltschaft Revision eingelegt. Wie wird das Revisionsgericht verfahren?

Lösung: Der BGH muss zunächst die Verhandlungsfähigkeit des Angeklagten für das Revisionsverfahren feststellen, da hiervon dessen Durchführbarkeit abhängt. Insoweit reicht allerdings aus, dass der Angeklagte die wesentlichen rechtlichen Vorgänge dieses Verfahrens, vermittelt durch seinen Verteidiger, versteht und dass er mit diesem zu einer Grundübereinkunft über die Gestaltung der Verteidigung im Revisionsverfahren in der Lage ist. Diese relativ geringen Anforderungen an die Verhandlungsfähigkeit ergeben sich im Wesentlichen daraus, dass im Revisionsverfahren – als bloßer Rechtsinstanz – die aktive Mitwirkung des Angeklagten (in Person) von geringerer Bedeutung ist als im Tatsachenverfahren. Ob diese Voraussetzungen vorliegen, klärt das Revisionsgericht im Freibeweisverfahren, etwa durch Einholung eines schriftlichen Sachverständigengutachtens.
Ist danach die Verhandlungsfähigkeit für das Revisionsverfahren gegeben, prüft der BGH (von Amts wegen), ob der Angeklagte auch in der Tatsacheninstanz verhandlungsfähig war. Dafür ist erforderlich, dass er die Fähigkeit hatte, in und außerhalb der Verhandlung seine Interessen vernünftig wahrzunehmen, die Verteidigung in verständiger und verständlicher Weise zu führen sowie Prozesserklärungen abzugeben oder entgegenzunehmen. In der Tatsacheninstanz ist also zu beachten, dass der Angeklagte die Möglichkeit haben muss, das Verfahren unabhängig von seinem Verteidiger mitzugestalten und sich selbst zu verteidigen. Auch dies prüft das Revisionsgericht im Freibeweisverfahren nach. Bestand und besteht in diesem Sinne für das tatrichterliche Verfahren Verhandlungsunfähigkeit, so ist ferner festzustellen, ob diese dauerhaft oder nur vorübergehend war und ist. Bestehen zumindest Zweifel an der Dauerhaftigkeit der Verhand-

[1] Vgl. auch Schmitt/Köhler/Schmitt StPO § 352 Rn. 1, 2, 9 ff.
[2] Bei doppelrelevanten Tatsachen (also solchen, die für den Schuld- und/oder Rechtsfolgenausspruch sowie für das Verfahrenshindernis Bedeutung haben) und bei vom Tatrichter zu den Verfahrensvoraussetzungen im Strengbeweisverfahren vernommenen Zeugen darf das Revisionsgericht nicht im Freibeweisverfahren ermitteln, sondern ist an die Feststellungen des Tatrichters gebunden, vgl. BayObLG NStZ-RR 2001, 271 = JR 2001, 256.

lungsunfähigkeit, kommt lediglich eine vorläufige Einstellung des Verfahrens (§ 205 StPO), die auch in der Revision erfolgen kann, in Betracht; eine – wie hier – endgültige Einstellung durch Urteil (§ 260 III StPO) wäre dann fehlerhaft gewesen.[3]

C. Prüfung der Verfahrensrügen

381 Sind Verfahrensrügen erhoben, stellt das Revisionsgericht zunächst fest, ob diese form- und fristgerecht vorgebracht wurden (§ 345 I, II StPO) und den sich aus § 344 II 2 StPO ergebenden Anforderungen genügen.[4] Dann prüft es, ob die behauptete Gesetzesverletzung vorliegt und bewiesen ist (der Zweifelssatz gilt hier nicht, → Rn. 122) und ob das Urteil auf der Gesetzesverletzung beruht (§ 337 I StPO), falls nicht ein absoluter Revisionsgrund (§ 338 StPO) vorliegt. Andere Verfahrensverstöße, als sie vom Revisionsführer in den form- und fristgerecht vorgebrachten Verfahrensrügen beanstandet wurden, darf das Revisionsgericht nicht prüfen (§ 352 I StPO), sofern sie nicht zu einem Verfahrenshindernis führen. Bei einer Staatsanwalts- oder Nebenklägerrevision ist § 339 StPO zu beachten, wonach die Verletzung einer **ausschließlich** zum Schutz des Angeklagten bestimmten Norm nicht gerügt werden kann, wenn die Revision zu dessen Lasten eingelegt wurde.

D. Prüfung aufgrund der Sachrüge

382 Ist die Sachrüge erhoben, so überprüft das Revisionsgericht das angefochtene Urteil auf der Grundlage der dort getroffenen Feststellungen darauf hin, ob materiell-rechtliche Fehler vorliegen. Falsche Rechtsausführungen des Revisionsführers sind hierbei unschädlich (vgl. § 352 II StPO). Beachten muss das Revisionsgericht aber eine wirksame Beschränkung der Revision, da es an die dann eingetretene Rechtskraft und auch an den gestellten Antrag gebunden ist (§ 352 I StPO). Bei einer Staatsanwalts- oder auch einer Nebenklägerrevision ist ferner zu berücksichtigen, dass diese, auch wenn sie zum Nachteil des Angeklagten eingelegt ist, zu dessen Gunsten Erfolg haben kann (§ 301 StPO). Vor allem im Zusammenhang mit der Sachrüge kann § 354a StPO von Bedeutung sein, wonach das Revisionsgericht Gesetzesänderungen beachten muss.

E. Entscheidung über die Revision

I. Entscheidung nach Rücknahme der Revision

383 Die Rücknahme eines allein eingelegten Rechtsmittels führt zur Beendigung des Rechtsmittelverfahrens; eines ausdrücklichen Ausspruchs hierüber bedarf es nicht, entschieden wird nur noch über die Kosten (§ 473 StPO). Es ist aber – vor allem wenn dies problematisch ist – unschädlich, die Wirksamkeit der Rücknahme festzustellen. Der Tenor einer solchen Entscheidung lautet:[5]

„1. Es wird festgestellt, dass die Revision des Angeklagten gegen das Urteil des Landgerichts … vom … wirksam zurückgenommen ist.
2. Der Angeklagte hat die Kosten des Rechtsmittels zu tragen."

II. Verwerfung durch Beschluss als unzulässig (§§ 346, 349 I StPO)

384 Weitergehend als bei der Berufung (vgl. § 319 StPO) kann das Tatgericht die Revision nicht nur im Fall der verspäteten Einlegung, sondern auch bei verspäteter oder nicht § 345 II StPO

[3] BGH StV 1996, 250; Schmitt/Köhler/Schmitt StPO Einl. Rn. 97, § 205 Rn. 1, § 350 Rn. 6.
[4] Zur Unzulässigkeit einer Revision bei einer allein erhobenen, aber nicht § 344 II 2 StPO entsprechenden Verfahrensrüge: → Rn. 38.
[5] Vgl. BGH StraFo 2019, 469; Schmitt/Köhler/Schmitt StPO § 302 Rn. 11a mwN.

entsprechender Begründung durch Beschluss als unzulässig verwerfen (§ 346 I StPO).[6] Rechtsbehelf hiergegen ist der binnen Wochenfrist zu stellende Antrag auf Entscheidung durch das Revisionsgericht (§ 346 II StPO).

Hat das Ausgangsgericht einen solchen Zulässigkeitsmangel übersehen oder scheitert die Revision am Fehlen einer anderen Zulässigkeitsvoraussetzung, kann sie nach § 349 I StPO vom Revisionsgericht durch Beschluss verworfen werden. Dieser Beschluss ist unanfechtbar (§ 304 IV 1 bzw. 2 Hs. 1 StPO). Der Entscheidungstenor lautet (Kostenentscheidung nach § 473 I StPO): 385

„1. Die Revision des Angeklagten gegen das Urteil des Landgerichts ... vom ... wird als unzulässig verworfen.
2. Der Angeklagte hat die Kosten des Rechtsmittels zu tragen."

III. Einstellung oder Verweisung durch Beschluss

Das Revisionsgericht kann das Verfahren entsprechend § 205 StPO, (jedenfalls bei Verfahrenshindernissen erst im Rechtsmittelverfahren) § 206a StPO wegen eines vorübergehenden oder endgültigen Verfahrenshindernisses[7] oder nach den §§ 153, 153a, 154, 154a StPO durch Beschluss ganz oder teilweise einstellen (Tenorierungsbeispiel bei → Rn. 395).[8] 386

Ferner kann das (sachlich) unzuständige Revisionsgericht nach § 348 I StPO seine Unzuständigkeit feststellen und das Verfahren an das zuständige Revisionsgericht verweisen (zur Unzuständigkeit des Ausgangsgerichts: → Rn. 407). 387

IV. Entscheidung über die Begründetheit durch Beschluss (§ 349 II, IV StPO)

Die Revision des Angeklagten – nach der Rechtsprechung auch die der (Ausgangs-)Staatsanwaltschaft oder des Nebenklägers[9] – kann nach § 349 II StPO außerhalb der Hauptverhandlung durch Beschluss **als unbegründet verworfen**[10] werden, wenn das Revisionsgericht sie nach Gewährung rechtlichen Gehörs (§ 349 III StPO[11]) einstimmig als offensichtlich unbegründet erachtet, also „einhellig die Auffassung vertritt, dass die von der Revision aufgeworfenen Rechtsfragen zweifelsfrei zu beantworten sind und dass auch die Durchführung einer Hauptverhandlung keine neuen Erkenntnisse tatsächlicher oder rechtlicher Art erwarten lässt, die das gefundene Ergebnis in Zweifel ziehen können" (BGH NJW 2001, 85).[12] Voraussetzung ist ein entsprechender Antrag des Generalbundes- oder des Generalstaatsanwalts. Die Kostenentscheidung ergibt sich dann aus § 473 I StPO. In der Praxis werden mehr als 70 % der Revisionen auf diese Weise erledigt.[13] 388

Diese Entscheidung lautet („Formularbeschluss", in der Regel ohne weitere Begründung, wenn der Senat dem Revisionsantrag der Staatsanwaltschaft in der Begründung folgt):[14]

„Der ... Strafsenat des Bundesgerichtshofs hat auf Antrag des Generalbundesanwalts und nach Anhörung des Beschwerdeführers am ... einstimmig beschlossen:

---

[6] Jede andere Zulässigkeitsprüfung ist dem Tatgericht untersagt; vgl. BGH NJW 2007, 165; Schmitt/Köhler/Schmitt StPO § 346 Rn. 2.

[7] Schmitt/Köhler/Schmitt StPO § 206a Rn. 6 ff. (dort auch zur Frage, ob in jeder Verfahrenslage eine Einstellung nach dieser Norm in Betracht kommt).

[8] Schmitt/Köhler/Schmitt StPO § 153a Rn. 47; 205 Rn. 3, § 206a Rn. 6, § 353 Rn. 2, 3.

[9] Vgl. die Nachweise bei Schmitt/Köhler/Schmitt StPO § 349 Rn. 8, 9.

[10] Anders als im Zivilrecht lautet der Tenor im Strafrecht auch bei einer negativen Begründetheitsentscheidung auf Verwerfung (nicht auf Zurückweisung).

[11] Vgl. dazu BGH NStZ-RR 2005, 14.

[12] Vgl. auch BVerfG NJW 2002, 814 (815).

[13] Vgl. Tätigkeitsberichte des BGH mit 69,5 % für 2024 bzw. 76,8 % für 2025.

[14] Gebilligt von BGH NStZ-RR 2016, 251 und 383 (zur Anhörungsrüge), BVerfG NJW 2014, 2563 und EGMR JR 2015, 95; vgl. aber auch BGH StraFo 2004, 236, wonach eine Begründung geboten sein kann wegen des Inhalts der Gegenerklärung oder beim Abweichen von der Antragsbegründung; vgl. ferner Schmitt/Köhler/Schmitt StPO § 349 Rn. 20.

> Die Revision des Angeklagten gegen das Urteil des Landgerichts ... vom ... wird als unbegründet verworfen, da die Nachprüfung des Urteils aufgrund der Revisionsrechtfertigung keinen Rechtsfehler zum Nachteil des Angeklagten ergeben hat (§ 349 II StPO). Der Angeklagte hat die Kosten des Rechtsmittels zu tragen."

389 Ist die Revision des Angeklagten oder ein zu dessen Gunsten von der Staatsanwaltschaft eingelegtes (§ 296 II StPO) oder zu dessen Gunsten wirkendes (§ 301 StPO)[15] Rechtsmittel begründet, so kann bei Einstimmigkeit – anders als bei Abs. 2 auch ohne entsprechenden Antrag des Generalbundes- oder Generalstaatsanwalts – das Urteil durch Beschluss aufgehoben werden (§ 349 IV StPO).

390 Nicht selten (dh in mehr als 20 % der Verfahren) sind Kombinationen aus Entscheidungen nach § 349 II, IV StPO, etwa im Fall der Aufhebung nur im Strafausspruch und Verwerfung der Revision, soweit der Schuldspruch angegriffen wurde (zu § 354 Ia StPO: → Rn. 408).[16]

Der Tenor einer solchen Entscheidung lautet beispielsweise:

> „Der ... Strafsenat des Bundesgerichtshofs hat nach Anhörung des Generalbundesanwalts und des Beschwerdeführers am ... gem. § 349 II, IV StPO beschlossen:
> 1. Auf die Revision des Angeklagten wird das Urteil des Landgerichts ... vom ... im Rechtsfolgenausspruch mit den zugehörigen Feststellungen aufgehoben.
> 2. Im Umfang der Aufhebung wird die Sache zur neuen Verhandlung und Entscheidung, auch über die Kosten des Rechtsmittels, an eine andere Strafkammer des Landgerichts ... zurückverwiesen.
> 3. Die weitergehende Revision wird verworfen."

V. Entscheidung aufgrund einer Hauptverhandlung

391 Entscheidet das Revisionsgericht aufgrund einer Hauptverhandlung – in der Praxis in ca. 5 % der Verfahren –, so ergeht grundsätzlich ein Urteil (§§ 349 V, 353 ff. StPO).[17]

392 Zulässig ist es auch, dass über die Revision der Staatsanwaltschaft durch Urteil, über die des Angeklagten dagegen durch Beschluss entschieden wird.[18]

393 In einer Hauptverhandlung hat das Revisionsgericht insbesondere folgende Entscheidungsmöglichkeiten:

394 • Verwerfung der Revision als unzulässig; der Urteilstenor entspricht dann dem unter → Rn. 385 dargestellten Beschlusstenor.

395 • Einstellung nach §§ 153 II, 153a II, 154, 154a StPO.
Betrifft die Einstellung das Verfahren insgesamt, so ergeht – auch in oder aufgrund einer Hauptverhandlung – ein entsprechender Beschluss. Häufig wird das Verfahren aber lediglich teilweise eingestellt (vgl. § 154 StPO) oder eine Verfolgungsbeschränkung nach § 154a StPO angeordnet. Dieses Vorgehen kann eine Zurückverweisung der Sache im Schuldspruch überflüssig machen. Der Urteilstenor lautet dann beispielsweise:

> „1. Die Strafverfolgung wird gem. § 154a II StPO auf den Vorwurf des versuchten Mordes beschränkt.
> 2. Auf die Revision des Angeklagten wird das Urteil des Landgerichts ... vom ...
>   a) im Schuldspruch dahin geändert, dass der Angeklagte des versuchten Mordes schuldig ist,
>   b) im Rechtsfolgenausspruch mit den zugehörigen Feststellungen aufgehoben.
> 3. Im Umfang der Aufhebung wird die Sache zur neuen Verhandlung und Entscheidung, auch über die Kosten des Rechtsmittels, an eine andere als Schwurgericht zuständige Strafkammer des Landgerichts zurückverwiesen.
> 4. Die weitergehende Revision wird verworfen."

---

15 BGH NStZ 2012, 587; aA Schmitt/Köhler/Schmitt StPO § 349 Rn. 27, 28 mwN.
16 Zur Zulässigkeit dieser Kombination: BGHSt 43, 31; Schmitt/Köhler/Schmitt StPO § 349 Rn. 32.
17 Vgl. Schmitt/Köhler/Schmitt StPO § 349 Rn. 35.
18 Schmitt/Köhler/Schmitt StPO § 349 Rn. 35 mwN.

- **Verwerfung als unbegründet**[19] (dies ist – allerdings als Beschluss gem. § 349 II StPO – die in der Praxis häufigste Entscheidung). 396
  Wird die Revision in vollem Umfang als unbegründet verworfen, so lautet der Tenor (Kostenentscheidung: § 473 I 1, II 1 StPO):

> „1. Die Revision der Staatsanwaltschaft gegen das Urteil des Landgerichts ... vom ... wird verworfen.
> 2. Die Kosten des Rechtsmittels und die dem Angeklagten durch dieses entstandenen notwendigen Auslagen trägt die Staatskasse."

397 Ändert das Revisionsgericht analog § 354 I StPO lediglich den Schuldspruch,[20] lässt aber den Strafausspruch bestehen, weil dieser von dem Rechtsfehler nicht beeinflusst wird, lautet der Tenor beispielsweise (Kostenentscheidung: § 473 I, IV StPO):

> „1. Auf die Revision des Angeklagten wird das Urteil des Landgerichts ... vom ... im Schuldspruch dahin geändert, dass der Angeklagte der Urkundenfälschung in drei tatmehrheitlichen Fällen schuldig ist.
> 2. Die weitergehende Revision wird verworfen.
> 3. Der Angeklagte hat die Kosten des Rechtsmittels zu tragen."

- Aufhebung des Ersturteils und Einstellung wegen eines nicht behebbaren Verfahrenshindernisses (§§ 353 I, 354 I StPO). 398
  Betrifft das Verfahrenshindernis die angeklagte Tat insgesamt, lautet der Tenor (Kostenentscheidung: § 467 I StPO):

> „1. Auf die Revision des Angeklagten wird das Urteil des Landgerichts ... vom ... aufgehoben und das Verfahren eingestellt.
> 2. Die Kosten des Verfahrens und die notwendigen Auslagen des Angeklagten fallen der Staatskasse zur Last."

399 Betrifft das Verfahrenshindernis dagegen nur einen Teil der angeklagten Tat oder eine von mehreren angeklagten Taten, ist wie folgt zu unterscheiden: Besteht zwischen der Strafvorschrift, für die das Verfahrenshindernis besteht, und der zu Recht angewendeten Vorschrift Tatmehrheit, wird das Verfahren insoweit eingestellt, als das Hindernis reicht. Im Übrigen wird „normal" entschieden, also abhängig davon, ob die Revision begründet ist.

400 **Fall:** Das Landgericht hat den Angeklagten wegen schwerer räuberischer Erpressung in Tatmehrheit mit Freiheitsberaubung verurteilt. Wie wird der BGH auf die Revision des Angeklagten hin entscheiden, wenn die Freiheitsberaubung verjährt ist, das Urteil im Übrigen aber keinen Rechtsfehler enthält?

> **Lösung:** Der Tenor der Entscheidung des BGH wird lauten:[21]
> „1. Auf die Revision des Angeklagten wird das Urteil des Landgerichts ... vom ... aufgehoben,
> a) soweit der Angeklagte wegen Freiheitsberaubung verurteilt ist, insoweit wird das Verfahren eingestellt;
> b) sowie im Rechtsfolgenausspruch mit den zugehörigen Feststellungen.
> 2. Im Umfang der Aufhebung wird die Sache, soweit sie nicht eingestellt wurde, zu neuer Verhandlung und Entscheidung, auch über die Kosten des Rechtsmittels, an eine andere große Strafkammer des Landgerichts zurückverwiesen.
> 3. Die weitergehende Revision wird verworfen."
> Ist auszuschließen, dass die für die schwere räuberische Erpressung verhängte Einzelstrafe von der fehlerhaften Verurteilung wegen Freiheitsberaubung beeinflusst ist, könnte auch nur die Gesamtstrafe aufgehoben, die Einzelstrafe für § 255 StGB als die verhängte Strafe bestimmt und die Revision im Übrigen – ohne Zurückverweisung – verworfen werden.

---

[19] Auf den Tenorierungsunterschied zum Zivilrecht wird nochmals hingewiesen.
[20] Dazu Schmitt/Köhler/Schmitt StPO § 354 Rn. 12 ff.
[21] BGH 28.12.1995 – 1 StR 718/95; vgl. auch Schmitt/Köhler/Schmitt StPO § 354 Rn. 7.

401 Besteht dagegen zwischen der Strafvorschrift, bezüglich derer das Verfahrenshindernis vorliegt, und der zu Recht angewendeten Strafnorm Tateinheit, so wird nicht – auch nicht teilweise – eingestellt; vielmehr erfolgt eine Schuldspruchberichtigung dahin, dass der Angeklagte nur bezüglich der zu Recht angewendeten Strafvorschrift schuldig ist (dazu auch → Rn. 81).

402 **Fall:** Der Angeklagte wurde wegen sexuellen Missbrauchs eines Kindes (§ 176 I StGB) in Tateinheit mit sexuellem Missbrauch einer Schutzbefohlenen (§ 174 I StGB) verurteilt. Wie wird das Revisionsgericht entscheiden, wenn hinsichtlich § 174 StGB Verjährung eingetreten ist, das Urteil im Übrigen aber keinen Rechtsfehler enthält?

Lösung: Der Tenor der Entscheidung des Revisionsgerichts wird lauten:[22]

„1. Auf die Revision des Angeklagten wird das Urteil des Landgerichts … vom …
   a) im Schuldspruch dahin abgeändert, dass die Verurteilung wegen tateinheitlich begangenen Missbrauchs einer Schutzbefohlenen entfällt,
   b) im Rechtsfolgenausspruch mit den zugehörigen Feststellungen aufgehoben.
2. Im Umfang der Aufhebung wird die Sache zu neuer Verhandlung und Entscheidung, auch über die Kosten des Rechtsmittels, an eine andere große Strafkammer des Landgerichts zurückverwiesen.
3. Das weitergehende Rechtsmittel wird verworfen."

Alternativ kann – etwa wenn der Strafausspruch nicht aufgehoben werden muss, weil das Landgericht die tateinheitliche Verwirklichung des § 174 StGB nur soweit berücksichtigt hat, wie dies bei verjährten Taten ohnehin zulässig ist (→ Rn. 81) – der Tenor lauten:

„1. Auf die Revision des Angeklagten wird das Urteil des Landgerichts … vom … im Schuldspruch dahin abgeändert, dass der Angeklagte des sexuellen Missbrauchs eines Kindes schuldig ist.
2. Im Übrigen wird die Revision verworfen.
3. Der Angeklagte hat die Kosten des Rechtsmittels zu tragen."

403 • Aufhebung und Freispruch (§§ 353 I, 354 I StPO; zur Entscheidung bezüglich der tatrichterlichen Feststellungen: → Rn. 51).
In diesem Fall lautet der Tenor:

„1. Auf die Revision der Staatsanwaltschaft wird das Urteil des Landgerichts … vom … aufgehoben. Der Angeklagte wird freigesprochen.
2. Die Kosten des Verfahrens und die notwendigen Auslagen des Angeklagten fallen der Staatskasse zur Last."

404 Der völlige Freispruch des Angeklagten in der Revisionsinstanz kommt in der Praxis relativ selten vor. Häufiger sind Teilfreisprüche, weil das Tatgericht die bei → Rn. 399 ff. zur Teileinstellung mitgeteilten, hier entsprechend geltenden Grundsätze nicht beachtet hat.[23]

405 • Aufhebung und Zurückverweisung (§§ 353, 354 II StPO).
In diesem Fall lautet der Tenor:

„1. Auf die Revision des Angeklagten wird das Urteil des Landgerichts … vom … mit den Feststellungen aufgehoben.
2. Die Sache wird zur neuen Verhandlung und Entscheidung, auch über die Kosten des Rechtsmittels, an eine andere Strafkammer des Landgerichts zurückverwiesen."

406 Betrifft die Aufhebung und Zurückverweisung bei „voll" eingelegter Revision nur den Rechtsfolgenausspruch, wird der Tenor wie bei einem entsprechenden Beschluss (→ Rn. 390) formuliert. Hat eine beschränkt eingelegte Revision „vollen" Erfolg, entfällt die Verwerfung der weitergehenden Revision.

---

[22] BGH 5.3.1997 – 2 StR 54/97; vgl. auch Schmitt/Köhler/Schmitt StPO § 354 Rn. 20.

[23] Vgl. Schmitt/Köhler/Schmitt StPO § 354 Rn. 3 f.; zur Erforderlichkeit und Zulässigkeit eines Teilfreispruchs auch Schmitt/Köhler/Schmitt StPO § 260 Rn. 11, 12 ff.

Die Zurückverweisung kann nach § 354 II 1 StPO an ein anderes Landgericht desselben Bundeslandes, unter den Voraussetzungen des § 354 III StPO auch an ein Amtsgericht (Strafrichter oder Schöffengericht) oder – im Falle der Unzuständigkeit des Erstgerichts – an das zuständige Gericht (§ 355 StPO) erfolgen. 407

- Sachentscheidung des Revisionsgerichts zur Strafe: 408
  Nach der Einfügung von Abs. 1a in § 354 StPO kann das Revisionsgericht eine vom Tatrichter verhängte Strafe trotz einer Gesetzesverletzung bei der Strafzumessung bestehen lassen, wenn sie angemessen ist. Diese Vorschrift ist jedoch nur dann verfassungskonform „ausgelegt, wenn die Kompetenz der Revisionsgerichte zu eigener Strafzumessung davon abhängt, dass ihnen für die Sachentscheidung ein zutreffend ermittelter, vollständiger und aktueller Strafzumessungssachverhalt zur Verfügung steht" (BVerfG NStZ 2007, 598 (599)). Das Revisionsgericht hat sich daher Gewissheit darüber zu verschaffen, ob ein solcher vorliegt.[24] Da dies nicht im Wege der Beweisaufnahme geschehen kann, muss das Revisionsgericht dem Angeklagten Gelegenheit zur Stellungnahme zu einer beabsichtigten Entscheidung nach § 354 Ia 1 StPO einräumen.[25] Dieses „Anhörungsverfahren" eröffnet die Möglichkeit, dass das Revisionsgericht über einen „möglicherweise unzureichenden oder nicht mehr aktuellen Strafzumessungssachverhalt"[26] informiert wird. Kann sich das Revisionsgericht von einer vollständigen und verlässlichen Entscheidungsgrundlage keine Gewissheit verschaffen, hat es von einer eigenen Entscheidung abzusehen und die Festsetzung der Rechtsfolgen (zur Aufhebung des Urteils im Strafausspruch → Rn. 390) dem Tatgericht zu überlassen.

Eine Strafzumessungsentscheidung nach § 354 Ia 1 StPO ist auch dann ausgeschlossen, wenn zugleich eine Neuentscheidung über einen fehlerhaften Schuldspruch erfolgen muss (vgl. Wortlaut des § 354 Ia 1 StPO: „nur").[27] 409

Ferner kann das Revisionsgericht auf Antrag der Staatsanwaltschaft die vom Tatrichter zuerkannte Strafe herabsetzen (§ 354 Ia 2 StPO),[28] auf eine absolut bestimmte Strafe erkennen (§ 354 I StPO, zB lebenslang bei Mord) oder die gesetzliche Mindeststrafe verhängen (§ 354 I StPO). 410

Daneben stehen dem Revisionsgericht in Bezug auf den Rechtsfolgenausspruch auch noch weitere Entscheidungsmöglichkeiten zu, etwa gem. § 354 Ib StPO – auch nach einer Teileinstellung gem. § 154 II StPO – hinsichtlich einer „fehlerhaften" Gesamtstrafe[29] oder aufgrund entsprechender Anwendung von § 354 I StPO.[30] 411

Fall: Das Landgericht hat den Angeklagten wegen Steuerhinterziehung zu einer Freiheitsstrafe verurteilt. Wie wird der BGH entscheiden, wenn die Strafkammer vergessen hat, über die Anrechnung der in Frankreich vollzogenen Auslieferungshaft zu entscheiden, das Urteil im Übrigen aber keinen Rechtsfehler aufweist? 412

Lösung: Die Anrechnung einer im Ausland in der abgeurteilten Sache erlittenen Freiheitsentziehung erfolgt kraft Gesetzes (§ 51 III 2, I StGB); insoweit bedurfte es daher keiner Entscheidung. Jedoch muss der Maßstab für die Anrechnung dieser Haft ausdrücklich – im Tenor – mitgeteilt werden (§ 51 IV 2 StGB). Da in Frankreich den deutschen Verhältnissen vergleichbare Haftbedin-

---

[24] BVerfG NStZ 2007, 598 (599); Paster/Sättele NStZ 2007, 609 (612); zu Grenzen der Sachentscheidung nach § 354 Ia StPO vgl. BGH NStZ-RR 2010, 21.

[25] Der Angeklagte muss grundsätzlich auf die für eine Sachentscheidung nach § 354 Ia 1 StPO sprechenden Gründe mündlich oder schriftlich hingewiesen werden: BVerfG NStZ 2007, 598 (599); vgl. auch Schmitt/Köhler/Schmitt StPO § 354 Rn. 28a.

[26] BVerfG NStZ 2007, 598 (599).

[27] BVerfG NStZ 2007, 598 (601).

[28] Die zu § 354 Ia 1 StPO vom BVerfG entwickelten Maßstäbe (vgl. → Rn. 408) gelten auch für § 354 Ia 2 StPO: BVerfG NStZ 2007, 710 (711); vgl. auch Schmitt/Köhler/Schmitt StPO § 354 Rn. 29.

[29] BGH NJW 2004, 3788; zu § 154 II StPO: BGH NJW 2005, 376; zum Verfahren bei § 354 Ib StPO: Schmitt/Köhler/Schmitt StPO § 354 Rn. 31.

[30] Dazu Schmitt/Köhler/Schmitt StPO § 354 Rn. 27; kritisch hierzu: BVerfG NStZ 2004, 273 = StraFo 2004, 131 mAnm Junker.

gungen herrschen und deshalb nur ein Anrechnungsmaßstab von 1:1 in Betracht kommt, kann der BGH den fehlenden Ausspruch in entsprechender Anwendung des § 354 I StPO nachholen. Der Tenor dieser Entscheidung wird lauten:[31]

„1. Die Revision des Angeklagten gegen das Urteil des Landgerichts ... vom ... wird mit der Maßgabe verworfen, dass die vom Angeklagten in dieser Sache in Frankreich erlittene Freiheitsentziehung auf die Strafe im Maßstab 1:1 angerechnet wird.
2. Der Angeklagte hat die Kosten seines Rechtsmittels zu tragen."

VI. Aufbau der Entscheidungsgründe

413 Der Aufbau der Gründe einer Entscheidung des BGH als Revisionsgericht soll hier im Hinblick darauf, dass eine solche im Examen noch nicht zu entwerfen war, nur stichwortartig – und daher vereinfacht – sowie an einem Beispiel dargestellt werden.

- In einem Urteil kommt nach dem Tenor (vor den Gründen): „Von Rechts wegen".
- Überschrift: „Gründe".
- Mitteilung des Schuld- und Rechtsfolgenausspruchs des angefochtenen Urteils,
- des Revisionsführers,
- der Art der erhobenen Rügen,
- des Ergebnisses des Revisionsverfahrens.
- Kurze Darstellung des Sachverhalts (Feststellungen des Ersturteils).
- Die weiteren Ausführungen hängen davon ab, ob das Rechtsmittel Erfolg hat oder nicht sowie welche Rüge gegebenenfalls durchgreift. Hat die Revision vollen Erfolg, wird nur der Punkt erörtert, der das Ersturteil zu Fall bringt. In einem solchen Fall wären in einer Examensklausur alle weiteren Probleme im Hilfsgutachten darzustellen. Hat die Revision keinen oder nur teilweisen Erfolg, müssen grundsätzlich alle erhobenen Verfahrensrügen sowie die auf die Sachrüge hin vorzunehmende Prüfung in die Entscheidung aufgenommen werden; auf das Fehlen einer Verfahrensvoraussetzung ist in einem solchen Fall nur einzugehen, wenn eine solche Beanstandung in der Revisionsbegründungsschrift ausdrücklich erhoben bzw. in der Antragsschrift des Generalbundes- bzw. Generalstaatsanwalts angesprochen wurde oder sie sonst nahe lag.

414 **Beispiel** (Beschluss nach § 349 II, IV StPO; die Revision des Angeklagten hat nur zum Strafausspruch Erfolg):

„Gründe:
Das Landgericht hat den Angeklagten wegen Mordes zu einer lebenslangen Freiheitsstrafe verurteilt. Hiergegen wendet er sich mit seinem Rechtsmittel, mit dem er das Verfahren beanstandet und die Sachrüge erhebt. Die Revision hat nur bezüglich des Rechtsfolgenausspruchs Erfolg.

1. Die vom Angeklagten erhobene Aufklärungsrüge ist unzulässig, da sie nicht den sich aus § 344 II 2 StPO ergebenden Anforderungen genügt. Sie enthält weder eine bestimmte Beweisbehauptung, die das Landgericht hätte feststellen sollen, noch die Angabe eines konkreten Beweismittels, mit dem diese Behauptung bewiesen werden sollte.
2. Die Sachrüge des Angeklagten ist unbegründet, soweit sie den Schuldspruch betrifft, dagegen hat sie zum Strafausspruch Erfolg.
   a) Nach den vom Schwurgericht getroffenen Feststellungen hat der Angeklagte am ... [es folgt eine kurze Zusammenfassung des Sachverhalts, den das Schwurgericht seiner Verurteilung zugrunde gelegt hat.]
   b) Auf der Grundlage dieser Feststellungen begegnet der Schuldspruch wegen Mordes keinen Bedenken. ... [es folgt die Begründung, dass der Schuldspruch keinen Rechtsfehler aufweist.]
   c) Dagegen kann der Strafausspruch keinen Bestand haben. ... [es folgt die Begründung, warum die Strafzumessungserwägungen des Schwurgerichts einen Rechtsfehler aufweisen, auf dem das Urteil beruht. Wegen der absoluten Strafdrohung in § 211 I StGB kann ein

[31] Vgl. BGH NStZ 1997, 286 sowie Schmitt/Köhler/Schmitt StPO § 354 Rn. 26c.

solcher Rechtsfehler an sich nur in der falschen Anwendung einer Vorschrift über eine Strafrahmenverschiebung liegen. In einem solchen Fall ist eine Anwendung von § 354 Ia StPO durch das Revisionsgericht ausgeschlossen.]"

VII. Besonderheiten

1. Bindung an die Revisionsentscheidung, Verschlechterungsverbot

Wird das Ersturteil aufgehoben und die Sache zu neuer Verhandlung und Entscheidung zurückverwiesen, so ist das nunmehr zur Entscheidung berufene Gericht an die rechtliche Bewertung des Revisionsgerichts gebunden (§ 358 I StPO); zudem besteht bei einer vom oder zugunsten des Angeklagten eingelegten Revision ein – allerdings nur auf den Rechtsfolgenausspruch bezogenes – Verschlechterungsverbot (§ 358 II StPO). 415

2. Teilweise Aufhebung der Feststellungen (doppelrelevante Tatsachen)

Hat eine beschränkt eingelegte Revision Erfolg oder enthält das Urteil nur „teilweise" einen Rechtsfehler (vgl. etwa die Beispiele bei → Rn. 390, 395, 402), muss bzw. darf das Revisionsgericht nicht stets das gesamte Urteil des Tatrichters aufheben. Dasselbe gilt bezüglich der vom Tatrichter getroffenen Feststellungen. Auch hier können bzw. müssen (vor allem bei wirksam beschränkt eingelegter Revision) die den nicht angefochtenen Teil betreffenden oder die rechtsfehlerfrei getroffenen Feststellungen bestehen bleiben, wenn sie gegenüber dem übrigen Urteilssachverhalt selbstständig und unabhängig sind (vgl. auch das „sofern" in § 353 II StPO). Beispiele hierfür sind die Aufhebung nur des Strafausspruchs mit den diesem zugrunde liegenden Feststellungen, wenn der Schuldspruch „in Ordnung" ist (etwa → Rn. 414) oder die Aufhebung der Feststellungen mit Ausnahme derjenigen zum äußeren Tatgeschehen, wenn zB die §§ 20, 21 StGB oder ein Verbotsirrtum nach § 17 StGB fehlerhaft nicht geprüft wurden. In einem solchen Fall ist der neue Tatrichter an die nicht aufgehobenen Feststellungen gebunden. Er darf daher keine diesen widersprechenden Feststellungen treffen, sondern die „rechtskräftigen" Tatsachen nur ergänzen.[32] 416

Fall: Die Angeklagte war wegen Totschlags zu einer Freiheitsstrafe von acht Jahren verurteilt worden. Die gegen dieses Urteil zunächst eingelegte Revision war nur zum Strafausspruch erfolgreich; der BGH hatte in einem ersten Revisionsverfahren lediglich den Strafausspruch mitsamt den Feststellungen aufgehoben und die Sache zur neuen Straffestsetzung an ein anderes Schwurgericht des Landgerichts zurückverwiesen. Gegen dessen Urteil, in dem wiederum eine Freiheitsstrafe von acht Jahren verhängt wurde, hat der Verteidiger der Angeklagten erneut Revision eingelegt. Er beanstandet, dass ein Beweisantrag als unzulässig abgelehnt wurde, mit dem die Schuldunfähigkeit der Angeklagten nachgewiesen werden sollte (die Tatrichter hatten der Angeklagten „nur" § 21 StGB zugebilligt). Wird die Revision Erfolg haben? 417

Lösung: Die Revision wird keinen Erfolg haben. Nach der Rechtsprechung werden nämlich, wenn das Revisionsgericht ein Urteil nur im Strafausspruch mit den zugehörigen Feststellungen aufgehoben hat, von dieser Aufhebung lediglich solche Feststellungen erfasst, die **allein** die Straffrage betreffen. Hinsichtlich derjenigen Feststellungen, die ausschließlich oder auch den (infolge der Erfolglosigkeit der ersten Revision „rechtskräftigen") Schuldspruch betreffen, tritt dagegen Bindungswirkung ein, sie dürfen vom neuen Tatrichter nicht anders festgestellt werden.[33] Umstände, die sowohl für den Schuldspruch als auch den Rechtsfolgenausspruch Bedeutung haben, bezeichnet man im Übrigen als doppelrelevante Tatsachen. Auch an sie ist der neue Tatrichter gebunden, wenn er nach einer Aufhebung nur im Rechtsfolgenausspruch lediglich über diesen neu zu entscheiden hat.[34] Auf dieser Grundlage hat das Schwurgericht den auf die Bejahung von § 20 StGB gerichteten Beweisantrag zutreffend als unzulässig abgelehnt; denn wäre die Angeklagte tatsächlich schuldunfähig gewesen, so hätte sie nicht wegen Totschlags

[32] Schmitt/Köhler/Schmitt StPO Einl. Rn. 187 ff., § 353 Rn. 15–16, 20.
[33] BGH NJW 2017, 2847; Schmitt/Köhler/Schmitt StPO § 353 Rn. 20.
[34] Zu den doppelrelevanten Tatsachen gehört zB die Tatzeit: BGH StraFo 2004, 279.

verurteilt werden dürfen. Da das Urteil insofern aber „rechtskräftig" ist, ist der neue Tatrichter aus Rechtsgründen daran gehindert, sich mit dem Schuldspruch zu befassen, darauf gerichtete Beweisanträge sind unzulässig (§ 244 III 2 StPO).[35]

3. Erstreckung (§ 357 StPO)

418 Möglich ist ferner eine Erstreckung der Revisionsentscheidung auf einen Mitverurteilten, der selbst dieses Rechtsmittel nicht eingelegt hat (§ 357 StPO), wenn dieser wegen derselben (prozessualen) Tat durch dasselbe Urteil aufgrund eines materiell-rechtlichen Fehlers oder wegen fehlerhafter Beurteilung der Verfahrensvoraussetzungen verurteilt wurde. Nach der Rechtsprechung ist eine solche Erstreckung aber ausgeschlossen, wenn „nur" eine Verfahrensrüge erfolgreich ist, wenn die Aufhebung „nur" wegen einer Gesetzesänderung (§ 354a StPO) erfolgt oder das BVerfG eine angewendete Strafvorschrift oder deren Auslegung für verfassungswidrig erklärt hat (vgl. § 79 BVerfGG).[36]

4. Anhörungsrüge (§ 356a StPO)

419 Die in § 356a StPO geregelte Anhörungsrüge – ein außerordentlicher Rechtsbehelf und die speziellere Regelung gegenüber § 33a StPO – ermöglicht es den am Revisionsverfahren Beteiligten, binnen einer Woche schriftlich (kein Anwaltszwang!) die Verletzung des rechtlichen Gehörs vor einer Entscheidung des Revisionsgerichts geltend zu machen. In der zu begründenden Rüge muss der Zeitpunkt der Kenntniserlangung von der Verletzung des rechtlichen Gehörs vorgetragen und glaubhaft gemacht werden.

420 Wurden in der Revisionsbegründung Rügen, insbesondere Verfahrensrügen, nicht oder nicht frist- bzw. formgerecht erhoben, können diese mit der Anhörungsrüge nicht nachgeholt werden bzw. werden vom Revisionsgericht im Verfahren nach § 356a StPO nicht berücksichtigt.[37] Denn das Verfahren gem. § 356a StPO dient ausschließlich der Nachholung nicht gewährten rechtlichen Gehörs zu einer bereits getroffenen Entscheidung des Revisionsgerichts über form- und fristgerecht erhobene Rügen.

---

[35] Schmitt/Köhler/Schmitt StPO § 353 Rn. 20a, § 244 Rn. 49a.
[36] Schmitt/Köhler/Schmitt StPO § 357 Rn. 8 ff.
[37] Schmitt/Köhler/Schmitt StPO § 356a Rn. 1.

5. Kapitel. Anhang

A. Revisionsklausuren: Typen und Themen[1]

I. Aufgabentypen

Revisionsklausuren wurden in Bayern seit 1986 in etwa 1/3 der strafrechtlichen Examensaufgaben gestellt. Sie lassen sich folgenden Typen zuordnen: 421
- Gutachten dazu, ob und inwieweit Revision eingelegt werden soll;
- Gutachten zu den Erfolgsaussichten einer bereits eingelegten, aber noch nicht begründeten Revision, zusätzlich waren – allerdings selten – die Verfahrensrügen zu formulieren oder der Tenor der erwarteten Entscheidung des Revisionsgerichts zu fertigen;
- Gutachten zu den Erfolgsaussichten einer bereits begründeten Revision;
- Fertigen einer Revisionsbegründung. **In den letzten Jahren wurde stets (zumindest auch) die Fertigung einer Revisionsbegründung verlangt.**

II. Klausurthemen

Die Klammerzusätze geben die Häufigkeit in absoluten Zahlen an.

1. *Zulässigkeitsfragen* 422
   - Wahrung der Revisionseinlegungsfrist (4×)
     - bei eigenmächtiger Abwesenheit des Angeklagten (2×)
     - bei Freiheitsentziehung des Angeklagten (§ 299 StPO) (1×)
     - bei Doppelzustellung an Verteidiger und Angekl. (§ 37 II StPO)
     - bei Änderung des Protokolls
   - Unwirksamer Rechtsmittelverzicht (2×)
   - Revisionseinlegung vor der vollständigen Urteilsverkündung (2×)
   - Revisionseinlegung zu Protokoll in der Hauptverhandlung (4×)
   - Revisionseinlegung mit Faksimile-Stempel (1×)
   - Sprungrevision (6×)
   - Einlegung eines unbenannten Rechtsmittels (1×)
   - Zulässigkeit einer Nebenklägerrevision (2×)
   - Wiedereinsetzung in den vorigen Stand (1×)
2. *Verfahrenshindernisse* 423
   - Wirksamkeit von Anklage und Eröffnungsbeschluss (ungenaue Tatbeschreibung, ungenaue Tatzeit, 6×)
   - Fehlen einer wirksamen Nachtragsanklage (4×)
   - Wirksamkeit des Eröffnungsbeschlusses bei nur teilweiser Zulassung der Anklage (fortgesetzte Handlung, 1×)
   - Strafklageverbrauch (5×)
     - fortgesetzte Handlung (2×)
     - nach § 153 StPO (1×)
     - nach § 153a StPO (1×)
     - nach § 154 StPO (1×)
   - Verjährung (2×)
   - sachliche Zuständigkeit (7×)
   - fehlender/unwirksamer Strafantrag (4×)
   - Rechtskraft durch verfristete Berufung (1×)
   - Verbot der Schlechterstellung (3×)

---

[1] Die folgende Darstellung beruht auf einer Auswertung der in bayerischen Staatsexamina von 1986/I bis 2025/I gestellten Revisionsklausuren.

424 3. *Verfahrensrügen*

- Zuständigkeit (3×)
  - des Schwurgerichts (2×)
  - der Jugendschutzkammer (1×)
- fehlerhafte Besetzung des Gerichts (einschließlich Schöffenauswahl) (5×)
- Wechsel des Vorsitzes (1×)
- Öffentlichkeit (5×)
- Anwesenheit (19×)
  - Staatsanwalt bei eigener Zeugenvernehmung (1×)
  - Angeklagter (9×)
  - Verteidiger (4×, davon 1×: zu viele Verteidiger (§ 137 I 2 StPO))
  - Nebenkläger (2×)
  - Dolmetscher (2×)
  - Sachverständiger (1×)
- Verweigerung der Aussetzung bei Verteidigerwechsel (§ 145 III StPO) (1×)
- Befangenheit (12×)
  - Tätigkeit als Ermittlungs- bzw. Haftrichter (3×)
  - Befangenheit des Vorsitzenden (2×)
  - Befangenheit des beisitzenden Richters (1×)
  - Befangenheit der Schöffen (2×)
  - Befangenheit des Staatsanwalts (2×)
  - Befangenheit eines Zeugen (1×)
  - Befangenheit des Sachverständigen (1×)
- keine oder zu späte Belehrung des Angeklagten nach § 243 V 1 StPO (9×; davon 2× bei Staatsanwalts-Revision (§ 339 StPO))
- Fehler bei der Verlesung der Anklage (5×; davon 1× bei Staatsanwalts-Revision (§ 339 StPO) und 1× im Hinblick auf die Verlesung des erstinstanzlichen Urteils in der Berufungsverhandlung, § 324 I StPO)
- Aufklärungsrüge (10×)
  - Erholung eines psychiatrischen Gutachtens (1×)
  - unbekannter Aufenthalt eines Zeugen (2×)
  - Zeuge hatte sich vor der Vernehmung wieder entfernt (1×)
  - sich aufdrängende Zeugenvernehmung (5×)
  - Verlesung eines Strafantrags (1×)
- Ablehnung eines Beweisantrags (25×, teilweise allerdings auf mehrere Gründe gestützt)
  - Abgrenzung Beweisermittlungsantrag (4×)
  - Unzulässigkeit (2×)
  - verspätete Antragstellung (1×)
  - Ungeeignetheit (5×)
  - Unerreichbarkeit (5×)
  - Bedeutungslosigkeit (2×, davon 1× im Rahmen präsenter Beweismittel),
  - Auslandszeuge (3×)
  - Sachverständigengutachten (1×)
  - Erwiesenheit des Gegenteils (2×)
  - Hilfsbeweisantrag (2×)
  - Ablehnung durch Vorsitzendenverfügung (1x)
- Verwertungsverbote (36×; vgl. dazu auch bei Sachrüge):
  - § 136a StPO (4×, davon 1× iVm § 69 III StPO)
  - keine (wirksame) Belehrung über Schweigerecht als Beschuldigter (7×)
  - polizeiliche Vernehmung des Beschuldigten nur zu einer anderen Tat (1×)
  - verweigerte Verteidigerkonsultation (3×) bzw. verspätete Pflichtverteidigerbestellung (1×)
  - fehlende Belehrung über Freiwilligkeit einer Atemalkoholmessung (1×)
  - nach Zeugnisverweigerung in der Hauptverhandlung, § 252 StPO (9×)
  - nach Auskunftsverweigerung gem. § 55 StPO (3×)
  - zu lange Observation (1×)

  - beschlagnahmtes Tagebuch (1×)
  - beschlagnahmte Patientenkartei (1×)
  - Durchsuchung ohne richterliche Durchsuchungsanordnung (1×)
  - Zufallsfund bei Durchsuchung (1×)
  - Blutuntersuchung ohne richterliche Anordnung (1×)
  - Verwertung entgegen § 477 II 2 StPO aF (jetzt §§ 161 III, 479 II 1 StPO) (1×)
- Verlesungen (26×)
  - zur Feststellung der Personalien des Beschuldigten (1×)
  - Geständnis (4×)
  - richterliche Niederschrift einer Zeugenaussage (6×)
  - polizeiliche Niederschrift einer Zeugenaussagen (4×)
  - Sachverständigengutachten (4×)
  - ärztliches Attest (3×)
  - Ermittlungsbericht (2×)
  - Abgrenzung zum Augenschein (2×)
- Zeugenvernehmung (77×)
  - Belehrungen (23×)
  - allgemeine Belehrung, § 57 StPO (3×)
  - Angehörige (12×)
  - Tatbeteiligte oder Angehörige von Tatbeteiligten (10×)
  - Vernehmung des Staatsanwalts oder des Verteidigers als Zeugen (3×)
  - Aussagegenehmigung (§ 54 StPO)
  - Vereidigungsfragen (25×)
  - Verzicht (2×)
  - Tat-, Strafvereitelungsverdacht (3×)
  - Angehörige (4×)
  - nach teilweiser Zeugnisverweigerung (3×)
  - Eidesverweigerung (3×)
  - fehlende Begründung bei Nichtvereidigung (3×)
  - Verfügung des Vorsitzenden, Gerichtsbeschluss (4×)
  - unterbliebene Entscheidung über die Vereidigung (3×)
- Sachverständiger (6×)
  - Belehrung, Vereidigung (3×)
  - Abgrenzung zum Zeugen (1×)
  - ununterbrochene Anwesenheit (2×)
- Dolmetscher (3×)
  - Belehrung (1×)
  - fehlende Vereidigung (1×)
  - Berufung auf früheren Eid (1×)
- Hinweispflicht nach § 265 StPO (5×, davon 1× bei Staatsanwalts-Revision)
- verweigerte Zulassung als Nebenkläger (1×)
- Protokoll (7×)
  - Ablehnung wörtlicher Protokollierung (4×)
  - allgemeinkundige Tatsachen (1×)
  - Anwesenheit (1×)
  - fehlende Protokollierung tatsächlich eingehaltener wesentlicher Förmlichkeit (1×)
- fehlende Beratung (1×)
- Plädoyer (3×)
  - fehlerhafte Reihenfolge (1×)
  - Weigerung des Verteidigers (1×)
  - fehlendes Plädoyer des Nebenklägers (1×)
- Nichtgewährung des letzten Worts (15×; davon 1× bei Staatsanwalts-Revision (§ 339 StPO))
- Höchstdauer der Unterbrechung (1×)
- Ablehnung der Aussetzung nach Nicht-Einhaltung der Ladungsfrist (1×)

- Urteil (24×)
  - Unterzeichnung durch Schöffen/andere Richter (2×)
  - Überschreitung der Frist des § 268 III 2 StPO (1×)
  - Absetzungsfrist (5×)
  - Verwertung zeitweisen/teilweisen Schweigens (4×, auch als Sachrüge, s. unten)
  - Verwertung nicht in die Hauptverhandlung eingeführter Umstände (13×)
  - nicht verlesenes Urteil bzw. BZR (2×)
  - nicht verlesenes Gutachten (4×)
  - offenkundige Tatsache (1×)
  - anderer Aussageinhalt als im Ermittlungsverfahren (1×)
  - anderer Aussageinhalt als nach wörtlicher Protokollierung (1×)
  - nicht ordnungsgemäße Einführung von Urkunden (4×)
  - Einnahme eines Augenscheins außerhalb der Hauptverhandlung (1×)
  - Verwertung einer nach § 154 StPO eingestellten Tat (1×)
  - Verwertung des Angeklagtenverhaltens während der Urteilsverkündung (1×)
- Verständigung (8×)
  - Nicht-Beteiligung der Staatsanwaltschaft (1×)
  - Mitteilung über Gespräche, § 243 IV StPO (1×)
  - Verwertung des Geständnisses (§ 257c IV 3 StPO) (1×)
  - unterbliebene Belehrung, § 257c V StPO (2×)
  - Rechtsmittelverzicht, § 302 I 2 StPO (2×)
  - Unterbliebene Erwähnung im Urteil (§ 267 III 5 StPO)

425 4. *Materiell-rechtliche Probleme (bezogen nur auf Revisionsklausuren)*
- Urteilsfassung (3×)
  - Darstellung der persönlichen Verhältnisse (2×)
  - zu Unrecht abgekürztes Urteil (1×)
- Beweiswürdigung (10×; zu Verwertungsverboten: vgl. auch oben bei Verfahrensrüge)
  - keine Mitteilung/Würdigung der Einlassung des Angeklagten (1x)
  - Verwertung zeitweisen/teilweisen Schweigens (4×, auch als Verfahrensrüge, s. oben)
  - Verlesen einer vorbereiteten Erklärung durch Zeugen (1×)
  - nach wörtlicher Protokollierung einer Zeugenaussage (1×)
  - willkürliche/lückenhafte Beweiswürdigung (3×)
  - fehlende Feststellungen bei Freispruch (1×)
- rechtliche Würdigung (nur Problempunkte)
  - allgemeiner Teil
  - Anwendbarkeit deutschen Strafrechts, § 9 StGB (1×)
  - milderes Gesetz, § 2 StGB (1×)
  - §§ 20, 21 StGB (3×)
  - Versuch einschließlich Rücktritt (11×)
  - Abgrenzung Täterschaft/Teilnahme (1×)
  - mittelbare Täterschaft (1×)
  - Mittäterschaft, Mittäterexzess (1×)
  - Verabredung zu einem Verbrechen (1×)
  - Notwehr/Nothilfe (1×)
  - Wahlfeststellung (2×)
  - aberratio ictus (1×)
  - Unterlassen (1×)
  - Konkurrenzen (2×)
  - Körperverletzungs- und Tötungsdelikte
  - Mord, Totschlag, Tötung auf Verlangen (6×)
  - (gefährliche) Körperverletzung (14×, davon 1× Körperverletzung im Amt)
  - Körperverletzung mit Todesfolge (2×)
  - fahrlässige Körperverletzung (1×)
  - Brandstiftung mit Todesfolge (3×)
  - Eigentums- und Vermögensdelikte
  - Diebstahl einschließlich Wohnungseinbruchdiebstahls (16×)

- Unterschlagung (2×)
- unbefugter Gebrauch eines Fahrzeugs (1×)
- Hehlerei (2×)
- Betrug (13×)
- Computerbetrug (4×)
- Untreue (3×)
- Raub, räuberische Erpressung (21×)
- räuberischer Diebstahl (einschließlich Qualifikationen) (4×)
- §§ 239a, 239b StGB (3×)
- Straßenverkehr
- Fahren ohne Fahrerlaubnis (2×)
- Verstoß gegen das Pflichtversicherungsgesetz (1×)
- § 142 StGB (2×)
- § 315b StGB (2×)
- §§ 315c, 316 StGB (3×)
- § 316a StGB (4×)
- Sonstiges
- Nötigung (1×)
- Nicht-Anzeige geplanter Straftaten (1×)
- Meineid (2×),
- falsche Versicherung an Eides statt (1×)
- Strafvereitelung (6×)
- Vortäuschen einer Straftat (2×)
- falsche Verdächtigung (4×)
- Verunreinigen von Gewässern (1×)
- Urkundenfälschung und Missbrauch von Ausweispapieren (5×)
- Fälschung beweiserheblicher Daten (1×)
- gemeinschädliche Sachbeschädigung (2×)
- Verwahrungsbruch (1×)
- Brandstiftung (5×)
- Leistungserschleichung (3×)
- Vollrausch (2×)
- unterlassene Hilfeleistung (1×)
- Amtsanmaßung (1×)
- Hausfriedensbruch (1x)

• Strafzumessung und Rechtsfolgen
  - fehlende Erörterung eines (unbenannten) minder schweren Falles (2×)
  - minder schwerer Fall bei vertyptem Milderungsgrund (3×)
  - keine oder unzureichende Prüfung der Strafrahmenverschiebung bei vertyptem Milderungsgrund (3×)
  - Strafzumessungserwägungen
  - fehlende Angaben von Strafmaßzumessungstatsachen (2×)
  - Schweigen, Leugnen, fehlende Reue des Angeklagten (6×)
  - Vorstrafen (5×; davon 1×: Verwertung einer tilgungsreifen Vorstrafe)
  - verjährte (1×) bzw. nach § 154 I StPO eingestellte (1×) Taten
  - nicht vorhersehbare Tatfolgen strafschärfend berücksichtigt (1x)
  - Verstoß gegen § 46 III StGB (12×)
  - Verstoß gegen § 47 StGB (3×)
  - Fehlen von Milderungs- oder Rechtfertigungsgründen (3×)
  - Milderung bei Fehlen von Qualifikationstatbeständen (1×)
  - Verhalten des Angeklagten nach der Urteilsverkündung (2×)
  - Täter-Opfer-Ausgleich, § 46a StGB (1×)
  - Verknüpfung der Dauer der Freiheitsstrafe mit Aussetzungsmöglichkeit (1×)
  - Sonstiges
  - Geldstrafe, Tagessatzhöhe (2×)
  - kurze Freiheitsstrafe (2×)

- Gesamtstrafenbildung (12×)
- unterbliebener Härteausgleich (2×)
- Anrechnung im Ausland erlittener Untersuchungshaft (1×)
- §§ 69, 69a StGB (4×)
- Verletzung von § 56 StGB (3×)
- Einziehung, § 74 StGB (2×)

426 5. *Sonstiges*
- Taktische Überlegungen zur Erhebung von Verfahrensrügen (2×)
- Anwendbarkeit von § 206a StPO durch das Revisionsgericht (1x)
- Aufhebung der Feststellungen bei Einstellung (1x)
- Zusammentreffen von Einstellung und Freispruch bezüglich derselben Tat (1x)

B. Übungsprotokoll

427 Bei Revisionsklausuren geht es unter anderem darum, mögliche Verfahrensfehler aufzudecken, die sich aus dem Protokoll ergeben. Dies können zum einen Fehler sein, die sich aus dem Protokoll unmittelbar erschließen, zum anderen aber auch solche, die aus einem „Vergessen" wesentlicher Förmlichkeiten resultieren. Auch diese gilt es aufzuspüren, da die meisten Examensklausuren ein oder zwei „übergangene" Förmlichkeiten enthalten. Dazu muss der Kandidat – letztlich auswendig gelernt – gedanklich das Verfahren darauf „abklopfen", ob das Protokoll zu wesentlichen Förmlichkeiten schweigt. Dazu dient die folgende Übung.

428 **Aufgabentext**

29 KLs 137 Js 2634/25

Protokoll

der Hauptverhandlung[1)] der 29. großen Strafkammer des Landgerichts München I vom Mittwoch, dem 7. Mai 2025 (Beginn: 10.00 Uhr, Ende: 13.00 Uhr), an der teilgenommen haben:[2)]

Vorsitzende Richterin am Landgericht Dr. Heinrichs als Vorsitzende
Richter am Landgericht Beck als Beisitzer[3)]
Gebauer, Anne, Informatikerin, Regendorf,
und Gebhart, Klaus, Landwirt, Thalmassing,
beide vereidigt am 3. Januar 2024 als Schöffen
Oberstaatsanwalt Sauer als Vertreter der Staatsanwaltschaft

In der Strafsache
gegen

Hermann Schmidt

wegen versuchten Raubes u. a.
sind bei Aufruf der Sache um 10.00 Uhr erschienen der Angeklagte[4)]
sowie der Zeuge Fred Schmidt.[5)]

Der Zeuge wird nach § 57 StPO belehrt[6)] und vorerst aus dem Sitzungssaal entlassen.[7)]

Die Personalien des Angeklagten wurden erhoben wie folgt:
Hermann Schmidt, geboren am 10. September 1976 in Regensburg, geschiedener Kfz-Mechaniker, deutscher Staatsangehöriger, wohnhaft: … Monatliches Einkommen: 2.300 EUR.[8)]

Die Vorsitzende stellt fest, dass die Anklage mit Beschluss vom 4. April 2025 unverändert zur Hauptverhandlung zugelassen worden ist.[9)]

Der Angeklagte macht keine Angaben zur Sache.[10)]

Es wird in die Beweisaufnahme eingetreten.

Der Zeuge Fred Schmidt wird hereingerufen und vernommen wie folgt:

Fred Schmidt, ... [Angaben zur Person], Vater des Angeklagten Hermann Schmidt.[11)]
Der Zeuge sagt zur Sache aus[12)] und wird entlassen.

Die Auskunft aus dem Bundeszentralregister betreffend den Angeklagten wird verlesen.[13)]

Die §§ 240, 257 StPO wurden beachtet. Die Beweisaufnahme wird geschlossen.[14)]

Der Vertreter der Staatsanwaltschaft hält seinen Schlussvortrag und beantragt, ...
Der Angeklagte beantragt[15)] ...[16)]

Nach geheimer Beratung verkündet die Vorsitzende
im Namen des Volkes folgendes Urteil:

(es folgt der Urteilstenor bis einschließlich der angewandten Vorschriften)

Die wesentlichen Urteilsgründe werden von der Vorsitzenden mündlich bekannt gegeben.
Rechtsmittelbelehrung wird erteilt.[17)] Erklärungen werden nicht abgegeben.

Das Protokoll wurde fertiggestellt am 12. Mai 2025.[18)]

Dr. Heinrichs
Vorsitzende Richterin
am Landgericht[19)]

Lösung (vgl. dazu die jeweiligen hochgestellten Ziffern im Aufgabentext) 429

Zu 1) Es fehlt die Angabe, ob öffentlich verhandelt wurde (§ 272 Nr. 5 StPO). Das Fehlen der Angabe macht das Protokoll widersprüchlich. Die Angabe „öffentlich" erbringt allerdings nicht den Beweis, dass nicht faktische Beschränkungen der Öffentlichkeit vorlagen. Im Übrigen vgl. → Rn. 154 ff.

Zu 2) Gibt Anlass zur Prüfung, ob alle wesentlichen Beteiligten anwesend sind, vgl. → Rn. 140 ff. Hier fehlt der Urkundsbeamte. Ein Verteidiger würde allerdings erst später Erwähnung finden.

Zu 3) Stimmt die Gerichtsbesetzung, hier die Besetzung der Großen Strafkammer (§ 76 II 3, III GVG)? Vgl. → Rn. 125 ff.

Zu 4) Hier muss bei notwendiger Verteidigung – hier nach § 140 I Nr. 1 und 2 StPO – der Verteidiger genannt werden. Er fehlt (absoluter Revisionsgrund nach § 338 Nr. 5 StPO).

Zu 5) Spätestens hier müsste bei Bedarf der Dolmetscher erwähnt werden, § 185 GVG, vgl. → Rn. 208 f.

Zu 6) Schützt nicht den Angeklagten.

Zu 7) § 243 II 1 StPO – kein Revisionsgrund, da bloße Ordnungsvorschrift.

Zu 8) § 243 II 2 StPO. Hier dürfen nur die Personalien (vgl. § 111 OWiG) abgefragt werden – anderenfalls muss zuvor die Belehrung nach § 243 V StPO erfolgen. Die Abfrage des monatlichen Einkommens hätte hier also noch nicht erfolgen dürfen (gegebenenfalls aber nicht kausal, wenn unbedingte Freiheitsstrafe verhängt wird, oder wenn der Angeklagte nach Belehrung aussagt).

Zu 9) Notwendig wäre gewesen: „Der Vertreter der Staatsanwaltschaft verliest den Anklagesatz vom ...", **§ 243 III 1 StPO** (Ausnahme: Berufungsverfahren, § 324 StPO). Dagegen ist die

Mitteilung der Zulassung der Anklage (nach Verlesung der Anklage) zwar in der Praxis üblich, aber nicht von Gesetzes wegen vorgeschrieben (Ausnahme im Privatklageverfahren: § 384 II StPO).

Im Anschluss fehlt des Weiteren:

„Die Vorsitzende gibt bekannt, dass keine Erörterungen stattgefunden haben, deren Gegenstand die Möglichkeit einer Verständigung nach § 257c StPO gewesen war." Vgl. **§ 243 IV StPO** und → Rn. 303 (dort auch zur Fehlerfolge).

„Der Angeklagte wird darüber belehrt, dass es ihm freistehe, sich zur Sache zu äußern oder nicht zur Sache auszusagen." Vgl. **§ 243 V 1 StPO** und → Rn. 206 f. Hier hat der Angeklagte allerdings ohnehin keine Angaben gemacht.

Zu 10) Die Tatsache, ob eine Einlassung erfolgte oder nicht, ist als wesentliche Förmlichkeit protokollierungspflichtig.

Zu 11) Hier müsste stehen: „Der Zeuge wird über sein Zeugnisverweigerungsrecht nach § 52 I Nr. 3 StPO belehrt." Das kann der Angeklagte rügen. Denken Sie bei Bedarf auch an die Belehrungspflicht nach § 55 II StPO (für den Angeklagten ebenso wenig wie die unterbliebene Belehrung nach § 57 StPO rügbar) und – nur im Falle der Vereidigung – die Belehrung nach § 61 StPO (vgl. → Rn. 240 ff.).

Zu 12) Hier steht normalerweise: „Verfügung der Vorsitzenden: Der Zeuge bleibt unvereidigt." Vgl. dazu → Rn. 251 ff. (Streit um Notwendigkeit dieser Verfügung; in der Regel beruht das Urteil jedenfalls nicht auf der Unterlassung).

Zu 13) Sämtliche Beweismittel, auf die sich das Urteil stützt, müssen im Protokoll auftauchen (vgl. → Rn. 324).

Zu 14) Es fehlt die Angabe: „Eine Verständigung hat nicht stattgefunden." (§ 273 Ia 3 StPO). Vgl. → Rn. 304.

Zu 15) Normalerweise stellen Verteidiger die Anträge. Angeklagte erhalten die Gelegenheit, sich ebenfalls zu äußern. Meistens schließen sie sich ihrem Verteidiger an.

Zu 16) Es fehlt das letzte Wort, § 258 II Hs. 2 StPO.

Zu 17) § 35a StPO. Ist wesentliche Förmlichkeit, hat aber keine Bedeutung für das Urteil (da die Rechtsmittelbelehrung nach Urteilserlass erfolgt); ebenso Belehrungen nach §§ 268a III, 268b und 268c StPO.

Zu 18) Wichtig wegen § 273 IV StPO.

Zu 19) Das Protokoll wird (nur) vom Vorsitzenden und vom – hier fehlerhaft nicht hinzugezogenen – Urkundsbeamten unterschrieben, § 271 StPO.

430 Wesentliche Verfahrensschritte ergeben sich insbesondere aus §§ 243, 258 StPO.

C. Aufbauschemata

I. Gutachten nach eingelegter, aber noch nicht begründeter Revision

431 Eine solche Aufgabenstellung kommt in zwei Alternativen vor.

In der ersten Alternative lautet der Bearbeitervermerk typischerweise: „… in einem Gutachten ist zu den Erfolgsaussichten der Revision Stellung zu nehmen."

Das Gutachten sollte folgendermaßen gegliedert werden:

1. Zulässigkeit
   a) Statthaftigkeit → § 333 StPO (Sprungrevision: §§ 335 I, 312 StPO)
   b) Einlegungsberechtigung und Beschwer → §§ 296 ff. StPO

c) Form, Inhalt und Frist der Einlegung → § 341 StPO
d) Frist zur Revisionsbegründung → § 345 I StPO
Form und Inhalt der Revisionsbegründung können noch nicht geprüft werden, weil diese noch nicht vorliegt; auf sie sollte daher erst in der Zusammenfassung am Ende eingegangen werden.
e) kein Rechtsmittelverzicht → § 302 StPO
Dieser Punkt sollte allerdings nur angesprochen werden, wenn der Sachverhalt wenigstens einen geringen Anhaltspunkt für die Erklärung eines Rechtsmittelverzichts bietet.

2. Prüfung der Begründetheit
a) Verfahrensvoraussetzungen → zB: wirksame Anklage und wirksamer Eröffnungsbeschluss, keine Verjährung, wirksamer Strafantrag, keine anderweitige Rechtshängigkeit, kein Strafklageverbrauch.
b) Prüfung des Verfahrens → Durchsicht vor allem des Protokolls, ob Verfahrensfehler vorliegen, die zu absoluten (§ 338 StPO) oder relativen Revisionsgründen (§ 337 I StPO) führen.
c) Prüfung der Anwendung materiellen Rechts → Prüfung des Urteils (Rechtsfehler in der Sachverhaltsfeststellung, der Beweiswürdigung, der rechtlichen Würdigung und der Strafzumessung).

3. Ergebnis (Zusammenfassung):
Welche Revisionsgründe – Verfahrensrügen und/oder Sachrüge – bieten Aussicht auf Erfolg?
Liegen Verfahrenshindernisse vor?
In welchem Umfang (Beschränkung) soll die Revision durchgeführt werden?
Hier kann auch auf Form und gegebenenfalls Frist der Revisionsbegründung hingewiesen werden.
Vorteilhaft ist es ferner, das zuständige Revisionsgericht und den Antrag mitzuteilen, der in der Revisionsbegründung gestellt werden soll (auch wenn dies im Bearbeitervermerk nicht ausdrücklich gefordert ist).

Hinweis: Bei einer Revision des Angeklagten ist die Erforderlichkeit einer Beschwer auch im Hinblick auf den konkreten Verfahrens- oder materiell-rechtlichen Fehler zu beachten (Stichwort zu Verfahrensfehlern: Rechtskreistheorie). Bei einer zum Nachteil des Angeklagten eingelegten Revision der Staatsanwaltschaft ist § 301 StPO zu beachten (→ Prüfung auch auf Rechtsfehler hin, die nur zum Vorteil des Angeklagten wirken würden). Ferner können sich die Staatsanwaltschaft bei einer zuungunsten des Angeklagten eingelegten Revision und Nebenkläger nicht auf die Verletzung eines Gesetzes berufen, das **lediglich** zu dessen Gunsten wirkt (§ 339 StPO direkt bzw. analog). Bei Nebenklägern ist zusätzlich § 400 I StPO zu beachten.

In der zweiten Alternative lautet der Bearbeitervermerk typischerweise: 432

„... ist ein Gutachten dazu zu erstellen, ob Rechtsverstöße vorliegen, die eine Revision begründen können."

In einem solchen Fall muss die Zulässigkeit der Revision nicht geprüft werden; der Aufbau entspricht aber dem unter I. dargestellten von „Prüfung der Begründetheit" bis „Ergebnis". Im Ergebnis kann kurz auf die Zulässigkeit der Revision – vor allem Form und Frist der Revisionsbegründung – eingegangen werden.

II. Fertigen einer Revisionsbegründungsschrift

Wird im Bearbeitervermerk zunächst ein Gutachten und dann die Revisionsbegründung gefordert, kann das dann als Gliederungsziffer I. zu erstellende Gutachten grundsätzlich wie oben geschildert aufgebaut werden. 433

Im Ergebnis (3.) sollten Form und Frist der Revisionsbegründung angesprochen und das zuständige Revisionsgericht benannt werden, die Formulierung der Anträge erfolgt dann im Schriftsatz an das Gericht.

Hinweise: Bei einer Revision des Angeklagten ist die Erforderlichkeit einer Beschwer auch im Hinblick auf den konkreten Verfahrens- oder materiell-rechtlichen Fehler zu beachten (Stichwort zu Verfahrensfehlern: Rechtskreistheorie). Bei einer zum Nachteil des Angeklagten eingelegten Revision der Staatsanwaltschaft ist § 301 StPO zu beachten (Prüfung auch auf Rechtsfehler hin, die nur zum Vorteil des Angeklagten wirken würden). Ferner können sich die Staatsanwaltschaft bei einer zuungunsten des Angeklagten eingelegten Revision und Nebenkläger nicht auf die Verletzung eines Gesetzes berufen, das **lediglich** zu dessen Gunsten wirkt (§ 339 StPO direkt bzw. analog). Der Nebenkläger hat zusätzlich die Beschränkungen des § 400 I StPO zu beachten.

434 Unter der Gliederungsziffer II. folgt dann die Revisionsbegründung.

Hinweise zur Form: Entweder Schriftsatz des Anwalts oder der Staatsanwaltschaft; jeweils mit Datum, Angabe von Absender und Empfänger (Ausgangsgericht-, nicht Revisionsgericht) sowie des Betreffs und Unterschrift.

Hinweise zum Inhalt:
- Antrag → §§ 344 I, 353 f. StPO (der Antrag wird so formuliert, wie sich der Revisionsführer den Hauptsachetenor der Entscheidung des Revisionsgerichts erhofft)
- Begründung:
  1. bestehende Verfahrenshindernisse („Vorab weise ich auf folgendes, von Amts wegen zu berücksichtigendes Verfahrenshindernis hin.")
  2. Verfahrensrügen (→ § 344 II 2 StPO; **auf den vollständigen Tatsachenvortrag ist unbedingt zu achten!**); Grundaufbau: verletzte Norm rügen, Sachvortrag mit Beweisangeboten (in der Regel Protokoll oder Urteil), Rechtsausführungen, Beruhen
  3. Sachrüge:
- zunächst allgemein erheben,
- dann Einzelausführungen (bei einer Nebenklagerevision sind die Beschränkungen des § 400 I StPO zu beachten)

435 Ist nach dem Bearbeitervermerk kein Gutachten, sondern „nur" ein Hilfsgutachten zu fertigen, so wird zunächst die Revisionsbegründung gefertigt. Im anschließenden Hilfsgutachten sind in der Regel auszuführen:
- Zulässigkeit der Revision (Statthaftigkeit, Einlegungsberechtigung, Beschwer, Form, Frist und Inhalt der Revisionseinlegung, Hinweis auf Frist und Form der Revisionsbegründung) und zuständiges Revisionsgericht. Sofern die Zulässigkeit in einzelnen Punkten nicht völlig unproblematisch und daher ausführlicher zu begründen ist, gehört die diesbezügliche Prüfung aber in den Revisionsbegründungsschriftsatz selbst;
- Erörterung der nicht durchgreifenden Verfahrenshindernisse und der in Betracht kommenden Verfahrens- und materiell-rechtlichen Fehler, die die Revision letztlich aber nicht rechtfertigen, sowie aller im Fall sonst noch bestehenden Probleme und Risiken.
- Sehr häufig ist in dieser Konstellation bei einer Revision des Angeklagten bzw. des Nebenklägers neben dem Revisionsbegründungsschriftsatz auch noch ein Schreiben an den Mandanten zu fertigen. Hier ist auf sich aus dem Sachverhalt ergebende konkrete Fragen des Mandanten einzugehen; gegebenenfalls ist zu erklären, warum von diesem angesprochene Themen keinen Eingang in die Revisionsbegründung gefunden haben. Auch im Übrigen erfolgt die Erörterung der nicht durchgreifenden Punkte dann im Mandantenschreiben (und nicht im Hilfsgutachten); gegebenenfalls ist der Mandant auf Strafbarkeiten hinzuweisen, die das Gericht in seinem Urteil übersehen hat. Der weitere Ablauf, gegebenenfalls vorhandene Risiken, taktische Überlegungen und die Erfolgsaussichten der Revision sind zu erläutern. Wichtig: Nachdem dem Mandanten der Schriftsatz an das Gericht stets mit zu übersenden ist, kann auf diesen Bezug genommen werden. Keinesfalls sollten im Mandantenschreiben die Ausführungen der Revisionsbegründungsschrift nochmals im Einzelnen wiederholt werden.

Diese Aufgabenstellung ist mittlerweile der mit Abstand häufigste Aufgabentyp bei Revisionsklausuren in der bayerischen Staatsprüfung.

III. Gutachten nach eingelegter und begründeter Revision

Hier lautet der Bearbeitervermerk typischerweise: 436

„... ist in einem Gutachten die Entscheidung des Revisionsgerichts vorzubereiten.“ oder „... ist in einem Gutachten dazu Stellung zu nehmen, ob die Revision Erfolg haben wird.“

In einem solchen Fall kann das Gutachten folgendermaßen aufgebaut werden:

I. Zulässigkeit der Revision
  1. Statthaftigkeit → § 333 StPO (Sprungrevision: §§ 335 I, 312 StPO)
  2. Einlegungsberechtigung und Beschwer → §§ 296 ff. StPO
  3. Form, Inhalt und Frist der Einlegung → § 341 StPO
  4. Form, Inhalt und Frist der Revisionsbegründung → §§ 345 I, II, 344 I, II StPO
     Ist **eine** Rüge – vor allem die allgemeine Sachrüge[2] – zulässig erhoben, wird die Zulässigkeit der übrigen Rügen – vor allem der Verfahrensrügen – erst bei der Begründetheit der Revision geprüft.
  5. kein Rechtsmittelverzicht → § 302 StPO
     Dieser Punkt sollte allerdings nur angesprochen werden, wenn der Sachverhalt wenigstens einen geringen Anhaltspunkt für die Erklärung eines Rechtsmittelverzichts bietet.

II. Begründetheit der Revision
  1. Prüfung der Verfahrensvoraussetzungen → Prüfung von Amts wegen, daher keine Rüge erforderlich (→ zB: wirksame Anklage und wirksamer Eröffnungsbeschluss, keine Verjährung, wirksamer Strafantrag, keine anderweitige Rechtshängigkeit, kein Strafklageverbrauch).
  2. Prüfung der Verfahrensrügen (§ 352 I StPO → Prüfung nur der rechtzeitig und formgerecht erhobenen Verfahrensrügen); mögliche Reihenfolge: entweder so, wie sie erhoben wurden oder
     a) absolute Revisionsgründe:
        - Zulässigkeit der Verfahrensrüge (vor allem § 344 II 2 StPO)
        - Begründetheit der Verfahrensrüge (Gesetzesverletzung, Erwiesenheit, keine Heilung), Vorliegen des absoluten Revisionsgrundes
     b) relative Revisionsgründe:
        - Zulässigkeit der Verfahrensrüge (vor allem § 344 II 2 StPO)
        - Begründetheit der Verfahrensrüge (wie bei a), Beruhen
  3. Prüfung der Sachrüge:
     - Wurde diese allgemein erhoben → umfassende Prüfung
     - Stets prüfen → besondere Begründung zur Sachrüge

Hinweis: Beschränkungen und bei Staatsanwalts- oder Nebenklägerrevision § 301 StPO sowie § 339 StPO beachten.

III. Ergebnis → Zusammenfassung, welche der Revisionsrügen Erfolg hat; in der Regel wird ein Vorschlag zum Tenor der Entscheidung des Revisionsgerichts erwartet (zweckmäßig auch, wenn dies nicht ausdrücklich verlangt wurde). Vorteilhaft ist ferner ein Hinweis, in welcher Form (Beschluss oder Urteil) diese Entscheidung ergehen kann und wird.

---

[2] Bei Nebenklägern würde allerdings die allgemeine Sachrüge regelmäßig nicht genügen.

D. Klausur „Revision"

Aufgabentext

437 **Auszug aus den Strafakten des Schwurgerichts beim Landgericht München I**

Az. 1 Ks 123 Js 54321/25

Protokoll über die öffentliche Hauptverhandlung vor dem Landgericht München I – Schwurgericht – vom 15.9.2025:

Strafsache gegen:

Gerhart Kleiner, Pflichtverteidigerin: Rechtsanwältin Südler

wegen versuchten Totschlags u. a.

Gegenwärtig:

Vorsitzende Richterin am Landgericht Dr. Betor als Vorsitzende,

die Richter am Landgericht Karl und Dr. Ebert als beisitzende Richter

Wilma Lambrecht, Sozialpädagogin, und Josef Wonnemoser, Lehrer, als Schöffen,

Oberstaatsanwalt Bayer als Vertreter der Staatsanwaltschaft,

Justizhauptsekretärin Feile als Urkundsbeamtin der Geschäftsstelle.

Nach Aufruf der Sache wurde festgestellt, dass erschienen waren:

der Angeklagte Gerhart Kleiner, vorgeführt aus der Untersuchungshaft, mit seiner Pflichtverteidigerin, Rechtsanwältin Südler,

die geladenen Zeugen Hans Kleiner, Braun und Dr. Gelder sowie der Sachverständige Prof. Dr. Grüner.

Die Zeugen wurden gem. § 57 S. 1 StPO belehrt und darauf hingewiesen, dass sich die Wahrheitspflicht auch auf die Angaben zur Person bezieht.

Dem Sachverständigen wurde die Anwesenheit im Sitzungssaal gestattet.

Die Zeugen verließen den Sitzungssaal.

Zur Person vernommen erklärte der Angeklagte:

Gerhart Kleiner, geboren am 3.11.1982 in Wien, geschieden, österreichischer Staatsangehöriger, Bauhelfer, zuletzt wohnhaft in München, zurzeit in der JVA München-Stadelheim.

Der Vertreter der Staatsanwaltschaft verlas den Anklagesatz.

Die Vorsitzende stellte fest, dass die Anklage vom 9.5.2025 durch Beschluss vom 30.6.2025 unverändert zur Hauptverhandlung zugelassen wurde.

Die Vorsitzende teilt mit, dass Gespräche, deren Gegenstand die Möglichkeit einer Verständigung war, nicht stattgefunden haben.

Der Angeklagte wurde darauf hingewiesen, dass es ihm freistehe, sich zu der ihm zur Last gelegten Tat zu äußern oder nicht zur Sache auszusagen.

Der Angeklagte erklärte, dass er sich zur Sache selbst nicht äußern wolle, sondern nur zu seinen persönlichen Verhältnissen. Zu diesen machte er Angaben.

Es wurde in die Beweisaufnahme eingetreten. Der Zeuge Hans Kleiner wurde hereingerufen und wie folgt vernommen:

Zur Person: Hans Kleiner, 40 Jahre alt, ledig, Metzger, wohnhaft in München, Bruder des Angeklagten.

Der Zeuge wurde über sein Zeugnisverweigerungsrecht (§ 52 StPO) belehrt.

Er erklärte daraufhin, keine Angaben zur Sache machen zu wollen.

Auf Verfügung der Vorsitzenden blieb der Zeuge gem. § 59 I 1 StPO unvereidigt und wurde mit Zustimmung der Verfahrensbeteiligten entlassen.

Sodann wurde der Zeuge Braun hereingerufen und wie folgt vernommen:

Zur Person: Siegfried Braun, 36 Jahre alt, verheirateter Polizeibeamter beim PP München, dort auch zu laden, mit dem Angeklagten nicht verwandt und nicht verschwägert.

Der Zeuge machte Angaben zur Sache.

Auf Verfügung der Vorsitzenden blieb der Zeuge gem. § 59 I 1 StPO unvereidigt und wurde mit Zustimmung der Verfahrensbeteiligten entlassen.

Sodann wurde der Zeuge Dr. Gelder hereingerufen und wie folgt vernommen:

> Zur Person: Dr. Sebastian Gelder, 42 Jahre alt, verheiratet, Ermittlungsrichter beim Amtsgericht München, dort auch zu laden, mit dem Angeklagten nicht verwandt und nicht verschwägert.
>
> Der Zeuge machte Angaben zur Sache.
>
> Auf Verfügung der Vorsitzenden blieb der Zeuge gem. § 59 I 1 StPO unvereidigt und wurde mit Zustimmung der Verfahrensbeteiligten entlassen.

Die Vorsitzende wies darauf hin, dass sie das beim Angeklagten aufgrund einer ermittlungsrichterlichen Anordnung am 10.2.2025 beschlagnahmte Tagebuch auszugsweise verlesen möchte. Alle Verfahrensbeteiligten erklärten hiermit ihr Einverständnis. Nach kurzer Unterbrechung und Beratung verkündete die Vorsitzende folgenden Gerichtsbeschluss:

> Das beim Angeklagten beschlagnahmte Tagebuch ist mit Einverständnis aller Verfahrensbeteiligten bezüglich der Eintragung vom 7.2.2025 zu verlesen.

Die Vorsitzende verlas das Tagebuch im oben bezeichneten Umfang.

Ferner wurde auf Anordnung der Vorsitzenden die den Angeklagten betreffende Auskunft aus dem Bundeszentralregister verlesen.

Sodann wurde mit Verfügung der Vorsitzenden um 11.55 Uhr die Sitzung zur Mittagspause bis um 13 Uhr unterbrochen.

Um 13 Uhr wurde die öffentliche Sitzung in Anwesenheit der oben bezeichneten Personen fortgesetzt.

Die Verteidigerin des Angeklagten stellte folgenden Beweisantrag: Zum Beweis der Tatsache, dass der Angeklagte am 7.2.2025 um 22.30 Uhr in der Wohnung seiner geschiedenen Ehefrau in München, Waldfriedhofstraße 7, war, beantrage ich – wie gem. § 222 II StPO angekündigt – deren Vernehmung. Die Zeugin Eva Kleiner wurde vom Angeklagten über den Gerichtsvollzieher geladen und wartet vor dem Sitzungssaal.

Der Staatsanwalt erhielt Gelegenheit, zu dem Beweisantrag Stellung zu nehmen und äußerte keine Einwände.

Nach kurzer Unterbrechung und Beratung teilte die Vorsitzende mit, dass man dem Beweisantrag folgen werde. Die Zeugin wurde sodann hereingerufen, gem. § 57 S. 1 StPO belehrt und wie folgt vernommen:

> Zur Person: Eva Kleiner, 41 Jahre alt, geschiedene Ehefrau des Angeklagten, Arzthelferin, wohnhaft in München, belehrt nach § 52 StPO, aussagebereit.
>
> Die Zeugin machte Angaben zur Sache.
>
> Die Zeugin blieb auf Anordnung der Vorsitzenden wegen des Verdachts der versuchten Strafvereitelung gem. § 60 Nr. 2 StPO unvereidigt und wurde im allseitigen Einvernehmen entlassen.

Die Verteidigerin gab nunmehr folgende Erklärung ab: Ich habe die Aussage der Zeugin so verstanden, dass kein Zweifel daran besteht, dass der Angeklagte am 7.2.2025 um 22.30 Uhr, also zur Tatzeit, bei ihr war und daher die ihm zur Last gelegte Tat nicht begangen haben kann. Sollte das Gericht dies anders sehen, bitte ich um einen Hinweis. Zudem möchte ich schon jetzt der Verwertung der Aussagen der Zeugen Braun und Dr. Gelder widersprechen und widerrufe mein Einverständnis mit der Verlesung des Tagebuchs.

Der Staatsanwalt erhielt Gelegenheit, hierzu Stellung zu nehmen.

Sodann wurde der Sachverständige Prof. Dr. Grüner wie folgt vernommen:

> Zur Person: Prof. Dr. Franz Grüner, 56 Jahre, verheiratet, Universitätsprofessor, Institut für Rechtsmedizin der Ludwig-Maximilian-Universität München, mit dem Angeklagten nicht verwandt und nicht verschwägert.
>
> Der Sachverständige machte Ausführungen zur Sache.
>
> Auf Verfügung der Vorsitzenden blieb der Sachverständige gem. § 79 I StPO unvereidigt und wurde mit Zustimmung der Verfahrensbeteiligten entlassen.

Nunmehr wurde die Beweisaufnahme geschlossen; §§ 240, 248, 257 StPO wurden jeweils beachtet. Eine Verständigung nach § 257c StPO hat nicht stattgefunden.

Die Vorsitzende wies darauf hin, dass abweichend von der zugelassenen Anklage auch eine Verurteilung wegen vorsätzlicher Körperverletzung in Tateinheit mit fahrlässiger Tötung in Betracht komme. Der Vertreter der Staatsanwaltschaft, die Pflichtverteidigerin und der Angeklagte erhielten Gelegenheit zur Stellungnahme. Erklärungen wurden nicht abgegeben.

Der Sitzungsvertreter der Staatsanwaltschaft hielt seinen Schlussvortrag und beantragte: ...

Die Verteidigerin hielt ihren Schlussvortrag und beantragte: ...

Der Angeklagte wurde befragt, ob er noch etwas zur Verteidigung ausführen wolle. Der Angeklagte hatte das letzte Wort; er machte keine Ausführungen.

Sodann wurde die Sitzung um 16.00 Uhr zur Beratung unterbrochen.

Um 17.00 Uhr wurde die öffentliche Verhandlung in Anwesenheit der oben bezeichneten Personen fortgesetzt.

Die Vorsitzende verkündete durch Verlesen der Urteilsformel und mündliche Mitteilung des wesentlichen Inhalts der Urteilsgründe im Namen des Volkes folgendes

Urteil:

1. Der Angeklagte wird wegen vorsätzlicher Körperverletzung in Tateinheit mit fahrlässiger Tötung zu einer Freiheitsstrafe von zwei Jahren und sechs Monaten verurteilt.
2. Der Angeklagte hat die Kosten des Verfahrens zu tragen.

Ferner wurde ein Beschluss zur Haftfortdauer verkündet.

Rechtsmittelbelehrung wurde erteilt.

Das Protokoll wurde am 19.9.2025 fertig gestellt.

Dr. Betor	Feile
Vorsitzende Richterin am Landgericht	Justizhauptsekretärin

Gegen dieses Urteil haben die Staatsanwaltschaft, eingegangen bei Gericht am 16.9.2025, und die Verteidigerin des Angeklagten, eingegangen bei Gericht am 22.9.2025, jeweils formgerecht elektronisch Revision eingelegt.

Auszug aus den Gründen des am 15.9.2025 verkündeten Urteils:

I.

... [Es folgt die Darstellung der persönlichen und wirtschaftlichen Verhältnisse des Angeklagten einschließlich der Haftdaten und Vorstrafen.]

II.

Am Abend des 7.2.2025 entschloss sich der Angeklagte, zum Ausklang der Woche mit seinem Bruder Hans und Freunden in seiner Stammwirtschaft, der Gaststätte X in München, zu feiern. Bereits unmittelbar beim Betreten der Gaststätte gegen 22.15 Uhr wurde der unter anderem mit einer „Bomberjacke" und Springerstiefeln bekleidete Angeklagte von dem in der Nähe der Eingangstüre sitzenden, deutlich alkoholisierten Fernando Ferri mit den Worten „Schwarz steht dir gut" angesprochen. Der Angeklagte fühlte sich hierdurch beleidigt, ging aber – ohne etwas zu erwidern – zu seinem Bruder und seinen Freunden.

Noch bevor der Angeklagte das erste Getränk zu sich nehmen konnte, bemerkte er, dass Fernando Ferri gegen 22.30 Uhr die Gaststätte verließ. In seiner Verärgerung entschloss sich der Angeklagte, diesem unauffällig zu folgen, ihn zu Rede zu stellen und ihm eine „Abreibung" zu verpassen. Hierzu verließ er über einen in der Nähe der Toilette gelegenen Hinterausgang ebenfalls die Gaststätte und nahm die Verfolgung von Fernando Ferri auf. Der Bruder des Angeklagten, der das Vorhaben des Angeklagten ahnte, folgte diesem wiederum im Abstand von etwa einer Minute.

Bereits 50 Meter von der Gaststätte entfernt holte der Angeklagte Fernando Ferri ein und stellte diesen zur Rede. Nach einer etwa einminütigen verbalen Auseinandersetzung begann der Angeklagte mit den bloßen Fäusten auf den Kopf und den Oberkörper von Fernando Ferri einzuschlagen. Dieser wehrte sich nicht, zumal der etwa 195 cm große und kräftige Angeklagte ihm körperlich weit überlegen war. Schließlich zog der zwischenzeitlich eingetroffene Bruder des Angeklagten, der Zeuge Hans Kleiner, diesen von seinem Opfer weg.

Während der Angeklagte – von seinem Bruder immer noch festgehalten – Fernando Ferri lautstark weitere Schläge ankündigte, ergriff dieser aus Angst vor weiteren Misshandlungen die Flucht. Nachdem er etwa 100 Meter gelaufen war, versuchte er in Todesangst, die Haustüre des nächstgelegenen Mehrfamilienhauses zu öffnen. Da ihm dies nicht gelang, trat er die Glasscheibe der Türe ein und gelangte so in den Hausflur. Hierbei zog er sich jedoch mehrere tiefe Schnittverletzungen zu, unter anderem wurde auch eine Schlagader am rechten Bein verletzt. Dies führte dazu, dass Fernando Ferri innerhalb kurzer Zeit verblutete.

Tatsächlich hatte der Angeklagte Fernando Ferri nicht weiter verfolgt, sondern war mit seinem Bruder auf dem Weg in Richtung Gaststätte, als sie das Klirren von zerbrechendem Glas hörten. Sonstige Personen befanden sich zu dieser Zeit nicht auf der Straße.

III.

1. Die Feststellungen zu den persönlichen Verhältnissen des Angeklagten beruhen auf dessen insofern glaubhaften Angaben und der verlesenen Auskunft aus dem Bundeszentralregister.
2. Im Übrigen hat sich der Angeklagte in der Hauptverhandlung nicht zur Sache geäußert. Der oben mitgeteilte Sachverhalt steht insbesondere aufgrund des umfassenden Geständnisses fest, dass der Angeklagte bei seiner – kurz nach der Tatbegehung durchgeführten – Beschuldigtenvernehmung wegen eines möglichen Tötungsdelikts gegenüber dem Polizeibeamten Braun abgegeben hat und das durch die Vernehmung des Polizeibeamten als Zeugen in die Hauptverhandlung eingeführt wurde. In dieser Aussage hatte der Angeklagte den Sachverhalt in vollem Umfang und in allen Einzelheiten so eingeräumt, wie er oben wiedergegeben ist. Der Zeuge bestätigte auch, dass der Angeklagte das vom Zeugen gefertigte Vernehmungsprotokoll widerspruchslos unterschrieben habe. Die Angaben konnten auch verwertet werden, obwohl der Beschuldigte vor dieser Vernehmung nicht darüber belehrt worden war, dass er einen Verteidiger beauftragen und sprechen darf; denn im Übrigen war die Belehrung des Beschuldigten ordnungsgemäß erfolgt. Er wusste deshalb, dass er – mit oder ohne Anwalt – gar keine Aussage machen muss; wenn er dies gleichwohl tat, sind seine Angaben auch verwertbar.
   Die Tatbegehung durch den Angeklagten ergibt sich ferner aus der Aussage seines Bruders Hans Kleiner. Dieser verweigerte zwar in der Hauptverhandlung Angaben zur Sache, er hatte gegenüber dem Ermittlungsrichter, dem hierzu vernommenen Zeugen Dr. Gelder, das Tatgeschehen aber wie oben festgestellt bestätigt. Auch diese Aussage ist verwertbar; denn der Bruder des Angeklagten war vor seiner Vernehmung durch den Ermittlungsrichter über sein Zeugnisverweigerungsrecht gem. § 52 III StPO belehrt worden. Dass der Angeklagte von diesem Vernehmungstermin nicht benachrichtigt worden war, ist unerheblich; denn der Ermittlungsrichter hat ausdrücklich entschieden, dass eine Benachrichtigung des zu diesem Zeitpunkt noch nicht verteidigten, aber auf freiem Fuß befindlichen Beschuldigten unterbleibt, „weil ansonsten der Untersuchungserfolg gefährdet wäre".
   Schließlich wird das Geständnis des Angeklagten auch durch den verlesenen Teil seines Tagebuchs bestätigt. Insofern wurde in der Hauptverhandlung folgender Eintrag vom 7.2.2025 verlesen: „Habe heute einen Türken platt gemacht." Auch dieses Beweismittel ist verwertbar, da alle Beteiligten mit der Verlesung einverstanden waren.
   Demgegenüber ist die Aussage der Zeugin Kleiner, der geschiedenen Ehefrau des Angeklagten, nicht glaubhaft. Diese hat zwar – wie auch schon im Vorfeld der Hauptverhandlung gegenüber den Polizeibehörden – angegeben, dass der Angeklagte zur Tatzeit bei ihr gewesen sei. Dem folgt das Gericht indes nicht; die Aussage wird durch sämtliche oben aufgeführte Beweismittel widerlegt. …
   Gefolgt ist das Gericht dagegen den Ausführungen des Sachverständigen Prof. Dr. Grüner zur Schuldfähigkeit des Angeklagten und auch zu den Verletzungen, die das Opfer durch die Schläge erlitten hat, sowie zur Todesursache. Den überzeugenden Ausführungen des Sachverständigen schließt sich das Gericht an. …

IV.

Der Angeklagte hat sich einer vorsätzlichen Körperverletzung in Tateinheit mit fahrlässiger Tötung gem. §§ 223 I, 222, 52 StGB schuldig gemacht. Die Flucht des Opfers in Todesangst und die beim Eintreten der Glastüre erlittenen Verletzungen waren für ihn ebenso vorhersehbar wie der dadurch herbeigeführte Tod von Fernando Ferri.

Hinsichtlich der vorsätzlichen Körperverletzung wurde von der Staatsanwaltschaft das besondere öffentliche Interesse an der Strafverfolgung bejaht (§ 230 I StGB).

V.

... [Es folgen Ausführungen zur Strafzumessung.]

VI.

Die Kostenentscheidung beruht auf § 465 I StPO.

Dr. Betor	Dr. Ebert	Karl
Vorsitzende Richterin am Landgericht	Richter am Landgericht	Richter am Landgericht

Das vollständige Urteil wurde dem Angeklagten am 23.9.2025 formell ordnungsgemäß zugestellt; seine Verteidigerin erhielt vom Gericht am 26.9.2025 formlos eine Abschrift mit der Mitteilung über die Zustellung an den Angeklagten übersandt. Die Zustellung des Urteils an die Staatsanwaltschaft erfolgte – ordnungsgemäß – am 26.9.2025.

Um die Erfolgsaussichten der eigenen und auch der Revision der Staatsanwaltschaft prüfen zu können, bittet Rechtsanwältin Südler am 6.10.2025 den in ihrer Kanzlei tätigen Rechtsreferendar Willig, ein entsprechendes Gutachten zu fertigen, wobei sich das Gutachten für die Verteidigerin zum Rechtsmittel der Staatsanwaltschaft mit möglichen Verfahrensfehlern nicht befassen soll.

Vermerk für die Bearbeitung:

Das Gutachten des Referendars Willig ist zu fertigen.

Dabei ist davon auszugehen, dass die mit „...“ gekennzeichneten Teile des Hauptverhandlungsprotokolls und des Urteils sowie die Strafakten im Übrigen keine Rechtsfehler und auch keine weiterführenden Erkenntnisse enthalten oder zulassen bzw. die Angaben im Hauptverhandlungsprotokoll und im Urteil über den Verfahrensgang bestätigen. Der Sachbericht ist erlassen.

Ladungen, Zustellungen, Vollmachten und sonstige Formalien sind in Ordnung, soweit sich aus der Angabe nichts anderes ergibt. Gegebenenfalls erforderliche Aussagegenehmigungen (§ 54 StPO) wurden erholt. Auf Ordnungswidrigkeiten und Straftatbestände außerhalb des StGB ist nicht einzugehen.

Lösung

I. Zulässigkeit der Revisionen[3]

438 Die Revisionen sind statthaft (§ 333 StPO). Die Verteidigerin des infolge der Verurteilung beschwerten Angeklagten war auch einlegungsberechtigt (§ 297 StPO).[4] Rechtsmittelbefugt war ferner die Staatsanwaltschaft (§ 296 StPO), die – wie §§ 296 II, 301 StPO zeigen – gegen jedes möglicherweise falsche Urteil Revision einlegen kann.[5]

439 Die Revisionen wurden entsprechend den sich aus § 341 I StPO ergebenden Inhalts- und Formerfordernissen eingelegt (vgl. Angabe). Da die Urteilsverkündung am 15.9.2025 in Anwesenheit aller Revisionsführer erfolgt ist, lief die einwöchige Revisionseinlegungsfrist des § 341 I StPO bis zum 22.9.2025, 24 Uhr (§ 43 I StPO). Die Revisionen der Verteidigerin und der Staatsanwaltschaft sind am 16. bzw. am 22.9.2025 bei Gericht eingegangen,[6] beide Rechtsmittelführer haben somit die Revisionseinlegungsfrist gewahrt.

---

[3] Die Erfolgsaussichten der Revisionen können hier in einem geprüft werden, zumal das Rechtsmittel der Staatsanwaltschaft auch zugunsten des Angeklagten wirken würde, vgl. § 301 StPO.

[4] Einlegungsberechtigt ist der Pflichtverteidiger, da dessen Bestellung (nunmehr) gem. § 143 I StPO bis zum rechtskräftigen Abschluss des Verfahrens fortdauert; vgl. Schmitt/Köhler/Schmitt StPO § 143 Rn. 1.

[5] Vgl. Schmitt/Köhler/Schmitt StPO Vor § 296 Rn. 16.

[6] Wie oben dargelegt (→ Rn. 26), **muss** die Verteidigerin die Rechtsmittelschrift als elektronisches Dokument übermitteln. Die Staatsanwaltschaft muss die Revisionsbegründung gem. § 32b III StPO als elektronisches

Zwischenergebnis

Im jetzigen Stand des Verfahrens bestehen bezüglich der Zulässigkeit der Revisionen keine Bedenken.[7] 440

II. Prüfung der Verfahrensvoraussetzungen

Die Anklageerhebung vor dem Landgericht – eine in jeder Lage des Verfahrens von Amts wegen zu prüfende Voraussetzung, § 6 StPO – ist angesichts der Tatsache, dass dort – willkürfrei – von einem versuchten Tötungsdelikt ausgegangen wurde (vgl. im Protokoll „Strafsache gegen […] wegen versuchten Totschlags u. a."), im Übrigen jedenfalls § 227 StGB im Raum steht, nicht zu beanstanden. 441

Auch sonstige Zweifel am Vorliegen der Verfahrensvoraussetzungen bestehen nach dem Sachverhalt nicht, zumal nach dem Urteil die Staatsanwaltschaft hinsichtlich der Verfolgung der vorsätzlichen Körperverletzung das besondere öffentliche Interesse bejaht hat (§ 230 I StGB).

III. Prüfung des Verfahrens

1. Vernehmung des Zeugen Hans Kleiner

Der Zeuge Hans Kleiner hatte als Bruder des Angeklagten nach § 52 I Nr. 3 StPO ein Zeugnisverweigerungsrecht, die Aussageverweigerung war daher berechtigt. Ein Verstoß gegen die Beweiserhebungspflicht bei präsenten Zeugen (§ 245 I StPO)[8] liegt somit nicht vor. 442

Ausweislich des Hauptverhandlungsprotokolls wurde der Zeuge ferner ordnungsgemäß nach § 52 III 1 StPO belehrt; auch hinsichtlich seiner (Nicht-)Vereidigung ist kein Rechtsfehler ersichtlich. 443

Auf Gesetzesverletzungen in Zusammenhang mit der Vernehmung des Zeugen Hans Kleiner kann die Revision der Verteidigerin daher nicht mit Aussicht auf Erfolg gestützt werden. 444

2. Vernehmung des Zeugen Braun

a) Verstoß gegen den Unmittelbarkeitsgrundsatz

Die Vernehmung des Zeugen Braun könnte gegen den aus § 250 StPO hergeleiteten allgemeinen Unmittelbarkeitsgrundsatz verstoßen, weil der Polizeibeamte nur über das berichtet hat, was ihm der Beschuldigte mitgeteilt hatte. 445

Ein „Zeuge vom Hörensagen" ist jedoch ebenfalls ein unmittelbarer Zeuge, weil er Angaben über eigene Wahrnehmungen macht, nämlich das, was ihm ein Dritter erzählt hat. Eine Verletzung des Unmittelbarkeitsgrundsatzes liegt daher nicht vor.[9] Im Übrigen verbietet § 250 StPO lediglich die Ersetzung einer Zeugenvernehmung durch die bloße Protokollverlesung, statuiert also insoweit einen Vorrang des Personal- vor dem Sachbeweis, besagt aber nicht, welcher Zeuge zu vernehmen ist und untersagt auch nicht die Vernehmung der Verhörperson. 446

Dokument übermitteln, sofern die Akten elektronisch geführt werden; dies wird seit dem 1.1.2026 gem. § 32 I StPO vorausgesetzt. Akten, die zuvor bereits in Papierform angelegt wurden, können aber in Papierform weitergeführt werden.

[7] Da die Revisionsbegründungsfrist unproblematisch noch läuft, ist es zulässig und sinnvoll, die die Begründung der Rechtsmittel betreffenden Zulässigkeitsfragen erst in der Zusammenfassung am Ende der Arbeit zu erörtern.

[8] Dazu → Rn. 272.

[9] Vgl. Schmitt/Köhler/Schmitt StPO § 250 Rn. 4. Die Vernehmung eines Zeugen vom Hörensagen kann jedoch eine Verletzung der Aufklärungspflicht darstellen, wenn diese – anders als im vorliegenden Fall (Beschuldigtenvernehmung) – die Benutzung des sachnäheren Beweismittels geboten hat, vgl. Schmitt/Köhler/Schmitt StPO § 250 Rn. 15.

b) Gesetzesverletzung infolge Missachtung eines nach Verstoß gegen § 136 I 2 StPO bestehenden Verwertungsverbots

447 Eine zum Erfolg der Revision der Verteidigerin führende Gesetzesverletzung könnte vorliegen, wenn das Gericht die Aussage des Zeugen Braun über das Geständnis des Beschuldigten trotz eines bestehenden Verwertungsverbots in seiner Entscheidung zum Nachteil des Angeklagten berücksichtigt hat. Dieses Verwertungsverbot könnte seine Grundlage darin haben, dass der Polizeibeamte den Beschuldigten bei dessen Vernehmung nicht über sein Recht auf Verteidigerkonsultation belehrt hat.

448 Nach § 163a IV 2 iVm § 136 I 2 StPO ist ein Beschuldigter bei seiner polizeilichen Vernehmung darüber zu belehren, dass er das Recht hat, einen Verteidiger zuzuziehen. Wird hiergegen verstoßen, so ist die Aussage regelmäßig unverwertbar. Zwar ordnet die StPO insoweit nicht expressis verbis ein Verwertungsverbot an (anders beispielsweise § 136a III StPO). Ein Verwertungsverbot ergibt sich gleichwohl aus folgender Überlegung: Das Recht auf Verteidigerkonsultation hat gegenüber dem Schweigerecht des Beschuldigten (ebenfalls § 136 I 2 StPO) kein geringeres Gewicht. Beide Befugnisse hängen eng miteinander zusammen und sichern im System der Rechte des Beschuldigten seine verfahrensmäßige Stellung in ihren Grundlagen (vgl. auch Art. 6 III c EMRK). Gerade die Verteidigerkonsultation dient dazu, den Beschuldigten darüber zu beraten, ob er von seinem Schweigerecht Gebrauch macht. Der Gesetzgeber hat die Bedeutung der Verteidigerkonsultation durch § 136 I 5 iVm §§ 141 I, 141a StPO unterstrichen, wonach der Beschuldigte auf die Möglichkeit des Antrags auf Bestellung eines Pflichtverteidigers in Fällen der (wie hier) notwendigen Verteidigung hinzuweisen ist. Die wertende Abwägung ergibt daher, dass das rechtsstaatliche Interesse an der Aufklärung des Sachverhalts und der Wahrheitsfindung bei einem Verstoß gegen diese Belehrungspflicht zurücktreten muss, weshalb eine ohne diese Belehrung vorgenommene Vernehmung regelmäßig unverwertbar ist.[10]

449 Ferner liegt ein Verstoß gegen § 136 IV 2 Nr. 1 StPO vor. Danach sind Vernehmungen wegen Tötungsdelikten nunmehr zwingend in Ton und Bild aufzuzeichnen, sofern nicht ausnahmsweise dieser Aufzeichnung die äußeren Umstände oder die besondere Dringlichkeit der Vernehmung entgegensteht. Ausweislich der Gesetzesbegründung handelt es sich allerdings nur um eine Ordnungsvorschrift[11], die kein Verwertungsverbot nach sich zieht. Ob anderes dann gelten könnte, wenn die Vorschrift willkürlich missachtet sein sollte, muss vorliegend nicht geklärt werden.[12] Denn ein Verwertungsverbot scheitert aus zwei anderen Gründen: Zum einen hat das Gericht die Protokollierung nicht zwecks Verurteilung wegen eines vorsätzlichen Tötungsdelikts verwertet.[13] Zum anderen würde – wie auch bezüglich des Verstoßes gegen § 136 I 2 StPO – auch hier gelten:

450 Die Rechtsprechung des BGH nimmt ein Verwertungsverbot nach Verstößen gegen Belehrungs- und Benachrichtigungspflichten regelmäßig nur dann an, wenn der verteidigte Beschuldigte der Verwertung bis zu dem sich aus § 257 StPO ergebenden Zeitpunkt widersprochen hat. Die Rechtsprechung leitet diese im Gesetz nicht geregelte Obliegenheit zum Widerspruch bei einem verteidigten Angeklagten daraus her, dass dieser – adäquat beraten – am besten entscheiden kann, ob eine Berufung auf das Verwertungsverbot einer sachgerechten Verteidigung dient. Zudem gibt das Widerspruchserfordernis dem Tatrichter Möglichkeit und Veranlassung, das Vorliegen eines Beweisverwertungsverbotes zu prüfen (Schonung von Justizressourcen, orientiert am Subsidiaritätsgedanken).[14] Dies gilt auch für das nach einem Verstoß gegen § 136 I 2 StPO bestehende Verwertungsverbot.[15] Da die Ver-

---

[10] BGH NJW 2002, 975 (976); Schmitt/Köhler/Schmitt StPO § 136 Rn. 21, 25, § 141a Rn. 11. Zur Verwertbarkeit von Spontanäußerungen nach Berufung auf das Schweigerecht: BGH NJW 2013, 2769.

[11] Schmitt/Köhler/Schmitt StPO § 136 Rn. 20d.

[12] Offen gelassen in BGH NStZ 2025, 498.

[13] Schmitt/Köhler/Schmitt StPO § 136 Rn. 19c. Inmitten steht iÜ auch bei zutreffender Würdigung nur § 227 StGB.

[14] BGH NJW 2018, 2279 (zu praktischen Auswirkungen des Streits: vgl. → Rn. 187); vgl. Mosbacher JuS 2019, 129.

[15] Vgl. BGH NStZ 1997, 502; Schmitt/Köhler/Schmitt StPO § 136 Rn. 24.

teidigerin des Angeklagten – wie das Protokoll beweist (vgl. § 274 StPO) – der Verwertung nicht schon unmittelbar nach der Vernehmung des Zeugen Braun über die früheren Angaben des Beschuldigten widersprochen hatte (dies wäre der sich aus § 257 StPO ergebende Zeitpunkt), sondern erst wesentlich später, durfte und musste das Gericht somit das gegenüber dem Polizeibeamten vom Beschuldigten abgelegte Geständnis zu dessen Lasten verwerten.[16] Eine Gesetzesverletzung durch Missachtung eines Verwertungsverbots liegt somit nicht vor.

c) Verstoß gegen § 254 StPO

Ein Verwertungsverbot bezüglich des Geständnisses des Beschuldigten folgt auch nicht aus § 254 I StPO. Diese Vorschrift erlaubt zwar lediglich die Verlesung richterlicher Vernehmungsniederschriften über Geständnisse, regelt aber nur den Urkundenbeweis und enthält kein über den Wortlaut hinaus gehendes Beweiserhebungs- oder Beweisverwertungsverbot.[17] Dass die Norm lediglich der Protokollierung (in Deutschland wird bisher regelmäßig kein Wortprotokoll geführt) durch nicht-richterliche Ermittlungspersonen misstraut, zeigt ihre Neufassung, die die Einführung von (insoweit unverfälschten) Bild-Ton-Aufzeichnungen früherer Vernehmungen in die Hauptverhandlung auch bei nicht-richterlichen Vernehmungen – einer bereits bestehenden Rechtsprechung folgend – nunmehr expressis verbis erlaubt. 451

d) Gesetzesverletzung infolge Nicht-Vereidigung des Zeugen Braun

Das Absehen von der Vereidigung des Zeugen Braun war rechtsfehlerfrei (§ 59 I 1 StPO). Über die Nicht-Vereidigung des Zeugen durfte – trotz des Wortlauts von § 59 I 1 StPO („Gericht“) – die Vorsitzende vorab auch allein entscheiden (vgl. § 238 I StPO).[18] 452

Auf Gesetzesverletzungen in Zusammenhang mit der Vernehmung des Zeugen Braun kann die Verteidigerin des Angeklagten die Revision nicht mit Aussicht auf Erfolg stützen. 453

3. Vernehmung des Zeugen Dr. Gelder

a) Verstoß gegen den Unmittelbarkeitsgrundsatz

Ein Verstoß gegen den Unmittelbarkeitsgrundsatz liegt nicht vor, weil auch der Zeuge Dr. Gelder als Zeuge vom Hörensagen unmittelbarer Zeuge war (→ Rn. 441). 454

b) Gesetzesverletzung infolge Missachtung eines aus § 252 StPO herzuleitenden Verwertungsverbots

Die Aussage des Zeugen Dr. Gelder könnte jedoch unverwertbar sein, weil der Zeuge Hans Kleiner, über dessen Angaben der Ermittlungsrichter berichtet hat, in der Hauptverhandlung berechtigt die Aussage verweigert hat. 455

aa) Aus § 252 StPO wird über dessen Wortlaut hinaus ein allgemeines Verwertungsverbot hergeleitet, wenn ein Zeuge in der Hauptverhandlung berechtigt das Zeugnis verweigert.[19] Dies findet seine Rechtfertigung darin, dass ansonsten das Zeugnisverweigerungsrecht des § 52 StPO zumindest teilweise entwertet werden würde, wenn der Zeuge in der Hauptverhandlung damit rechnen müsste, dass seine frühere Aussage ohnehin verwertet werden darf, und er daher nicht mehr völlig frei entscheiden könnte, ob er Angaben macht oder nicht.[20] 456

Die Rechtsprechung lässt indes von diesem allgemeinen Verwertungsverbot eine Ausnahme zu. Hatte der Zeuge (früher) vor einem Richter ausgesagt und war er von diesem – bei auch im Übrigen ordnungsgemäßer Vernehmung – über das Zeugnisverweigerungsrecht belehrt worden, so darf der Richter als Zeuge über den Inhalt der Vernehmung angehört werden.[21] 457

[16] Zur Präklusion bei verspätetem Widerspruch (erst nach Aufhebung und Zurückverweisung): BGH NJW 2006, 707.
[17] → Rn. 224 und Schmitt/Köhler/Schmitt StPO § 254 Rn. 6 ff.
[18] Vgl. BGH NStZ 2005, 340 (341); Schmitt/Köhler/Schmitt StPO § 59 Rn. 9.
[19] BVerfG NStZ 2004, 18; Schmitt/Köhler/Schmitt StPO § 252 Rn. 12 f.
[20] Vgl. BVerfG NStZ 2004, 18; BGH NJW 2000, 596 (597).
[21] Vgl. BVerfG NStZ 2004, 18; BGH NJW 2003, 2619 (2620); Schmitt/Köhler/Schmitt StPO § 252 Rn. 14.

Hergeleitet wird diese Ausnahme zum einen daraus, dass einem Zeugen bei einer richterlichen Vernehmung in besonderer Weise bewusst ist, dass seine Angaben im Strafverfahren Bedeutung haben.[22] Zum anderen kommt einer richterlichen Vernehmung – wie auch § 251 II StPO zeigt – eine höhere Beweiskraft zu als einer nichtrichterlichen Vernehmung, zumal nur bei einer richterlichen Vernehmung falsche Angaben des Zeugen nach §§ 153 f. StGB strafbar sind und lediglich bei ihr die in § 168c II StPO bestimmten Anwesenheitsrechte bestehen.[23]

458 Voraussetzung ist allerdings, dass der Ermittlungsrichter den Zeugen ordnungsgemäß nach § 52 III StPO belehrt hat. Dies ist geschehen. Eine weitergehende Belehrungspflicht dahingehend, dass der Ermittlungsrichter auf die Möglichkeit seiner eigenen Einvernahme als Zeuge hinweisen muss, besteht nicht. Das Gesetz ordnet eine solche nicht an. Dies allein ist zwar kein für sich tragendes Argument, denn die Rückausnahme von § 252 StPO basiert ihrerseits auf bloßem Richterrecht. Entscheidend ist folgende Überlegung: Zwar trifft zu, dass der Zeuge bei seiner Einvernahme durch den Ermittlungsrichter sich möglicherweise nicht bewusst ist, dass er sich damit dauerhaft materiell seines Zeugnisverweigerungsrechts begibt. Es erscheint aber umgekehrt zweifelhaft, ob ein Zeuge – der sich der Bedeutung einer richterlichen Vernehmung bewusst ist – überhaupt erwartet, dass er es weiterhin in der Hand habe, die Verwertbarkeit dieser Aussage zu bestimmen. Dass der Gesetzgeber grundsätzlich die Belehrung über die bloße Existenz des Zeugnisverweigerungsrechts als genügend angesehen hat, zeigt sich an Folgendem: Das Gesetz anerkennt die Möglichkeit eines Zeugen, den Verzicht auf sein Zeugnisverweigerungsrecht jederzeit zu widerrufen, § 52 III 2 StPO – eine entsprechende Belehrungspflicht statuiert das Gesetz aber nicht (Gegenschluss zu § 52 III 1 StPO). Daraus lässt sich allgemein ableiten, dass das Gesetz eine Belehrung über Fernwirkungen eines Verzichts auf das Zeugnisverweigerungsrecht nicht anordnet. Es ist an dem Zeugen, sich gegebenenfalls anwaltlich beraten zu lassen, wenn er weiteren Rechtsrat benötigt. Soweit die Rechtsprechung in anderen Fallkonstellationen qualifizierte Belehrungserfordernisse annimmt, haben diese stets ein rechtswidriges Vorverhalten der Ermittlungsbehörden zum Hintergrund, dessen Fortwirkung auf diese Weise ausgeschlossen werden soll. Mit einer solchen Fallkonstellation ist die hiesige rechtmäßige Praxis nicht vergleichbar. Im Übrigen wäre zu erwarten gewesen, dass der Gesetzgeber interveniert hätte, hätte er die jahrzehntelang geübte Praxis der Rechtsprechung missbilligt.[24]

459 bb) Auf dieser Grundlage lässt sich im vorliegenden Fall ein Verwertungsverbot nicht daraus herleiten, dass der Ermittlungsrichter vernommen wurde, obwohl der von diesem angehörte Zeuge in der Hauptverhandlung berechtigt die Aussage verweigert hat. Die Vernehmung des Ermittlungsrichters und die Verwertung dessen Angaben waren daher – im Hinblick auf § 252 StPO – zulässig.

c) Gesetzesverletzung infolge Missachtung eines Verwertungsverbots nach Unterlassen der Benachrichtigung gemäß § 168c V StPO

460 Die Aussage des Ermittlungsrichters könnte jedoch unverwertbar sein, weil dieser es unterlassen hatte, den Beschuldigten von der Vernehmung des Zeugen Hans Kleiner zu benachrichtigen.

461 aa) Wird im Ermittlungsverfahren ein Zeuge richterlich vernommen, so ist der Beschuldigte grundsätzlich von dem Vernehmungstermin zu benachrichtigen (§ 168c V 1, II StPO). Dies gilt sogar dann, wenn er – etwa nach § 168c III StPO – kein Anwesenheitsrecht hat, weil die Vernehmung des Zeugen für den Beschuldigten den Anlass dazu bilden kann, einen Verteidiger zu beauftragen, der dann für ihn an dieser Vernehmung teilnimmt.[25] Ist die Vernehmung unter Verstoß gegen diese Benachrichtigungspflicht vorgenommen worden, so ist ihr Ergebnis nach der Rechtsprechung des BGH unverwertbar, die Aussage des Zeugen darf

---

22 Ähnlich zur richterlichen Beschuldigtenvernehmung und deren Verlesbarkeit gem. § 254 I StPO: BVerfG NStZ 2006, 46 (47).

23 Vgl. BGH NJW 2000, 1275.

24 BGH NJW 2017, 94.

25 Zum Erfordernis von Vortrag, dass ein verteidigter Beschuldigter nicht Kenntnis von der geplanten Zeugeneinvernahme durch seinen Verteidiger hatte: BGH NStZ 2015, 98.

dann weder durch Verlesung noch durch die Vernehmung des Richters in die Verhandlung eingeführt werden.[26]

Von der Benachrichtigung des Beschuldigten kann nach § 168c V 2 StPO allerdings abgesehen werden, wenn diese den Untersuchungserfolg gefährden würde, wobei dieser Untersuchungserfolg in der Gewinnung einer wahrheitsgemäßen Aussage liegt, die im weiteren Verfahren verwertet werden kann.[27] Ob diese Voraussetzung vorliegt, hat zunächst der den Zeugen vernehmende Ermittlungsrichter zu prüfen und dann – bei der Beurteilung der Verwertbarkeit des dabei gewonnenen Beweisergebnisses – auch der Tatrichter. Das Revisionsgericht ist dagegen auf die Prüfung beschränkt, ob es hierbei zu Rechtsfehlern gekommen ist, insbesondere ob die Grenzen des bei dieser Anordnung bestehenden Beurteilungsspielraums überschritten wurden.[28] 462

Auf dieser Grundlage wäre hier die richterliche Vernehmung des Zeugen Hans Kleiner nicht verwertbar. Denn der Ermittlungsrichter – und dies akzeptierend auch das Schwurgericht – hat das Unterlassen der Benachrichtigung allein mit dem Wortlaut des § 168c V 2 StPO begründet und eine auf den Einzelfall bezogene Erörterung unterlassen. Damit fehlt es an einer tragfähigen Begründung der Entscheidung; denn das Revisionsgericht kann bei einer bloßen Wiedergabe des Gesetzeswortlauts nicht prüfen, ob der Richter die Schranken für die Ausübung des Ermessens noch gewahrt oder überschritten hat. Dies gilt im vorliegenden Fall in besonderer Weise, weil der Sachverhalt auch im Übrigen keine Umstände mitteilt, die eine Gefährdung des Untersuchungserfolgs nach einer Benachrichtigung des Beschuldigten von der Vernehmung des Zeugen aufzeigen. Es ist nicht ersichtlich, warum bei Anwesenheit des Beschuldigten oder auch seines Verteidigers eine im späteren Verfahren verwertbare Aussage des Zeugen nicht hätte gewonnen werden können.[29] 463

bb) Jedoch scheitert die Annahme eines Verwertungsverbots aus einem anderen Grund. Denn auch bei § 168c StPO nimmt der BGH eine Unverwertbarkeit der Zeugenvernehmung nur an, wenn der (verteidigte) Angeklagte in der Hauptverhandlung bis zu dem sich aus § 257 StPO ergebenden Zeitpunkt der Verwertung widersprochen hat.[30] Daran fehlt es jedoch, der Widerspruch der Verteidigerin wurde zu spät erklärt.[31] 464

d) Verwertungsverbot infolge des Unterlassens einer Verteidigerbestellung für die ermittlungsrichterliche Vernehmung des Zeugen Hans Kleiner

Ein Verwertungsverbot in Bezug auf die Aussage des Ermittlungsrichters könnte sich jedoch daraus ergeben, dass dem Beschuldigten für die Zeugenvernehmung nicht wenigstens ein Pflichtverteidiger bestellt wurde, der dann an der Vernehmung hätte teilnehmen können. 465

Die Gesetzesverletzung, auf der dieses Verwertungsverbot fußen würde, wäre zum einen ein Verstoß gegen Art. 6 III d EMRK, zum anderen die Verletzung von § 140 Nr. 10 StPO. Art. 6 III d EMRK räumt dem Beschuldigten das Recht ein, „Fragen an einen Belastungszeugen zu stellen oder stellen zu lassen"; § 140 I Nr. 10 StPO anerkennt, dass es im Hinblick auf das Recht zur konfrontativen Befragung notwendig sein kann, bereits im Ermittlungsverfahren einen Pflichtverteidiger zu bestellen. Jedenfalls vor der Vernehmung des zentralen Belastungszeugen[32] wird man daher annehmen müssen, dass die Bestellung eines Pflichtverteidigers zwingend ist, wenn der Beschuldigte selbst von der Zeugenvernehmung ausgeschlossen ist. Dies dürfte umso mehr gelten, wenn es sich um den Fall einer notwendigen Ver- 466

[26] Vgl. BGH NStZ 1999, 417 und die Nachweise bei Schmitt/Köhler/Schmitt StPO § 168c Rn. 6, 6a. Die Ursache für das Unterbleiben der Benachrichtigung ist irrelevant: BGH NJW 2007, 237.
[27] Vgl. BGH NStZ 1999, 417; Schmitt/Köhler/Schmitt StPO § 168c Rn. 5b–d.
[28] BGH NStZ 2003, 671 (672); Schmitt/Köhler/Schmitt StPO § 168c Rn. 9.
[29] BGH NJW 2003, 3142.
[30] Vgl. BGH NStZ 1999, 417; 1996, 595 (597); Schmitt/Köhler/Schmitt StPO § 168c Rn. 6b, 9.
[31] Vgl. BGH NJW 2006, 707; Schmitt/Köhler/Schmitt StPO § 136 Rn. 25.
[32] Auf den zentralen Belastungszeugen stellt auch der EGMR ab, vgl. auch Schmitt/Köhler/Schmitt StPO § 168c Rn. 10 und EMRK Art. 6 Rn. 22g.

teidigung handelt, bei deren Vorliegen der Beschuldigte nunmehr auf entsprechenden Antrag – worauf er hinzuweisen ist (§ 136 I 5 StPO) – stets Anspruch auf Bestellung eines Pflichtverteidigers hat (§ 141 I StPO).[33]

467 Zwar lag ein Fall der notwendigen Verteidigung vor (§ 140 I Nr. 2 StPO), jedoch dürfte Hans Kleiner im Hinblick auf das Geständnis des Beschuldigten und den Tagebucheintrag kein „zentraler Belastungszeuge" gewesen sein. Darauf kommt es jedoch nicht an, weil der BGH[34] aus dieser Gesetzesverletzung kein Verwertungsverbot herleitet, sondern die „Beweiswürdigungslösung" gewählt hat. Danach kann in solchen Fällen auf die Aussage des Ermittlungsrichters über Angaben eines von ihm vernommenen Zeugen die Überzeugungsbildung gestützt werden, jedoch darf eine Verurteilung aufgrund dieser Aussage nur erfolgen, wenn sie durch andere wichtige Beweismittel bestätigt wurde. Dies war hier aber der Fall (polizeiliches Geständnis, Tagebucheintrag).[35]

Selbst wenn man diesem Ansatz nicht folgen wollte, fehlt es jedenfalls am rechtzeitigen Widerspruch, den die Rechtsprechung auch insoweit fordert.[36]

e) Nicht-Vereidigung des Zeugen Dr. Gelder

468 Hinsichtlich der Nicht-Vereidigung des Zeugen Dr. Gelder liegen keine Rechtsfehler vor (→ Rn. 446).

469 Auf Gesetzesverletzungen in Zusammenhang mit der Vernehmung des Zeugen Dr. Gelder kann die Verteidigerin des Angeklagten die Revision nicht mit Aussicht auf Erfolg stützen.

4. Verlesung des Tagebuchs

a) Verstoß gegen den Unmittelbarkeitsgrundsatz

470 Die Verlesung des Tagebuchs des Angeklagten verstieß nicht gegen § 250 StPO, weil dadurch nicht die Vernehmung eines Zeugen ersetzt wurde.[37] Zudem versteht man unter „schriftlichen Erklärung" iSd § 250 S. 2 StPO nur solche Aufzeichnungen, die von vornherein zu Beweiszwecken gefertigt wurden.[38] Dazu zählt das Tagebuch indes nicht.

b) Gesetzesverletzung infolge Missachtung grundgesetzlicher Verwertungsverbote

471 Die (auszugsweise) Verlesung und Verwertung des Tagebuchs könnte der Angeklagte jedoch möglicherweise als Verletzung seines Persönlichkeitsrechts (Art. 2 I, 1 I GG) geltend machen.

472 aa) Ein Verlesungs- und Verwertungsverbot auf der Grundlage der Art. 2 I, 1 I GG ist im vorliegenden Fall jedoch schon deshalb nicht gegeben, weil der Angeklagte mit der Verlesung des Tagebuchs einverstanden war. Gegen die Wirksamkeit einer solchen Einwilligung bestehen jedenfalls in solchen Fällen keine Bedenken, wenn – wie hier (dazu auch → Rn. 467) – der Kernbereich des Persönlichkeitsrechts nicht berührt ist. Es sind dann keine Gründe dafür ersichtlich, warum die Person, deren Persönlichkeitsrecht betroffen ist, nicht frei und ohne Beeinflussung von außen ein wirksames Einverständnis mit der Verlesung und Verwertung ihres Tagebuchs erteilen können soll.

473 Unerheblich ist dagegen, dass die Verteidigerin des Angeklagten ihr Einverständnis mit der Verlesung später widerrufen hat. Denn hierbei handelte sie ersichtlich nicht für den Persönlichkeitsrechtsinhaber, also den Angeklagten (sie hat ausdrücklich ihr – „mein" – Ein-

---

[33] Für die Rechtslage vor Einführung der §§ 140 I Nr. 10, 141 I StPO: BGHSt 46, 93 = NJW 2000, 3505.

[34] BGHSt 46, 93 = NJW 2000, 3505; BGH JR 2005, 247 mAnm Esser (lesenswerte Zusammenfassung der Rechtsprechung – auch des EGMR); vgl. aber auch Schmitt/Köhler/Schmitt StPO § 168c Rn. 10 mwN zur Gegenauffassung.

[35] Dies dürfte selbst etwaigen strengeren Maßstäben des EGMR bei Justizverschulden genügen.

[36] Hierzu: Schmitt/Köhler/Schmitt StPO § 136 Rn. 25 und § 168c Rn. 9.

[37] Vgl. Schmitt/Köhler/Schmitt StPO § 250 Rn. 12.

[38] Schmitt/Köhler/Schmitt StPO § 250 Rn. 8.

verständnis widerrufen),[39] sondern ging – wie wohl auch das Gericht – fälschlich davon aus, es handle sich um einen Fall von § 251 I Nr. 1 StPO.[40]

bb) Das Tagebuch wäre im Übrigen auch ohne das Einverständnis des Angeklagten in dem hier interessierenden Teil verwertbar gewesen. Denn der auszugsweise verlesene Abschnitt befasste sich nicht mit dem unantastbaren Kernbereich privater Lebensgestaltung.[41] Daher durfte die Eintragung verlesen werden, wenn nach einer Abwägung aller Umstände „dem Erfordernis einer wirksamen Strafrechtspflege gegenüber dem allgemeinen Persönlichkeitsrecht des Verfassers das größere Gewicht zukommt."[42] Dies war hier zu bejahen, wobei von besonderer Bedeutung ist, dass der verlesene Abschnitt des Tagebuchs im Wesentlichen nur ein objektives Geschehen beschreibt, dass die dem Angeklagten zur Last gelegte Tat von erheblichem Gewicht ist und dass im Hinblick auf das Schweigen des Angeklagten zur Sache die Tataufklärung ohne Verwertung dieser Aufzeichnungen gefährdet gewesen wäre. **474**

Aus diesen Gründen war auch die Beschlagnahme des Tagebuchs zulässig. Auf die Verlesung und Verwertung des Tagebucheintrags lässt sich die Revision der Verteidigerin des Angeklagten daher nicht mit Aussicht auf Erfolg stützen. **475**

5. Vernehmung der Zeugin Eva Kleiner

a) Die Zeugin Eva Kleiner war ein sog. präsentes Beweismittel iSd § 245 II StPO; ihre Vernehmung war daher zulässig, sie war auch aufgrund der (allgemeinen) Aufklärungspflicht des § 244 II StPO geboten. **476**

b) Die Zeugin wurde ferner zutreffend nach § 52 III 1 StPO belehrt, weil nach § 52 I Nr. 2 StPO das Zeugnisverweigerungsrecht des Ehegatten nach einer Scheidung fortbesteht. **477**

c) Jedoch könnte eine Gesetzesverletzung in Zusammenhang mit der Nicht-Vereidigung der Zeugin vorliegen. **478**

Nach dem von der Vorsitzenden zur Begründung[43] ihrer Anordnung herangezogenen § 60 Nr. 2 StPO besteht ein Vereidigungsverbot unter anderem bei einer möglichen Strafvereitelung durch die Zeugin. Hierfür reicht grundsätzlich der Verdacht eines Versuchs – und zwar selbst dann, wenn dieser nach § 258 VI StGB straffrei wäre.[44] Ob ein solcher Verdacht bestand, wird vom Revisionsgericht jedoch nur eingeschränkt überprüft, nämlich auf die Verkennung von Rechtsbegriffen hin.[45] Dafür liegen jedoch – auch im Hinblick auf die Ausführungen des Landgerichts in seinem Urteil zu der Zeugenaussage und deren Glaubhaftigkeit – keine Anhaltspunkte vor. Auch das Erfordernis einer (versuchten) Strafvereitelung **vor** der Hauptverhandlung ist angesichts der bereits gegenüber der Polizei erfolgten Angaben der Zeugin vorliegend erfüllt; anderenfalls liefe der Eidesgrund in § 59 I 1 StPO – Herbeiführung einer wahrheitsgemäßen Aussage – weitgehend leer.[46] **479**

Ein revisibler Verfahrensverstoß in Zusammenhang mit der Nicht-Vereidigung der Zeugin scheidet aber auch und jedenfalls deshalb aus, weil es die Verteidigerin (bzw. der Angeklagte) unterlassen hat, die Anordnung der Vorsitzenden zu beanstanden und eine Entscheidung des Gerichts herbeizuführen (§ 238 II StPO).[47] **480**

In Zusammenhang mit der Vernehmung der Zeugin Kleiner kann die Verteidigerin des Angeklagten daher keine Erfolg versprechende Verfahrensrüge erheben. **481**

---

39 Der Verteidiger ist zudem nicht der allgemeine Vertreter des Beschuldigten, vgl. Schmitt/Köhler/Schmitt StPO Vor § 137 Rn. 1, § 243 Rn. 27, § 261 Rn. 16a.

40 Die Verlesung des Tagebuchs ist jedoch ein „normaler" Urkundenbeweis nach § 249 I 1 StPO.

41 Vgl. dazu BVerfGE 80, 367 (376 ff.) = NJW 1990, 563; Schmitt/Köhler/Schmitt StPO Einl. Rn. 56a.

42 BGH NStZ 1998, 635; 2000, 383 mAnm Jahn; vgl. auch → Rn. 190 und Schmitt/Köhler/Schmitt StPO Einl. Rn. 56a.

43 Zu deren Erforderlichkeit: Schmitt/Köhler/Schmitt StPO § 60 Rn. 28.

44 BGH NStZ 2004, 97 (98).

45 Schmitt/Köhler/Schmitt StPO § 60 Rn. 34.

46 vgl. Schmitt/Köhler/Schmitt StPO § 60 Rn. 20 mwN.

47 BGH NStZ 2005, 340 (341); Schmitt/Köhler/Schmitt StPO § 60 Rn. 31, § 59 Rn. 10; weitergehend (Vereidigungsantrag erforderlich): BGH NStZ 2006, 234 (235).

6. „Zwischenverfahren" und fehlender Hinweis über das Beweisergebnis

482 Ein Revisionsgrund könnte jedoch darin liegen, dass das Gericht den von der Verteidigerin ausdrücklich gewünschten Hinweis zum Ergebnis der Beweisaufnahme nicht erteilt hat.

483 a) Eine solche Hinweispflicht folgt jedoch weder unmittelbar aus § 265 StPO, noch kennt die StPO im Übrigen ein solches „Zwischenverfahren" über den Inhalt einer Beweiserhebung und deren Ergebnis. Vielmehr muss der Tatrichter erst in der Urteilsberatung darüber befinden, wie er die erhobenen Beweise würdigt, und erst im Urteil dieses Ergebnis offenlegen.[48] Eine Pflicht zu einer Vorabmitteilung der Beweiswürdigung lässt sich somit weder aus dem Gesetz herleiten noch kann sie durch ein entsprechendes Verlangen eines Verfahrensbeteiligten begründet werden.

484 b) Soweit den Ausführungen der Verteidigerin die Befürchtung zugrunde lag, das Schwurgericht könnte die Aussage der Zeugin anders verstanden haben als sie, könnte dies selbst dann nicht zur Grundlage einer Revisionsrüge gemacht werden, wenn ein solcher Widerspruch tatsächlich gegeben wäre. Denn dass ein Zeuge in der Hauptverhandlung etwas anderes bekundet hat, als im Urteil festgestellt ist, kann mit der Revision grundsätzlich nicht geltend gemacht werden. Um dies nachzuweisen, müsste das Revisionsgericht die tatrichterliche Beweisaufnahme wiederholen bzw. rekonstruieren, was ihm jedoch verwehrt ist. Etwas anderes kann dann gelten, wenn die Aussage des Zeugen wörtlich in das Protokoll (vgl. § 273 III StPO) aufgenommen wurde oder wenn der Inhalt einer in der Hauptverhandlung verlesenen Urkunde im Urteil unrichtig wiedergegeben ist.[49] Dies war hier jedoch nicht der Fall.

485 Auf das Unterlassen des Hinweises über das Ergebnis der Vernehmung der Zeugin Kleiner kann die Verteidigerin des Angeklagten die Revision daher nicht mit Aussicht auf Erfolg stützen.

7. Vernehmung des Sachverständigen Prof. Dr. Grüner

486 a) Bei der Vernehmung des Sachverständigen ist dem Schwurgericht laut dem Hauptverhandlungsprotokoll ein Fehler unterlaufen, weil die Vorsitzende diesen nicht über seine allgemeinen Pflichten belehrt hat (§§ 72, 57 S. 1 StPO).[50] Ein Verstoß gegen §§ 72, 57 S. 1 StPO kann die Revision des Angeklagten aber nicht begründen, weil § 57 S. 1 StPO nur eine Ordnungsvorschrift ist, die allein dem Schutz des Zeugen bzw. (über § 72 StPO) des Sachverständigen, nicht aber den Belangen des Angeklagten dient (Rechtskreistheorie).[51] Zudem wäre die Belehrung bei einem Sachverständigen, der häufig vor Gericht auftritt (wie hier einem Rechtsmediziner), entbehrlich.[52]

487 b) Ein revisibler Rechtsfehler liegt auch nicht darin, dass dem Sachverständigen die Anwesenheit während der gesamten Hauptverhandlung gestattet wurde. Wie sich aus § 80 II StPO herleiten lässt, war dies zulässig.[53]

8. Zwischenergebnis

488 Auf Verfahrensfehler kann die Verteidigerin die Revision nicht mit Aussicht auf Erfolg stützen.

---

[48] BGH NStZ 1998, 51; 2000, 216; Schmitt/Köhler/Schmitt StPO § 265 Rn. 7a.
[49] BGH NStZ 1998, 51 mwN; Schmitt/Köhler/Schmitt StPO § 261 Rn. 44; vgl. auch → Rn. 325 f.
[50] Diese Belehrung ist zwar keine wesentliche Förmlichkeit iSd § 273 I StPO, sodass das Freibeweisverfahren anzuwenden ist, in dem das Protokoll nur ein Beweismittel neben anderen – etwa dienstlichen Stellungnahmen von Vorsitzendem und Protokollführer – ist; im jetzigen Zeitpunkt steht indes der Verteidigerin nur das Protokoll als Freibeweismittel zu Verfügung; vgl. auch → Rn. 120.
[51] BGH NStZ 1998, 158 (159); Schmitt/Köhler/Schmitt StPO § 57 Rn. 7.
[52] Schmitt/Köhler/Schmitt StPO § 72 Rn. 1.
[53] Vgl. auch Schmitt/Köhler/Schmitt StPO § 80 Rn. 5.

IV. Prüfung auf sachlich-rechtliche Fehler

1. Sachverhaltsfeststellungen und Beweiswürdigung

Die Sachverhaltsfeststellungen und die Beweiswürdigung weisen keinen – mit der Sachrüge zu beanstandenden – Rechtsfehler auf. 489

2. Rechtliche Würdigung

a) Verurteilung wegen vorsätzlicher Körperverletzung

aa) Die Verurteilung des Angeklagten wegen vorsätzlicher Köperverletzung (§ 223 I StGB) durch die Faustschläge gegen Kopf und Oberkörper von Fernando Ferri weist auf der Grundlage der getroffenen Feststellungen keinen Rechtsfehler auf (zur Bejahung des besonderen öffentlichen Interesses an der Strafverfolgung: → Rn. 436). 490

bb) Hinsichtlich der Schnittverletzungen, die sich Fernando Ferri beim Eintreten und Durchsteigen der Glastür zugezogen hat, handelte der Angeklagte jedenfalls nicht vorsätzlich; zumindest liegt insofern eine wesentliche Abweichung zwischen vorgestelltem und tatsächlichem Kausalverlauf vor.[54] 491

cc) Die vom Angeklagten bei Fernando Ferri ausgelösten Angst- und Panikgefühle stellen als rein psychische Empfindungen keine Körperverletzung dar, da er hierdurch nicht – wie für eine *Körper*verletzung erforderlich – in einen pathologischen, somatisch objektivierbaren Zustand versetzt wurde.[55] 492

b) Nicht-Verurteilung wegen gefährlicher Körperverletzung

Das Schwurgericht hat keine Feststellungen dazu getroffen, dass die Schläge gegen Fernando Ferri bereits abstrakt (generell) dazu geeignet waren, diesen in Todesgefahr zu bringen.[56] Es hat den Angeklagten deshalb zu Recht nicht wegen gefährlicher Körperverletzung gem. § 224 I Nr. 5 StGB verurteilt.[57] 493

Fäuste stellen auch kein (gefährliches) Werkzeug iSd § 224 I Nr. 2 StGB dar;[58] ein hinterlistiger Überfall (§ 224 I Nr. 3 StGB) liegt nach den Feststellungen des Schwurgerichts nicht vor. 494

c) Verurteilung wegen fahrlässiger Tötung

Eine fahrlässige Tötung erfordert, dass eine objektiv und subjektiv sorgfalts- bzw. pflichtwidrige Handlung[59] vorhersehbar[60] und erkennbar rechtswidrig den Tod des Opfers ursächlich herbeigeführt hat.[61] 495

Dabei ist die objektiv und subjektiv sorgfalts- bzw. pflichtwidrige Handlung des Angeklagten im vorliegenden Fall unproblematisch gegeben; sie liegt in der vorsätzlichen Körperverletzung durch die Faustschläge.[62] 496

Auch die Ursächlichkeit der Tathandlung des Angeklagten für den Todeserfolg sowie insbesondere dessen Vorhersehbarkeit sind nach den vom Landgericht getroffenen Feststellungen zu bejahen. Für Letztere reicht aus, dass der Erfolg nicht außerhalb aller Lebens- 497

---

[54] BGH NJW 2003, 150 (153) (der Fall ist dieser Entscheidung nachgebildet); vgl. auch Fischer/Fischer/Anstötz StGB § 16 Rn. 13 ff.

[55] BGH NJW 2003, 150 (153); vgl. auch Fischer/Fischer StGB § 223 Rn. 6, 12.

[56] Das Fehlen entsprechender Feststellungen müsste in der Revision als Sachrüge vorgetragen werden, → Rn. 322 sowie Schmitt/Köhler/Schmitt StPO § 337 Rn. 20, 21; die hierfür erforderliche Angabe konkreter Beweismittel (→ Rn. 271) ist aber laut Bearbeitervermerk nicht möglich.

[57] Vgl. Fischer/Fischer StGB § 224 Rn. 27.

[58] Vgl. Fischer/Fischer StGB § 224 Rn. 13.

[59] Vgl. Fischer/Fischer StGB § 222 Rn. 5, Fischer/Fischer/Anstötz StGB § 15 Rn. 26 ff.

[60] Vgl. Fischer/Fischer StGB § 222 Rn. 25, Fischer/Fischer/Anstötz StGB § 15 Rn. 31.

[61] Vgl. (zusammenfassend) Fischer/Fischer/Anstötz StGB § 15 Rn. 23; zur Ursächlichkeit: Fischer/Fischer StGB § 222 Rn. 2 ff.

[62] Vgl. Fischer/Fischer StGB § 227 Rn. 7a, Fischer/Fischer/Anstötz StGB § 15 Rn. 26.

erfahrung liegt; die konkreten Einzelheiten müssen dagegen nicht vorhersehbar sein. Im Allgemeinen war aber vorhersehbar, dass die schweren Misshandlungen des Fernando Ferri durch den körperlich weit überlegenen Angeklagten bei diesem Angst- und Panikgefühle hervorrufen, die – wenn auch nach einer unbesonnenen Reaktion – schließlich zu einem tödlichen Ausgang führen (auch → Rn. 494).[63]

498 Die Bejahung der fahrlässigen Tötung durch das Schwurgericht ist daher revisionsrechtlich nicht zu beanstanden.

d) Nicht-Verurteilung wegen Körperverletzung mit Todesfolge

499 Der Angeklagte könnte jedoch auch den Tatbestand der Körperverletzung mit Todesfolge (§ 227 I StGB) verwirklicht haben. Dieser erfordert als erfolgsqualifiziertes Delikt (§ 18 StGB) neben einer – hier gegebenen – vorsätzlichen Körperverletzung sowie einer – ebenfalls vorliegenden – fahrlässigen Tötung nach der Rechtsprechung schon wegen des deutlich höheren Strafrahmens zusätzlich, dass der Verwirklichung des Grunddelikts die tatbestandsspezifische Gefahr anhaftet, die sich im tödlichen Ausgang unmittelbar niedergeschlagen hat.[64]

500 Diese deliktsspezifische Gefahr muss nach der Rechtsprechung nicht mit dem Körperverletzungserfolg, sondern kann mit der Körperverletzungshandlung verbunden sein. Das entnimmt der BGH unter anderem der Bezugnahme in § 227 I StGB auf „§§ 223 bis 226a“, also auch auf Abs. 2 der §§ 223–225 StGB, wodurch der Versuch (der nicht zum Erfolgseintritt führt) in den Anwendungsbereich von § 227 StGB einbezogen sei. Zudem sei der Unrechtsgehalt des Grunddelikts, also der vorsätzlichen Körperverletzung, gegenüber dem der mit dem Tod des Opfers verbundenen Tat allenfalls von untergeordneter Bedeutung.[65]

501 Eine solche Gefahr ging von den Handlungen des Angeklagten aus, auch wurde der erforderliche Zurechnungszusammenhang nicht durch das eigene Verhalten des Tatopfers unterbrochen.[66] Dessen Handlung war eine nahe liegende und nachvollziehbare Reaktion auf den massiven Angriff des Angeklagten. Eine Flucht „Hals über Kopf“ ist bei durch Gewalt und Drohung geprägten Straftaten geradezu deliktstypisch und entspringt – so der BGH – dem elementaren Selbsterhaltungstrieb des Menschen. Schon im Hinblick auf das massive Vorgehen des Angeklagten nach Ablauf eines nicht unerheblichen Zeitraums zwischen der von diesem als Beleidigung empfundenen Äußerung des Opfers und dem körperlichen Angriff, die körperliche Überlegenheit des Angeklagten und insbesondere die Ankündigung weiterer Schläge musste Fernando Ferri damit rechnen, trotz des Eingreifens des Bruders des Angeklagten binnen kürzester Zeit erneut attackiert und misshandelt zu werden. Dass der Angeklagte zwischenzeitlich auf dem Weg in Richtung Gaststätte war, ist ohne Belang.[67]

e) Nicht-Verurteilung wegen eines vorsätzlichen Tötungsdelikts

502 Ein vorsätzliches Tötungsdelikt (auch durch Unterlassen) ist dem Angeklagten auf der Grundlage der vom Schwurgericht getroffenen Feststellungen dagegen nicht nachzuweisen. Dass der Angeklagte den Tod von Fernando Ferri zumindest billigend in Kauf genommen hat, lässt sich den Feststellungen nicht entnehmen, zumal er seinem Opfer, als dieses flüchtete, „lediglich“ weitere Schläge angekündigt hatte. Auch aufgrund der Eintragung im Tagebuch des Angeklagten, er habe einen „Türken platt gemacht“, ist ein zumindest bedingter Tötungsvorsatz (im Zeitpunkt der Tathandlung) nicht hinreichend sicher festzustellen.

f) Konkurrenzen

503 Auf der Grundlage der von ihm vorgenommenen rechtlichen Würdigung war die Annahme des Schwurgerichts, zwischen der vorsätzlichen Körperverletzung und der fahrlässigen Tö-

---

[63] BGH NJW 2003, 150 (154); vgl. auch Fischer/Fischer StGB § 222 Rn. 25 f.
[64] Vgl. BGH NJW 2003, 150 (153); vgl. auch Fischer/Fischer StGB § 227 Rn. 3 mwN.
[65] BGH NJW 2003, 150 (153) (nach dieser Entscheidung ist der Versuch einer Körperverletzung mit Todesfolge auch in Form des erfolgsqualifizierten Versuchs möglich, also als versuchte Körperverletzung mit tatsächlich eingetretenem Todeserfolg).
[66] BGH NJW 2003, 150 (153); NStZ 2008, 278; vgl. auch Fischer/Fischer StGB § 227 Rn. 3b, 4.
[67] BGH NJW 2003, 150 (153 f.).

tung bestehe Tateinheit (§ 52 I StGB) zutreffend, da die Tathandlung „Faustschläge" sowohl § 223 I StGB als auch § 222 StGB (als das sorgfalts- und pflichtwidrige Verhalten) erfüllte.

Die tatsächlich gegebene Körperverletzung mit Todesfolge verdrängt dagegen sowohl die vorsätzliche Körperverletzung (§ 223 I StGB) als auch die fahrlässige Tötung (§ 222 StGB); insofern liegt Gesetzeskonkurrenz vor.[68] 504

V. Ergebnis

Die Revision der Staatsanwaltschaft wird Erfolg haben; die von dieser erhobene Sachrüge wird zum Nachteil des Angeklagten durchgreifen, weil das Schwurgericht übersehen hat, dass nach den von ihm getroffenen Feststellungen (auch) der Tatbestand der Körperverletzung mit Todesfolge verwirklicht ist. Auf die Revision der Staatsanwaltschaft hin wird der BGH daher das Urteil des Landgerichts vom 15.9.2025 aufheben und die Sache an eine andere als Schwurgericht zuständige Strafkammer des Landgerichts München I zurückverweisen (zur Zuständigkeit des Schwurgerichts: § 74 II Nr. 8 GVG). Der BGH könnte aber auch selbst den Schuldspruch in Körperverletzung mit Todesfolge ändern[69] und nur den Strafausspruch mit den Feststellungen aufheben. 505

Die für den Angeklagten von der Verteidigerin eingelegte Revision wird keinen Erfolg haben; dem Schwurgericht sind zwar Verfahrensfehler unterlaufen, jedoch keine solchen, auf denen das Urteil beruht bzw. die vom Angeklagten in der Revision beanstandet werden können. Die Verteidigerin sollte daher die Rücknahme des Rechtsmittels erwägen. Sollte die Verteidigerin die Revision gleichwohl durchführen, müsste diese gem. § 345 II StPO in einem Anwaltsschriftsatz begründet werden, der beim Landgericht München I als elektronisches Dokument (§ 32d S. 2 StPO) eingereicht werden muss.[70] Das muss spätestens am 23.10.2025 geschehen (§ 43 I, II StPO). Die Revisionsbegründungsfrist lief gem. § 345 I 1, 3 StPO ab der Zustellung an den Angeklagten, also ab dem 23.9.2025. Das Vorgehen – Zustellung an den Angeklagten bei bloß formloser Unterrichtung der Verteidigerin – ist (anders als im Zivilrecht nach § 172 ZPO) von § 145a I, III StPO gedeckt. § 37 II StPO greift nicht ein, weil das Urteil der Verteidigerin nicht zugestellt, sondern nur formlos übersandt wurde.[71] 506

In der Revisionsbegründungsschrift könnte von der Verteidigerin des Angeklagten folgender (wenn auch nicht erfolgversprechende) Antrag gestellt werden: 507

„Ich beantrage, das Urteil des Landgerichts München I, Schwurgericht, vom 15.9.2025 mit den ihm zugrunde liegenden Feststellungen aufzuheben und die Sache zur erneuten Verhandlung und Entscheidung an eine andere als Schwurgericht zuständige Strafkammer des Landgerichts München I zurückzuverweisen."

---

[68] Fischer/Fischer StGB § 227 Rn. 12, § 224 Rn. 35 jeweils mwN (anders beim bloßen Versuch: BGH NJW 2003, 150 (154)).

[69] § 265 StPO steht einer Schuldspruchänderung nicht entgegen, wenn der Angeklagte sich nicht anders hätte verteidigen können; vgl. BGH NJW 2003, 150 (154); Schmitt/Köhler/Schmitt StPO § 354 Rn. 12 ff.

[70] Ein Rechtsanwalt hat nicht die Möglichkeit, ein Rechtsmittel zu Protokoll des Urkundsbeamten zu begründen.

[71] Schmitt/Köhler/Schmitt StPO § 145a Rn. 6, 14. Die formlose Benachrichtigung des jeweils anderen ist bloße Ordnungsvorschrift.

Sachverzeichnis